UTB

UTB 2515

Eine Arbeitsgemeinschaft der Verlage

Beltz Verlag Weinheim · Basel
Böhlau Verlag Köln · Weimar · Wien
Wilhelm Fink Verlag München
A. Francke Verlag Tübingen und Basel
Haupt Verlag Bern · Stuttgart · Wien
Lucius & Lucius Verlagsgesellschaft Stuttgart
Mohr Siebeck Tübingen
C. F. Müller Verlag Heidelberg
Ernst Reinhardt Verlag München und Basel
Ferdinand Schöningh Verlag Paderborn · München · Wien · Zürich
Eugen Ulmer Verlag Stuttgart
UVK Verlagsgesellschaft Konstanz
Vandenhoeck & Ruprecht Göttingen
Verlag Recht und Wirtschaft Heidelberg
VS Verlag für Sozialwissenschaften Wiesbaden
WUV Facultas Wien

Günter Endruweit

Organisationssoziologie

2., überarbeitete und erweiterte Auflage

Lucius & Lucius · Stuttgart

Anschrift des Verfassers:

Prof. Dr. Günter Endruweit
Christian-Albrechts-
Universität zu Kiel
Institut für Soziologie
24098 Kiel

Bibliografische Information der Deutschen Bibliothek

Die Deutsche Bibliothek verzeichnet diese Publikation in der Deutschen Nationalbibliografie; detaillierte bibliografische Daten sind im Internet über http://dnb.ddb.de abrufbar

Die 1. Auflage des Buches erschien 1981 im Verlag Walter de Gruyter, Berlin.

ISBN 3-8282-0272-1 (Lucius & Lucius)

Druck und Einband: F. Pustet, Regensburg

Printed in Germany

UTB-Bestellnummer: 3-8252-2515-1

Inhalt

Vorwort zur zweiten Auflage

Vor fast 25 Jahren wurde die erste Auflage dieses einführenden Lehrbuchs der Organisationssoziologie geschrieben (Berlin/New York: de Gruyter 1981). Kurz davor, nämlich 1975, konnte man lesen: „The field of organizations is the most advanced part of sociology“[1]. Das schrieb nicht etwa ein Organisationssoziologe, dem man diese empirisch nicht näher belegte Behauptung noch als Klappern für das eigene Handwerk durchgehen lassen könnte, sondern ein Allgemeinsoziologe. Man kann also davon ausgehen, dass die Organisationssoziologie ein Gebiet mit besonders starker Entwicklung ist. Das liegt nicht zuletzt auch an ihrer Bedeutung als angewandte Soziologie, also an ihrem Praxisbezug.

Deshalb wurde es höchste Zeit für eine Neuauflage, und zwar für eine gründlich überarbeitete und - bei einem solchen Wachstumsfach unvermeidlich - auch erheblich erweiterte. Schließlich ist die Organisationssoziologie jetzt etwa doppelt so alt wie bei der Erstauflage. So haben wir hier ganze neue Kapitel aufgenommen, etwa über Organisationswandel. Aber auch innerhalb der alten Kapitel gibt es neue Abschnitte, z.B. über das Management oder die Organisationskultur. Dazu wurden viele Stellen des alten Textes erweitert, und die Literatur ist nach i.d.R. den neuesten Auflagen zitiert.

Insbesondere wurde in dieser Neuauflage darauf Wert gelegt, möglichst viele Hinweise auf Ergebnisse der Forschung zu geben. *Als empirische Soziologie hat auch die Organisationssoziologie nur insoweit für die Praxis richtungweisende Bedeutung, als sie nicht nur zum Nachdenken anregt, wofür Praktiker ohnehin immer weniger Zeit haben, sondern wenn sie auf Grund von Forschung sagen kann: So ist es!*

Entsprechend dem Charakter dieses Buches als Einführungslehrbuch sind die Hinweise sowohl auf Theorie wie auf Empirie nicht mehr als bloße Hinweise, nie also Ersatz für das Original. Diese Hinweise behandeln ihr Objekt meistens nur in dem ganz engen systematischen Zusammenhang, in dem sie gegeben werden. Daraus auf die zitierte Theorie oder die zitierte Untersuchung insgesamt zu schließen, könnte häufig ein Fehlschluss sein. Die unmittelbare Kenntnis der Quelle ist i.d.R. Voraussetzung für das Verständnis des Flusses.

Dieses Buch soll der Ausbildung von Wissenschaftlern dienen. Deshalb wurde der Theorieteil erweitert und, wo möglich, mit der Forschung vernetzt. Hier können also nicht für den geschickten Laien

---

1 *Collins*, S. 286.

leicht nachvollziehbare Kochrezepte für die praktische Organisationsentwicklung erwartet werden, sondern hier soll der Grund dafür gelegt werden, dass nach weiterer spezialisierter Ausbildung ein Organisationswissenschaftler seinen Beitrag zur Erklärung (in der Forschung) und Optimierung (in der Praxis) von Organisationen leisten kann. Angesichts der gegenwärtigen Entwicklung der Organisationssoziologie kann sie nicht mehr mit links betrieben werden, sondern nur nach gründlicher Ausbildung, und zunehmend genügt nicht nur ein Experte, sondern eher eine ganze Gruppe.

Um den Lesern dieser Einführung, die i.d.R. das erste Organisationssoziologische sein wird, das sie zu Gesicht bekommen, einen Eindruck vom „anderen Ende" zu geben, also von den praktischen Anforderungen an den berufstätigen Soziologen, sind an einigen Stellen „Übungsaufgaben für Theorie und Praxis" eingebaut. Sie sind nicht zur Selbstkontrolle des Lesers gedacht, damit er weiß, ob er genügend vom Gelesenen behalten hat*. Sie sollen ihm nur zeigen, wohin man am Ende der organisationssoziologischen Spezialisierung kommen soll - ob nun als theorieorientierter Wissenschaftler, der hier sein Fach weiterentwickeln soll, oder als anwendungsorientierter Wissenschaftler, der solche praktischen Probleme lösen muss. Diese Übungsaufgaben enthalten - für zukünftige Wissenschaftler eigentlich eine Beleidigung - auch Literaturhinweise. In dieser Literatur wird allerdings nicht immer die Lösung der Aufgabe gebracht; denn manche harren noch der Lösung - vielleicht durch den Leser?

Da in der Ausbildung nach einer solchen Einführung vertiefende Lehrveranstaltungen zu kommen pflegen, sind manche Angaben in den Fußnoten nur als Hinweise auf weiterführende Literatur gedacht, nicht also unbedingt als Bestandteil dieses Überblicks.

In den Reaktionen auf die erste Auflage wurde von Kollegen und Kolleginnen aus der Soziologie und anderen Fächern insbesondere die systemtheoretische Grundkonzeption begrüßt, weil sie, da sie weitgehend auf zu dezidierte inhaltliche Festlegungen verzichtet, das bietet, was *Niklas Luhmann* „Anschlussfähigkeit" nennt, nämlich die Möglichkeit, an vielen Stellen eines Theoriesystems verschiedene Ergänzungen, vielleicht gar aus verschiedenen Wissenschaften oder Wirklichkeitsbereichen, anzuschließen. Deshalb wurde der system-

---

* Wer solche Rückmeldesysteme sucht, findet sie z.B. bei *Pheysey*, S. 214-306; *Sashkin/Morris*, in jedem Kapitel; *Luthans*, in jedem Kapitel; *Johns*, in jedem Kapitel; *Beer*, S. 265-348. Bei *Robbins* 1991 gibt es im Anschluss an jedes Kapitel Tests, mit denen Leser ihre eigenen Einstellungen, Fähigkeiten u. Ä. in Bezug auf Verhalten in Organisationen untersuchen können.

theoretische Ansatz hier nicht nur beibehalten, sondern noch ausgebaut.

Für Einsatzfreude, Geduld und kritische Aufmerksamkeit beim Umsetzen des Manuskripts der Neuauflage danke ich sehr herzlich meinen Mitarbeiterinnen *Kyrima M. Dico* und *Ilona Wahl.*

Kiel, im Mai 2004

Günter Endruweit

Vorbemerkung

Dieser Band soll eine Einführung in die Organisationssoziologie bieten, also in eine Spezielle Soziologie. Bereits aus dieser Zielbestimmung ergeben sich die folgenden Hinweise für die Benutzung:

1. Als Einführung kann das Buch nur einen Überblick über die wichtigsten Bestandteile der Organisationssoziologie geben; viele Bereiche können nicht einmal erwähnt werden, viele Kontroversen und Zweifel müssen unterdrückt bleiben. Zugleich kann es hier nicht nur auf Materialausbreitung ankommen, sondern es muss auch zur Entwicklung von fachspezifischen Denkweisen angeregt werden.

Daraus folgt: Das Buch ist so angelegt, dass es ganz durchgearbeitet wird; bei stückweiser Benutzung kann es Erkenntnislücken geben. Die Hinweise in den Fußnoten sollten bei Sammelverweisen an zentralen Punkten stets, bei Einzelverweisen zu Spezialthemen jedenfalls bei weiterführendem Interesse verfolgt werden, da ihr Inhalt das hier Vorgestellte vervollständigt; das gilt insbesondere für das, was in anderen Einführungen schon üblicherweise breiter dargestellt wird.

2. Organisationssoziologie wendet sich an zwei Interessentenkreise: an Studierende der Soziologie im Hauptfach, die hier in der Regel im zweiten Studienabschnitt nach der vorangegangenen allgemeinen Ausbildung eine praxiszugewandte Spezialisierung suchen, und an Studierende der Soziologie im Nebenfach (häufig mit Wirtschafts-, Rechts-, Ingenieur-, Verwaltungs- oder Erziehungswissenschaft im Hauptfach), die hier die soziologische Ergänzung ihrer eigentlichen Berufsausbildung finden wollen. Beide Interessen können nicht immer gleichmäßig bei der Auswahl von Argumenten und Beispielen berücksichtigt werden.

Daraus folgt: Der Leser sollte stets darauf achten, den Text aus seiner Interessenrichtung zu sehen. Wo aus Platzmangel nur auf Verwendungszusammenhänge eines bestimmten Leserkreises eingegangen werden kann, sollten andere Leser die Parallelkonstruktion für ihr Gebiet selbst versuchen.

3. Als Einführung soll der Text nicht nur zum Selbststudium dienen, sondern auch zur Vorbereitung oder Begleitung einer Lehrveranstaltung.

Daraus folgt: Die Darstellung versucht nicht, rundes Wissen zu vermitteln oder erschöpfende Diskussionen zu bieten. Sie ist vielmehr zu lesen als ein Versuch, typische wichtige Probleme der Organisationssoziologie zu beschreiben, zu ihrer weiteren Diskussion anzuregen und damit eine Grundlage zu schaffen für die Entwicklung der Wissensbereiche und wissenschaftlichen Denkweisen, mit denen von der Soziologie her Organisationsprobleme angegangen werden. Manche Formulierung ist absichtlich zugespitzt, um zur *Grundfrage jeder Wissenschaft zu führen: Ist es so, wie es scheint?*

Schließlich möchte ich ein paar Bemerkungen über die Einstellungen zur Wirklichkeit hinzufügen, ohne die m.E. jede Beschäftigung mit Organisationssoziologie von vornherein vergeblich ist:

A) Für Hauptfachsoziologen gilt: *Jede Spezielle Soziologie ist ein Versuch, Teile unserer alltäglichen Umgebung soziologisch zu erobern.* Das geht nur, wenn man lebhaftes Interesse für diesen Alltag hat, wenn man jede Gelegenheit zur unmittelbaren Beobachtung nutzt, wenn man mit Menschen aus diesen Bereichen spricht und wenn man Erfahrenes laufend mittels des wachsenden Theoriewissens strukturiert in seinen Wissenshorizont aufnimmt. Soziologie ist nicht nur Wissenschaft, sondern gerade in den Speziellen Soziologien Wirklichkeitswissenschaft. Sie besteht daher nicht nur aus Denken, sondern vor, bei und nach dem Denken sind Sehen, Hören und Fühlen unerlässlich. Benutzen Sie daher die gerade bei Veranstaltungen zur Speziellen Soziologie oft gebotenen Möglichkeiten des Kontakts mit Studierenden anderer Fächer zum Lernen über deren Bereiche und versuchen Sie, außerhalb der Hochschule Wahrnehmen und Denken mit gleicher Intensität und aufeinander abgestimmt zu betreiben.

B) Für Nebenfachsoziologen gilt: *Fast alles - vielleicht sogar wirklich alles - hat eine soziale Dimension.* Manches wird erst dadurch zum Problem. Wenn auch die Soziologie - teils wegen ihrer relativ kurzen Existenz, teils wegen anderer Nachteile - in sehr vielen Fällen zur Lösung oder Vermeidung solcher Probleme noch wenig aus ihrem Fundus anzubieten hat, so kann ihr nicht zu unterschätzender Beitrag in der Nebenfachausbildung darin bestehen, dass sie auf soziale Zusammenhänge im Alltagshandeln aufmerksam macht. Ein großer Teil unserer Sorgen in allen Lebenskreisen rührt daher, dass gehandelt wird, ohne diese Zusammenhänge gebührend zu berücksichtigen. Um hier nützlich mitwirken zu können, braucht der Soziologe aber auch das ständige Mitleben in den Welten anderer Disziplinen. Suchen Sie daher Verbindung zum Denken und Arbeiten des Soziologen und helfen Sie ihm, ein realistisches Bild von Ihrem Bereich zu gewinnen.

Diese Einführung versucht, zu einer mehr praxiszugewandten Einstellung der Studierenden beizutragen, indem sie die Organisationssoziologie weniger unter wissenschaftshistorischen und –systematischen Gesichtspunkten darstellt, sondern mehr in einer solchen Anordnung, wie sie der soziologisch vorgebildete Praktiker brauchen kann, wenn er das Funktionieren einer Organisation analysieren, ihr Verhältnis zur Umwelt untersuchen oder aktive Organisationsentwicklung treiben soll. Aus dieser Orientierung am zukünftigen Sozialpraktiker statt am zukünftigen Privatdozenten ergibt sich notwendig manche Abweichung gegenüber der gewohnten Form und dem üblichen Inhalt anderer Einführungen.

Für Sorgfalt und Umsicht bei der Abschrift dieses Manuskripts danke ich Frau *Dagmar Mosinski*, Bochum, und Frau *Sibylle Waldenmaier*, Stuttgart.

Stuttgart, im Januar 1981

Günter Endruweit

„Organisation: weder den Dingen ihren Lauf noch den Menschen ihren Willen lassen"[2].

1 Gegenstand der Organisationssoziologie

Über die Organisation gibt es trotz ihrer Bedeutung und trotz ihrer Verbreitung nur wenige Aussagen, die außerhalb von Fachkreisen für zitatwürdig gehalten werden. Der Satz oben auf dieser Seite gehört dazu. Er ist sehr boshaft, aber er ist auch sehr wahrhaft. Organisationen sind in der Tat Systeme von Beschränkungen, insbesondere von Beschränkungen menschlicher Entscheidungsfreiheit. Sie sollen und wollen dadurch aber Ergebnisse herbeiführen, die es anders nie gäbe. Positiver ausgedrückt könnte man sagen: *Organisationen sind der Versuch, durch mehr Planung mehr Fortschritt und mehr Sicherheit zu bieten.* Hier könnte man nun wieder mit der boshaften Planungsdefinition fortsetzen: Planung ist die Ersetzung des Zufalls durch den Irrtum. Aber diese Definition hat eine Fortsetzung: „Dem Zufall sind wir aber schutzlos ausgeliefert, während wir als Planende immerhin die Möglichkeit haben, vom größeren zum kleineren Irrtum fortzuschreiten"[3]. Es ist nicht zuletzt diese janusköpfige Natur von Organisation und Planung, die die Beschäftigung mit der Organisationssoziologie nicht nur praktisch schwierig, sondern auch intellektuell reizvoll macht. Zu dieser Beschäftigung möchte diese Einführung einladen..

In diesem ersten Teil werden zwei Erkenntnisziele verfolgt. In 1.1 bis 1.3 betrachten wir die Organisationssoziologie als System innerhalb ihrer wissenschaftlichen Umwelt. Dadurch sollen der Entstehungszusammenhang und der Wirkungszusammenhang der Organisationssoziologie deutlich werden. In 1.4 bis 1.6 beschäftigen wir uns mit begrifflichen und theoretischen Grundlagen, die die Vielfalt und Breite der Organisationssoziologie skizzieren sollen.

1.1 Organisationssoziologie als Spezielle Soziologie

Im Jahr 1963 beschrieb *Renate Mayntz* die soziologische Behandlung

---

2 Anonymes Zitat aus *Tange, Ernst Günter:* Der boshafte Zitatenschatz, Frankfurt/Main: Eichborn 2001, S. 395.

3 *Nef, Robert:* Sprüche und Widersprüche zur Planung, Zürich: Institut für Orts-, Regional- und Landesplanung ETH Zürich 1975, S. 28.

von Organisation in Europa ausdrücklich nicht als Spezielle Soziologie, wie sie die Gemeinde- oder Familiensoziologie bereits darstellten[4]. Vielmehr sah das alles noch mehr nach Allgemeiner Soziologie aus. Damit entsprach es noch der frühen amerikanischen Anschauung von „social organization" als „nothing less than this variegation of life, taken in the widest sense possible"[5], also als das, was wir heute als Sozialstruktur bezeichnen würden und damit als den Kern der Allgemeinen Soziologie.

Renate Mayntz schrieb ihre Beurteilung in einem Buch, mit dem ihr die Rezeption der amerikanischen Organisationssoziologie, die sie auch damals schon als eine Spezielle Soziologie ansah[6], für den deutschen Sprachraum und die Begründung der Organisationssoziologie in Deutschland gelang. So konnte sie auch bald ihre Klassifizierung der Organisationssoziologie ändern[7].

Während die Allgemeine Soziologie die Gesellschaft insgesamt zum Gegenstand ihrer Arbeit hat, ist der Gegenstand einer Speziellen Soziologie a) die Wirkung der Gesellschaft oder von Teilen davon auf ihr spezielles Bezugsobjekt und b) die Wirkung ihres speziellen Bezugsobjektes auf die Gesellschaft oder Teile davon[8]. Solche spezielle Bezugsobjekte sind etwa Industrie, Familie, Kunst, Stadt oder Entwicklung.

Natürlich sind diese speziellen Bezugsobjekte der Speziellen Soziologien, die man auch angewandte oder Bindestrich-Soziologien nennt, „gesellschaftliche Teilbereiche"[9], aber wissenschaftlich ist die Problematik der Beschäftigung mit ihnen doch anders als in der Allgemeinen Soziologie. Denn die Gesellschaft ist ohne Einschränkung Gegenstand nur der Allgemeinen Soziologie; die speziellen Bezugsobjekte der Speziellen Soziologien dagegen sind ganz nur dann zu erfassen, wenn mehrere Wissenschaften ihren Beitrag leisten und wenn vor allem die Alltagsdefinitionen der speziellen Bezugsobjekte berücksichtigt werden.

Wenn die Organisationssoziologie als Spezielle Soziologie nun untersucht, wie Organisationen auf die Gesellschaft oder deren Teile (wie

---

4 *Mayntz* 1963, S. 31 und 148. Vgl. auch *Pfeiffer*, S. 9.
5 *Cooley*, S. 21/22.
6 *Mayntz* 1963, S. 31.
7 *Mayntz* 1964, S. 8.
8 Vgl. dazu *Endruweit* bei *Endruweit/Trommsdorff*, S. 545-546. Siehe auch *Türk/Lemke/Bruch*, S. 14.
9 *Reimann/Lautmann* bei *Fuchs-Heinritz* u.a., S. 106 („Bindestrich-Soziologie").

Gruppen, Schichten usw.) wirken und wie die Gesellschaft oder einer ihrer Teile auf Organisationen wirkt, dann behandelt sie sowohl Organisationen wie auch Gesellschaft nur unter diesem besonderen Blickwinkel; die Konsequenzen davon werden unter 1.3 behandelt.

Das Verhältnis zwischen Allgemeiner und Spezieller Soziologie ist im Übrigen das gleiche wie das zwischen Allgemeinem und Besonderem in der Logik oder auch zwischen System und Subsystem der strukturell-funktionalen Theorie der Allgemeinen Soziologie. Das heißt praktisch u.a.: Die Kette ist grundsätzlich unbegrenzt; unter eine Allgemeine Organisationssoziologie könnte man beispielsweise Spezielle Organisationssoziologien[10] der staatlichen und der privaten Organisationen stellen und danach von einer Allgemeinen Staatsorganisationssoziologie reden, zu der dann wieder die Speziellen Staatsorganisationssoziologien der Staatsorganisationen mit Zwangs- bzw. Dienstleistungscharakter kommen usw. Hier gilt dann die Logikregel, dass Aussagen über das Allgemeine auch für jeden Fall des Besonderen zutreffen müssen, dass aber umgekehrt nicht von jedem Merkmal des Besonderen auf das Allgemeine geschlossen werden kann.

Daraus folgt auch, dass Spezielle Soziologien ohne zumindest ausschnitthafte Verwendung der Allgemeinen Soziologie unmöglich sind. Umgekehrt werden viele Erkenntnisse der Allgemeinen Soziologie durch speziellsoziologische Forschung und Theorie begründet. Wer sich mit Organisationen beschäftigt, muss sich also der „intimate intellectual and historical connections between social and organizational theory“[11] nicht nur bewusst sein; er muss sie auch so anzuwenden wissen, dass nicht durch Vernachlässigung praktische Fehler entstehen. So ist beispielsweise in internationalen Unternehmen manche organisatorische Veränderung gescheitert, weil sie nicht gebührend Rücksicht auf allgemeine sozialstrukturelle Gegebenheiten nahm. Eine Gegenbewegung zur bisher zu beobachtenden Ausdifferenzierung der Organisationssoziologie aus der Allgemeinen Soziologie empfiehlt *Jean-Claude Thoenig*, einer der wichtigsten Organisationssoziologen in Frankreich. Zuerst stellt er fest, „the sociology of organizations is clearly established and institutionalized as a major discipline within sociology“[12]. Dann aber fährt er fort: „The sociology of organizations can no longer be identified as a bounded and specialized knowledge-production programme. It has become a field of general sociology dealing with basic societal mechanismus or processes such as trust, power, capitalism, institutions, social exchange,

---

[10] Siehe dazu auch *Türk* 1978, S. 183.
[11] *Reed* 1985, S. 13.
[12] *Thoenig*, S. 307.

stratification, action order ..."[13]. Das heißt, die gesamte Organisationssoziologie müsste wieder als Teil der Allgemeinen Soziologie angesehen und betrieben werden, wie es bis zur Mitte des vorigen Jahrhunderts war.

Das wäre nicht sinnvoll. Dann gäbe es nämlich innerhalb der Allgemeinen Soziologie eine Gruppe von Theoretikern und Forschern, die sich mit Vertrauen, Macht usw. nur im Hinblick auf Organisationen befassten, nicht aber im Hinblick auf Sozialisation, abweichendes Verhalten, soziale Gruppen, wie es alle anderen Allgemeinsoziologen tun. Sie wären dann doch nichts anderes als Spezialsoziologen, und dann ist die Beibehaltung der herkömmlichen Trennung zwischen Spezieller und Allgemeiner Soziologie schon empfehlenswerter, vorausgesetzt, die gegenseitige Information und Anregung findet statt.

Die enge Verbindung von Allgemeiner und Spezieller Soziologie beginnt bereits bei den Fachbegriffen. Wenn hier von der Rolle eines Beraters, der informellen Kommunikation in einer Arbeitsgruppe oder der Macht eines Vorstandsmitglieds gesprochen wird, dann ist das nicht Umgangssprache, sondern dann sind damit die allgemeinsoziologischen Fachbegriffe Rolle, Kommunikation und Macht mit allen ihren Definitionselementen gemeint, die gelegentlich erheblich vom allgemeinen Sprachgebrauch abweichen und insbesondere bei der Benutzung in der Forschung genau verwendet werden müssen[14].

1.2 Zur Geschichte der Organisationssoziologie

Wenn es schon sprichwörtlich heißt, aller Anfang sei schwer, dann ist das genaue Datieren aller Anfänge noch schwerer, wie jeder Historiker und Scheidungsrichter weiß. So ist es auch „eine schreckliche Vereinfachung"[15], den Beginn der Organisationssoziologie haargenau mit 1921 anzusetzen, dem Erscheinungsjahr von *Max Webers* „Wirtschaft und Gesellschaft" mit den in der Organisationssoziologie immer wieder zitierten Ausführungen über die Bürokratie. Selbstverständlich sind die Gegenstände der Organisationssoziologie, wie die aller Speziellen Soziologien, zugleich auch Gegenstände der Allgemeinen Soziologie. Denn jede Spezielle Soziologie ist ein Ausschnitt aus der Allgemeinen, den sie, insbesondere in interdisziplinärer Arbeit mit den auch an diesen speziellen Gegenständen interessierten Wissenschaften, vertieft bearbeitet. Damit erhält sie Anregungen, die

---

[13] *Thoenig*, S. 314.
[14] *Endruweit* 2003, S. 110/111.
[15] *Hauschildt* 1987, S. 6.

bei der Weiterentwicklung der Allgemeinen Soziologie sehr nützlich sein können. Andererseits kann sie die in der Allgemeinen Soziologie entwickelten Ansätze und Erkenntnisse nutzbringend in ihrem Wirklichkeitssektor einsetzen.

Wenn es um Organisationssoziologie als vollständige Spezielle Soziologie geht, dann ist sie in der Tat eines der jüngsten sozialwissenschaftlichen Fächer[16]. Für den deutschsprachigen Raum[17] war sicherlich *Renate Mayntz'* „Soziologie der Organisation" von 1963 ein entscheidender Beginn. Etwa gleichzeitig erschienen in Frankreich und den Niederlanden Bücher zur Organisationssoziologie als einer speziellen Soziologie, entweder als Lehrbücher oder als sehr grundsätzlich angelegte Forschungsberichte[18]. In den USA hatte die Entwicklung schon früher angefangen. Der von *Robert K. Merton* u.a. 1952 herausgegebene „Reader in Bureaucracy" stellte einzelne Ansätze vor, die über Bürokratie i.e.S. hinausgingen und durchaus ein Anfang von Organisationssoziologie waren. Zuvor war 1948 schon ein Artikel von *Philipp Selznick* über die Grundlagen der Organisationstheorie im American Sociological Review erschienen. 1956 folgten ihm „Suggestions for a Sociological Approach to the Theory of Organizations" von *Talcott Parsons*, die in zwei Nummern von Administrative Science Quarterly veröffentlicht wurden. So gab es auch um 1960 herum schon Buchveröffentlichungen, die erste Darstellungen von Organisationssoziologie als einer abgerundeten Speziellen Soziologie waren[19], wobei allerdings diese Bezeichnung im Englischen nicht gebräuchlich ist. Das rasche Wachstum der Organisationssoziologie lässt sich u.a. daran ablesen, dass die (nach Themengebieten geordnete!) Bibliographie bei *Champion* 1975 insgesamt 1778 ausschließlich englischsprachige Titel erwähnt[20]. Unter dem Dach der Organisati-

---

16 *Greca*, S. 5; *Büschges/Abraham*, S. 67; *Baecker, Dirk*: Soziologie der Unternehmen, in: Österreichische Zeitschrift für Soziologie 2/1997, S. 24-50. Zur Geschichte der Organisation, nicht der Organisationssoziologie, siehe *Türk* 1995, S. 132-154; *Türk/Lemke/Bruch*, S. 46-298. Zur Etymologiegeschichte: *Walter-Busch*, S. 5-8. Zur Geschichte der empirischen Organisationsforschung: *Kubicek/Walter*, S. 2-11.

17 Zur Geschichte im englischsprachigen Raum vgl. u.a. *Bowey*, S. 24-43, wo es sich aber allgemeiner um „the development of management practice" handelt, sowie *Reed* 1985, S. 18-44. Einen „Schnelldurchlauf durch hundert Jahre Systemdenken in Organisation ..." bringen *Bardmann/Groth*, S. 7-10.

18 *Lammers* bei *Klages*, S. 83/84.

19 So u.a. von *Chris Argyris* (1957 und 1964), *Peter Blau* und *W. Richard Scott* (1962), *Theodore Caplow* (1964), *Amitai Etzioni* (1961) und *Mason Haire* (1959, mit überwiegend psychologischem Ansatz).

20 *Champion*, S. 301-394.

onssoziologie wurden inzwischen aber auch Theorie- und Forschungsansätze zusammengefasst, die man als Spezielle Organisationssoziologie bezeichnen könnte und die durchaus älter sind als die Allgemeine Organisationssoziologie[21], für die sie vergleichend ausgewertet wurden. Dazu gehören etwa die Parteiensoziologie (*Michels, Robert*: Zur Soziologie des Parteiwesens in der modernen Demokratie, ital. 1911, dt. 1925), die Polizeisoziologie (z.B. *Palm, Erwin*: Die Polizeischule, 1933), die Kirchensoziologie (*Goldschmidt, Dietrich*, u.a.: Soziologie der Kirchengemeinde, 1960), die Verbandssoziologie (*Kaiser, Joseph Heinrich*: Die Repräsentation organisierter Interessen, 1958) und die Militärsoziologie (*Stouffer, Samuel A.*, et al.: The American Soldier, 4 Bde., 1949/50). Viel, viel älter als die ersten Organisationstheorien ist allerdings die Organisationspraxis. So hat *Friedrich der Große* bei seiner Reform des preußischen Heeres schon viele später klassische Organisationsprinzipien angewendet[22].

Eine besonders reichhaltige Quelle für die Organisationssoziologie wurde ihre ältere Schwester Industriesoziologie, in Deutschland oft als Industrie- und Betriebssoziologie bezeichnet. Wenn das, was die Industriesoziologie über die Struktur des Betriebes erforscht hatte, auch für Büros, Kasernen, Vereinsheime und Universitäten zutraf, wurde es Allgemeine Organisationssoziologie; wo sich Unterschiede zeigten, war das der Ansatzpunkt für eine Spezielle Organisationssoziologie[23]. In Frankreich hat sich vor allem die sehr entwickelte Verwaltungsforschung zur Organisationssoziologie erweitert[24].

1.3 Organisationssoziologie und Nachbargebiete

Wenn, wie wir bei 1.1 gesehen hatten, die Organisationssoziologie sich mit einem speziellen Bezugsobjekt beschäftigt, das weder als wissenschaftliches Konstrukt noch als realer Gegenstand von Soziologen allein oder wesentlich bestimmt wird[25], dann ist es zwangsläu-

---

21 *Büschges/Abraham*, S. 67.

22 *Morgan* 1986, S. 23/24 und 29.

23 Aus den von der Industriesoziologie erforschten internen Beziehungen zwischen den Betriebsangehörigen entwickelte sich die ebenfalls neuere Arbeits- und Berufssoziologie.

24 Vgl. dazu das Buch von *Michel Crozier*, das im Untertitel heißt: Essai sur les tendances bureaucratiques des systèmes d'organisation moderne et sur leurs relations en France avec le système social et culturel.

25 Vgl. auch *Büschges/Lütke- Bornefeld*, S. 12-14; zum Verhältnis von Soziologie und Psychologie besonders prägnant *Perrow* 1970, S. 21-26; einen Vergleich der ökonomischen, politikwissenschaftlichen, soziologischen und

fig, dass die Organisationssoziologie für die theoretische Erfassung von Organisationen, für die empirische Erforschung und für die Organisationspraxis i.d.R. nur einen Teilbeitrag liefern kann. Für andere Teilbeiträge muss man - je nach konkretem Problem mit verschiedenem Gewicht - auf die betriebswirtschaftliche Organisationslehre, das Verwaltungsrecht, die Organisationspsychologie, die Kommunikationswissenschaften und weitere Disziplinen zurückgreifen. Organisationsforschung und -praxis sind ein Feld für multidisziplinäre Aktivität[26]. Dafür kommen vor allem Betriebswirtschaftslehre, Psychologie, Politikwissenschaft und Rechtswissenschaft in Frage, wobei Voraussetzung ist, dass diese sich gegenseitig zur Kenntnis nehmen[27].

In der Betriebswirtschaftslehre war die ganz allgemein Organisationslehre genannte Subdisziplin, obwohl sie sich so gut wie ausnahmslos nur mit privatwirtschaftlichen Erwerbsunternehmen befasste, von *Fritz Nordsieck* (1934) bis *Erich Kosiol* (1964) überwiegend ein normativ-präskriptiver Ansatz zur Gestaltung betrieblicher Wirklichkeit[28]. Danach erfolgte, nicht zuletzt durch die amerikanischen Business-Administration-Einflüsse, eine Umorientierung auf verhaltenswissenschaftliche und damit empirische Ansätze einerseits, auf formale Ansätze (Operations Research) andererseits[29]. Dieser Umschwung wird von einem Betriebswirt folgendermaßen beschrieben: „Traditionally, managers either ignored the conceptual and human dimensions of their job or they made some overly simplistic as-

---

psychologischen Organisationstheorie bietet *Khandwalla*, S. 41-129. Siehe auch *Ortmann* u.a., S. 424-578.

26 Dazu auch *Tannenbaum, Arnold S./Seashore, Stanley*: Some Changing Conceptions and Approaches to the Study of Persons in Organizations, Ann Arbor, Mich.: Institute for Social Research, Univ. of Michigan o. J., insbes. S. 1/2 (vervielf.). Vgl. *Robbins* 1991, S. 13-15, über die Beiträge der Einzelwissenschaften allein zum Organisationsverhalten, vermeintlich eine rein psychologische Domäne.

27 Dazu ein „selbst erlebtes Beispiel": Als ich 1973 in den USA einen Vortrag über „Differenzierung und Integration" (in aktualisierter Fassung unter dem Titel „Von der Gruppenarbeit zu einem Entwicklungsparadigma", erschienen in: Geschichte und Gegenwart 1/1989, S. 22-37; wieder abgedruckt in: *Endruweit, Günter:* Beiträge zur Soziologie, Bd. IV, S. 19-38) hielt und mich dabei für die Theorie auf *Parsons* 1966, insbes. S. 22, stützte, hatte ich *Lawrence/Lorsch* noch nicht gelesen, wo auf S. 157 steht: „The more differentiated an organization, the more difficult it is to achieve integration." Diese hatten aber augenscheinlich auch keine Kenntnis von *Parsons'* Gedanken gehabt; jedenfalls haben sie ihn nicht zitiert.

28 *Hauschildt* 1978, S. 8.

29 Näher dazu *Staehle* 1999, S. 37-41. Zu den wichtigsten Beiträgen zählen u.a. die agency theory und die Transaktionskostentheorie (*Perrow* 1986, S. 219-257).

sumptions. Although there were certainly exceptions, managers generally thought, and many still do, that their employees were basically lazy, that they were only interested in money, and that if you could make them happy they would be productive. All management had to do was devise monetary incentive plans, ensure security, and provide good working conditions; morals would be high and maximum productivity would be the result. ... Unfortunately, this traditional approach has not worked out in practice. ... The major fault of the traditional approach is that the assumptions overlook far too many aspects of the problem. Human behavior at work is much more complicated and diverse than is suggested by the economic, security, working-conditions approach. The new organizational behavior approach assumes that employees are extremely complex and that there is a need for theoretical understanding backed by rigorous empirical research before applications can be made for managing people effectively"[30]. So ergibt sich seit einigen Jahrzehnten, insbesondere seit Soziologie und neuerdings ein Teil der Betriebswirtschaftslehre dem gleichen Organisationsbegriff, nämlich dem institutionellen, folgen[31], nicht nur die Möglichkeit zu enger Zusammenarbeit, sondern immer öfter auch die Nutzung dieser Chance.

Eine weitere Nachbarin der Organisationssoziologie ist die Organisationspsychologie. Diese Spezielle Psychologie ist, nachdem man noch bis vor dreißig Jahren von der Sozialspychologie der Organisation sprach[32], inzwischen völlig etabliert und hat in Handbüchern[33] und Lehrbüchern[34] ihr fachliches Rückgrat gefunden. Dabei konnte sie, ähnlich wie in der Soziologie, von den Vorarbeiten der älteren Arbeitspsychologie zehren. Inzwischen gibt es in den USA eine große Zahl von Lehrbüchern mit dem Titel „Organizational Behavior", von denen die meisten von Psychologen verfasst sind. Auch hier gibt es viele Schnittmengen mit der Soziologie.

Die Verwaltungswissenschaft hat insbesondere in den USA die Organisationssoziologie stark beeinflusst. Ihre zentrale Zeitschrift, Administrative Science Quarterly, ist seit ihrem erstmaligen Erscheinen 1956 ein wichtiges Publikationsorgan für theoretische Ansätze und empirische Untersuchungen. Verwaltungswissenschaft wird bisher

---

30 *Luthans*, S. 4.

31 Vgl. dazu *Kieser/Kubicek* 1978, S. 1-3.

32 So z.B. *Mouzelis*, S. 125.

33 So z.B. *Dunnette*, ein Handbuch von 1.740 Seiten.

34 So z.B. *Weinert, Ansfried B.:* Lehrbuch der Organisationspsychologie, 2. Auflage, München/Weinheim: Psychologie Verlags Union (die schreiben das wirklich so!) 1987.

nicht immer als genuin eigene Wissenschaft verstanden, aber auch nicht als Spezialisierung innerhalb einer „Mutter"-Wissenschaft, sondern nach einer typischen Beschreibung „ist die Verwaltungswissenschaft notwendig eine discipline carrefour, ... Querschnittswissenschaft, Kreuzwissenschaft oder Integrationswissenschaft ... : Eine integrierende Verwaltungstheorie ... , (ein) Kernbereich der Verwaltungsforschung mit offenen Grenzen gegenüber anderen an der Verwaltung interessierten Disziplinen ..." mit der Möglichkeit, „die spezifischen Dimensionen administrativen Handelns enger zu erreichen, als es die bloße Summierung von Rechtswissenschaft, Wirtschaftswissenschaft, Soziologie, Politischer Wissenschaft usw. ergibt"[35]. Es handelt sich also schon um einen interdisziplinären Ansatz, in dem vor allem Soziologie, Politikwissenschaft und Öffentliches Recht kombiniert werden.

Dieser Versuch und weitere Überlegungen haben schon dazu geführt, die gesamte Beschäftigung mit Organisationen nur als interdisziplinäres Fach für möglich zu erklären, für das dann der Name „Organisationstheorie" vorgeschlagen wird: „Organisationstheorie ist ein interdisziplinär behandeltes Fach, das nicht in die Kompetenz einer bestimmten Fakultät fällt"[36]. Dann würde sie auch eine Allgemeine Theorie brauchen, und für die würde gelten: „A general theory will need to be interdisciplinary"[37]. Das könnte, vor allem bei einem systemtheoretischen Grundansatz, mit einer gewaltigen Anstrengung vielleicht noch möglich sein. Aber dazu müssten auch die methodischen Ansätze „vereinigt" werden, also z.B. psychologische und juristische. Wenn man dazu noch berücksichtigt, dass nicht nur in der Soziologie, sondern auch in den anderen Wissenschaften die Entwicklung der Subsysteme nur in ständiger Wechselwirkung mit dem jeweiligen System richtig fruchtbar ist, dann müsste ein Organisationswissenschaftler wohl mehrere Wissenschaften in sich vereinigen. So mag es denn vom Ergebnis her gute Argumente für eine Organisationslehre geben[38], aber die Gefahr ist groß, dass sie ins Dilettantentum führt.

Diese Gefahr mag auch schon Versuche ergeben haben, die Problematik dadurch zu verringern, dass man die Elemente des neuen Systems verringert: „Man kann ... geteilter Meinung sein, ob Theorien

---

35 *Schuppert*, S. 44/45.

36 *Hauschildt* 1987, S. 4.

37 *Eldridge/Crombie*, S. 13.

38 Siehe etwa *Pugh/Mansfield/Warner*, S.IX/X und 1-3; *Roberts, Karlene H./Hulin, Charles L./Rousseau, Denise M.*: Developing an Interdisciplinary Science of Organizations, San Francisco: Jossey-Bass 1978.

der Organisationspsychologie überhaupt unter die Organisationstheorien einzureihen sind. Sie beschäftigen sich nicht mit Organisationen per se ..., sondern vorwiegend mit dem *Verhalten von Menschen in Organisationen.* Die Organisation wird nicht selbst erklärt, sondern nur als Bedingungsrahmen in die Erklärung eingeführt“[39]. Gegen diese Meinung eines Betriebswirts würden Psychologen und Soziologen vermutlich einhellig einwenden, dass eine Organisation ohne das Verhalten von Menschen nicht einmal denkbar sei. Sie wiederum könnten sich von ihrem Wissenschaftsverständnis her zu Exkommunikationsbestrebungen veranlasst fühlen, wenn sie als Selbstbeschreibung der betriebswirtschaftlichen Organisationslehre lesen, die Organisationstheorie beschreibe die Organisationspraxis und mache Verbesserungsvorschläge[40].

Im Augenblick bleibt wohl nichts anderes übrig, als die Organisationstheorie - und damit auch die anwendungsorientierte Organisationsforschung und -beratung - als additive und nicht als integrative Interdisziplinarität zu verstehen und zu betreiben. Deshalb soll hier weiterhin nur an die Organisationssoziologie gedacht werden, allerdings als eine Wissenschaft, die nie zu viele Kontakte zu anderen Wissenschaften und nie zu viele Kenntnisse über diese haben kann.

Kontakte mit und Kenntnisse aus anderen Wissenschaften braucht der Organisationssoziologe aber nicht nur, wenn er bei einem Forschungsauftrag oder einem praktischen Organisationsentwicklungsprojekt Zusammenhänge zu bearbeiten hat, die den Rahmen der Organisationssoziologie überschreiten. Auch wenn er an ganz auf diesen Rahmen beschränkten Themen arbeitet, braucht er im Hintergrund die Kenntnisse von Forschungsergebnissen, Denkweisen, Arbeitsmethoden und Interessenrichtungen der anderen Bereiche, um bei der Erfassung der Organisationsaspekte nicht Wahrnehmungs- oder Interpretationsfehler zu machen. Wer sich also mit der Organisationssoziologie über eine allgemein orientierende Einführung hinaus befassen will, braucht auch solide Einführungen in die Nachbargebiete.

Auch innerhalb der Soziologie ist die Organisationssoziologie nicht autark. Für sie ist, wie für jede Spezielle Soziologie, ein ständiger Austausch mit der Allgemeinen Soziologie - aus dem System-Subsystem-Verhältnis heraus - lebensnotwendig; während des Studiums ist das ein besonders schwieriges Problem für die Nebenfachstudierenden. Im übrigen gibt es auch auf der Ebene der Speziellen Soziologien notwendige oder nützliche Querverbindungen zur Orga-

---

39 *Kieser*, S. 101.
40 *Scherer* bei *Kieser*, S. 4.

nisationssoziologie, weil die Ausdifferenzierung neuer Spezieller Soziologien nie die Festlegung einer neuen Grenze, sondern nur eines neuen Schwerpunktes ist. Hierbei kommt besonders die Betriebssoziologie in Frage, aus der sich die Organisationssoziologie entwickelt hat und deren „Überbau“ sie in gewissem Sinne geworden ist.

1.4 Begriff der Organisation

Der Begriff der Organisation ist in der Soziologie nicht einheitlich, und er wird in anderen Wissenschaften ebenfalls verschieden verwendet. Hier soll versucht werden, einen Begriff vorzuschlagen, der das gemeinsame Minimum zum Inhalt hat und der deshalb am ehesten größere Zustimmung erwarten kann.

Neue Probleme tauchen aber dadurch auf, dass neben dem herkömmlichen Organisationsbegriff nun auch der Begriff der virtuellen Organisation zu klären ist, der vor allem in der Betriebswirtschaftslehre benutzt wird. Daneben tauchen auch andere neue Begriffe auf, deren Verhältnis zum Organisationsbegriff diskutiert werden muss.

1.4.1 Herkömmlicher Organisationsbegriff

Überlegungen zum Organisationsbegriff sind keine philologische Spielerei. Gerade zur Einführung in eine Wissenschaft kann die Erörterung der Zentralbegriffe oft die Quintessenz der Wissenschaft überhaupt erschließen. So gilt dann auch hier, dass der, „who has not tried his hand at framing a one-sentence (or even one-paragraph) definition of organization has denied himself an educational experience of high value”[41].

Wie in der Umgangssprache finden wir auch in der Soziologie das Wort *„Organisation“ in drei Grundbedeutungen*[42], die zudem jeweils einer

---

41 *Waldo*, S. 218.

42 Ähnlich *Türk* 1978, S. 2, etwas abweichend *Türk/Lemke/Bruch*, S. 19-37; *Mayntz* 1963, S. 37 und 147; *Pfeiffer*, S. 12; *Staehle* 1973, S. 9; *Aßmann, Georg/Borchardt, Heinz:* Organisation, in: *Aßmann, Georg*, u.a. (Hrsg.): Wörterbuch der marxistisch-leninistischen Soziologie, Berlin: Dietz 1977, S. 464/465. Unter den Betriebswirten bereits *Kosiol, Erich*: Grundlagen und Methoden der Organisationsforschung, Berlin: Duncker & Humblot 1959, S. 13, der auch die in seinem Fach häufig benutzte Unterscheidung von Aufbau- und Ablauforganisation begründete (dagegen mit nur zwei Bedeutungen: *Kieser/Kubicek* 1978, S. 1: *Mag*, S. 24/25 m.w.N.). Vgl. auch *Hauschildt* 1987, S. 5, *Prätorius*, S. 10/11 m.w.N.

der drei obersten Kategoriengruppen für soziologische Begriffe angehören: *Organisation erscheint als soziales Subjekt, sozialer Katalysator und sozialer Prozess*[43].

A) Als *sozialer Prozess* erscheint Organisation etwa in der Zuständigkeitsbezeichnung einer „Abteilung für Organisation und Datenverarbeitung"; „*Organisation*" ist hier „*das Organisieren*". Das ist der weitaus vorherrschende Sprachgebrauch in der betriebswirtschaftlichen Organisationslehre[44], so dass deren Aussagen ein nicht immer genügend berücksichtigtes Problem bei der Übersetzung ins Soziologische bieten.

B) Als *sozialen Katalysator* - zu verstehen als ein soziologisches Objekt, das in Gestalt einer intervenierenden Variablen soziale Prozesse beschleunigt, bremst oder in ihrer Richtung verändert - gebrauchte man „Organisation" vor allem in der älteren Soziologie und der Sozialanthropologie. Dort versteht man darunter die langfristig geordneten Beziehungen innerhalb einer Gesellschaft. Das ließe sich genauer als „*Organisiertheit*" verstehen und entspricht dem, was man jetzt als Sozialstruktur bezeichnet[45]. Das ist in der Umgangssprache gemeint, wenn man etwa im Sportverein über die schlechte Organisation der Leichtathletikabteilung schimpft.

C) Ein *soziales Subjekt* - ein Gegenstand soziologischer Betrachtung, der sozial handeln kann - ist gemeint, wenn man einen Betrieb, eine Behörde, einen Verein usw. als Organisation bezeichnet. In diesem Sinne ist er in der Allgemeinen Soziologie heute am verbreitetsten, und *in der Organisationssoziologie wird er jetzt wohl ausschließlich in diesem Sinne be-*

---

43 Vgl. dazu *Endruweit*: Beiträge zur Soziologie, Bd. II, S. 14-34. Siehe auch *Gomez/Zimmermann*, S. 16-19.

44 So z.B. *Schanz, Günter*, bei *Frese*, Sp. 1460/1461; *Mayntz* 1963, S. 37; *Schwarz*, S. 41-44. Aber auch in der Soziologie gibt es Vorstellungen, nach denen „soziale Organisation" ein als dynamisch betrachteter Katalysator (vgl. im Text unter B)) ist, also etwas Prozessähnliches; so z.B. *Olsen, Marvin E.*: The Process of Social Organization, New York: Holt, Rinehart and Winston 1968, S. 2-4.

45 Vgl. *Service, Elman R.*: Primitive Social Organization, 2nd ed., New York: Random House 1971, S. 10 m.w.N.; *Parsons* 1960, S. 16 und 23; *Fürstenberg, Friedrich*: „Sozialstruktur" als Schlüsselbegriff der Gesellschaftsanalyse, in: Kölner Zeitschrift für Soziologie und Sozialpsychologie 1966, S. 439-453, hier S. 445: „Als ein soziales Feld soll hierbei ein Kontinuum von sozialen Wechselbeziehungen gekennzeichnet werden, das in unterschiedlicher Richtung und Intensität organisiert sein kann. Nur für den Grenzfall, daß diese Organisation innerhalb eines feststehenden Bezugsrahmens die Verhaltensweisen eindeutig festlegt, wäre von einem 'System' zu sprechen."

nutzt[46]. In dieser Bedeutung soll auch hier von Organisation die Rede sein, sofern anderes nicht ausdrücklich gesagt ist.

Damit aber haben wir noch keinen positiven Organisationsbegriff. Um ihn zu gewinnen, müsste man Merkmale finden, welche alle Organisationen besitzen, aber kein anderes soziales Subjekt, das nicht unter den Organisationsbegriff fallen soll. Als solche Merkmale werden in der Literatur unter anderem erwähnt[47]:

- Orientierung auf bestimmte Ziele[48],
- Errichtung speziell zum Zweck der Erreichung von ausdrücklich definierten Zielen[49],
- Besitz einer formalen Struktur[50],
- Arbeitsteilung[51], einschließlich Machtdifferenzierung und Verantwortungsdelegation,
- Einrichtung auf Dauer[52] oder zumindest langfristige Existenz,
- Kontrolle durch spezielle Machtzentren[53],
- Optimierung des Personals durch qualitätsorientierten Austausch[54],

---

46 So auch *Schanz* bei *Frese*, Sp. 1460/1461; *Etzioni* 1978, S. 12; *Pfeiffer*, S. 12; *Pfeiffer* bei *Wöhler*, S. 8/9; *Mayntz* 1963, S. 147 und 31 m.w.N.; *Kieser/Kubicek* 1978, S. 4; *Türk* 1978, S. 2; *Hill/Fehlbaum/Ulrich*, S. 496 Fn. 90; *Gebert*, S. 11/12.

47 Vgl. eine technisch ähnliche, inhaltlich aber abweichende Übersicht bei *Porter/Lawler/Hackman*, S. 70. Siehe auch *Büschges/Abraham*, S. 19.

48 *Etzioni* 1973, S. 12; *Etzioni* 1969, S. VII; *Parsons* bei *Etzioni* 1969, S. 33; *Mayntz* 1963, S. 147, und 1964, S. 10; *Wöhler*, S. IX; *Kieser/Kubicek* 1978, S. 4; *Argyris*, S. 54/55; *Fuchs-Heinritz* bei *Fuchs-Heinritz* u.a., S. 478; *Schein*, S. 9; *Scott*, S. 488; *Gross, E.*, S. 52; *Lawless*, S. 163; *Strother* bei *Leavitt*, S. 23; *Mouzelis*, S. 4; *Cleland/King*, S. 59; *Johns*, S. 9/10, *Reed* 1992, S. 77; *Parsons* 1956, S. 64; *Allmendinger/Hinz*, S. 10; *Gebert*, S. 16; *Gross* 1969, S. 277; *Prätorius*, S. 16; *Etzioni* 1971, S. 121.

49 *Blau/Scott*, S. 5; *Etzioni* 1973, S. 12, mit Hinweis auf *Parsons* 1960, S. 17; *Mouzelis*, S. 4; *Risse* bei *Grochla*, Sp. 1093; *Barnard* bei *Etzioni* 1969, S. 18/19; *Walter-Busch*, S. 1; *Huczynski/Buchanan*, S. 7; *Robbins* 1990, S. 4; *Parsons* 1956, S. 63. Anders aber: *Mayntz* 1963, S. 36.

50 *Kieser/Kubicek* 1978, S. 4; *Mayntz* 1963, S. 36. Anders aber: *Mayntz* 1963, S. 47.

51 *Etzioni* 1973, S. 12; *Fuchs-Heinritz* bei *Fuchs-Heinritz* u.a., S. 478; *Gross, E.*, S. 52; *Strother* bei *Leavitt*, S. 23; *Schein*, S. 9; *Presthus*, S. 50; *Girschner*, S. 23; *Prätorius*, S. 16.

52 *Fuchs-Heinritz* bei *Fuchs-Heinritz* u.a., S. 478; *Scott*, S. 488; *Gross, E.*, S. 52.

53 *Etzioni* 1973, S. 12; *Büschges/Lütke-Bornefeld*, S. 36; *Cleland/King*, S. 59.

54 *Etzioni* 1973, S. 12.

- rationale Koordination des Handelns[55],
- genau feststellbarer Mitgliederkreis und Verfahren für Aufnahme und Ausschluss[56]
- oder allgemein: ein sehr komplexes Interaktions- und Kooperationssystem[57].

Die Vielfalt dieser Meinungen, die sich noch leicht vergrößern ließe[58], zeigt schon, dass es vergeblich ist, die Definitionen in der Literatur auf einen Nenner bringen zu wollen: Das ist angesichts der kurzen Entwicklungsspanne der Organisationssoziologie auch nicht erstaunlich. Daher empfiehlt sich der Versuch, mit einer eigenen Definition den Schwerpunkt der gegenwärtigen Diskussion anzugeben. Unvermeidlich ist dabei ein voluntaristisches Element, das die Definition lenkt, weil es kein Kriterium außer dem Wunsch des Definierenden gibt, um alle die realen Gegenstände zu erfassen, die mit dem Begriff „Organisation" bezeichnet werden sollen[59].

Für den eigenen Organisationsbegriff gehen wir von der Entscheidung aus, Organisationen als soziale Subjekte anzusehen. Diese können singularisch, also nur ein einziger Mensch, sein oder pluralisch, also aus einer Mehrzahl von Individuen bestehend. Fraglos gehört jede Organisation zu den pluralischen sozialen Subjekten, unter denen man wieder Aggregate von Systemen unterscheiden kann. Soziale Systeme zeichnen sich dabei vor allem dadurch aus, dass sie relativ formalisierte, dauerhafte und funktional integrierte Beziehungen zwischen ihren Elementen besitzen und sich nicht zuletzt dadurch deutlich von der Umwelt unterscheiden[60], während das soziale Aggregat eher das soziologische Äquivalent zum mathematischen Mengenbegriff ist, also die nur quantitative Zusammenfassung mehrerer Elemente unter einem einzigen Kriterium. Da wir eher die Belegschaft

---

55 *Schein*, S. 9; *Gross, E.*, S. 52; *Presthus*, S. 50; *Thompson*, S. 10, *Walter-Busch*, S. 1; *Allmendinger/Hinz*, S. 10.

56 *Caplow*, S. 1/2; *Mayntz/Ziegler*, S. 34.

57 *Drabek/Haas*, S. 1 und 41; *Allmendinger/Hinz*, S. 10.

58 Vgl. weiter zum Organisationsbegriff: *Azumi/Hage*, S. 7-11; *Khandwalla*, S. 2-7; *Büschges/Abraham*, S. 19-22 und 52; *Hall, R.H.*, S. 9; *Luhmann* bei *Küpper/Ortmann*, S. 165-185. Einen teils etwas gekünstelt kompliziert wirkenden Überblick über verschiedene Ansätze gibt *Steinle*, S. 26-36.

59 Siehe dazu *Burisch*, S. 26-30 und 35/36, der einen anderen Organisationsbegriff ansteuert, indem er das hier Gemeinte im Wesentlichen als Institution bezeichnet und nur sehr informale Gebilde als Organisationen ansieht.

60 Vgl. *Hillmann*, S. 857; *Hennen* bei *Endruweit/Trommsdorff*, S. 587; *Robbins* 1990, S. 4; *Prätorius*, S. 16; *Allmendinger/Hinz*, S. 10.

eines Betriebes als ein Theaterpublikum, eher die Priesterschaft einer Diözese als die Fernsehzuschauer im gleichen Bezirk als Angehörige einer Organisation anerkennen möchten, werden wir die Organisation als eine Form der sozialen Systeme ansehen[61]. In Abbildung 1 auf S. 22 wird die Stellung der Organisation innerhalb eines so gedachten Begriffssystems schematisch verdeutlicht.

Wenn es nun um die Frage geht, was alle Organisationen von den anderen sozialen Systemen unterscheidet, stehen wir wieder vor dem Problem, mehr oder weniger nach den jeweiligen Zwecken festzulegen, welches soziale System unter den Organisationsbegriff fallen soll und welches nicht. Hierzu besteht inzwischen aber weitgehende Übereinstimmung[62], dass einerseits sehr umfassende soziale Systeme, so z.B. Gesellschaft, Stamm, Schicht[63], Klasse, Stand, Kaste, und andererseits[64] relativ kleine soziale Systeme, wie etwa Familie, Spielgruppe, Freundeskreis, nicht dazugehören. Diesen sozialen Systemen fehlen entweder sehr spezifische Zielsetzungen[65], die ihr Handeln entscheidend lenken (so z.B. Familie), oder sie haben - stattdessen oder zusätzlich - eine so geringe Größe und ständigen unmittelbaren Kontakt, dass sie keine organisationsartige Struktur brauchen, um ihre Funktionen auszuüben (so z.B. Nachbarschaft). Was haben demgegenüber Finanzamt, Kirche, Mafiafamilie, Tennisclub und Gewerkschaft - alles Gebilde, die man gerne als Organisationen bezeichnen möchte - noch gemeinsam? Wenn wir uns in Abbildung 4 die Konstitutionselemente einer Organisation ansehen, dann sind das Bestandteile, die auch in anderen sozialen Systemen vorkommen. Für die Organisationen gibt es nur zwei Besonderheiten: Ihre Ziele sind

---

61 So auch die überwiegende Meinung: *Klages/Schmidt*, S. 30; *Büschges/ Lütke-Bornefeld*, S. 33-35 m.w.N.; *Schein*, S. 104; *Parsons* 1960, S. 17; *Katz/Kahn*, S. 47; *Caplow*, S. 1.

62 Siehe u.a. *Mayntz* 1963, S. 36-40; *Pfeiffer*, S. 14/15; *Etzioni* 1978, S. 12.

63 „To speak of a formal organization there must exist explicit procedures for organizing the subgroups in a collectivity to further some joint ends. On the basis of this definition, the political system in a society is a formal organization, while the stratification system is not, and neither the economy, though a firm, of course, is one" (*Blau* bei *Grusky/Miller*, S. 179). Im Gegensatz zur Gesellschaft ist der Staat also durchaus eine Organisation: *Etzioni* 1973, S. 9; *Caplow*, S. 3.

64 Die bei *Pfeiffer*, S. 15, als „Handlungszusammenhänge" genannte dritte Kategorie von nicht organisationalen Gebilden (z.B. soziale Bewegungen, Drogenszene) würden wir zu den sozialen Aggregaten zählen.

65 *Hannan/Freeman* bei *Goodman/Pennings*, S. 111.

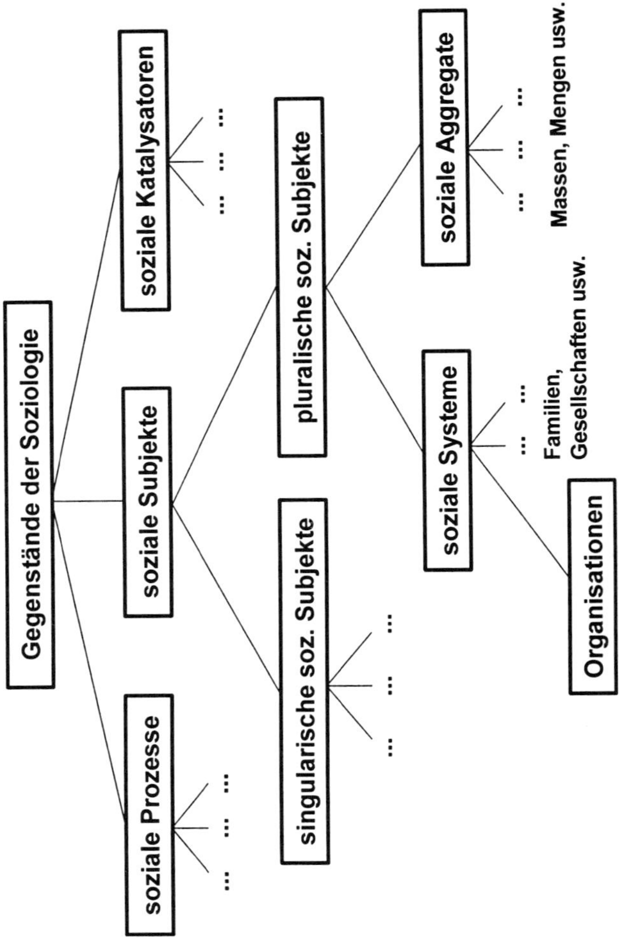

Abbildung 1: Stellung der Organisation innerhalb eines Systems von Gegenständen der Soziologie
(... = Subsysteme)

enger und genauer, oft sogar in einem vorgeschriebenen formalen Verfahren, bestimmt als bei anderen sozialen Systemen, und nicht zuletzt als Folge eben davon haben sie auch die differenziertere, oft formalisierte oder gar schematisierte Struktur. Damit haben wir auch unseren Organisationsbegriff: *Eine Organisation ist ein soziales System mit überdurchschnittlich spezifizierter Zielbestimmung und überdurchschnittlich spezifizierter Struktur*[66]. Dieser Begriff ist - wie alle Versuche einer allgemeinen Organisationsdefinition - nicht sehr inhaltsreich, weil er eben sehr verschiedene Gebilde erfassen muss[67]. Sie haben in der Tat nicht mehr gemeinsam, als dass sie eine Zusammenfassung von Mitteln zur Erreichung von Zielen unter bestimmten Bedingungen sind und deshalb Strukturen ausbilden, mit denen sie durch das Verhalten der Mitglieder ihre Funktionen mehr oder weniger erfüllen. Das rechtfertigt ihre Betrachtung als System, das Eingänge (inputs) durch Organisationsprozesse (throughputs) in Ausgänge (outputs) verwandelt. Dieser Zusammenhang ist in Abbildung 2 in allegorischer Überhöhung dargestellt. Da sich das dort gewählte konkrete Beispiel für eine Organisation (in künstlerischer Freiheit allerdings nicht unter Beachtung aller unserer Organisationskriterien) der Analyse durch soziologische Forschungsmethoden entzieht, musste auf die Einbeziehung des throughput verzichtet werden; dazu konsultiere man Biologen, Fachrichtung Fauna, Untergruppe Vögel, mit Spezialausbildung für Hausgeflügel.

Die relativ dichte Struktur der Beziehungen zwischen den Elementen der Organisation hat zur Folge, dass damit auch der Unterschied von System und Umwelt gegeben ist, da zwischen System und Umwelt wesentlich lockerere Beziehungen bestehen. Zugleich bedeuten die Dichte und Geregeltheit der internen Beziehungen auch, dass „organizations are much more in control of their nature and destiny than any other social grouping“[68].

---

[66] Vgl. auch ähnliche Begriffsbestimungen (gelegentlich nur auf die Zielspezifität abgestellt) bei *Parsons* 1960, S. 17; *Mayntz* 1963, S. 20; *Mayntz/Ziegler*, S. 11 und 34 m.w.N.; *König* bei *Grochla*, Sp. 1103; *Grochla* bei *Grochla*, Vorwort; *Walter-Busch*, S. 1. Anderer Ansicht wohl nur *Brütsch*, S. 46: "die Organisation ... beschreibt soziale Gemeinschaften mit einem Ziel, das nicht näher spezifiziert ist."

[67] Ähnlich *Mayntz* 1963, S. 16.

[68] *Etzioni, Amitai*: Modern Organizations, Englewood Cliffs, N.J.: Prentice-Hall 1964, S. 3 (= Original von *Etzioni* 1978, wo diese Stelle auf S. 12 steht); zustimmend *Eldridge/Crombie*, S. 24. Fast buchstabengleich: *Allen*, S. 8.

Auch wenn der Zielansatz „the virtually universal perspective adopted in the management literature on organizations“[69] ist, ist er nicht konkurrenzlos geblieben. Ihm wird beispielsweise vorgeworfen,

Abbildung 2: Organisation zwischen input und output

(Copyright: TOM; Tel. 030/78716951)

er klammere fast alles das aus, was an Organisationen in der Praxis interessant sei[70]. Schon 1963 wurde die Organisation gesehen als eine Anzahl von Mitgliedern, die eine Koalition bilden, die durch Anreize zusammengehalten wird[71]. Neuerdings zeigt sich eine Neigung, eine Organisation vor allem als eine besondere Kultur zu begreifen und zu analysieren[72].

Die darin enthaltenen Kritiken bemerken alle etwas Wahres. Aber sie haben sich nicht durchsetzen können. Der Einwand, die Definition über Ziele unterdrücke Interessantes, übersieht, dass eine Definition niemals ihr Objekt in der Reichhaltigkeit seines Inhalts beschreiben soll, sondern dass sie die Grenze zwischen ihrem und anderen Objekten angeben soll. Der Koalitionsansatz übersieht, dass auch Ehen,

---

69 *Pfeffer* 1978, S. 5.

70 *Morgan* 1989, S. 30.

71 *Cyert/March*, S. 27: „Let us view the organization as a coalition .... The idea of an organizational goal and the conception of an organization as a coalition are implicitly contradictory.“

72 *Franzpötter*, S. 14/15.

Freundschaften und Sportseglermannschaften solche Koalitionen sind, ohne dass man sie als Organisation bezeichnen möchte. Der Kulturansatz nimmt sich eines bisher zwar relativ vernachlässigten Merkmals an, übertreibt es aber, indem auch er übersieht, dass auch viele Nichtorganisationen ihre eigenen (Sub-) Kulturen haben. *Es gibt also keinen Anlass, vom herrschenden Organisationsbegriff abzugehen.*

1.4.2 Abgrenzung zu anderen Begriffen

Natürlich muss die Organisation von „präorganisationalen" Assoziationen wie Gemeinschaft, Gewerkschaft (die es nicht nur als arbeitspolitischen Arbeitnehmerzusammenschluss gibt, sondern z.B. auch als bergrechtliches Gebilde) und Gesellschaft abgegrenzt werden[73]; das ist aber eher ein Problem der Allgemeinen Soziologie. Andererseits wird auch von der „postmodernen Organisation" gesprochen[74]. Sie zeichnet sich angeblich einerseits durch Auflösung von Zielsystemen, Hierarchien und Regulierung aus, andererseits durch hohe Flexiblität, Spezialisierung und Informationsaktivität. Soweit es sich dabei nicht nur um besonders starke Ausprägungen einzelner Merkmale von durchaus herkömmlichen Organisationen handelt, sondern um einen durchgängig neuen Typ, ist er bisher ein rein literarisches Gebilde.

Drei Begriffe allerdings, die oft im Zusammenhang mit Organisation genannt werden, sollte man sich genauer ansehen.

1.4.2.1 Netzwerk

Beim Netzwerk ist es schon strittig, ob es nun ein neuer oder ein alter wissenschaftlicher Begriff sei. Während ein bedeutender Organisationswissenschaftler 1986 über „the recent notion of ‚networks'"[75] schreibt, hat ein anderer bedeutender Organisationswissenschaftler schon 1982 ausgemacht, dass „some of the earliest work in organization theory used the network paradigm and social network analysis"[76], und dazu Belege aus der Mitte des 20. Jahrhunderts gebracht.

---

[73] Dazu *Türk* 1995, S. 118-121.

[74] Eine Übersicht dazu bei *Knoblauch*, S. 12-15, in Anlehnung an *Clegg*.

[75] *Perrow* 1986, S. 179.

[76] *Pfeffer* 1982, S. 271; dort Überschrift „Organizations as Relational Networks". Eine frühe Übersicht bieten *Aldrich/Whetten* bzw. *Tichy* bei *Nystrom/Starbuck*, Bd. I, S. 385-408, bzw. Bd. II, S. 225-249. Einen knappen Überblick über die Forschung geben *Krücken/Meier*, S. 75-79.

Eine aktuelle Übersicht über die theoretischen Grundlagen und die inhaltlichen Auseinandersetzungen diskutiert auch die Frage, ob der Netzwerkansatz denn überhaupt eine Theorie oder nur eine Methode sei[77]. Wie dem auch sei, in unserem Zusammenhang ist vor allem das Folgende wichtig.

Wenn man Netzwerke nicht überhaupt „als Formalstruktur und Mythos der Innovationsgesellschaft"[78] identifiziert, sondern sie mit einer wohl am ehesten konsensfähigen Definition als „a patterned set of relationships among actors or groups in a social space"[79] ansieht, dann ist damit allerdings nicht mehr gesagt, als dass Netzwerke Sozialsysteme mit Beziehungen zwischen den Elementen sind – das aber ist jedes Sozialsystem.

In der Interorganisationsanalyse gibt es einen etablierten Ansatz, der die Umweltbeziehungen einer „focal organization" untersucht[80]. Betrachtete man die Szene nun nicht von so einem Zentralpunkt aus, sondern mehr aus der Vogelperspektive mit lauter prinzipiell „gleichberechtigten" Organisationen, hätte man das Modell einer Netzwerkanalyse. Dann würde man feststellen, dass in dem Universum aller Organisationen einige von ihnen mehr und engere Beziehungen untereinander haben als mit anderen. Entsprechend ist es innerhalb einer Organisation: Grundsätzlich sind alle mehr oder weniger in direkten oder indirekten Beziehungen. Einige aber sind es besonders stark, und zwar in der Regel auf freiwilliger Basis. Damit sind Netzwerke besonders dichte Substrukturen innerhalb eines größeren sozialen Systems. Man kann also sagen: *Netzwerke sind innerhalb eines Sozialsystems relativ stabile Substrukturen, deren Elemente einander in ihren Beziehungen bevorzugen gegenüber anderen Elementen, mit denen gleiche Beziehungen im Prinzip genauso möglich wären*[81]. Innerhalb von Organisationen sind Netzwerke deshalb i.d.R. nicht anderes als informelle Gruppen.

Damit sind Netzwerke in der Tat nichts ganz und gar Neues. Das sehen wir an den Worten eines Beamten, der sich mit immer denselben Tischgenossen in der Behördenkantine trifft und sagt: „Kollegen, wir sollen ja nun organisatorisch innovativ sein; also nennen wir unsere Seilschaft jetzt Netzwerk!" Der Charakter als informelle Gruppe erwies sich auch bei einer Untersuchung in den USA, nach der Mitglie-

---

77 *Trezzini*, S. 511-544; zu Theorie oder Methode: S. 513-515.
78 *Krücken/Meier*, S. 75.
79 *Bacharach/Lawler*, S. 205.
80 Vgl. auch *Perrow* 1986, S. 192.
81 Anders *Büschges/Abraham*, S. 210/212, im Anschluss an *Granovetter.*

der von Netzwerken länger zusammenblieben, d.h. seltener als „Einzelkämpfer" kündigten, oder zusammen die Arbeitsstelle aufgaben[82].

Damit ist das Netzwerk keine Alternative zur Organisation, sondern man kann „Netzwerke als Organisationsform"[83] ansehen. Noch genauer wird gesagt: „Dabei werden Netzwerke heute als eine zusätzliche Ebene der Handlungskoordinaten ‚über', ‚neben' und auch ‚in' den korporativen Akteuren, den Organisationen, verstanden"[84] oder auch, das Netzwerk könne „als Alternative zur Hierarchie verstanden werden"[85].

Dabei sind auf interorganisationaler Ebene Netzwerke vermutlich seltener als häufig angenommen. So wurde nach einer Untersuchung von 1.630 Betrieben im deutschen Verarbeitenden Gewerbe im Jahr 2001 der Schluss gezogen: „Nur wenige Betriebe setzen dabei auf Netzwerke mit mehreren Partnern. Ansätze zu virtuellen Fabriken ... sind noch seltener"[86], womit wir den Übergang zum nächsten Thema haben.

1.4.2.2 Virtuelle Organisation

Von einer virtuellen Organisation wird erst seit einem Dutzend von Jahren gesprochen. Sie wurde von *Yates/Benjamin* und *Nagel/Dove* 1991 in die Diskussion gebracht, nachdem allerdings schon 1986 *Mowshowitz* bei *Yovitz* den Begriff der virtual corporation benutzt hatte[87]. Als Schlagwort wurde die Virtualität aber erst durch das Buch von *Davidow/Malone* bekannt, das den Begriff aus der Speichertechnik der Informatik in die Organisationstheorie übertrug und seither eine Vielzahl von Veröffentlichungen vor allem in der Betriebswirtschaftslehre nach sich gezogen hat. Im Zusammenhang damit steht auch die stets anzutreffende Bemerkung, dass die virtuelle Organisation auch „den anvancierten Umgang mit Techniken zur überbetrieblichen Vernetzung"[88] umfasse. Vielleicht fördert es die Vorstellungsfähigkeit, wenn man hört: „Der Begriff der Virtualität bezeichnet Objekte,

---

82 *Krackhardt, David/Porter, Lyman W.*: The Snowball Effect: Turnover Embedded in Communication Networks, in: Journal of Applied Psychology 1986, S. 50-55.
83 *Rölle/Blättel-Mink*, S. 84.
84 *Jansen* bei *Allmendinger/Hinz*, S. 88 m.w.N.
85 *Holtbrügge*, S. 73 m.w.N.
86 *Eggers/Kinkel*, S. 1 und 2.
87 Vgl. zur Begriffsgeschichte *Sieber*, S. 7-44 m.w.N.; *Möslein, Kathrin M.*, bei *Rohde/Rittenbruch/Wulf*, S. 14-26.
88 *Eggers/Kinkel*, S. 4.

die bestimmte Merkmale und Eigenschaften aufweisen, ohne physisch vorhanden zu sein," und „entscheidend ist also, dass virtuelle Objekte menschliche Wahrnehmung allein durch Zeichen simulieren und für den Betrachter bzw. Benutzer als real erscheinen, obwohl sie es im physischen Sinne nicht sind"[89]. Als Zwischenergebnis der Diskussion vieler konkurrierender Begriffsbestimmungen lässt sich sagen: „Eine weitgehend akzeptierte Beschreibung definiert die virtuelle Organisation als eine Kooperation von rechtlich unabhängigen Firmen oder Personen, die ihre Kernkompetenzen zu einer vertikalen oder horizontalen Integration beisteuern und sich dem Kunden dabei als eine einzige Organisation darstellen"[90]. Dabei soll der zeitweilige Zusammenschluss der Kernkompetenzen von weiterhin selbstständigen Organisationen für einen bestimmten und begrenzten Zweck, aber ohne neue Hierarchie und Bürokratie, hohe Flexibilität und Effizienz für begrenzte spezielle Aufgaben bereitstellen.

Das ist aber nichts Neues. Die „ArGe Dingsdorfer Dreieck", eine Arbeitsgemeinschaft aus einer Straßen-, einer Wasser- und einer Brückenbaufirma zum Bau eines Autobahnanschlusses bei Dingsdorf, oder ein „Konsortium" aus einer Maschinenbau- und einer Elektrotechnik-Firma zur Entwicklung eines neuen Lokomotiventyps gab es schon vor einem halben Jahrhundert. Neu ist nur die Etikettierung

---

89 *Holtbrügge*, S. 83 m.w.N.

90 *Rohde/Rittenbruch/Wulf*, S. 2. Vgl. auch: *Fischer*, S. 141: "Eine Virtuelle Organisation entsteht, wenn mehrere selbständige Unternehmen unter Einbringung individueller Kompetenzen zusammenarbeiten, um ein gemeinsames Ziel zu erreichen"; *Brütsch*, S. 46: "Eine virtuelle Organisation kann eigentlich als zielbewusst koordinierte Tätigkeiten von mehreren Parteien - ohne unnötige physikalische Attribute wie Gebäude, Rangordnungen (ein physikalisches Attribut? G.E.) usw. - betrachtet werden"; *Sieber*, S. 31: "Der kleinste gemeinsame Nenner aller Definitionen ist die Kooperation bei gleichzeitiger Konzentration zur Kombination von internen und externen Ressourcen mit dem Ziel, in dynamischen Umfeldern konkurrenzfähig zu sein". Weitere Definitionen und Eigenschaftsangaben bei *Schewe*, S. 2-4 und 7. Entsprechend zum virtuellen Unternehmen: *Blecker*, S. 23-30, und referiert bei *Konradt*, S. 159-161. Die Verbindung zum Netzwerk zeigt sich auch bei *Orlikowski*, S. 9 („virtuelle Unternehmen als interorganisational zusammengesetzte Netzwerke") und aus den folgenden Ausführungen von *Konradt*, S. 159: „ Die Virtualisierung von Organisationen zielt ... auf eine dynamische Vernetzung modularer Organisationseinheiten *in und zwischen* Unternehmen ab. ... Der wirtschaftliche Nutzen virtueller Unternehmen ergibt sich in erster Linie daraus, dass auf die Institutionalisierung zentraler Funktionen weitgehend verzichtet wird, (sic!) und die notwendigen Koordinations- und Abstimmungsprozesse durch den Einsatz geeigneter Informations- und Kommunikationssysteme realisiert werden."

als virtuelle Organisation, und die ist problematisch. In ihren Definitionen ist der Oberbegriff, zu dem die virtuelle Organisation ein Spezialfall sein soll, stets „Kooperation". Das gilt auch dort, wo statt einer Definition ein Kriterienkatalog gebracht wird, bei dem dann die Kooperation eines der wichtigsten Merkmale ist, oder wenn die virtuelle Organisation als Unterfall eines Netzwerkes definiert wird, dessen Oberbegriff dann als „Zusammenarbeit" bestimmt wird[91]. Mit der Bezugnahme auf „Kooperation" und „Zusammenarbeit" wird die virtuelle Organisation aber als sozialer Prozess definiert, also mit einem in der Soziologie überholten Ansatz (vgl. oben bei 1.4.1), so dass wir ihn hier nicht weiter zu behandeln brauchen. Sieht man die Organisation als soziales Subjekt, ist die mit der virtuellen „Organisation" verbundene Problematik im Rahmen der Strukturen und Funktionen der Organisation zu erörtern.

An diesen Stellen sieht auch die betriebswirtschaftliche Kritik der virtuellen „Organisation" die Problematik, wenn es dort beispielsweise heißt: „Virtuelle Unternehmen stellen hohe Anforderungen an ihre Mitarbeiter. Nur wenn diese erfüllt sind, lassen sich die erhofften ökonomischen Vorteile erzielen. Eine genaue Betrachtung der von den Mitarbeitern erwarteten Qualifikationen zeigt aber, dass diese zum Teil nicht realisierbar sind. Auch die unterstellte und für den Erfolg virtueller Unternehmen konstitutive Form der Zusammenarbeit erweist sich als idealtypische Annahme" und „Virtualität als Idee ist bestechend. Ihre Umsetzung stößt jedoch auf erhebliche Nutzungsbarrieren, die in der menschlichen Natur begründet sind. ... Die vollständig virtuelle Unternehmung ... dürfte ... eine ... Ausnahme bleiben"[92].

1.4.2.3 Soziale Bewegung

Zur Vermeidung von Missverständnisen beim Lesen US-amerikanischer Texte zur Organisationssoziologie muss auf einen Unterschied im Sprachgebrauch hingewiesen werden. In den USA ist es üblich, soziale Bewegungen als Organisationen anzusehen. Die For-

---

91 Vgl. die Kriterienkataloge bei *Rohde/Rittenbruch/Wulf*, S. 3 (6 Kriterien); *Fischer*, S. 154/155, und *Brütsch*, S. 47 (jeweils 9 Kriterien); *Kaluza/Blecker*, S. 8 (11 Kriterien). Virtuelle Organisation als Netzwerk: *Kaluza/Blecker*, S. 7 m.w.N.; *Mertens/Faisst*, S. 280. "Kooperation" auch bei *de Vries* bei *Brill/de Vries*, S. 57 m.w.N.

92 *Jörges/Süss*, S. 78, bzw. *Drumm*, S. 200. Ebenfalls kritisch zur virtuellen Organisation: *Schewe*, S. 22.

mulierung „social movement organization“[93] ist sehr häufig und hat schon zur Abkürzung SMO[94] geführt.

Wenn man als soziale Bewegung solche Erscheinungen wie die Arbeiter- oder Jugendbewegung sowie auch manche politische (Nationalismus z.B.) oder religiöse Strömungen (Fundamentalismus z.B.) versteht, würden sie nicht dem hier aufgestellten Organisationskriterium der überdurchschnittlich spezifizierten Struktur (siehe 1.4.1) gerecht werden. Sofern man als soziale Bewegung nicht überhaupt nur eine Weltanschauung oder mit der auf *Lorenz von Stein* zurückgehenden älteren Terminologie einen sozialen Prozess versteht[95], meint man „ein soziales Subjekt, das aus einer relativ großen Anzahl von Menschen besteht, die unter einer zentralen Führung, aber ohne sehr feste Organisation ein gemeinsames Anliegen gegenüber der Gesamtgesellschaft oder deren politischen Einrichtungen vertreten“[96]. Das ist vielleicht sogar eine gemeinsame westeuropäische Vorstellung, wenn es in einem französischen Fachwörterbuch heißt: „Les mouvements sociaux renvoient à un champ dans lequel les conduites ne sont pas – ou pas encore - institutionnalisées“[97] und „that social movements are uninstutionalized groups“[98]. Erst wenn daraus eine Partei, Gewerkschaft, Kirche usw. hervorgeht, ist diese eine Organisation[99].

---

93 *Zald/McCarthy*, S. 20/21. Siehe auch *Voss, Kim/Sherman, Rachel*: Breaking the Iron Law of Oligarchy, in American Journal of Sociology 106 (2000), S. 303-349.

94 Z.B. bei *Cress, Daniel M./Snow, David A.*: The Outcomes of Social Movement Mobilization, in: American Journal of Sociology 105 (2000), S. 1063-1104.

95 Vgl. *Rammstedt* bei *Fuchs-Heinritz* u.a., S. 97.

96 *Endruweit* bei *Endruweit/Trommsdorff*, S. 65.

97 *Patrice Mann* bei *Boudon, Raymond/Besnard, Philippe/Cherkaoui, Mohamed/ Lécuyer, Bernard-Pierre* (dir.): Dictionnaire de la sociologie, Paris: Larousse 1990, S. 138. Bei *Alain Touraine*, der sich besonders eingehend mit sozialen Bewegungen beschäftigt hat, werden diese deutlich von Organisationen unterschieden (siehe *Touraine, Alain* : The voice and the eye (orig. : La voix et le regard, Paris: Editions du Seuil 1978), Cambridge: Cambridge University Press 1981, S. 31).

98 *Sidney Tarrow* bei *Kuper, Adam/Kuper, Jessica* (Eds.): The Social Science Encyclopedia, London: Routledge 1989, S. 778. In der führenden skandinavischen Zeitschrift der Soziologie wurde in einem Artikel zwischen social movement und movement organization unterschieden: *Hjelmar, Ulf*: Constructivist Analysis and Movement Organizations, in: Acta Sociologica 39 (1996), S. 169-186, hier insbes. S. 177.

99 Anders aber *Hillmann*, S. 98.

1.4.3 Organisation und Rationalität

Wenn über die grundsätzliche soziale Bedeutung von Organisationen gesprochen wird, wird oft auch von „der überragenden Bedeutung gesprochen, die das moderne Rationalitätskonzept in modernen Organisationstheorien besitzt"[100]. Wenn es richtig ist, dass „organizations ... are ‚created' because one or more individuals perceive that the coordinated and concerted action of a number of people can accomplish something that individual action cannot"[101], dann erscheint Organisieren als eine relative Garantie für eine bessere Zukunft, weil sie auf diesem Wege gezielt angestrebt werden kann. Beim größten Praktiker des Kommunismus, der übrigens die Anfänge der Organisationssoziologie bei *Taylor* kannte und schätzte, führte das sogar so weit, dass er meinte, mit Organisation das Paradies auf Erden schaffen zu können: „Ja, das nennt man Organisation, wenn im Namen *eines* Zieles, beseelt von *einem* Willen, Millionen Menschen die Form ihres Verkehrs und ihres Tuns ändern, Ort und Methoden ihrer Tätigkeit ändern, Werkzeuge und Waffen wechseln – entsprechend den veränderten Umständen und Erfordernissen des Kampfes"[102]. Diese Bemerkung bezog sich allerdings auf das Militär; denn „hier haben wir ein gutes Vorbild einer Organisation", und deshalb konnte er gleich anschließend sagen: „Dasselbe gilt auch für den Kampf der Arbeiterklasse gegen die Bourgeoisie".

Von der Theorie der wissenschaftlichen Betriebsführung über den Human-Relations-Ansatz bis insbesondere zur Bürokratietheorie[103] erschien die Organisation als ein System, gegründet aus Rationalität und für Rationalität, wenngleich zunehmend verbunden mit Fragen nach den Grenzen dieser Rationalität[104]. Das entsprach dem aus der Aufklärung geborenen Gründungsselbstverständnis der Soziologie nach rationaler Erklärung von Gesellschaft und zielbewusster Verbesserung der gesellschaftlichen Verhältnisse.

Im Vergleich zu den vielerlei Bedeutungen von Rationalität in der Philosophie ist der Rationalitätsbegriff der Soziologie, der soziales Handeln erklären soll, ziemlich einfach. Dabei muss man wohl zwischen einer intersubjektiven und einer subjektiven Rationalität unterscheiden. *Intersubjektive Rationalität* wäre dann *die Eigenschaft einer Aussage, die Beziehung zwischen Ziel und Mittel sozialen Handelns für einen Beobachter ver-*

---

100 *Holtbrügge*, S. 201.
101 *Schein* bei *Frost* u.a., S. 14.
102 *Lenin, Wladimir Iljitsch*: Der Zusammenbruch der II. Internationale, in: Werke, Band 21, Berlin: Dietz 1977, S. 256.
103 *Holtbrügge*, S. 200-201.
104 *Nassehi* bei *Allmendinger/Hinz*, S. 461-467.

nunftgemäß, d.h. nach Logik und allgemeiner Lebenserfahrung, nachvollziehbar anzugeben. Das ist eher die den Sozialwissenschaftler, Evaluator oder Controller, aber auch den Aktionär oder die Aufsichtsbehörde interessierende Rationalität. Den Praktiker interessiert eher die *subjektive Rationalität*, die deshalb auch in der Betriebswirtschaftlehre vorherrscht: „*Rationalität bedeutet ..., dass ein Entscheider diejenige Alternative auswählt, dessen* (richtig wäre: deren; G.E.) *Ergebnis für ihn den maximalen Nutzen stiftet*"[105]. Für den intersubjektiven Rationalitätsbegriff ist die Zieldefinition einer Organisation also geradezu existenznotwendig, wie denn auch in der Buchhaltung eine Haben- oder in der Planung eine Ist-Vorstellung ziemlich bedeutungslos ist, wenn man keine Soll-Vorstellung hat. Aber auch für die subjektive Rationalität kann die Zieldefinition von hoher Bedeutung sein, weil man durch sie recht gut die Alternativen beurteilen kann, wenn man ex ante entscheiden soll, ob einem der Eintritt in ein Kloster oder in ein Revuetheater den maximalen Nutzen bringen wird. Deshalb war es stets „die Orientierung an einem gesetzten Zweck, der die Vermutung begründetet, Organisationen würden sich durch eine formale Rationalität auszeichnen"[106].

Demgegenüber behauptet nun eine neue Richtung, die sich postmoderne Organisationstheorie nennt (siehe dazu 1.6.1.10): „Das traditionelle Rationalitätskonzept geht von der Annahme aus, dass sowohl die bei einer Entscheidung zur Verfügung stehenden Alternativen als auch die Umweltbedingungen wertneutrale ontologische Tatsachen darstellen"[107] und legt „der postmodernen Organisationstheorie eine grundsätzliche Revision zugrunde, die den modernen Rationalitätsbegriff als reduktionistisch und relativistisch dekonstruiert"[108]. Als Gegenkonzept wird unter anderem angeboten: „Von der Postmoderne wird sowohl Ausgrenzung und Marginalisierung als auch die Instrumentalisierung von Emotionen verurteilt. Statt dessen wird betont, daß Geist und Körper bzw. Rationalität und Emotionalität untrennbare Aspekte der menschlichen Existenz darstellen und Organisationen nur durch die Berücksichtiung des Zusammenspiels zwischen diesen beiden Kräften verstanden werden können"[109]. Zur Begründung wird oft darauf verwiesen, dass die einzelnen Menschen in

---

[105] *Holtbrügge*, S. 199. Vgl. auch *Scott/Mitchell/Peery* bei *Nystrom/Starbuck*, Bd. II, S. 135: „Rationality is a way of thinking, usually described as instrumental. That is, decision makers choose rationally those means that are perceived as the most likely to lead to their goals."

[106] *Knoblauch*, S. 6.

[107] *Holtbrügge*, S. 214.

[108] *Holtbrügge*, S. 207.

[109] *Holtbrügge*, S. 210 m.w.N.

einer Organisation aus sehr verschiedenen Motiven und mit sehr verschiedenen Zielen eingetreten sind. Dann würde in der Tat gelten: „Since rationality is defined with respect to some preference for outcomes, when there is no consensus on outcome preferences it is difficult to speak of rationality"[110]. Dagegen kann man nur fragen: Wenn sich ein Novize im Kloster darüber beschwert, dass es nicht einmal am Wochenende eine zünftige Revue gebe, wem mangelt es dann an Rationalität, dem Kloster oder dem Novizen?

Die postmoderne Organisationstheorie leidet nicht nur wie der größte Teil des Postmodernismus darunter, dass sie sprachlich schwer verständlich ist[111] und gedanklich manchmal kaum durchschaubar, sondern auch daran, dass sie wie manche andere neue Theorie ohne hinreichende Kenntnis des angegriffenen Gegners diesem Behauptungen widerlegen will, die er gar nicht gemacht hat. Was die angebliche Neuentdeckung der Emotionalität betrifft, so finden wir sie schon bei *Max Weber* als emotionale Evidenz, d.h. als Parallele zur rationalen Evidenz: „Alle Deutung strebt, wie alle Wissenschaft überhaupt, nach ‚Evidenz'. Evidenz des Verstehens kann entweder rationalen ..., oder einfühlend nacherlebenden: emotionalen, künstlerisch-rezeptiven Charakters sein. Rational evident ist auf dem Gebiet des Handelns vor allem das in seinem gemeinten Sinnzusammenhang restlos und durchsichtig *intellektuell* Verstandene. Einfühlend evident ist am Handeln das in seinem erlebten *Gefühlszusammenhang* voll Nacherlebte"[112]. Dieses, heute auch Empathie genannte, Vermögen des Nacherlebens gehört zum Kernbestand der Verstehenden Soziologie und damit auch zum Ansatz der „neueren" Handlungstheorien. Zur angeblichen Wertblindheit der herkömmlichen Rationalitätsvorstellung finden wir bei *Weber*: „Wie jedes Handeln kann auch das soziale Handeln bestimmt sein 1. *zweckrational*: durch Erwartungen des Verhaltens von Gegenständen der Außenwelt und vom anderen Menschen und unter Benutzung dieser Erwartungen als ‚Bedingungen' oder als ‚Mittel' für rational, als Erfolg, erstrebte und abgewogene eigne *Zwecke* – 2. *wertrational*: durch bewußten Glauben an den – ethischen, ästhetischen, religiösen oder wie auch immer zu deutenden – unbedingten *Eigenwert* eines bestimmten Sichverhaltens rein als sol-

---

110 *Pfeffer* 1978, S. 8.

111 Siehe dazu *Laermann, Klaus*: Lacancan und Derridada, in: Kursbuch 84 (1986), S. 34-43, der von *Holtbrügge* anerkennswerterweise selbst zitiert wird. Bei *Laermann* heißt es auf S. 43: „Diese Wissenschaftsmode will allen Ernstes die letzte sein. Noch vor ihrem eigenen Ende möchte sie das der Wissenschaften erleben."

112 *Weber* 1964, S. 4.

chen und unabhängig vom Erfolg"[113]. Hier finden wir u.a. eine Vorwegnahme der Rollentheorie, die in der organisationalen Rationalität große Bedeutung hat (siehe näher unter 2.2.1.2).

Nun sind das Ausführungen zum sozialen Handeln allgemein bzw., mit etwas anderem Zusammenhang, zum wissenschaftlichen Verfahren der Handlungsanalyse: „Dies Verfahren darf aber natürlich nicht als ein rationalistisches Vorurteil der Soziologie, sondern nur als methodisches Mittel verstanden und also nicht etwa zu dem Glauben an die tatsächliche Vorherrschaft des Rationalen über das Leben umgedeutet werden. Denn darüber, inwieweit in der Realität rationale Zweckerwägungen das *tatsächliche* Handeln bestimmen und inwieweit nicht, soll es ja nicht das Mindeste aussagen"[114]. Das ist aber in der Organisation nicht anders. Wer eine Organisation mit sozialem Handeln gründet oder leitet, wird erwarten, dass die anderen Organisationsangehörigen sich bemühen, im Sinne der gesetzten Ziele zu arbeiten, wenngleich auch nicht den gesamten Arbeitstag ohne Unterlass[115] - wie umgekehrt niemand erwartet, dass ein Mensch in seiner nicht organisierten Freizeit pausenlos irrational handelt. Wer bereit ist, um der Sicherheit eines auskömmlichen Musikerdaseins willen sich der weitgehenden Fremdbestimmtheit eines Orchesters zu unterwerfen, wird sich bei der Staatsoper bewerben. Wer unter allen Umständen lieber täglich seinen jeweiligen Launen und Einfällen folgen möchte, muss Straßenmusikant werden; denn selbst als international berühmter Starsolist müsste er sich bei seinen Konzerten doch Organisationen, Agenturen, Verkehrsbetrieben und Hotels ausliefern.

1.5 Organisationstypologien

Genauere Informationen über Organisationen kann man auf der Begriffsebene erst erwarten, wenn man nicht alle, sondern nur einzelne Arten von Organisationen betrachtet. Das ist Gegenstand von Organisationstypologien[116], mit denen Untergruppen von Organisationen systematisiert werden. Es ist leicht vorstellbar, dass freiwillige Organisationen wie Freizeitvereine sich von Zwangsorganisationen

---

[113] *Weber* 1964, S. 17.

[114] *Weber* 1964, S. 5.

[115] Deswegen wird die Diskriminierung von Frauen in Organisationen zu Recht als häufiger Verstoß gegen die Rationalität kritisiert (*Rastetter*, S. 169-186).

[116] Vgl. auch die Abschnitte über Typologien bei *Mayntz* 1963, S. 55-57; *Pfeiffer*, S. 15-20; *Silverman*, S. 18-25; *Champion*, S. 64-78; *Türk* 1978, S. 175-179; *Litterer*, S. 57-78; *Ahrne*, S. 46-50.

wie Industrie- und Handelskammern in manchem insgesamt stark unterscheiden, so sehr sich auch Schwesterorganisationen bereits in Einzelheiten unterscheiden mögen. Aus diesem Grunde sind empirisch gesicherte Typologien das am häufigsten angewandte Instrument der wissenschaftlichen Praxisberatung, jedenfalls für die erste grobe Problembearbeitung[117]. Das hängt auch mit dem methodologischen Gesichtspunkt zusammen, dass Typologien am Beginn des Übergangs von Allgemeiner zu Spezieller Organisationssoziologie stehen[118]. Dort bilden Typologien oft einen Ansatz für eine Theorie; denn „the greatest level of ‚success' that a typology may achieve is if it is able to generate new hypotheses and if it signposts relationships that were previously not recognized. In this sense typology is a tool, a means to an end and not an end in itself"[119].

Die Konstruktion von Typologien ist nicht so anspruchsvoll wie das Aufstellen einer komplexen Theorie. Es gibt auch relativ viel inhaltliche Beliebigkeit, weil Typologien nach dem jeweiligen momentanen Verwendungszweck eingeteilt werden können, aber die formalen Gesichtspunkte müssen streng eingehalten werden. „There is no single ‚correct' typology of organizations. The criteria for selecting a typology ... are:

1. The typology must be constructed along some important general variable or property of organizations which permits unambiguous differentiation of organizations.

2. The variable must be one of a set of important variables.

3. The variable chosen must lead to information of understanding important to the user"[120].

Beispiel: Die Unterscheidung nach dem Gründungsdatum eines Unternehmens würde nur Kriterium 1 erfüllen. Würde man danach unterscheiden, ob das Unternehmen vor oder nach der Einführung einer Gesetzesbestimmung erfolgte, nach der Eigentümer neuer Unternehmen nur solche Personen sein dürfen, die eine Berufsausbildung im Bereich der Unternehmenstätigkeit haben, wäre auch Kriterium 3 erfüllt und ebenfalls Kriterium 2.

Allen Typologien ist gemeinsam, dass sie eine einheitliche, trennscharfe Dimension zur Ermittlung von Teilmengen benutzen[121], bei-

---

[117] *Azumi/Hage*, S. 219.
[118] Ebenso *Türk* 1978, S. 175.
[119] *Clegg/Dunkerley*, S. 142.
[120] *Litterer*, S. 59.
[121] Fehlt die einheitliche „Dimension" (d.h. das Unterteilungskriterium),

spielsweise die Größe[122], wenn sie große, mittlere und kleine Organisationen, z.B. nach Mitgliedergrößenklassen, unterscheiden. Weitere Klassifikationen werden z.B. nach Zielen (etwa Gewinnerzielung oder Gemeinnützigkeit), Leistungen (Güterproduktion oder Dienstleistung), Programm (d.h. Verfahren zur Erstellung der Leistung, etwa operativ, administrativ oder personell), Autonomiegrad (Handeln weitgehend von außen vorgeschrieben oder intern festlegbar), vorherrschendem Mitgliedercharakter, benutzter Technologie oder spezifischen Struktur- und Leitungsformen vorgenommen[123]. Daraus folgt bereits, dass Typologien gar nicht alle Elemente einer bestimmten Organisation erfassen oder gar erklären können. Der öfter gehörte Vorwurf, eine Typologie berücksichtige nicht, dass es auch unter den von ihr zu einer Teilmenge zusammengefassten Organisationen noch erhebliche Unterschiede gebe[124] oder dass Organisationen in verschiedenen Teilmengen auch Gemeinsamkeiten aufwiesen, ist daher in der Regel keine treffende Kritik, weil er eine selbstverständliche Schwäche der Typologie-Methode an sich bemängelt. Im Übrigen sollte beachtet werden, dass jeder Typologisierungsversuch von sich aus mehr zur Bildung von Ideal- als Realtypen neigt - mit allen daraus folgenden Konsequenzen für die Stringenz der weiteren Ableitungen.

Weiterhin hängt der praktische Nutzen einer Typologie von ihrer methodischen Struktur ab. Hierbei sind vor allem zwei Arten wichtig, taxonomische und korrelationale Typologien. Sie unterscheiden sich im Wesentlichen in den Konsequenzen[125], die mit der Zuordnung zu einer bestimmten Teilmenge von Organisationen verbunden sind. Unterscheidet eine Typologie keine Konsequenzen der Einteilung, gibt es also keine abhängigen Variablen zu der typisierenden unabhängigen Variable, welche die Teilmengen von Organisationen bestimmt, sondern bietet sie nur folgenlose Klassifikationen, wie öffentlich - privat oder zentralisiert - dezentralisiert, dann ist die Typologie kaum erkenntnisfördernd.

---

dann ist die Einteilung meist wertlos, weil sie keinerlei Maßstab für die Zuordnung bietet und weil dementsprechend willkürliche Zuordnungen auch unklare Folgen zeigen.

122 Zur weiteren Bedeutung der Größe vgl. u.a. *Mayntz/Ziegler*, S. 89-92 m. w. N.; *Khandwalla*, S. 292-299; *Kieser/Kubicek*, S. 293-307; *Freeman/ Hannan*, S. 215-228; *Moch/Morse*, S. 716-725.

123 Dazu näher u.a. *Büschges/Abraham*, S. 84-91.

124 So z.B. *Champion*, S. 67.

125 Ebenso *Mayntz* 1963, S. 55; *Türk* 1978, S. 176.

1.5.1 Taxonomische Typologien

Organisationssoziologische Taxonomien gehen vor wie ihre Vorbilder in der Biologie: Sie bilden aus allen Organisationen Teilmengen nach einem Maßstab, der möglichst eine eindeutige Zuordnung erlauben, aber auch auf Gemeinsamkeiten außerhalb des Kriteriums verweisen soll. Wenn das schon in der Biologie nicht immer ohne Ausnahme und kompromissträchtige Zweifelsfälle geht[126], können in den Sozialwissenschaften die Probleme kaum geringer sein. Zwei Probleme sind es vor allem, mit denen organisationssoziologische Taxonomien zu kämpfen haben.

A) Trifft man eine strikte Zuordnung von Einteilungskriterium und damit verknüpften Folgen, sind die Erkenntnisse daraus meist nicht sehr aufschlussreich. Ein Beispiel dafür mag die Taxonomie von *Peter M. Blau* und *W. Richard Scott* sein[127], in der Organisationstyp und Nutznießer in Beziehung gebracht werden. Aus der (vorherrschenden) Art der Nutznießertypen[128] folgt die Zuordnung zu einem Organisationstyp nach folgendem Schema:

Hauptnutznießertypen	*Organisationstyp*	*(Beispiele)*
1) Mitglieder	Organisation zum gegenseitigen Vorteil	(Parteien, Gewerkschaften, Geselligkeitsvereine)
2) Eigentümer, Manager	Erwerbsorganisation	(Banken, Industriebetriebe, Versicherungen, Handelsunternehmen)
3) Klienten	Dienstleistungsorganisation	(Krankenhäuser, Bildungseinrichtungen, Agenturen der Sozialarbeit)
4) Allgemeinheit	Gemeinwohlorganisation	(Finanzverwaltung, Militär, Polizei)

---

126 So gibt es innerhalb der Klasse der Säugetiere nur eine Ordnung unter 22, die Eier legt, nämlich die Kloakentiere, unter denen die Familie der Schnabeltiere mangels Zitzen sogar die Zuordnung zu den Säugetieren nur unter anderen Gesichtspunkten als den wörtlich klassenbildenden rechtfertigt.

127 *Blau/Scott*, S. 42-58. Vgl. auch *Clegg/Dunkerley*, S. 142-145; *Walter-Busch*, S. 16-18.

128 Für den Fall, dass mehrere Nutznießertypen festzustellen sind, sollen die Hauptnutznießer entscheidend für die Zuordnung zu einem Organisationstyp sein.

Wenn man einmal davon absieht, dass *Blau* und *Scott* hiermit weniger eine allgemeine Typologie liefern wollten, sondern mehr ein Instrumentarium zur Untersuchung von Organisationswandel durch Veränderung der Nutzerorientierung, zeigt dieses Beispiel die heuristische Schwäche einer bescheidenen Taxonomie: Durch die Zuordnung einer Organisation zu einem so gewonnenen Organisationstyp erfahren wir nicht mehr, als wir bereits wissen müssen, um diese Organisation diesem Typ zuordnen zu können[129].

Auch wenn eine taxonomische Typologie etwas komplexer wird, ist das Ergebnis nicht viel anders. Das erkennt man an dem folgenden Beispiel von *Bennis*[130]:

Organisationstyp	*Hauptfunktion*	*Erfolgskriterium*	*Beispiele*
1. Routine-Organisation	Herstellung gleichförmiger Produkte	Anzahl der Produkte	hochmech. Fabrik u.Ä.
2. Problemlösungs-Organisation	Entwicklung neuer Ideen	Anzahl der Ideen	Forschungseinrichtungen, Entwurfs- u. Konstruktionsabtl., Beratungsgesellschaft u.Ä.

129 Das Gleiche gilt für *Talcott Parsons'* oft zitierte (z.B. *Katz/Kahn*, 1st ed., New York: Wiley 1966, S. 133) Typologie, die allerdings nur im weiteren Rahmen ganz verständlich wird. Den ersten Typ beschreibt er so: "1. Organizations oriented to economic production: The type case in this category is the business firm. Production should be understood in the full economic sense as 'adding value', it is by no means confined to physical production, e.g. manufacturing. It has been emphasized several times that every organization contributes in some way to every primary function (if it is well integrated in the society); hence we can speak only of economic primacy, never of an organization as being exclusively economic" (*Parsons* 1960, S. 45). Bei den Beschreibungen der anderen Typen (2. organizations oriented to political goals, 3. integrative organizations, 4. pattern-maintenance organizations) erfährt man auch nicht mehr über die regelmäßigen Folgen einer Zuordnung von Organisationen zum jeweiligen Typ. Natürlich bezieht sich diese Organisationstypologie auf *Parsons'* allgemeinsoziologische Theorie der System-Subsystem-Funktionen, aus der man als „Folge" kaum mehr als die Erhaltung des Gesamtsystems ableiten kann.

130 *Bennis, Warren G.*: Leadership Theory and Administrative Behavior, in: Administrative Science Quarterly 4 (1959), S. 299.

Organisationstyp	*Hauptfunktion*	*Erfolgskriterium*	*Beispiele*
3. Bildungs-Organisation	Veränderung von Gewohnheiten, Einstellungen, Wissen, Verhalten (physisch und mental) von Menschen	Anzahl der „geheilten" Klienten	Universitäten, Strafvollzugsanstalten, (Psychiatrische) Kliniken u.Ä.
4. Dienstleistungs-Organisation	Leistung von Diensten direkt an Konsumenten und andere Organisationen	Umfang der geleisteten Dienste	Militär, Regierung, Werbefirma, Taxiunternehmen u.Ä.

B) Beschränkt sich eine Taxonomie jedoch nicht auf die Begründung ihrer Teilmengendefinition nur durch ein Kriterium, sondern sucht sie mehrere Gesichtspunkte aus, die alle Elemente einer Teilmenge charakterisieren sollen, dann tritt eine andere Schwierigkeit auf. Da solche Taxonomien sich forschungstechnisch meistens nur durch eine Art Clusteranalyse gewinnen lassen, wird sowohl bei den Einteilungsmerkmalen als auch auf der Seite der Organisationstypen die Elementevielfalt so groß, dass sie mit dem normalen Sprachvorrat nicht zu bewältigen ist. Das führt dann zu Auflistungen oder künstlichen Zusammenfassungen von Klassen, für die weder ein umgangssprachlicher noch ein wissenschaftlicher Name existiert. Zudem lässt sich nicht gewährleisten, dass hier Überschneidungen - und das heißt stets: Definitionsungenauigkeiten - vermieden werden.

Ein Beispiel dafür bietet die Taxonomie von *Haas/Hall/Johnson*[131], die unter zehn verschiedenen „Klassen" von Organisationen[132] u.a. die folgenden Gesichtspunkte aufführt[133]:

131 *Haas, J. Eugene/Hall, Richard H./Johnson, Norman J.*: Toward an Empirically Derived Taxonomy of Organizations, in: *Bowers*, S. 157-180.

132 Für eine Allgemeine Organisationssoziologie taugt diese Taxonomie schon deswegen nicht, weil sie US-amerikanisch ethnozentrisch ist.

133 Ausführlicher *Champion*, S. 68/69. Zur Selbstkritik an der Taxonomie: *Hall, Richard H.*: Organizations: Structure and Process, Englewood Cliffs, N.J.: Prentice-Hall 1972, S. 60/61.

Strukturmerkmale	*Organisationstyp*
1) Mitgliedereintritt durch einfache „Anmeldung“; keine Rassenschranken; keine physischen Erfordernisse; geographische Faktoren kein Erfolgshindernis; keine Änderung der Aktivität im Laufe der Zeit	*Klasse I*: Restaurants, Regierungsdienststellen, Motels, Banken, Versicherungsgesellschaften, Fabriken, Gemeindeschulen, private Fernsehsender
2) Mitgliedereintritt durch einfache „Anmeldung“; keine Konfessionsschranken; durchschnittliche geographische Einflüsse; kein Teil der Organisation produziert nur für den Eigenbedarf	*Klasse II*: Fabriken, religiöse Dienstleistungsorganisationen, staatliche und sonstige öffentliche Schulen, Postämter, staatlicher Strafvollzug, Zeitungen, Gewerkschaften, Hotels, öffentlicher Nahverkehr

Bereits diese Auszüge aus dem durch Computeranalyse empirisch erarbeiteten Taxonomie-Modell zeigen, dass umfassende Aussagen bei der abhängigen und bei der unabhängigen Variablen der Taxonomie dazu führen, dass nicht nur die Eindeutigkeit verloren geht und Überlappungen entstehen, sondern dass mit solchen Verfahren auch Teilmengen gebildet werden, für die es in der Wirklichkeit kein erkennbares Gegenstück gibt, was sich in der Regel schon daraus schließen lässt, dass eine sprachliche Benennung nur mit „Klasse I“ und ähnlichen Behelfen möglich ist. Der Informationsreichtum wird hier erkauft durch Informationsungenauigkeit.

1.5.2 Korrelationale Typologien

Die Nachteile von Taxonomien versuchen korrelationale Typologien zu vermeiden, indem sie einerseits nur einen sehr engen Kreis von Organisationselementen einbeziehen und andererseits Ausgangspunkt der Typenbildung und deren Konsequenzen genau trennen. Damit erscheint die Teilmengen bildende Dimension deutlicher als unabhängige Variable und die Dimension, auf der die Konsequenzen festzustellen sind, als abhängige Variable. Dann lassen sich durch Quasi-Korrelation Beziehungen zwischen den einzelnen Ausprägungszonen beider Variablen herstellen, die der Typologie eine weiter reichende bzw. eine genauere prognostische Kraft verleihen können, als sie die beiden Taxonomie-Arten jemals erreichen könnten.

Als Beispiel hierfür sei die immer wieder zitierte Typologie von *Amitai Etzioni* dargestellt. In ihr werden die in einer Organisation ausgeübten Machtformen als unabhängige Variable den Orientierungen, mit denen die Mitglieder der Organisation begegnen, als abhängiger Variable gegenübergestellt[134]. In dieser Typologie von Einfügungsbeziehungen (compliance relations) werden nach der Machtform Organisationen unterschieden, die zwangsmäßigen (z.B. Gefängnisse, Konzentrationslager), belohnenden (z.B. Wirtschaftsunternehmen) oder normativen Charakter (z.B. religiöse oder ideologische Organisationen, Vereine) haben. Dem stehen drei Formen von Haltungen gegenüber, die ein Mitglied der Organisation gegenüber einnimmt: entfremdet, berechnend oder moralisch. Hinter der Typologie steht die Hypothese, dass die beiden Variablen in einer regelmäßigen Korrelation zueinander stehen, so wie sie in der folgenden Übersicht dargestellt ist:

	Mitgliedereinstellung		
Machtform	entfremdet	berechnend	moralisch
zwangsmäßig	1	2	3
belohnend	4	5	6
normativ	7	8	9

Die als regelmäßig angenommenen Korrelationen sind die hier durch die Zahlen 1, 5 und 9 bezeichneten Variablenkombinationen; das Auftreten dieser Kombinationen ist wahrscheinlicher als das der anderen. Damit erhält man für die Beziehung zwischen Machtform und Mitgliederreaktion drei Regeltypen:

---

134 *Etzioni* 1971, S. 12 und 66/67. Dazu aus psychologischer Sicht: *Schein*, S. 51-55. Eine empirische Anwendung dieser Typologie findet man bei *Julian, Joseph*: Compliance Patterns and Communication Blocks in Complex Organizations, in: American Sociological Review 31 (1966), S. 382-389. Zur Kritik vgl. u.a. *Türk* 1978, S. 130-133, und *Millham/Bullock/Charett*, S. 406-421. Weiterhin zu diesem Ansatz: *Eldridge/Crombie*, S. 46; *Litterer*, S. 69-75;*Walter-Busch*, S. 15-17; *Prätorius*, S. 32/33; *Clegg/Dunkerley*, S. 145-153. Einen interessanten Vergleich der Typologien von *Blau/Scott* und *Etzioni* auf empirischer Grundlage durch Untersuchung von 75 Organisationen findet man bei *Clegg/Dunkerley*, S. 153-156 m.w.N.

- Zwangsorganisationen, in denen von der Organisation aus auf die „Mitglieder“[135] hauptsächlich durch in der Regel physischen Zwang Einfluss ausgeübt wird; darauf reagieren die „Mitglieder“ dann intensiv negativ durch entfremdetes Verhalten, insbesondere Vermeidungsstrategien (Kombination 1);
- normative Organisationen, in denen die Organisation durch Aufnahme oder Ablehnung, durch Verteilung von Prestige, mit ritualistischen Akten oder ähnlichen symbolischen Belohnungen (Doktortitel, Taufe, Orden z.B.) oder deren Versagung auf „Mitglieder“ einwirkt; diese reagieren - im genauen Gegensatz zur Zwangssituation - durch eine grundsätzlich intensiv positive Einstellung gegenüber der Organisation, indem ihre moralische Orientierung von hoher Bereitschaft zur Förderung der Organisationsziele und –funktionen gekennzeichnet ist (Kombination 9);
- utilitaristische Organisationen, deren Einfluss auf die Mitglieder auf der Verteilung von materiellen Belohnungen beruht; die darauf von den Mitgliedern gezeigte berechnende Orientierung kann - je nach dem Resultat der Berechnung - zu einer positiven oder negativen Haltung gegenüber der Organisation führen, die jedoch nie so intensiv ist wie in den beiden anderen Typen, so dass dieser Typ (Kombination 5 in der vorangegangenen Tabelle) als Mittelglied der Typologie anzusehen ist.

Da in diesen drei Regeltypen die Beziehungen zwischen Machtformen und Mitgliederhaltung im Sinne eines Idealtyps übereinstimmen, bezeichnet *Etzioni* sie als kongruente Typen. Daneben sieht er inkongruente Typen, die aus den Kombinationen 2 bis 4 und 6 bis 8 bestehen. Deren Existenz ist besonders erklärungsbedürftig; denn hinter den kongruenten Typen steht die Hypothese, dass ihre Kombinationen die für den jeweiligen Fall effizientesten seien. Daher werden die inkongruenten Typen als Kompromisskonstruktionen erklärt[136], weil Organisationen - teils wegen rechtlicher, faktischer, moralischer Beschränkungen - nicht immer die Art von Macht, Kontrolle oder Einfluss auf ihre Mitglieder ausüben können, die „eigentlich“, d.h. von ihrem Typ her, die zweckmäßigste wäre. Da sie aber doch unter Effizienzdruck stehen, versuchen sie es mit einer typfremden Machtform als Hilfsmittel. Als inkongruente Typen werden u.a. die dualistischen Strukturen „normativ-zwangsmäßig“ (z.B. militärische Kampftruppen), „utilitaristisch-normativ“ (z.B. viele Gewerkschaften) und „uti-

---

[135] Vgl. zum Mitgliederbegriff jedoch die Ausführungen unter 2.1.2.2 A.
[136] Siehe auch *Etzioni* 1969, S. 68/69.

litaristisch-zwangsmäßig" (etwa manche Manufaktur der Frühindustralisierung oder Schiffsbesatzungen im 19. Jh.) angesehen[137].

Aus dieser Grundtypologie leitet *Etzioni* selbst eine große Zahl von weiteren Instrumenten zur Organisationsanalyse ab, für die hier als Beispiel eine Tabelle genannt sei, mit der - ohne Anspruch auf Vollständigkeit - die Haltung von verschiedenen Typen des „Fußvolks" gegenüber der Organisation und ihren Zielen typologisch erfasst werden soll[138]:

Mitgliedsart	*Beteiligung Intensität/Richtung*	*Unterordnung*	*Mitwirkungspflicht*
Insasse	hoch/negativ	hoch	niedrig
Arbeitnehmer	niedrig/negativ oder positiv	mittel	hoch
Kunde	niedrig/negativ oder positiv	keine	niedrig
Gemeindeglied	hoch/positiv	niedrig	niedrig
Mitglied	hoch/positiv	mittel bis niedrig	niedrig
ergebener Anhänger	hoch/positiv	hoch	hoch

Ein solches System von korrelationalen Typologien kann fast beliebig erweitert werden. Man kann daraus zum Beispiel Hinweise auf Kriterien für zweckmäßige Personalauswahl gewinnen oder für effizientes Verhalten der Führungskräfte oder für Erfolgsprognosen über die Organisationsaktivitäten. Um diese Chancen einer guten Typologie zu verdeutlichen, wurde dieses Beispiel - zu dem allerdings wenige ähnlich brauchbare zu nennen sind - hier ausführlicher referiert. Voraussetzung für den praktischen Nutzen solcher Typologien ist jedoch ihre empirische Validierung, an der es weitgehend noch mangelt.

Übungsaufgabe 1: Vervollständigung einer Typologie

Jemand behauptet, es gebe Zusammenhänge zwischen der Bedeu-

---

137 Siehe auch *Champion*, S. 72.
138 Auch abgedruckt bei *Etzioni* 1969, S. 75.

tung der Umwelt für eine Organisation und der Bedeutung der Ziele dieser Organisation. Ob das wirklich eine Typologie sein kann, „überprüft" man am leichtesten, indem man versucht, nach dem Muster

		Bedeutung der Ziele	
		niedrig	hoch
Bedeutung der Umwelt	niedrig		
	hoch		

Beispiele zu finden, mit denen man die Kästchen möglichst trennscharf füllen kann.

Literaturhinweis: M.W. Meyer 1977, S. 39-41.

1.5.3 Weitere Typologien

Nachdem sich nun gezeigt hat, welchen Nutzen einfache und komplexe Typologien haben können und dass sie gelegentlich schon den Beginn einer umfassenden Theorie darstellen, sollen hier - als Anregung für eigene Weiterarbeit - einige Ansätze zur Typologisierung von Organisationen listenmäßig skizziert werden. Sie erscheinen hier in zufälliger, nicht systematischer Reihenfolge.

Die Versuche, Kriterien für die Typologisierung von Organisationen zu finden, sind sehr zahlreich. Schon 1966 wurden in einem ersten Überblick 210 verschiedene Dimensionen gezählt[139], unter denen Unterscheidungen nach der Offenheit der Mitgliedschaft, der Autoritätszentralisation, der Abhängigkeit oder Selbstständigkeit, dem Alter und der Kommunikationsstruktur waren. Die folgende Übersicht nennt einige Typologien mit ihren wichtigsten Elementen:

Nr.	*Typologisierungs-dimension*	*Ausprägungen*	*Konsequenzen*
1	Organisationsziel oder -funktion für das Gesamtsystem[140]	1 Org. mit Orientierung auf ökon. Produktion	- -

[139] *Haas/Hall/Johnson* bei *Bowers*, S. 162-163.
[140] *Parsons* 1956, S. 228-230, und 1960, S. 44-47, der hier natürlich an sein

Nr.	Typologisierungs-dimension	Ausprägungen	Konsequenzen
		2 Org. mit Orientierung auf polit. Ziele	-
		3 Integrative Org.	-
		4 Kulturmuster-erhaltende Org.	-
2	Kooperations-struktur[141]	1 mechanisch 2 organisch	versch. Reaktion auf Umwelteinflüsse, Innovationsverhalten u. Ä.
3	Produktionsprozess[142]	1 Stückproduktion 2 Massenproduktion 3 kontinuierliche Produktion	Anzahl der Hierarchieebenen, Kontrollspanne, Zielgenauigkeit u.Ä.
4	Umweltveränderung[143]	1 stabil und einheitlich 2 dynamisch und vielgestaltig	Formalisierungsgrad, Aufgabenorientierung, Zeithorizont, Differenzierung
5	Grad der Kontrolle der Organisation über die Mitglieder[144]	1 Kontrollorganisation 2 Produktionsorganisation 3 „Bargaining"-Organisation 4 Repräsentationsorganisation 5 Forschungsorganisation	Von 1 nach 6 abnehmende Kontrolle der Leitung über die Mitglieder; weniger formalisierte Befugnisse der Hierarchieebenen; abnehmender Orthodoxiegrad

AGIL-Schema aus der Allgemeinen Soziologie anknüpft. Vgl. auch *Katz/Kahn*, 1st ed., New York: Wiley 1966, S. 113.

141 *Burns/Stalker*, S. 119-125. Dazu auch *Staehle* 1973, S. 37-40; *Litterer*, S. 333-340. Hier erinnert man sich an die Solidaritätstypen aus der Allgemeinen Soziologie von *Durkheim*. Vgl. über *Durkheim* und die Organisationssoziologie: *Starkey, Ken*: Durkheim and Organizational Analysis: Two Legacies, in: Organization Studies 1992, S. 627-642, hier insbes. S. 633-634.

142 *Woodward*, insbes. S. 125-153.

143 *Lawrence/Lorsch*, insbes. S. 156-159 und 108; *Dalton/Lawrence/Lorsch*, insbes. S. 5-7.

144 *Van Riper* bei *Bowers*, S. 3-10.

Nr.	*Typologisierungs-dimension*	*Ausprägungen*	*Konsequenzen*
		6 Kommunizierende Organisation	
6	Innere Ordnung der Organisation[145]	1 totalitär 2 anarchistisch	Verschiedenes semantisches Differential auf 11 Skalen, wie z.B. autoritär - permissiv, Gruppe - Individuum, Status - Kontrakt, Gerechtigkeit - Gnade, expansiv - statisch
7	Offenheit der Mitgliedschaft; statusverleihende Kraft; instrumentelle bzw. expressive Funktion[146]	(12 unbenannte Gruppen von Organisationen in den USA)	----
8	Struktur der Aufgabenumwelt[147]	1 homogen-stabil 2 homogen-dynamisch 3 heterogen-stabil 4 heterogen-dynamisch	Je nach Typ verschiedene Auswirkungen auf die Organisationsstruktur, insbes. Umfang der Arbeitsteilung, Spezialisierungsgrad, Normierung des Verhaltens u.Ä.
9	Kostenträgerschaft bei Trägern oder Empfängern; Vorteile bei Trägern oder Empfängern[148]	1 kooperierend 2 profitsuchend 3 dienstleistend 4 druckausübend	Verschiedene Grundlagen für intraorganisationale Transaktionen

145 *Van Riper* bei *Bowers*, S. 1-3.
146 *Gordon/Babchuk*, S. 22-29 - eine Typologie, die ausdrücklich nur für freiwillige Organisationen gelten soll.
147 *Thompson*, S. 70-73.

Nr.	*Typologisierungsdimension*	*Ausprägungen*	*Konsequenzen*
10	Art der Tätigkeit[149]	1 Routineproduktion 2 Problemlösung 3 Beeinflussung 4 Dienstleistung	1 Produktmenge, 2 Ideenmenge, 3 Absolventenmenge 4 Leistungsumfang jeweils als Effektivitätskriterium
11	Art des Produkts[150]	1 Güter 2 Dienstleistungen	1 Mechanisierungsgrad, 2 Klientenorientierung, 3 Zentralisierungsgrad u.v.a.m.

Die hier gewählte Darstellung in Tabellen muss notgedrungen die Inhalte stark verkürzen. Auch die anderen Darstellungsformen - etwa Formeln, die beliebig viele Variablen aufnehmen können, oder Koordinatensysteme[151], in denen sich maximal drei Variablen deutlich abbilden lassen (ein Beispiel bietet Abb. 3) - sind gegenüber der rein sprachlichen Typologiedarstellung immer Abstraktionen. Indessen lohnt es sich trotzdem oft, eine Typologie - natürlich auch eine Theorie - gerade für Vergleichszwecke in diese strengeren Formen zu pressen, weil dabei Inhaltsstrukturen und Unterschiede zwischen mehreren Typologien auffälliger werden.

In Abb. 3 werden die beiden Organisationen A und B hinsichtlich der drei Dimensionen Ziel, Führungsstil und Sanktionsform verglichen unter der - hier nicht gerechtfertigten - Annahme, dass diese Dimensionen mindestens intervallskalierbar seien.

Schließlich sollen hier noch ein paar Unterscheidungen kurz erwähnt werden, die weniger eine Typologie im bisher gemeinten engeren Sinne darstellen, die aber doch zumindest in der Vergangenheit stark diskutierte Gegensatzpaare bilden, denen immer noch ein heuristischer Wert beizumessen ist.

---

148 *Kuhn*, S. 432-450.
149 *Bennis*, S. 299.
150 *Khandwalla*, S. 310/311.
151 Vgl. dazu auch *Mayntz* 1963, S. 55.

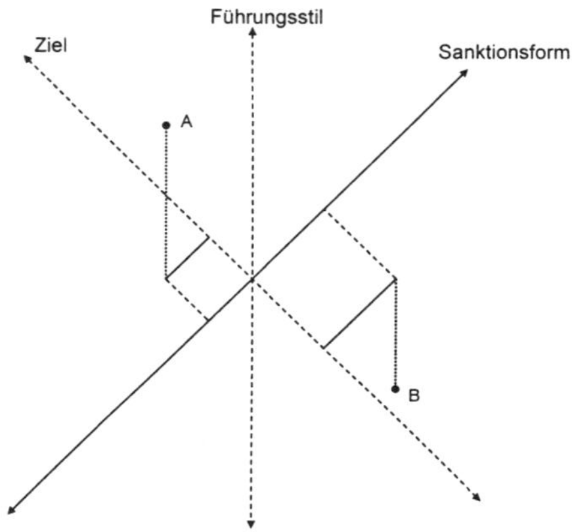

Abbildung 3: Beispiel für die Darstellung einer dreidimensionalen Organisationstypologie in einem Koordinatensystem

A) *Formale und informale „Organisation“*[152]*:* Seit den unter 1.6.1.4 näher beschriebenen Hawthorne-Experimenten pflegt man in der Organisationsforschung nicht nur auf das zu achten, was in Schemata, Richtlinien u.Ä. für das Funktionieren der Organisation niedergelegt ist, sondern man geht stets davon aus, dass auch ungeplante, spontane, „private“ Beziehungen bestehen, die neben, über und hinter den offiziellen Linien existieren und von dort aus das Funktionieren der Organisation beeinflussen. Umgangssprachliche Beispiele für solche Arten von informaler Organisation sind u.a.: der kleine Dienstweg, das Küchenkabinett und die Seilschaft. Eine knappe Beschreibung des Gegensatzes ist folgende: „Die formale Organisation ist die geplante, ‚offizielle' Struktur einer Organisation, mit der Geschäftsverteilung und Weisungsbefugnis festgelegt sind. Die informale Organisation ist ein zusätzliches, offiziell nicht vorgesehenes Netzwerk sozialer Beziehungen, das die formale Organisation teils überlagert, neutralisiert und ergänzt. Die informalen Beziehungen stellen zusammen

[152] Dazu näher und besonders interessant: *Luhmann*, S. 29-39. Vgl. weiterhin auch: *Pfeiffer*, S. 51-54; *Mayntz* 1963, S. 85-89; *Etzioni* 1978, S. 38, 69/70, 77-80; *Kuhn*, S. 491-494; *Caplow*, S. 21-23 m.w.N.; *Bobbitt* u.a., S. 214-217;*Woodward*, S. 244-245; *Litterer*, S. 10/11; *Schein*, S. 10.

mit der formalen Organisation die Realstruktur einer Organisation dar"[153]. Daraus folgt, dass nach den Differenzierungen bei 1.4 eigentlich keine Organisation in unserem Sinne gemeint ist, sondern eine Unterscheidung von Eigenschaften einer Organisation; man sollte also besser von formalen und informalen Strukturen (vgl. auch 2.2.1) einer Organisation sprechen, weil die überkommene Terminologie auf den inzwischen veralteten Sprachgebrauch von Organisation im Sinne von „Organisiertheit" zurückgeht. *Eine Organisation im modernen Sinne ist immer formal.* Der Wert der Unterscheidung von formalen und informalen Strukturen liegt vor allem im Hinweis darauf, dass nicht alles Handeln in Organisationen von den Erfordernissen der Organisation bestimmt ist, sondern auch von den extraorganisationalen Bedürfnissen der Mitglieder geleitet sein kann; das wird unter 2.2.3 noch näher behandelt.

B) *Einfache und komplexe Organisation*: Als komplexe Organisation bezeichnet man - sofern der Begriff nicht, wie meist, undefiniert verwendet wird - Organisationen mit vielfältigen, oft heterogenen Zielen und dementsprechend vielgestaltigen Strukturen und Funktionen und setzt den Begriff oft auch parallel mit der „Großorganisation"[154]. Demgegenüber wird die einfache Organisation nirgendwo definiert. Das zeigt deutlich, dass man auf die Unterscheidung getrost verzichten kann. Ähnlich ist eine Unterscheidung zwischen *heterogenen und homogenen Organisationen*, womit nach der Zusammensetzung differenziert wird. Dazu kommt noch eine Unterscheidung auf zweiter Stufe nach einheitlicher oder mehrfacher Leitung[155]. Daraus folgen dann unterschiedliche Konsequenzen für das Verhältnis zwischen Mitgliedern und Organisation, für die Rekrutierung, die Konflikthäufigkeit u.a.m.

C) *Totale und nicht-totale Organisation*[156]: Als totale Organisation, als Verallgemeinerung von *Erving Goffmans* Begriff der totalen Institution[157], bezeichnet man „Organisationen, die die in ihr lebenden Menschen einer einzigen Autorität unterwerfen, mehr oder weniger vollständig von der Umwelt absondern ... , alle Lebensvollzüge und Bedürfnisse der ‚Insassen' nach einem umfassenden Plan ... verwalten und deren ganze Person für sich in Anspruch nehmen"[158]. Damit möchte man

153 *Blahusch* bei *Fuchs-Heinritz* u.a., S. 479.
154 *Blahusch* bei *Fuchs-Heinritz* u.a., S. 479.
155 *Eldridge/Crombie*, S. 49-52 m.w.N.
156 Nach *Pfeiffer*, S. 84-86. Vgl.auch *Eldridge/Crombie*, S. 52-56.
157 *Goffman*, S. 13-23.
158 *Hohmeier/Treiber* bei *Fuchs-Heinritz* u.a., S. 479. Vgl. auch *Drabek/Haas*, S. 58-60.

u.a. Gefängnisse, Konzentrationslager, Klöster, Kasernen, Schiffe, Internate, Waisenhäuser und geschlossene Heilanstalten gemeinsam erfassen und sie der nicht-totalen Normalorganisation gegenüberstellen, die auf Grund ihrer speziellen Zielsetzung ihre Mitglieder nur in sehr eingegrenzten Rollen und nur für beschränkte Zeit erfasst. Trotz berechtigter methodologischer Kritik[159] ist dieser Begriff immerhin ein Anreiz zum Nachdenken über die Grenzen der Organisation; denn die Problematik dieser Organisationen besteht darin, dass sie für ihre Mitglieder (so z.B. Klöster)[160] bzw. für ihre Klienten (so z.B. Nervenkliniken) nicht nur eine in den Zielen spezifische Organisation, sondern weitgehend Ersatz für die ganze Gesellschaft mit allen ihren Subsystemen sein will oder muss. Empirische Studien zu diesem Thema[161] führen immer wieder zu der nicht nur für die Organisationssoziologie, sondern auch für die Sozialpolitik (Konzeption der elternhausersetzenden Erziehung, Straffälligenresozialisierung usw.) wichtigen Frage, bis zu welchem Punkt die Gesellschaft und ihre „natürlichen" Einrichtungen durch Organisationen zu ersetzen sind. Allerdings haben empirische Studien auch gezeigt, dass totale Organisationen in der Wirklichkeit nicht so extrem anders sind, wie es nach den Idealtypen scheint. So gibt es selbst in Strafanstalten informelle Gruppen mit relativer Autonomie in der Gefangenensubkultur[162]. Zum Teil wird durch das Dulden der Subkultur und den Vorbehalt des jederzeitigen Widerrufs indirekte Macht des Personals auf die Klienten ausgeübt, zum Teil ist die Subkultur auch Gegenmacht der Klienten, z.B. durch Benutzung von für das Personal unverständlichen Ausdrucksformen, wie sie von allem von Ethnomethodologen erforscht wurden[163].

D) *Freiwillige u. ä. Organisation*: Als freiwillig bezeichnet man manchmal Vereinigungen wie Parteien und Berufsverbände, also Organisationen, deren Mitgliedschaft freiwillig beantragt werden kann[164]. Da der Begriff von „voluntary association" aus der amerikanischen Vereinsforschung stammt, ist es jedoch aufschlussreicher, mit freiwilligen

---

159 Z. B. von *Perry*, S. 345-355.

160 Siehe hierzu u.a. *Schmelzer, Günter*: Religiöse Gruppen und sozialwissenschaftliche Typologie, Berlin: Duncker & Humblot 1980, insbes. S. 170 ff.

161 Siehe als Beispiel: *Lisch, Ralf*: Totale Institution Schiff, Berlin: Duncker & Humblot 1976.

162 *Katz*, S. 73-76 m.w.N.

163 Beispielsweise *Wieder, D. Lawrence*: Telling the Code, in: *Turner, Roy* (Ed.): Ethnomethodology, Harmondsworth, Middlesex: Penguin 1974, S. 144-172.

164 *Fuchs-Heinritz* bei *Fuchs-Heinritz* u.a., S. 479.

Organisationen[165] - für das Gegenteil gibt es noch keine Bezeichnung - solche zu meinen, mit denen der Kontakt - gleichgültig, ob als Mitglied oder Objekt - freiwillig ist. Damit würden sich dann vor allem Freizeitvereine und wohl auch Parteien vom Finanzamt und der Schule unterscheiden. Wohin aber Gewerkschaften und Kirchen[166] und erst recht Betriebe gehören, ist damit noch nicht gesagt, so dass dieser Begriff keine eindeutige Erklärungskraft besitzt.

In diesem Zusammenhang gehört auch der Typ der *gemeinnützigen Organisation*, der in der englischen Gesetzgebung eine bis 1290 zurückreichende Tradition hat[167]. Da diese Organisationen nicht im materiellen Interesse ihrer Mitglieder arbeiten, sondern zum Nutzen ihrer „Klienten", sind sie dem manchmal (vgl. unten bei E) vergleichbar, was man im Englischen non-profit organization nennt. Der Unterschied liegt im Wesentlichen im Interesse der Mitglieder bzw. Träger. Das Personal dagegen kann die gleichen Interessen haben wie das Personal von Erwerbsorganisationen, so dass sich der tägliche interne Organisationsbetrieb nicht stark unterscheiden wird. Deshalb sind auch die Effizienzkriterien gleich[168]. Dieser Sektor ist so bedeutsam geworden, dass es schon Ansätze zu einer Theorie des Nonprofit-Sektors gibt[169].

Dieser Bereich ist wieder von den *Selbsthilfeorganisationen* zu unterscheiden, die gerade im Interesse ihrer Mitglieder tätig sind und des-

---

[165] Freiwillige Organisationen in diesem Sinne erfassen aber einen weiteren Bereich als Organisationen, die "voluntary work" im US-amerikanischen Sinne leisten. Dieses wird u.a. definiert als "unpaid work provided to parties to whom the worker owes no contractual, familial, or friendship obligations" (*Wilson/Musick*, S. 694 m.w.N.). Die Grundannahmen dafür sind folgende: "(1) Volunteer work is a productive activity. ... (2) To a varying degree, voluntary work involves collective action. ... (3) The volunteer-recipient relationship is an ethical one. ... (4) ... Different types of volunteer work are related to each other" (*Wilson/Musick*, S. 694). "Voluntary work" wird also nicht von allen freiwilligen Organisationen geleistet, sondern nur von den im Fremdinteresse arbeitenden. Vgl. auch *Drabek/Haas*, S. 60-62.

[166] In Großbritannien wird die Zugehörigkeit der Kirchen zu den freiwilligen Organisationen diskutiert (*Harris, Margaret*: A special case of voluntary associations? Towards a theory of congregational organization, in: British Journal of Sociology 49 (1998), S. 602-618). Für die USA müsste das erst recht gelten. Aber auch für Deutschland, wo die Zugehörigkeit zu den Kirchen mit der Geburt erworben wird?

[167] *Butler/Wilson*, S. 7-9 m.w.N.

[168] *Simon* 1997, S. 121.

[169] *Salamon/Anheier* bei *Anheier* u.a., S. 211-246.

halb nicht als „charitable" gelten können[170]. „Im Unterschied zum traditionellen Sozialsektor sind Selbsthilfe-Organisationen durch ein geringes Maß an Arbeitsteilung und hierarchischer Über- und Unterordnung charakterisiert. In ihrem Kern setzen sie sich aus Betroffenen zusammen, in denen der Helfende gleichzeitig auch Hilfesuchender ist. Der Entstehung sozialer Selbsthilfe-Organisationen liegen sehr unterschiedliche Motive zugrunde: Die mangelnde Versorgungskapazität bestehender Sozialeinrichtungen, z.B. der ‚Pflegenotstand' (Liefmann-Keil), spielt dabei eine ebenso große Rolle wie Funktionslücken im öffentlichen Versorgungssystem, divergierende sozialpädagogische Zielvorstellungen gesellschaftlicher Untergruppen sowie die besondere Subtilität bestimmter Probleme, die nach einer Behandlung in der kleinen ‚intimen' Gruppe verlangen"[171]. Hier ist eines der wichtigsten Felder für die sinnvolle Abgrenzung von öffentlichen und privaten Organisationen.

E) *Organisationen des Ersten, Zweiten und Dritten Sektors:* Eine andere Typologie unterscheidet Organisationen des Ersten und Zweiten Sektors – staatliche und erwerbswirtschaftliche[172] bzw. Organisationen im Staat und im Markt[173] - von denen des Dritten Sektors, der auch intermediärer Sektor oder Sektor der normativen Organisationen[174] genannt wird. Das ist dann der Sektor, der im Englischen als non-profit[175] oder nonprofit[176] bezeichnet wird, falls der Ausdruck nicht in dem unter D beschriebenen Sinne gebraucht wird. Was darunter fällt, ist entsprechend ungeklärt. Manchmal heißt es, „a professional association, or a private school, for example"[177], ein andermal werden gleich zwölf Bereiche aufgezählt: „1. Kultur und Erholung; 2. Bildungs- und Forschungswesen; 3. Gesundheitswesen; 4. Soziale Dienste; 5. Umwelt; 6. Entwicklung, Wohnungswesen, Beschäftigung; 7. Rechtswesen, Bürger- und Verbraucherinteressen; Politik; 8. Stiftungswesen, Spendenwesen, Ehrenamtlichkeit; 9. Internationale Aktivitäten; 10. Religion; 11. Wirtschaftsverbände, Berufsverbände, Gewerkschaften; 12. Sonstige"[178]. Abgesehen von der Informationslosigkeit der Sektorenbezeichnung sind die Sektoren auch nicht hinreichend genau un-

---

170 *Butler/Wilson*, S. 6.
171 *Windhoff-Héritier*, S. 51/52 m.w.N.
172 *Erhard* bei *Anheier* u.a., S. 10.
173 *Anheier* u.a., S. 13.
174 *Hörmann*, S. 39-50 m.w.N.
175 *Simon* 1997, S. 121.
176 *Anheier*, S. 312; *Anheier* u.a., S. 7 und 9.
177 *Simon* 1997, S. 121.
178 *Anheier* u.a., S. 17.

terschieden. Erfahrungsgemäß kann man mit einer Privatschule am Markt wunderbar erwerbstätig sein, und Gewerkschaften und Arbeitgeberverbände haben sogar als Hauptaufgabe die Sorge um den Erwerb ihrer Mitglieder.

F) In der folgenden Typologie wird eine Zusammenfassung vieler Elemente versucht. In der Tabelle auf der nächsten Seite werden Organisationen unterschieden nach den von ihr typischerweise erbrachten Leistungen[179], die man in weiterem Zusammenhang auch neuerdings als „Produkt" bezeichnet.

Diese Leistungen kann man nach vielen Gesichtspunkten trennen; hier werden sie nach dem Interesse differenziert. Dazu sind sechs weitere Unterscheidungen getroffen, die sich aus den Interessenkonstellationen ergeben.

Der Bereich der privaten, nicht erwerbswirtschaftlichen, im Fremdinteresse tätigen Organisationen, für den die *Wohlfahrtsverbände* typisch sind, ist der Kern des sog. *non-profit sector*[180]. Über ihn wird gesagt, er sei weder gewinnorientiert noch unterliege er bürokratischen Rigiditäten, sondern basiere auf Freiwilligkeit, Reziprozität und Gemeinnützigkeit[181]. Das gilt nur für den „reinen Typ" von Wohlfahrtsorganisation.

Wird die Organisation größer, muss sie schon aus innerer Notwendigkeit eine gewisse bürokratische Rigidität entwickeln. Übernimmt sie dazu noch Aktivitäten in staatlichem Auftrag, mit staatlichen Zuwendungen und immer öfter (nach schlechten Erfahrungen mit der unkontrollierten Gewährung) unter staatlicher Aufsicht, gibt es auch äußere Notwendigkeiten für bürokratische Rigidität. Dann werden sie zum Teil zu Subsidiärorganisationen für die Erfüllung staatlicher (oder kommunaler, jedenfalls öffentlicher) Aufgaben und unterscheiden sich von den in der Tabelle unter 2) erwähnten nur dadurch, dass bei ihnen die Gewinnerzielung durch den Gemeinnützigkeitsstatus ausgeschlossen ist. Dadurch wird allerdings nicht verhindert, dass das Personal die gleichen Haltungen, Einstellungen und Verhaltensformen entwickelt wie das Personal privater, erwerbswirtschaftlicher

---

179 Vgl. auch die Unterscheidung von verschiedenen Typen der Arbeit von *Tilly, Chris/Tilly, Charles*, bei *Smelser/Swedberg*, S. 283-313. Dort wird unterschieden in: the world of labor markets, the informal sector, household labor, volunteer work. Da Arbeit aber nicht nur in Organisationen geleistet wird, sind Arbeits- und Organisationssoziologie hier nicht kompatibel.

180 Siehe zur Vielfalt der Typen von Organisationen in diesem Bereich: *Anheier/Salamon*, S. 40-48. *Hörmann*, S. 39-50 m.w.N.

181 *Heinze/Schmidt/Strünck*, S. 250/251 m.w.N.

Organisationstypologien nach Leistungsart

Leistungs-interesse	Beispiele	Güter	Regelung durch	Finanzierung durch	Nutznießer	typische Aktions-situation	Verhältnis der Organisation zum Nutzer
1) Öffentlich	Regierung, Gemeinde, Anstalten und Körperschaften ö. R. und deren Subsysteme (Militär, Schule, Strafanstalt z.B.)	öffentliche	Gesetz und Verordnung	Steuern, Abgaben, Gebühren	Allgemeinheit (ganze oder Teile)	Monopol	„hoheitsrechtlich", ggf. zwangsweise, andererseits Rechtsanspruch; zweckrationale Grundlage
2) Öffentlich-privat, subsidiär	Private Ersatzschule, beauftragte Unternehmen (Müllabfuhr z.B.)	öffentliche	Vertrag auf gesetzlicher Grundlage	Gebühren und ggf. öffentliche Zuschüsse	Allgemeinheit und Eigentümer	z.T. Konkurrenz, häufiger Gebiets-monopol	z.T. freiwillig-vertragsmäßig, z.T. „Anschluss- und Benutzungszwang"; zweckrationale Grundlage
3) Privat erwerbswirtschaftlich							
a) legal	Unternehmen aller Art	private und öffentliche	Vertrag	Preise	Eigentümer	Markt (volle Konkurrenz)	freiwillig-vertragsmäßig, gleichberechtigt; zweckrationale Grundlage
b) illegal	Mafia, Organisierte Kriminalität	private und öffentliche	Vertrag	Preise	Eigentümer	Markt (volle Konkurrenz)	freiwillig-vertragsmäßig am Anfang, danach oft auf Erpressung beruhend; zweckrationale Grundlage
4) Privat nicht erwerbs-wirtschaftlich							
a) im Eigen-interesse	(Interessen-)Verband, Kirche, Freizeitverein, Selbsthilfegruppe	private	autonome Satzung	Mitglieder-beiträge	Mitglieder	idealtypisch Markt, realtypisch oft Gebietsmonopol	freiwillig, mit Anspruch gegenüber der Organisation; zweckrationale Grundlage
b) im Fremd-interesse	Wohlfahrtsorganisation (z.B. Rotes Kreuz), Service-Clubs (z.B. Rotary)	private und öffentliche	autonome Satzung	Mitglieder-beiträge und Spenden, z.T. Zuschüsse der Öff. Hand	Klienten	Markt (volle Konkurrenz)	freiwillig, ohne Anspruch gegenüber der Organisation; wertrationale (ethische) Grundlage

Unternehmen. Wenn das Personal von Wohlfahrtsverbänden als Sprecher, als Lobby seiner Klienten auftritt, dann kann dahinter durchaus zum Teil auch das Bewusstsein als uneingestandene Motivation mitwirken, dass die Kürzung öffentlicher Subsidien für die Klienten die Arbeitsplätze des Personals zur Disposition stellt. Auch in dieser Hinsicht sind Wohlfahrtsorganisationen oft „Zwitter- und Scharnierorganisationen“, „die eine wichtige ‚intermediäre Stellung‘ zwischen dem formellen Sektor (Markt und Staat) und informellen (Familie, Nachbarschaft, Selbsthilfe etc.) einnehmen“[182]. Sie haben dabei eine große quantitative Bedeutung in Deutschland erreicht. Rund eine Million hauptberuflich Beschäftigter von Wohlfahrtsverbänden sind in über 80.000 Einrichtungen auf Gebieten tätig, in denen weder Staat noch Markt befriedigende Leistungen erbringen. Wohlfahrtsverbände tragen in der Jugendhilfe 69 Prozent, bei den Altenheimen 55 Prozent, bei Behindertenheimen 55 Prozent und bei Krankenhäusern immerhin noch 39 Prozent der Einrichtungen[183]. Im Wohlfahrtsbereich ist auch ein weites Feld für ehrenamtliche Tätigkeit: Etwa 5,6 Mio. Menschen helfen dort ohne Bezahlung i.d.R. teilzeitbeschäftigt mit, was aber 679.000 Vollzeitäquivalente an Gehaltsausgaben erspart [184].

Zum Abschluss dieses Teils kann man wohl sagen, dass einige der zuletzt erörterten Begriffe, vor allem aber manche Typologien einen vielfältigen Grundstock für die Formulierung von komplexen Organisationstheorien bilden könnten. Das gilt vor allem auch deswegen, weil Typologien meistens bessere Ansatzpunkte für empirische Überprüfungen bieten als apriorische Theorieentwürfe.

1.6 Theoretische Ansätze der Organisationssoziologie

In den Einführungen in die Organisationssoziologie[185] ist eine Systematisierung von Organisationstheorien ein regelmäßiger Bestandteil. Die Systematisierungskritierien sind vielfältig. Manchmal werden Theoriengruppen - Ansätze der „wissenschaftlichen Betriebsfüh-

---

182 *Heinze/Schmidt/Strünck*, S. 253 m.w.N..

183 *Heinze/Schmidt/Strünck*, S. 246.

184 *Anheier* bei *Anheier* u.a., S. 38 Tab. 5.

185 Organisationsbezogene Ansätze in den bekannten Theorien der Allgemeinen Soziologie bis zurück zu *Comte*, findet man bei *Burell/Morgan*, S. 41-385. Dort werden nicht nur gelegentlich von der Wirklichkeit sehr abgehobene theoretische Ausführungen referiert, sondern häufig auch handfeste empirische Untersuchungen, die manchen Nutzen dieser Ansätze zeigen können, etwa bei dem ethnomethodologischen Vorgehen *Egon Bittners* in der Polizeiforschung (*Burell/Morgan*, S. 261-267).

rung", bürokratisch-administrative Ansätze, Human-Relations-Ansätze, entscheidungstheoretische Ansätze, System/Umwelt-Theorien[186] - auf einer Zeitachse mit Ereignissen im sozioökonomischen Bedingungsrahmen der Organisationen parallelisiert[187] und so die jeweils neu auftauchenden oder herrschenden Organisationstheorien als Interpretation der zugehörigen Organisationssituation erklärt. In einem anderen Versuch[188] werden die bekannten Theorien danach gruppiert, ob sie Management-, strukturelle, Gruppen-, individualistische, technologische oder ökonomische Ansätze haben. Da es eine gute Übersicht über mehrere solcher Systematisierungsschemata gibt[189], können wir hier darauf verzichten.

Vielmehr soll hier eine für die praktische Verwendung der Organisationssoziologie wichtige Frage zur Diskussion gestellt werden: Welche Bedeutung haben die Theorien überhaupt für die Erklärung und ggf. den gelenkten Wandel von Organisationen? Dazu sollen zuerst einige der am häufigsten erwähnten Theorien skizziert werden, damit danach ihre Beurteilung insgesamt versucht werden kann. Dabei steht die immer zeit- und ortsgebundene praktische Erklärung einer bestimmten Organisation in einem unauflöslichen Spannungsverhältnis zu dem Grundsatz der Soziologie als Wissenschaft: „Social science seeks general statements about human behavior rather than time-bound or place-bound observations"[190]. Diese Spannung kann wohl nur durch ein theoretisches Aussagensystem mit vielen verschiedenen Abstraktionsstufen gemeistert werden, von denen die konkretesten als Ad-hoc-Theorien für die einzelnen Untersuchungen entwickelt werden. Wenn nach dieser und evtl. folgenden Untersuchungen über die quantitative und/oder systematische Bedeutung der Ad-hoc-Theorie mehr Klarheit besteht, kann über ihre Einbeziehung in eine Theorie höherer Abstraktionsstufe entschieden werden.

---

186 Eine noch differenziertere Gliederung bieten *Hill/Fehlbaum/Ulrich*, S. 405-459, allerdings mehr aus betriebswirtschaftlicher Sicht, wie auch *Frese*, Sp. 1731-1866.

187 So z.B. *Pfeiffer*, S. 24, der sich dabei möglicherweise stark auf *Hill/Fehlbaum/Ulrich*, S. 408/409 (in der 2. Auflage; in der 5. Auflage: Faltblatt zwischen S. 416 und 417) stützte.

188 *Pugh/Mansfield/Warner*, S. 4-5.

189 *Türk* 1978, S. 9-20. Vgl. auch *Bowey*, S. 44-64; *Walter-Busch*, S. 57-66 und 68/69.

190 *Meyer* 1977, S. 7.

1.6.1 Skizzen theoretischer Ansätze

Die hier kurz darzustellenden Theorien werden nach Autoren und den von ihnen beschriebenen Ansätzen[191] in der Reihenfolge angeordnet, in der sie entwickelt wurden. Das soll ermöglichen, sie auch danach zu beurteilen, ob ihre Folge einen theoretischen Fortschritt bedeutet, wie er ja als Ziel der Theorieentwicklung unterstellt werden muss.

1.6.1.1 Theorie der wissenschaftlichen Betriebsführung: Taylor

Als *Frederick Winslow Taylor*, Ingenieur und Industriepraktiker, 1911 seine „Principles of Scientific Management" veröffentlichte, geschah das in einem Zeitpunkt, in dem der bis dahin erreichte Industrialisierungsgrad und damit der enorme Produktivitätszuwachs je Arbeitseinheit vor allem durch Konzentration auf die Entwicklung neuer und die Verbesserung vorhandener Maschinen bewirkt worden war. Ihm schien es nun an der Zeit, auch an das „Bedienungspersonal", zumeist ungelernte Neulinge in der Industrie, zu denken, weil er in den „wastes of human effort"[192] noch erhebliche Reserven vermutete. Diese Reserven wollte er durch arbeitsorganisatorische Maßnahmen nutzbar machen, die er nicht nur für Produktionsbereiche vorsah, sondern die ihm für die Arbeit in allen Arten von Organisationen geeignet erschienen[193]. Damit wurde er nicht nur zu einem der Gründungsväter der betriebswirtschaftlichen Organisationslehre[194], sondern zugleich auch der Organisationssoziologie. Auch wenn sich damals die Vorstellungen von Wissenschaft noch von den heutigen in mancherlei Hinsicht unterschieden, ist diesem Praktiker die wissenschaftliche Absicht nicht abzusprechen, wenn er sein Anliegen beschreibt als den Versuch des Nachweises, dass Arbeitsineffizienz in fast allen Alltagsverrichtungen zum wirtschaftlichen Nachteil des Landes sei, dass das Gegenmittel dafür in systematischem Manage-

---

[191] Umgekehrt bei *Reed* 1992, S. 130-184.

[192] *Taylor*, S. 5. Vgl. auch zum gesamten Ansatz: *Mouzelis*, S. 79-96; *Ullrich/Wieland*, S. 15-17; *Drepper*, S. 23-25; *Walter-Busch*, S. 119-127; *Morgan* 1986, S. 29-33; *Clegg/Dunkerley*, S. 87-99; *Robbins* 1990, S. 34/35; *March/Simon*, S. 17-23, und *Prewo/Ritsert/Stracke*, S. 154-162, wo *Taylors* Ansatz als „physiologische Organisationstheorie" verkürzt bezeichnet wird; *Huczynski/Buchanan*, S. 280-303.

[193] *Taylor*, S. 8.

[194] *Kieser/Kubicek*, S. 38-40. Ausführlicher zu *Taylor*: *Kieser*, S. 65-99.

ment liege und nicht in der Suche nach dem „richtigen Mann“ und dass bestes Management auf der Grundlage von wissenschaftlichen Erkenntnissen betrieben werde[195]. „His contribution to the systematic study of organizations is remarkable and is almost entirely due to his attempts to apply scientific methodology to achieve efficiency in large, technically complex enterprises. … He spoke of , for example, the science of shovelling, by which he meant finding the optimum load a first-class worker could handle”[196].

Er ging dabei von dem Grundsatz aus, “to secure the maximum prosperity for the employer, coupled with the maximum prosperity for each employé”[197]. Wenn nämlich nicht nur Rohstoff- und Maschinenkosten minimiert würden, sondern auch der Arbeitskrafteinsatz je Produkteinheit, dann könne die Produktivität so steigen, dass sowohl Dividenden wie Löhne erheblich erhöht werden könnten[198]. Statt der bisherigen Methode, mit jeweils einzelnen Anreizen die Mitarbeiter zum Erreichen des Organisationszieles zu veranlassen, sollte nun ein System von Organisationsmaßnahmen eine ständige Orientierung gewährleisten. Zu diesen Maßnahmen gehörten u.a. strikte Trennung von dispositiver Tätigkeit der Leitung, etwa in Form von Arbeitsvorbereitung, und exekutiver Tätigkeit der Arbeiterschaft, der jeweils ein bestimmtes „Pensum“ vorgegeben ist, so dass sie sich nur noch mit dessen Erfüllung, aber nicht mehr mit dessen Planung beschäftigen soll[199]; genaue Untersuchung der für eine Tätigkeit wirklich notwendigen Handgriffe usw.[200], die eine wichtige Grundlage für das spätere System der Arbeitszeitstudien und der Ergonomie überhaupt wurden; Feststellung der Leistungskurven und dementsprechende Bemessung von Arbeitszeit und -pausen[201]; vorher vom Arbeiter kalkulierbare Festlegung einer Prämie, eines Bonus, für die Erfüllung des Pensums[202]; Ersatz der einheitlichen Anleitung durch einen einzigen Meister durch die Unterstellung eines Arbeiters unter bis zu acht „Funktionsmeister“ (functional foremen), die für Ausbildung und Anleitung des Arbeiters jeweils über Produktqualität, Arbeitsverfahren, Maschineneinstellung usw. zuständig sind[203]. Schließlich kann ihm auch ein Versuch zur rechtlichen Bes-

---

195 *Taylor*, S. 1
196 *Warner* bei *Nystrom/Starbuck*, Bd. I, S. 169/170.
197 *Taylor*, S. 9.
198 *Taylor*, S. 27.
199 *Taylor*, S. 37-40.
200 *Taylor*, S. 53-59.
201 *Taylor*, S. 86-93.
202 *Taylor*, S. 121/122.
203 *Taylor*, S. 131.

serstellung der Arbeitnehmer angerechnet werden[204], weil sie durch die rationale Organisierung unabhängiger von der Willkür der Vorgesetzten würden.

Durch die Erfolge in von ihm geleiteten Betrieben und bei vielen seiner Nachahmer fanden *Taylors* Vorschläge schnell ein weltweites Echo[205]. Und sogar *Lenin* meinte: „Man muß ... die Anwendung von vielem, was an Wissenschaftlichem und Fortschrittlichem im Taylorsystem enthalten ist ... , ... erproben ... . Das Taylorsystem ... vereinigt in sich - wie alle Fortschritte des Kapitalismus - die raffinierte Bestialität der bürgerlichen Ausbeutung und eine Reihe wertvollster wissenschaftlicher Errungenschaften in der Analyse der mechanischen Bewegungen bei der Arbeit, der Ausschaltung überflüssiger und ungeschickter Bewegungen ...“[206]. *Taylors* Ideen hatten großen Einfluss auf die Organisationsentwicklung in Japan, und sie liegen wohl sogar manchem zugrunde, das im Westen als originär japanische Neuerung angesehen wird[207].

Die Diskussion über *Taylors* Theorien, vor allem die zur Begründung neuer Konkurrenztheorien geführte, stellte immer mehr auf die Bestialitätsgesichtspunkte ab. Teilweise gefördert durch *Taylors* drastische Vergleiche[208], wurde ihm ein mechanistisches und autoritäres Menschenbild vorgeworfen[209], und seine ganze Denkweise gilt manchem als Höhepunkt eines ausbeuterischen Kapitalismus[210]. Auf die For-

---

204 Vgl. *Greca*, S. 7 m.w.N., der das allerdings - m.E. fälschlich - als Beitrag zur Demokratisierung der Produktionsverhältnisse zählt, obwohl die Rationalisierung nach *Taylor* einseitig vom Unternehmer betrieben wird.

205 Vgl. die Angaben in den Vorworten zur deutschen Ausgabe 1919.

206 *Lenin, W. I.*: Werke, Band 27, Berlin: Dietz 1960, S. 249. Vgl. dazu auch *Clegg/Dunkerley*, S. 113-118 und 344.

207 Vgl. *Warner, Malcolm*: Japanese Culture, Western Management: Taylorism and Human Resources in Japan, in: Organization Studies 1991, S. 509-533.

208 Beispielsweise *Taylor*, S. 40: „This work is so crude and elementary ... that it would be possible to train an intelligent gorilla so as to become a more efficient pig-iron handler that any man can be“. Auf S.59 findet man: „One of the very first requirements for a man who is fit to handle pig iron as a regular occupation is that he shall be so stupid and so phlegmatic that he more nearly resembles in his mental make-up the ox than any other type.”

209 Vgl. auch *Hill/Fehlbaum/Ulrich*, S. 411-413.

210 Vgl. dazu *Mendner, Jürgen H.*: ‚Humanisierung der Arbeit' als gewerkschaftspolitisches Problem, in: Mehrwert 9 (1975), S. 15; *Mendner*, der *Taylor* meist sekundär, primär nur auf zweifelhafte Weise, zitiert, zeigt damit, worauf manche Taylorinterpretation beruht: auf Ignoranz. Zur neueren Diskussion vgl. u.a. *Littler*, S. 185-202. Vgl. auch *Türk* 1995, S. 46.

schung[211] zu *Taylors* Vorschlägen wird in der arbeitspolitischen Auseinandersetzung selten Rücksicht genommen, so dass zu dieser Diskussion nicht nur in Frankreich gesagt werden kann: „On assisterait aujourd'hui à une crise substantielle du taylorisme, autant par le fait d'une résistance ouvrière accrue à la rationalisation que par sa disqualification comme une méthode d'organisation“[212].

1.6.1.2 Administrationstheorie: Fayol

Während *Taylor* die Probleme aus seiner Praxis als Betriebsingenieur noch mikrosoziologisch gewissermaßen on the shop floor level behandelte, versuchen die Administrationstheorien, allgemein gültige Prinzipien für eine effiziente Strukturierung von Organisationen zu finden.

Hier soll die Theorie von *Henri Fayol*, Ingenieur und Leiter eines französischen Bergbaukonzerns, vorgestellt werden, die allgemein als Anfang aller ähnlichen Ansätze gilt[213]. Dass er das Unternehmen aus der kritischen Lage bei der Übernahme der Generaldirektion zu höchster Prosperität führte, begründete er durch die Anwendung seiner Methoden, die 1916 unter dem Titel „Administration industrielle et générale“ veröffentlicht wurden und in Frankreich großes Interesse fanden[214], das aber erst mit der englischen Übersetzung auch international wurde.

Die Theorie geht davon aus, dass in jeder Unternehmung sechs verschiedene Gruppen von Verrichtungen nötig seien (opérations techniques, commerciales, financières, de sécurité, de comptabilité, administratives)[215] und dass diesen Funktionen auch verschiedene Befähigungen der Organisationsangehörigen entsprächen, wobei die Unternehmensleitung sich mit allen sechs Funktionen befassen müsse, allerdings mit besonderem Schwergewicht auf den administrativen Funktionen (im einzelnen: prévoyance, organisation, commandement, coordination et contrôle)[216]. Das führt dann zu einer Tafel, auf

---

211 Siehe dazu u.a. *Wall, Toby D./Martin, Robin:* Job and Work Design, in: *Cooper, Cary L./ Robertson, Ivan T.* (Eds.): International Review of Industrial and Organizational Psychology, New York: Wiley 1987, S. 61-91.

212 *Thuderoz*, S. 325.

213 So u.a. *Hill/Fehlbaum/Ulrich*, S. 418; *Pfeiffer*, S. 132, Fn. 34. Vgl. auch *Robbins* 1990, S. 35-37; *Huczynski/Buchanan*, S. 432-434; *Prewo/ Ritsert/Stracke*, S. 162-169.

214 Vgl. die Bibliographie in der deutschen Ausgabe auf S. 90/91.

215 *Fayol*, S. 1/2.

216 *Fayol*, S. 5-9. Vgl. weiter zu dem Ansatz: *Drepper*, S. 26-27; *Walter-Busch*, S.

der spekulative Prozentsätze für die Verteilung der Gesamteignung auf die einzelnen Funktionen angegeben sind; danach braucht ein Arbeiter 5% administrative, aber 85% technische Fähigkeiten, während beim Generaldirektor das Verhältnis bei 50:10 liegt[217]. In der anglo-amerikanischen Literatur wurden die sechs administrativen Funktionen *Fayols* bald um zwei weitere ergänzt, nämlich staffing und reporting[218].

Für den administrativen Bereich werden - als Auswahl der wichtigsten - 14 Prinzipien aufgestellt (von division du travail über autorité, discipline usw. bis stabilité du personnel, initiative und union du personnel)[219], die bei situationsgerechter Anwendung eine erfolgreiche Personalführung[220] - als personale Komponente der Organisationsfunktionen verstanden - ermöglichen sollen. Viel bedeutsamer als diese immer wieder zitierten Prinzipien erscheinen die 16 Funktionen, die nach *Fayols* Meinung in allen Organisationen notwendig sind, um das Mitgliederhandeln auf die Erreichung des Organisationszieles auszurichten. Diese sind[221]:

1° Veiller à ce que le programme d'action soit mûrement préparé et fermement exécuté;

2° Veiller à ce que l'organisme social et l'organisme matériel soient en rapport avec le but, les ressources et les besoins de l'entreprise;

3° Etablir une direction unique, compétente et vigoureuse;

4° Concerter les actions, coordonner les efforts;

5° Formuler des décisions claires, nettes et précises;

6° Concourir à un bon recrutement; chaque service devant avoir à sa tête un homme compétent et actif, chaque agent devant être à la place où il peut rendre le plus de services;

7° Définir nettement les attributions;

8° Encourager le goût des initiatives et des responsabilités;

134-140.

217 *Fayol*, S. 10.

218 *Gulick* bei *Gulick/Urwick*, S.13.

219 *Fayol*, S. 20-47.

220 Die Personalführung bildet auch den wichtigsten Gesichtspunkt bei seinen Ratschlägen für die Ausbildung von Ingenieuren (S. 101-120) und für das innerbetriebliche Verhalten von Vorgesetzten (S. 120-136).

221 *Fayol*, S. 65.

9° Rémunérer équitablement et habilement les services rendus;

10° Prendre des sanctions contre les fautes et les erreurs;

11° Faire observer la discipline;

12° Veiller à ce que les intérêts particuliers soient subordonnés à l'intérêt de l'entreprise;

13° Donner une attention particulière à l'unité de commandement;

14° Surveiller l'ordre matériel et l'ordre social;

15° Faire tout contrôler;

16° Combattre les abus de règlement, de formalisme bureaucratique et de paperasserie, etc., etc. "

Teils auf Grund erster Überlegungen über das, was man jetzt Kontrollspanne - *Fayol* nahm an, auf der unteren Ebene betrage sie etwa 10 bis 30, auf höheren Ebenen nur 4 oder 5[222] - nennt, teils auf Grund von Analogien aus der Botanik[223] kommt er zur Begründung der Theorie von der linienmäßigen Struktur des Betriebs (dazu näher 2.2.1.3), die er für alle Organisationen für optimal hält, wobei der einzige Unterschied nur darin besteht, dass jeweils derjenige Bereich besonders reichhaltig und schwergewichtig strukturiert ist, der sich zentral mit der Erreichung des Organisationszieles beschäftigt, in der Industrie also die technischen Bereiche, in der Kirche die Seelsorgebereiche usw.[224] *Fayol* beginnt auch eine organisationssoziologische Diskussion, indem er ausdrücklich gegen *Taylors* Funktionsmeistersystem sein Prinzip der Einheit der Auftragserteilung setzt[225], während er *Taylors* Idee von Stäben ebenso ausdrücklich unterstützt und sie in sein System einbaut[226].

1.6.1.3 Bürokratietheorie: Weber

Was vom Alltagssprachgebrauch her wie ein Spezialbereich der Verwaltungswissenschaft aussehen mag, ist bei *Max Weber* in seinem 1921 erschienenen Werk „Wirtschaft und Gesellschaft“ als Teil seiner allgemeinsoziologischen Herrschaftstheorie konzipiert. Unter den drei

---

222 *Fayol*, S. 66/67.
223 *Fayol*, S. 69-73.
224 *Fayol*, S. 67/68.
225 *Fayol*, S. 84/85.
226 *Fayol*, S. 84 und 76/77.

Typen der charismatischen, traditionalen und legalen Herrschaft ist es die legale, der die Bürokratie als historisches[227] rationales Optimum entspricht[228]. Diese Verwaltung erfolgt durch „Einzelbeamte", „welche

1. persönlich frei nur *sachlichen* Amtspflichten gehorchen,
2. in fester Amts*hierarchie*,
3. mit festen Amts*kompetenzen*,
4. kraft Kontrakts, also (prinzipiell) auf Grund freier Auslese nach
5. *Fachqualifikation ... angestellt* (nicht: gewählt) sind,
6. entgolten sind mit festen Gehältern in *Geld*, ...
7. ihr Amt als einzigen oder Haupt-*Beruf* behandeln,
8. eine Laufbahn: „Aufrücken" je nach Amtsalter oder Leistungen oder beiden, abhängig vom Urteil der Vorgesetzten, vor sich sehen,
9. in völliger „Trennung von den Verwaltungsmitteln" und ohne Appropriation der Amtsstelle arbeiten,
10. einer strengen einheitlichen *Amtsdisziplin* und Kontrolle unterliegen"[229].

Trotz der an „Amtsdeutsch" erinnernden Terminologie geht es nicht nur um Behördenstrukturen, sondern „diese Ordnung ist im Prinzip in erwerbswirtschaftlichen oder karitativen oder beliebigen anderen private ideelle oder materielle Zwecke verfolgenden Betrieben oder in politischen oder hierokratischen Verbänden gleich anwendbar und auch historisch ... nachweisbar"[230], ja, *Weber* meint sogar, „die ganz großen modernen kapitalistischen Unternehmungen sind ... normalerweise unerreichte Muster straffer bürokratischer Organisation"[231]. Bürokratie soll organisationale Steuerung durch einen hohen Grad der Vorhersehbarkeit menschlichen Verhaltens ermöglichen[232]; damit entspräche sie in der Tat der Idee der Organi-

---

227 *Weber*, S. 738.

228 *Weber*, S. 162 und 718. Allgemein zu *Webers* Organisationstheorie: *Ullrich/Wieland*, S. 18-21; *Drepper*, S. 27-30; *Walter-Busch*, S. 93-118; *Perrow* 1986, S. 119-156; *Clegg/Dunkerley*, S. 75-82; *Drabek/Haas*, S. 13-17; *Kieser/Kubicek* 1978, Bd. I, S. 78-115, dort auf S. 104-110 zur gegenwärtigen Brauchbarkeit; *Prewo/Ritsert/Stracke*, S. 169-199.

229 *Weber*, S. 162/163. Vgl. als neuere Bürokratiebeschreibung: *Child*, S. 12.

230 *Weber*, S. 163.

231 *Weber*, S. 717.

232 *Child*, S. 13.

sation in besonderem Maße. *Webers* Theorie wird daher auch „als der erste wissenschaftliche Ansatz der Beschäftigung mit organisatorischen Fragen“ bezeichnet[233].

Angesichts von *Webers* Herausstellung von Bürokratie geradezu als Vollendung aller Verwaltungsmuster einerseits und andererseits der Tatsache, dass in der Umgangssprache, nicht nur der deutschen, „the ‚horrid hybrid', bureaucrat, has become an epithet, a *Schimpfwort*“, wie *Robert K. Merton* auf Deutsch sagt[234], ist es nicht verwunderlich, dass die Forschung sich der Weberschen Hypothesen angenommen hat und dabei manche Annahme korrigieren musste. So wurden mancherlei Dysfunktionen der Bürokratie entdeckt[235].

1.6.1.4 Human-Relations-Theorie: Roethlisberger, Mayo u.a.

Die Human-Relations-Theorie ist eines der Ergebnisse der vielleicht berühmtesten sozialwissenschaftlichen Experimentserie, der Hawthorne-Experimente. In ihrem „official account“[236], nämlich „Management and the Worker“ (1939), beschreiben zwei Mitarbeiter die Experimente folgendermaßen[237]: Die Western Electric Company versuchte um 1927 in ihren Hawthorne-Werken am Stadtrand Chicagos durch Experimente herauszufinden, wie Veränderungen der physischen (Beleuchtung, Pausen usw.) und monetären (Lohnermittlungsmethode u.Ä.) Arbeitsbedingungen die Produktivität beeinflussen. Bald zogen die Forscher der Firma ein Team der Harvard University unter *Elton Mayo* als Berater hinzu, die die Experimente

---

233 *Kieser/Kubicek* 1978, Bd. I., S. 78. Vgl. auch *Meyer/Rowan*, S. 342.

234 *Merton*, S. 197.

235 So schon um 1940 *Merton*, S. 195-206 (deutsch bei *Mayntz* 1971, S. 265-276). Vgl. auch *Perrow* 1986, S. 6-48.

236 *Mayo* 1945, S. 68.

237 *Roethlisberger/Dickson*, S. 3 ff.; weitere Information über die Experimente liefert *Whitehead, T. North*: The Industrial Worker, 2 vols., Cambridge, MA: Harvard University Press 1938. Eine kürzere Beschreibung bringt *Mayo* 1960, S. 53-94. Vgl. weiterhin auch *Schein*, S. 31-34; *Kieser*, S. 101-131; *Kieser/Kubicek* 1976, S. 30-31; *Greca*, S. 9-11; *Luthans*, S. 13-22; *Mouzelis*, S. 97-119; *Ullrich/Wieland*, S. 21-24; *Drepper*, S. 33-35; *Walter-Busch*, S. 156-180; *Prewo/Ritsert/Stracke*; S. 199-221; *Huczynski/Buchanan*, S. 155-163 mit aufschlussreicher Illustration; *Robbins* 1990, S. 38/39, und 1991, S. 288-290; *Morgan* 1986, S. 41-44; *Kieser/Kubicek* 1978, Bd. II, S. 7-40; *Warner* bei *Nystrom/Starbuck*, Bd. I, S. 170/171; *Clegg/Dunkerley*, S. 123-135; *Perrow* 1986, S. 79-118, mit Praxisbeispielen. Eine kurze Zusammenfassung der Hawthorne-Untersuchungen liefern deren Mitarbeiter *Henderson, L.J./ Whitehead, T.N./Mayo, Elton*: The Effects of Social Environment, bei: *Gulick/Urwick*, S. 143-158.

ganz im frühtayloristischen Sinne fortsetzten, ohne *Taylor* jemals zu erwähnen.

Die Ergebnisse der Experimente zeigten aber keineswegs, dass die Arbeiter auf Verbesserungen der Arbeitsbedingungen immer mit Leistungssteigerungen reagierten und auf Verschlechterungen immer mit Leistungsminderungen. Die Beziehungen zwischen input und output waren durchaus nicht so unmittelbar, wie es der einfache Taylorismus anzunehmen geneigt war; die „rabble hypothesis“, die These, dass Menschen auch heute wie in der frühen Horde egoistisch nur individuelle Vorteile suchen und deshalb auch entsprechend in ihrem Verhalten konditioniert werden können, schien damit widerlegt[238], und zwar mit weitreichenden Folgen bis hinein in die Staatsphilosophie[239].

Für die Organisationssoziologie musste die Konsequenz sein, nicht nur auf die formale Organisiertheit zu achten und allein von ihr das Funktionieren der Organisation zu erwarten, sondern auch in Betracht zu ziehen, dass informale Beziehungen der Organisationsmitglieder erheblichen Einfluss haben[240]. *Taylors* Theorie erschien nun als unzureichend[241]. Damit war das “Betriebsklima” als bedeutender Faktor entdeckt, und somit hatte der Industriebetrieb und wohl auch jede andere Organisation „two major functions, that of producing a product and that of creating and distributing satisfactions among the individual members of the organization“[242].

---

238 *Mayo* 1945, S. 39-56.

239 An dieser Stelle gibt es ein interessantes Beispiel für die Problematik von Sekundäranalysen. *Mayo* und seine Kollegen hatten, entsprechend dem damaligen Stand der Methodologie, keine sehr raffinierten statistischen Auswertungen vorgenommen. Diese unternahmen am Originaldatenmaterial *Franke* und *Kaul*, die dabei festellen zu können meinten, dass die Produktivitätsunterschiede fast ganz durch Kontrollvariablen und externe Faktoren erklärt werden können, so dass die Erklärung durch Interaktionsvariablen falsch oder zumindest überflüssig gewesen und die darauf aufgebaute Human-Relations-Theorie, die geradezu eine soziale Bewegung in manchen Industrien geworden war, auf Irrtum gegründet sei (*Franke/Kaul*, S. 623). Neuere Untersuchungen desselben Urmaterials mit multivariaten Methoden führten jedoch zu einer Bestätigung der Folgerungen, die *Mayo* und seine Kollegen aus ihren Untersuchungen gezogen hatten (*Jones*, S. 176-190).

240 *Roethlisberger/Dickson*, S. 525-568. Vgl. zur weiteren Diskussion *Mayntz/Ziegler*, S. 70-72.

241 *Franke/Kaul*, S. 638.

242 *Roethlisberger/Dickson*, S. 552; vgl. auch S. 569.

Mit den Scientific-Management-Theorien hat die Human-Relations-Lehre aber die These gemeinsam, dass im Grunde die Interessen von Unternehmern und Beschäftigten, von Organisation und Mitgliedern, von Gesellschaft und Individuum identisch seien; und ebenso teilen beide die allseitige Wachstumsorientierung. Wo aber bei *Taylor* noch ein mechanistisches Menschenbild mitspielt, sieht *Mayo* eher Interaktionsdependenzen[243]. Und wo *Taylor* und *Fayol* durch „Organisation von oben" die Raster für effizientes oder wenigstens effektives Funktionieren der Organisation schaffen wollen, sieht *Mayo* deutlicher die Notwendigkeit einer mehr informellen, aber ständigen Verbesserung der Sozialbeziehungen innerhalb und außerhalb der Organisation; denn „if an individual cannot work with sufficient understanding of his work situation, then, unlike a machine, he can only work against opposition from himself"[244]. Vor allem aber ist eine andere Neuerung wichtig. Die früheren Theorien waren mehr präskriptive Systeme von Erfahrungen und Annahmen, die lediglich theoretisch optimale Organisationsschemata anboten; die Human-Relations-Theorie brachte eine Komponente von permanenter Empirie hinein. Die ursprünglichen Lehrsätze wurden reduziert "to the status of empirical questions, that is, questions to be settled by observation and judgement and not by argument and debate"[245].

Die Hawthorne-Studien waren „pioneering work"[246] auch für andere theoretische Ansätze. Besonders einflussreich wurden sie aber in der Praxis, wo sie fast ausschließlich wie Kochrezepte übernommen und angewendet wurden, ohne dass ihre Anwendbarkeit in der neuen Situation zuvor erforscht wurde. Des öfteren wurden die neuen Methoden den alten hinzugefügt, ohne auf eventuelle Widersprüche zu achten: „Nach Hawthorne hielten die „menschlichen Beziehungen' auf breiter Front Einzug in den Unternehmungen der USA. ... Die Human-Relations-Bewegung löste die Taylorismus-Fordismus-Bewegung jedoch nicht ab, sie erweiterte lediglich das Methodenarsenal der ‚Rationalisierungsbewegung'"[247].

Dabei waren die praktischen Erfahrungen mit dem Human-Relations-Ansatz keineswegs immer positiv. In der Non-Linear-Systems Inc. in DelMar, Kalifornien, die digitale elektrische Messgeräte herstellte, wurde von 1960 bis 1965 ein Experiment durchgeführt: Das Unternehmen wurde auf die Organisationsprinzipien des

243 *Jones*, S. 176.
244 *Mayo* 1960, S. 115.
245 *Roethlisberger* bei *Mayo* 1960, S. XIV.
246 *Lorsch/Morse*, S. 4.
247 *Kieser*, S. 113.

Human-Relations-Ansatzes mit einigen Partizipationselementen umgestellt. Am Ende des Experiments war es fast bankrott[248]. Bei nochmaliger Auswertung der Originaldaten, behauptet nun gar ein zeitgenössischer Sozialwissenschaftler, „I found essentially no evidence of Hawthorne effects“[249].

1.6.1.5 Strukturell-funktionale Theorie: Parsons

Die Organisationstheorie von *Talcott Parsons* ist nur im Zusammenhang mit seiner allgemeinsoziologischen strukturell-funktionalen Theorie zu verstehen, die er begründet hat. Die Anfänge reichen in die zweite Hälfte der dreißiger Jahre zurück, als es nach dem 1. Weltkrieg und der großen Depression zu erklären galt, wie große Gesellschaften aus vielen Menschen mit verschiedenen Zielen, Interessen, Chancen usw. auch in extremen Krisen zusammenhalten. Ab den fünfziger Jahren wurde dieser Ansatz dann erheblich erweitert.

Hier können nur - als Erinnerungshilfen für den Kundigen - ganz wenige Hinweise zu diesem Hintergrund geben werden[250]. Die strukturell-funktionale Theorie ist eine Theorie sozialer Systeme[251], die sich auf Grund ihrer Basisthese über den sozialen Wandel[252] - Differenzierung als Regelform der Veränderung[253] - in besonderem Maße mit der Entwicklung von Subsystemen und der Sicherung von deren funktionalem Beitrag zur Erhaltung des Systems befasst. Hier ist wieder auf *Parsons'* allgemeinsoziologische System-Subsystem-Theorie zu verweisen, nach der sowohl Wachstum von Systemen als auch so-

---

[248] Näher dazu *Erwin L. Malone* bei *Gray/Starke*, S. 107-119.

[249] *Jones, Stephen R.G.*: Was There a Hawthorne Effect?, in: American Journal of Sociology 98 (1992), S. 451-468.

[250] Vgl. als kurz gefasste, aber hier durchaus genügende Einführung: *Kiss*, S. 144-213. Siehe auch *Clegg/Dunkerley*, S. 171-185.

[251] Zu den wissenschaftstheoretischen und -historischen Hintergründen der Systemtheorie: *Churchman, C. West*: Die Konstruktion von Erkenntnissystemen, Frankfurt (Main)/New York: Herder & Herder 1973, S. 7-67. Im Hinblick auf Organisationen: *Fuchs, Herbert*: Systemtheorie und Organisation, Wiesbaden: Gabler 1973; *Azumi/Hage*, S. 11-14; *Cleland/ King*, S. 31-40 und 159-165; *Mayntz/Ziegler*, S. 15-20 und 23-26; *Mouzelis*, S. 149-157; *Pfeiffer* bei *Wöhler*, S. 3-19; *Ullrich/Wieland*, S. 25-34; *Silverman*, S. 28-38; *Khandwalla*, S. 223-259; *Luhmann*, S. 23-29; *Litterer*, S. 23-56; *Berrien* bei *Dunnette*, S. 41-62 m.w.N. Sie wird oft etwas zu unüberlegt als „Systemtheorie" bezeichnet, damit zur Verwechslung mit der Allgemeinen Systemtheorie Anlass gebend (vgl. dazu schon *Buckley*, S. 23-31 und 36-40).

[252] Vgl. dazu *Endruweit*, Beiträge zur Soziologie, Bd. IV, S. 26/27.

[253] *Parsons* 1960, S. 18: "The existence of organizations ... is a consequence of the division of labor in society".

zialer Wandel i.d.R. als Differenzierung geschehen, nämlich durch Ausbildung von Subsystemen, die durch Funktionenspezialisierung höhere Leistungen erbringen als nicht spezialisierte Systeme; da Subsysteme aber zur Selbstverabsolutierung neigen, muss das System durch Integration dafür sorgen, dass die Subsysteme den weiterhin bestehenden Funktionen des Gesamtsystems dienen[254]. Die große praktische Bedeutung von Organisationen im Alltag komplexer Gesellschaften findet daher, zumindest von der Absicht her, ihre Entsprechung in der theoretischen Verknüpfung des Subsystems „Organisation" mit dem allgemeinen Gesellschaftsbegriff und zeigt so für die Organisationssoziologie „the relevance of this field ... to the more general scheme for the analysis of social systems"[255]. Jedes soziale System, das vor allem auf die Integration seiner Elemente bedacht sein muss, ist von drei Systemen - als analytischen Einheiten - umgeben, nämlich dem kulturellen System, das vor allem Wert- und Normkonsens herbeiführen soll, dem Persönlichkeitssystem, das vornehmlich der Zielerreichung dient, und dem Verhaltensorganismus, der das Handeln zur Anpassung durch Elemente aus Anlage und Umwelt konditioniert. „Adaption, goal attainment, integration and latency" (AGIL) bilden das bekannte Schema für die Grundfunktionen sozialer Systeme[256].

In der strukturell-funktionalen Organisationssoziologie[257] findet man diese allgemeinen Bezüge u.a. wieder in der Typologie, die Organisationen nach ihrer Orientierung auf ökonomische Produktion, politische Ziele, Integration und Kulturmusteraufrechterhaltung unterscheidet[258] (vgl. Nr. 1 in der Übersicht 1.5.3). Eine Organisation erreicht ihr Ziel in dem Maße, wie sie einen spezifischen output produziert, der von anderen Organisationen oder sonstigen sozialen Subjekten als input benutzt wird[259]. Das ist die organisationale Parallele zur Rollentheorie im allgemeinen Handlungssystem[260]. Da jedes Sozialsystem nicht zuletzt durch seine Wertordnung charakterisiert ist

---

[254] *Parsons* 1966, S. 22.
[255] *Parsons* 1960, S. 3.
[256] *Parsons* 1966, S. 8-16 und 28.
[257] *Parsons*, 1956. Eingehender wird deren methodischer Ansatz dargestellt bei *Vollmer, Howard M.*: Structural-Functional Analysis as a Method, bei *Bowers*, S. 45-63, und bei *Silverman*, S. 41-63. In *Talcott Parsons'* „Structure and Process in Modern Societies" ist Kap. 1 ein nur leicht veränderter Wiederabdruck des Aufsatzes aus Administrative Science Quarterley 1 (1956), S. 63-85 und 225-239. Vgl. auch *Drepper*, S. 35-41; *Bowey*, S. 46-51; *Berrien* bei *Dubin*, S. 41-62; *Walter-Busch*, S. 208-212.
[258] *Parsons* 1960, S. 45/46.
[259] *Parsons* 1960, S.17.
[260] Siehe dazu *Silverman*, S. 50.

und da jede Organisation das Subsystem eines Sozialsystems höherer Ordnung ist, muss jede Organisation - soweit sie kein abweichlerisches Subsystem ist - einen Ausschnitt aus der Wertordnung des übergeordneten Systems widerspiegeln, und das gilt dann auch für die Ziele[261]. Daraus leitet sich der funktionale Zusammenhang zwischen Organisation und Gesellschaft ab.

In diesem Bezugsrahmen werden mehrere typische Prozesse in Organisationen näher untersucht, so vor allem Adaptationsprozesse, mit denen die Organisation sich an ihre Umweltbedingungen anpasst; Implementierungsprozesse, die vor allem Entscheidungen zur Zielerreichung umfassen; und Integrationsprozesse, mit denen die Organisation ihre Funktion innerhalb der gesamten Sozialstruktur auf die Erfordernisse des übergeordneten Systems ausrichtet[262].

Diese „regelmäßige" Sicht von Organisation wird von *Robert K. Merton* schon 1940 in einem Aufsatz mit den Worten aufgenommen: „A formal, rationally organized social structure involves clearly defined patterns of activity in which, ideally, every series of actions is functionally related to the purposes of the organization" und dann auf das Beispiel der Bürokratie zugespitzt: „The ideal type of such formal organization is bureaucracy"[263]. Bei eben diesem Beispiel lassen ihn die Begriffe „trained incapacity" (*Veblen*), „occupational psychosis" (*Dewey*) und „professional deformation" (*Warnotte*) an der Durchgängigkeit der Funktionalität von Organisationen zweifeln[264] und eine seither intensiv betriebene Forschung über Grenzen und gar mögliche Dysfunktionalität von Bürokratie - und damit indirekt auch Organisation - anregen.

Da die Organisation nicht nur selbst ein Produkt der sozialen Arbeitsteilung ist, sondern - zumindest bei einer gewissen Größe - schon selbst weitere Arbeitsteilung betreibt, gibt es hierarchische Strukturen in Organisationen. *Parsons* unterscheidet drei typische Ebenen: auf der „technischen" Ebene werden die unmittelbaren Aufgaben der Organisation erfüllt (das Lernen in der Schule, die Produktion von Gütern im Betrieb); auf der Managerebene wird für die erste Ebene vorgeplant und vorgesorgt (Aufstellung von Verfahrensregeln, Bereitstellung der Ressourcen, Vertretung der Organisation nach außen - die typische Ebene der genannten Entscheidungsprozesse); die „institutionelle" Ebene schließlich verbindet die Organisation mit der

---

[261] *Parsons* 1960, S. 20/21.
[262] *Parsons* 1960, S. 35/36.
[263] *Merton*, S. 195.
[264] *Merton*, S. 197/198.

Umgebung nicht über Input-output-Beziehungen (das tut ja die Managementebene), sondern über die System-Subsystem-Beziehungen, die der Organisation im Grunde erst die Existenzlegitimation verleihen, wobei nicht immer nur direkter Einfluss durch Kontrolle gemeint ist, sondern auch soziale „Sinngebung“, so dass sowohl Aufsichtsräte als auch Beiräte und ähnliche Gremien mit relativ externer Mitwirkung zu dieser Ebene gehören[265].

Aus diesen hier nur skizzierten Ansätzen folgen weitere Untersuchungsbereiche, Hypothesen, Schemata usw., die hier nicht einmal angedeutet werden können.

1.6.1.6 Kontingenztheorie: Lawrence und Lorsch

Nachdem in der strukturell-funktionalen Theorie allgemeine Überlegungen zu sozialen Systemen formuliert und erste Anwendungen auf Organisationen versucht worden waren, musste eine eingehendere Anpassung an die Bedürfnisse der Organisationssoziologie geradezu zwangsläufig folgen. Das geschah Mitte der sechziger Jahre durch die Kontingenztheorie, wie sie von ihren Vätern 1967 „tentatively labeled“[266], dann aber beibehalten wurde. Als Wegbereiter für diesen Ansatz werden ausdrücklich *Burns/Stalker, Woodward, Fouraker, Chandler, Udy und Leavitt* erwähnt[267].

Zentralthema der Theorie sind die Beziehungen zwischen Organisation und Umwelt, anwendungsorientiert gefragt: „How organizations must vary if they are to cope effectively with different environmental circumstances“[268].

Der Ansatz geht ganz im Sinne der strukturell-funktionalen Theorie, die dabei allerdings nie erwähnt wird, davon aus, dass eine Organisation Leistungen für die Umwelt zu erbringen habe. Diese Leistungen werden um so besser sein, je höher die Qualität der Übereinstimmung („goodness of fit“[269]) zwischen den Umweltvariablen und den Prädispositionen von Mitgliedern und Personal der Organisation ist. Die Schwierigkeit dieser Übereinstimmung wächst mit der Komplexität der Organisation, weil deren verschiedene Subsysteme jeweils

---

265 *Parsons* 1960, S. 60-65.
266 *Lawrence/Lorsch* 1986, S. 209.
267 *Lawrence/Lorsch*, S. 187-203. Vgl. auch *Khandwalla*, S. 237-239; *Walter-Busch*, S. 228-231; *Child*, S. 165-169; *Huczynski/Buchanan*, S. 448-454; *Morgan* 1989, S. 76-79.
268 *Lawrence/Lorsch*, S. 187.
269 *Lawrence/Lorsch*, S. 209.

eigene und damit insgesamt verschiedenere Umwelten haben müssen[270]. Desto größer werden dann die Ansprüche an die Integrationsfähigkeit der Leitung. Dabei ist ein wichtiges Kriterium der Umwelten deren Sicherheit bzw. Unsicherheit. Sind alle Umwelten im Wesentlichen gleich sicher oder gleich unsicher, sprechen *Lawrence* und *Lorsch* von einer gleichartigen Umwelt; bei verschiedenen Sicherheitsgraden sei es eine ungleichartige Umwelt. Bei gleichartiger Umwelt können die Organisationsstrukturen relativ gleichartig sein, bei ungleichartigen Umwelten müssen die organisationalen Subsysteme dementsprechend vielfältig sein[271].

Zur empirischen Überprüfung untersuchten *Lawrence* und *Lorsch* zehn Unternehmen in drei Branchen. Sie benutzten eine schriftliche Befragung von jeweils 30 bis 50 Personen auf der oberen und mittleren Leitungsebene und legten den Schwerpunkt auf quantitative Daten. Daneben wurden auch mündliche Interviews geführt[272]. Die Auswertung bestätigte weitgehend die vorherigen theoretischen Annahmen. „The novel aspect of the Lawrence and Lorsch model is, not that organizations are differentiated or that they need to have their activities properly coordinated, but that the organization, in order to be effective, needs to be *both* differentiated and integrated and that the *degree* of differentiation and integration depends on the degree of diversity in the task environments of the organization's different departments"[273].

Dieser Ansatz wurde noch mehrmals in einzelnen Aspekten überprüft und im Wesentlichen bestätigt[274]. Der ursprünglich überwiegend soziologische Ansatz erschien bald darauf erweiterungsbedürftig. So wurden durch Mitarbeit eines Psychologen auch Individualmerkmale von Organisationspersonal einbezogen, aber immer noch unter dem Untertitel „A contingency approach"[275]. Insgesamt hat die Kontingenztheorie sowohl Forschung als auch Praxis sehr befruchtet[276].

---

270 Vgl. dazu auch *Khandwalla*, S. 239-240.

271 Siehe auch *Staehle* 1999, S. 470-471.

272 *Lawrence/Lorsch*, S. 19-20 und 247-268 (methodologischer Anhang mit Fragebogen und Auswertung).

273 *Khandwalla*, S. 240.

274 Vgl. die Beiträge bei *Lorsch/Lawrence.*

275 *Lorsch/Morse*, S. IX.

276 Vgl. dazu u.a . *Greenwood/Hinings/Ranson*, S. 1-23 und 169-190, und *Kast/Rosenzweig*, S. 315-318.

Diese Theorie wird seit ihrer Rezeption in Deutschland in der Betriebswirtschaftslehre oft als Situationstheorie[277] oder später situativer Ansatz bezeichnet. Er geht von der Annahme aus, es gebe „*keine universell effizienten Organisationsstrukturen.* Um effizient zu sein, müssen Organisationen ihre jeweiligen *Strukturen* an ihre jeweiligen *Situationen* anpassen“[278]. Daran schließen manche den Vorwurf an, diese Theorie übersehe die Entscheidungsfreiheit der Leitung[279].

1.6.1.7 Soziotechnische Integrationstheorie: Thompson

Die systemtheoretische Betrachtung von Organisationen öffnete die Augen für eine Ausweitung der Problematik einerseits und die Möglichkeiten zur Integration der verschiedenen Ansätze andererseits.

Zuerst stellte sich die Frage, ob die Organisation typischerweise ein *geschlossenes System* sei, bei dem also Systemprozesse nur innerhalb der Grenzen des Systems ablaufen, oder ein *offenes System*, dessen Wirkung über die Grenzen hinausreicht und das auch selbst Einflüssen von außen unterliegt[280]. Erst als die Systemtheorie diese Frage stellte, merkte man, dass bisher de facto Organisationen eher als geschlossene Systeme behandelt worden waren, obwohl es geradezu offensichtlich ist, dass sie typischerweise offene sind[281], und noch 1973 wurde kritisiert, dass man bisher Beziehungen zwischen Organisation und Umwelt kaum untersucht habe[282].

Das war aber, wie manche solcher Klagen ohne exakte Nachweise, falsch. Im gleichen Jahr stellte ein Handbuch eine Liste von „studies reporting or discussing the effects of environments on organizations“ vor, die in zwölf thematischen Blöcken Hunderte von Titeln nennen konnte[283]. Seither ist auch eine Reihe von Theorien entwickelt worden, die einen Teil dieser Forschungen zu systematisieren versuchen.

---

277 *Staehle* 1973, Untertitel und S. 7. Bei *Gibson* u.a., S. 10: "contingency (or situational) approach".

278 *Kieser*, S. 169. Vgl. insgesamt *Kieser*, S. 169-198; *Kieser/Kubicek* 1978, S. 45-64.

279 *Mayntz* bei *Anheier*, S. 71. Überblick über die Kritik bei *Türk* 1989, S. 1-10.

280 *Katz/Kahn*, S. 18.

281 Nachweise für diese Theorienentwicklung bei *Endruweit*, Beiträge zur Soziologie, Bd. III, S. 296-301. Vgl. auch *Bosetzky*, S. 8. Eine aufschlussreiche Übersicht über die Unterschiede beider Betrachtungsweisen bieten u.a. *Kast/Rosenzweig*, S. 315-318; *Gibson/Ivancevich/Donnelly*, S. 30-33.

282 *Haas/Drabek*, S. 17.

283 *Starbuck* bei *Dunnette*, S. 1088-1094.

Sie führen die verschiedensten Namen[284], ohne dass die Unterschiede immer genau herausgestellt werden. Ihnen ist aber gemeinsam, dass sie die Organisation als offenes System betrachten und dass sie auch für die Prozesse innerhalb der Organisation die Integration verschiedener Ansätze, auch nichtsoziologischer, erlauben.

Ein weiteres Merkmal der modernen Systemtheorien ist ihre Eignung für kybernetische Betrachtung, also für die analoge Anwendung der *kybernetischen Systemtheorie* der Naturwissenschaften. Hier sollen nur einige kybernetische Begriffe[285] vorgestellt werden, um die heuristische Bedeutung dieser Theorie für die Organisationsanalyse ahnen zu lassen:

- *Selbstregulierung*: Prozess, durch den ein System „sich bei Einflüssen aus der Umwelt und bei teilweise offenen Grenzen in seiner Identität und seinen Zielen" ohne Außensteuerung selbst erhält (wichtig für die Systemstabilität);
- *Anpassung*: Prozess, in dem ein System nicht nur Selbstregulierung zu Erhaltung des Sollwertes leistet, sondern auch den Sollwert nach den Umweltbedingungen korrigiert;
- *Lernfähigkeit*: Eigenschaft eines Systems, zukünftiges Verhalten durch Erfahrung zu präformieren, z.B. durch institutionalisierte Informationsrückkopplung zu Entscheidungsträgern;
- *Ultrastabilität*: „Eigenschaft bestimmter Systeme, bei Verlassen eines Stabilitätsbereiches, innerhalb dessen sie immer wieder zum Gleichgewichtszustand zurückkehren, durch Veränderung und Anpassung an die gewandelte Umwelt einen neuen Gleichgewichtszustand zu erreichen";
- *Multistabilität*: „Eigenschaft eines Systems, sich an vielfältige Umweltveränderungen anpassen zu können, indem die verschiedenen Subsysteme des Systems unabhängig voneinander Gleichgewichtszustände gegenüber verschiedenen Störungen aus der Umwelt erreichen können";
- *Rückkopplung*: „Selbstkorrektur im Regelkreis, d.h. zielgerichtete Selbststeuerung eines ... sozialen Systems durch Rückmeldung der

---

284 Vgl. *Endruweit*, Beiträge zur Soziologie, Bd. III, S. 299/300, für einige weitere Hinweise.

285 Definitionen, soweit zitiert, nach *Fuchs-Heinritz, Schmitz* bzw. *Wienold* bei *Fuchs-Heinritz* u.a. unter dem jeweiligen Stichwort. Nähere Ausführungen, auch zu anderen Grundbegriffen, bei *Katz/Kahn*, S. 19-26, und *Bobbitt* u.a., S. 368-381. Vgl. auch *Staehle* 1999, S. 418/419.

> Ergebnisse oder Ausgangsgrößen (output) bzw. ihrer Veränderung und Einwirkung auf die Eingangsgrößen (input). Werden durch die Rückkopplung Abweichungen von Sollwerten des Systems korrigiert, dann liegt eine negative oder kompensierende Rückkopplung vor. Werden dagegen Abweichungen durch Rückkopplung verstärkt, spricht man von positiver oder kumulativer Rückkopplung".

Natürlich ist die methodologische Diskussion über die Anwendbarkeit kybernetischer Modelle, die aus den Naturwissenschaften stammen, im Bereich sozialer Systeme noch nicht ausreichend, um alle Zweifel auszuschließen. Zwar beansprucht die Kybernetik nicht, ein treues Abbild der Wirklichkeit zu liefern; aber auch abstrakte Modelle können zu einer Art Meta-Organizismus führen. Ist man sich dieser Gefahren bewusst, scheint der Nutzen einer moderaten kybernetischen Systemtheorie für die Organisationsforschung wohl größer als ihr Schaden zu sein.

Der soziotechnische Ansatz wurde schon in den fünfziger Jahren in Großbritannien begonnen und baut auf den Untersuchungen des Tavistock Institute of Human Relations in London auf[286]. Er hat sich seitdem in viele Untergruppen aufgeteilt.

Als Beispiel[287] für die integrativen oder wenigstens integrationsgeeigneten soziotechnischen Theorien soll hier eine kurze Beschreibung des Ansatzes von *James D. Thompson* dienen.

In Fortentwicklung des klassischen Ansatzes geht auch diese Theorie davon aus, dass es das wichtigste Charakteristikum von Organisationen sei, „to produce results"[288]; und das ist, wenn es systematisch und nicht zufällig erfolgt, nichts anderes als die Verfolgung bestimmter Ziele. Daraus folgt nun aber ein relativ neuer Gesichtspunkt: Die Organisation muss rational handeln; denn „instrumental action is rooted on the one hand in *desired outcomes* and on the other hand in *beliefs about cause/effect relationships*" [289]. Natürlich hätte dieser Gedanke auch auf Grund der Annahme von geschlossenen Systemen formuliert werden können[290]. Aber hier zeigen sich die Grenzen des herkömmlichen Rationalitätsbegriffs, der auch in der Soziologie von

---

286 Zur Geschichte siehe *Sydow*, S. 14-26.
287 Wegen weiterer Theorien vgl. u.a. *Staehle* 1973, S. 72-84; *Khandwalla*, S. 246.
288 *Thompson*, S. 1.
289 *Thompson*, S. 14.
290 Er kommt auch schon in manchen Definitionen zum Ausdruck (z.B. bei *Schein*, S. 9: "An organization is the rational coordination ..."), die nicht ausdrücklich von System-Umwelt-Beziehungen ausgehen.

Pareto über *Weber* bis *Schütz* und *Coleman* herrschend ist und der Handeln für rational erklärt, wenn seine Mittel den verfolgten Zielen (Zwecken) objektiv angepasst sind[291]. Das setzt aber eine sehr stabile Mittel-Ziel-Beziehung voraus. Was aber, wenn über dieser Beziehung viele potentiell intervenierende Variablen drohend hängen, die plötzlich als Störvariablen über die Beziehung herfallen können? Das ist die Situation der Unsicherheit. Da kann einmal rational geplantes Handeln seine Rationalität nicht dadurch verlieren, dass sich an Zielen oder Mitteln etwas ändert, sondern dadurch, dass die Randbedingungen, an die oder an deren möglichen Wandel oft nicht gedacht wird, sich plötzlich ändern. „Uncertainties are presented to complex organizations from three sources, two external to the organization and the third internal. External uncertainties stem from (1) *generalized uncertainty*, or lack of cause/effect understanding in the culture at large, and (2) *contingency*, in which the outcomes of organizational action are in part determined by the actions of elements of the environment. The internal source of uncertainty is (3) *interdependence of components*" [292]. Zum Gesichtspunkt der Zielerreichung tritt damit der Gesichtspunkt der Existenzsicherung als wichtigstes Element des Organisationshandelns, und beiden versucht die Organisation durch Rationalität gerecht zu werden, indem sie diese zur Bewältigung der Unsicherheit in einer Art von Zwei-Stufen-Verfahren einsetzt: „Organisations cope with uncertainty by creating certain parts specifically to deal with it, specializing other parts in operating under conditions of certainty or near certainty" [293]. Dieser Ansatz hatte sich schon seit längerem in einzelnen Studien zumeist theoretischer Art angedeutet[294].

Auf dieser Grundlage entwickelt *Thompson* ein System von „propositions", also Behauptungen, aus denen sich ein Schema von überprüfbaren Hypothesen ableiten lässt. Als Beispiele seien genannt: "Proposition 2.1: Under norms of rationality, organizations seek to seal off their core technologies from environmental influences; Proposition 2.4: Under norms of rationality, organizations seek to anticipate and adapt to environmental changes which cannot be buffered or leveled; Proposition 6.2 a: The organization component facing a stable task environment will rely on rules to achieve its adaptation to that environment; Proposition 10.9: In the organization with

291 Vgl. *Kaesler/König* bei *Endruweit/Trommsdorff*, S. 435.
292 *Thompson*, S. 159.
293 *Thompson*, S. 13.
294 So z.B. *March/Simon*, S. 129-159 (das Original erschien 1958). Vgl. auch *Simon* 1987 und 1997.

dispersed power, the central power figure is the individual who can manage the coalition"[295].

In dieser Theorie gibt es eine Typologie der Organisationsumwelten: stabil und homogen, stabil und heterogen, instabil und homogen, instabil und heterogen[296]. Es wäre nun aber ein strukturell-funktionales Vorurteil zu meinen, die Organisation würde sich stets einfach der jeweiligen Umwelt anpassen. Nach dieser Theorie kann die Organisation auch versuchen, die Umwelt zu ihrem Vorteil zu ändern, d.h. in der Regel: sie sicherer zu machen. Das Aufkaufen und Schließen von Konkurrenzunternehmen, die Kartellbildung usw. gehören zu solchen Versuchen.

Schon auf Grund dieser winzigen Einblicke lässt sich ahnen, dass ein derartiger Ansatz genügend offen ist, um alle diejenigen Variationsmöglichkeiten in die Theorie aufzunehmen, welche die Organisationspraxis zur Zeit bieten könnte[297]. Neuere Organisationstheorien erreichen ihre hohen Komplexitätsgrade[298] daher nicht zuletzt auf Grund systemtheoretischer Ansätze.

1.6.1.8 Konflikttheorie: Collins

Wer die Diskussion über den strukturell-funktionalen Ansatz zur Erklärung von Wandel und Entwicklung kennt, die zur Ergänzung (*Lewis Coser*) bzw. zur Alternative (*Ralf Dahrendorf*) durch die Konflikttheorie führt, wird Ähnliches auch in der Organisationssoziologie erwarten. In der Tat gibt es in den strukturell-funktional beeinflussten Theorien viele Ansätze dazu. Bei *Lawrence/Lorsch*, dem Grundlagenwerk der Kontingenztheorie, finden sich in sechs der neun Kapitel Unterabschnitte über „conflict resolution", ein längeres Kapitel über „interdepartmental conflict"[299] und eine wichtige Unterscheidung von zwei Konfliktarten: 1) Konflikte, bei denen der Vorteil der einen Partei der Nachteil der anderen ist - das typische Null-Summen-Spiel; und 2) Konflikte über Problemlösungen mit vielen möglichen Er-

---

295 *Thompson*, S. 19, 21, 71, 142.

296 Beispiele dafür bei *Khandwalla*, S. 242/243.

297 Vgl. auch *Mayntz/Ziegler*, S. 10-20. Vgl. auch die genaueren Untersuchungen zur Eignung des soziotechnischen Ansatzes bei *Sydow*, S. 84-90. Allerdings zeigen sich bei Formalisierung dieser Theorie auch einige Grenzen: *Kamps, Jaap/Pólos, Lászlo*: Reducing Uncertainty: A Formal Theory of „Organizations in Action", in: American Journal of Sociology 104 (1999), S. 1774-1810.

298 Vgl. das Beispiel von *Hage*, S. 289-320.

299 *Lawrence/Lorsch*, S. 54-83.

gebnissen ohne feststehende Vor- und Nachteile für die Parteien - „the disagreements that arise out of selecting a new product idea from an open-ended set of alternatives is a perfect example of this“[300].

Was sich „A Conflict Theory of Organizations“ nennt[301], beruht aber nicht auf dieser neueren Theorietradition, sondern -„this statement may come as a surprise“[302] - beruft sich auf eine für amerikanische Verhältnisse angeblich neue Interpretation von *Max Webers* Bürokratietheorie im weitesten Sinne. Die theoretische Grundlegung bei *Collins* geht davon aus, dass Organisationen am besten mit *Weber* als Arenen für konfligierende Interessen verstanden werden können[303]. Ein Teil aller Leitungstätigkeit ist damit Konfliktmanagement, innerhalb der Organisation und über ihre Grenzen hinaus. An dieser Stelle wird die Organisationstypologie von *Etzioni*[304] in die Konflikttheorie eingeflochten, in der Mitgliedereinstellungen, also auch Interessen, und vorherrschende Machtformen in der Organisation in Beziehung gesetzt werden. Damit sind Prinzipien der organisationalen Steuerung gegeben, die in Konflikten Erfolg versprechend sind. Hier wird eine Verbindung zu *Webers* Legitimitätstheorie hergestellt und mit Beiträgen von *Arthur Stinchcombe, Erving Goffman* und anderen neueren Organisationswissenschaftlern verbunden.

Unter dem Leitbild, „organizations ... can be seen as power struggles along several dimensions and as using a number of tactics and devices, according to availability and the personal predilections of the individuals involved“[305], werden für Bereiche wie organisationale Steuerung, Verwaltungsinstrumente, Sanktionen usw. insgesamt 40 Ober- und 57 Unterhypothesen als Gerüst der Konflikttheorie formuliert. Beispiele dafür sind etwa: „11.13 The closer the surveillance, the greater the alienation from longterm organizational ideals, and the lower the initiative of the workers”; „12.3 The more initiative required in a task, and the less predictable or visible the outcomes, the more its successful accomplishment depends upon strong normative control”; „15.42 The more different the activities to be linked sequentially, the more levels of the hierarchy of command”[306]. In einigen Fällen kann *Collins* auf empirische Ergebnisse verweisen, die sei-

---

[300] *Lawrence/Lorsch*, S. 204.
[301] *Collins*, S. 286-347.
[302] *Collins*, S. 286.
[303] *Collins*, S. 289.
[304] Siehe oben unter 1.5.2 am Anfang.
[305] *Collins*, S. 295.
[306] *Collins*, S. 308, 314 und 326.

ne Hypothesen stützen können, ohne dass sie allerdings aus hypothesenprüfender Forschung im strengen Sinne hervorgingen.

Leider wird in dieser organisationssoziologischen Konflikttheorie nicht auf die allgemeinsoziologische Konflikttheorie nach *Coser* und *Dahrendorf* eingegangen. Wäre sie auf den Anwendungsfall Organisation hin differenziert worden, hätte dieser Ansatz sehr viel gewinnen können.

1.6.1.9 Ökologische (Evolutions-) Theorie: Hannan und Freeman

Unter diesem Etikett sind mehrere Richtungen versammelt[307]. In der Betriebswirtschaftslehre sind es vor allem der St. Gallener (schweiz.: St. Galler) Ansatz (*Malik, Probst, Hayek*) und der Münchner Ansatz (*Kirsch, Knyphausen*). In der Soziologie beruht diese Theorie auf der „Population Ecology of Organizations" von *Hannan* und *Freeman*, die hier als Beispiel kurz vorgestellt werden soll[308].

Dieser ökologische Ansatz geht davon aus, dass die bisherigen Organisationstheorien überwiegend eine Anpassungsperspektive hatten: „According to the adaptation perspective, subunits of the organization ... scan the relevant environment for opportunities and threats, formulate strategic responses, and adjust organizational structure appropriately"[309]. Das entspricht sehr gut der Anpassungsfunktion des Verhaltensorganismus in der strukturell-funktionalen Theorie[310], auf die *Hannan/Freeman* auch verweisen (übrigens auch auf *Weber*, *Thompson* sowie Austausch- und Entscheidungstheoretiker). Ihre Kritik lautet: „There is no reason to presume that the great structural variability among organizations reflects only or even primarily adaptation"[311], und zwar wegen der aus mehreren Gründen unvermeidlichen Trägheit (inertia) der Organisation beim Reagieren auf Umweltgegebenheiten.

---

[307] Ausführlich *Kieser/Woywode* bei *Kieser*, S. 253-285. Knappe Hinweise bei *Brüderl/Preisendörfer/Ziegler*, S. 230/231. Vgl. auch *Walter-Busch*, S. 234-238.

[308] Dieser Ansatz wird auch als humanökologisch, populationsökologisch oder als soziologische Formulierung der Theorie der natürlichen Selektion bezeichnet (*Perrow* 1986, S. 208). Vgl. insgesamt *Perrow* 1986, S. 208-218; *Scott* bei *Meyer/Scott*, S. 107; *Morgan* 1986, S. 66-69; *Robbins* 1990, S. 225-230.

[309] *Hannan/Freeman*, S. 929/930.

[310] *Parsons* 1966, S. 28, 29.

[311] *Hannan/Freeman*, S. 930.

Deshalb setzen die Ökologie-Theoretiker der Anpassungsperspektive entgegen, "that in order to deal with the various inertial pressures the adaptation perspective must be supplemented with a selection orienttation"[312]. Dazu stützen sie sich auf *Amos Hawleys* Überlegungen zur Humanökologie, die ursprünglich mehrebenenanalytische Beiträge zur Gemeindesoziologie lieferte[313].

Mit vielen Analogien zur Biologie, so etwa in der Anwendung des Populationsbegriffs auf verschiedenen Ebenen, wird ein Analysemodell für die Organisations-Umwelt-Beziehungen entwickelt, das hier nicht angemessen beschrieben werden kann. Es soll vor allem eine Antwort auf die zentrale Frage erlauben, warum es so viele Arten von Organisationen gibt[314].

Diese Theorie ist in manchen Bestandteilen durch mathematische Formalisierung noch deutlicher geworden[315]. Dabei wurden auch Modelle für die Globalisierungsperspektive von Organisationen entwickelt, mit denen man z.B. untersucht, wie Organisationsdichte, Legitimation und Wettbewerb die organisationale Evolution beeinflussen[316]. Mit derartigen theoretischen Vorarbeiten ließen sich inzwischen auch viele sehr exakte Forschungen durchführen[317], so z.B. zur Arbeitsmarktmobilität in Ostdeutschland[318].

1.6.1.10 Weitere Theorien

Es gibt viele weitere theoretische Ansätze[319], von denen einige hier als Anregung zum Weiterstudium nur kurz erwähnt werden sollen:

---

312 *Hannan/Freeman*, S. 933.

313 Siehe z.B. *Hawley, Amos*: Human Ecology: A Theory of Community Structure, New York: Ronald 1950.

314 *Hannan/Freeman*, S. 956.

315 Siehe z.B. *Péli/Bruggeman/Masuch/Ó Nualláin*, S. 573-583.

316 *Hannan/Carroll/Dundon/Torres*, S. 510.

317 Vgl. als Beispiel *Wholey/Christianson/Sanchez*, S. 829-842.

318 *Windzio, Michael*: Organisationsökologie und Arbeitsmobilität im sozialen Wandel, in: Zeitschrift für Soziologie 2001, S. 116-134.

319 Bei *Pfeffer* 1982, S. 41-253, wurden bereits mehr als zwei Dutzend Theorien in fünf Gruppen aufgeführt, darunter auch marxistische und Kritische Organisationstheorie. Auch die Theorie der rationalen Wahl (Rational Choice Theory) ist inzwischen für die Organisationssoziologie aufgearbeitet worden (*Wittek, Rafael/Flache, Andreas*: Rational Choice und Organisationstheorie, bei *Allmendinger/Hinz*, S. 55-87 m.w.N., darunter: *Vaughan, Diane*: Rational Choice, Situated Action, and the Social Control of Organizations, in: Law and Society Review 32/1998, S. 23-61, und *Zey, Mary*: Ra-

Die *Handlungstheorie* beschäftigt sich schwerpunktmäßig mit der Entstehung, der Steuerung und dem Wandel von Organisationen[320]. Damit ist sie eine gute Ergänzung zu den Systemtheorien, die eher die Struktur und die Ordnung von Organisationen im Auge haben. Das handlungstheoretische Analysevermögen wird recht eindrucksvoll in fünf Hotel- und Restaurantstudien dargestellt[321].

Die *Humankapitaltheorie* geht zurück auf *Gary S. Becker*[322]. Sie behauptet, dass der Organisationserfolg in hohem Maße von den Qualitäten der Gründer abhängig sei. Sie ist, ohne dass sie stets ausdrücklich erwähnt wird, Grundlage zahlreicher Untersuchungen gewesen[323].

Die *institutionenökonomische Organisationstheorie* ist ein Sammelbegriff für mehrere spezifische Ansätze mit vorwiegend betriebswirtschaftlicher Fragestellung. Dazu gehören die Theorie der Verfügungsrechte, die Agenturtheorie (principal-agent theory) und die Transaktionskostentheorie[324].

Dagegen ist die *(neo-)institutionalistische Organisationstheorie*, die auf *Meyer/Rowan* und *DiMaggio/Powell* zurückgeht, eher soziologisch ausgerichtet[325]. Sie frischt die Verbindung von Sozialstruktur- und Organisationsanalyse bei *Max Weber* wieder auf: Bürokratie ist nicht nur Effizienz-, sondern auch Legitimationsinstrument[326]; denn „in modern societies, the elements of rationalized formal structure are deeply ingrained in, and reflect, widespread understandings of social reality“[327].

Die *Gesellschaftsvertragstheorie* hält das Ausgehen der anderen Ansätze von einem einheitlichen Organisationsziel für zu einfach[328]. Unter

---

tional Choice Theory and Organizational Theory, Thousand Oaks, CA: Sage 1998).

320 *Bowey*, S. 55. Siehe zu weiteren Theorien auch *Ortmann* u.a., S. 35-423.

321 *Bowey*, S. 65-211. Noch prononcierter auf soziale Prozesse hin ausgerichtet und deshalb wegen Unvereinbarkeit mit dem hier vertretenen Ansatz nicht weiter behandelt ist die Theorie des Psychologen *Karl E. Weick* (insbes. The Social Psychology of Organizing, 2nd ed., Reading, Mass.: Addison-Wesley 1979), die viel Aufmerksamkeit erreicht hat (vgl. z.B. *Walter-Busch*, S. 243-253; *Kreitner/Kinicki*, S. 609/610), wenn auch z. T. ablehnende (vgl. *Staehle* 1999, S. 68 m.w.N.).

322 *Becker, Gary S.*: Human Capital, 2nd ed., Chicago: University of Chicago Press 1975.

323 Näheres bei *Brüderl/Preisendörfer/Ziegler*, S. 228-230.

324 *Ebers/Gotsch* bei *Kieser*, S. 199-251. Siehe auch *Walter-Busch*, S. 287-297.

325 *Walgenbach* bei *Kieser*, S. 319-353; *Meyer/Rowan* bei *Powell/DiMaggio*.

326 *Krücken/Meier*, S. 73/74.

327 *Meyer/Rowan*, S. 343.

328 *Keeley*, S. IX.

Berufung auf anerkannte Vorgänger[329] wird der eigene Grundgedanke folgendermaßen beschrieben: „From a contractual perspective, organizations are seen to be sets of agreements for satisfying diverse, individual interests. ... The key insight of a contractual view is that organizations normally exist by virtue of agreement on the activities alone - which activities constitute joint means to *separate purposes* (possibly profits for some persons, wages for others, goods and services for another group, and so on)"[330].

Die *verhaltenswissenschaftliche Entscheidungstheorie*[331], die sich u.a. auf *Cyert/March* und *Simon*[332] beruft, „ist insofern eine *Entscheidungstheorie*, als sie Entscheidungsprozesse zum Ansatzpunkt der Organisationsanalyse wählt. ... Die Theorie ist *verhaltenswissenschaftlich* ..., weil sie Entscheidungsprozesse nicht als Entscheidungslogik, sondern als menschliches Entscheidungsverhalten begreift, dessen empirische Merkmale und Bestimmungsgründe es zu untersuchen gilt"[333].

Theorie X und Y ist selbst keine wissenschaftliche Theorie, sondern eine Unterstellung von *Douglas McGregor*[334], Vorgesetzte hätten eine von zwei Annahmen über ihre Untergebenen in Organisationen, zwei verschiedene Menschenbild-Vorurteile über Arbeitnehmer. Nach Theorie X seien Arbeitnehmer wenig arbeitsmotiviert, kaum verantwortungsbewusst, sehr innovationsfeindlich, so dass Vorgesetzte autoritär mit Zwang, strikter Steuerung und notfalls Drohung vorgehen müssten. Vertreter der Theorie Y sähen Arbeitnehmer dagegen grundsätzlich einsatzbereit, gutwillig und neuerungsoffen, so dass Vorgesetzte nur gute Rahmenbedingungen schaffen müssen, damit das Organisationspersonal über Selbstentfaltung und Personalentwicklung seine Leistung selbst optimiere[335]. Die eigentliche wissenschaftliche Theorie befasst sich nun nicht mit der Frage, ob Theorie X oder Theorie Y „richtig" sei, sondern fordert, dass das Verhalten von Vorgesetzten sich nach den „Bedürfnissen" der Untergebenen richten müsse. So könne auch Theorie Y dysfunktional sein, wenn der Untergebene ein X-Typ ist[336].

---

329 U.a. *Cyert/March, Anselm Strauss* und *Robert Hessen*, s. *Keeley*, S. 12-16, 32, 46-50.
330 *Keeley*, S.12.
331 Siehe auch *Kieser/Kubicek* 1992, S. 42-43.
332 *Mouzelis*, S. 120-142.
333 *Berger/Bernhard-Mehlich* bei *Kieser*, S. 133-168.
334 *McGregor, Douglas M.:* The Human Side of the Enterprise, New York: McGraw-Hill 1960.
335 Vgl. dazu auch *Johns*, S. 149-151, und *Hellriegel/Slocum/Woodman*, S. 18.
336 Vgl. *Graen* bei *Dunnette*, S. 1222.

Als relativ neuer Ansatz sei die *Konstruktivistische Organisationstheorie* erwähnt, die auf der allgemeinsoziologischen Handlungstheorie beruht, insbesondere auf den Untergruppen der Phänomenologischen Soziologie und des Symbolischen Interaktionismus[337]. Wie ihre Bezugstheorien liefert auch die Konstruktivistische Organisationstheorie viel zum Nachdenken, aber wenig zum Nachmachen, weil sie eine äußerst lockere Praxisorientierung hat.

Als letzter Ansatz sei die *Postmoderne Organisationstheorie* genannt, weil sie sich, aus Vermessenheit oder aus sprachlichem Unvermögen, offensichtlich selber für die allerletzte hält; denn postmodern ist, was da dauret von nun an bis in alle Ewigkeit. Unter dem Etikett „postmodern", gelegentlich auch „postindustriell", werden mehrere Richtungen versammelt[338], die sehr verschiedene Inhalte haben, aber sich alle auf (sozial-)philosophische Basisannahmen beziehen[339], bei denen die Brauchbarkeit für die Organisationsanalyse selten sichtbar ist. Einer der nützlicheren Ansätze versucht, Organisation mittels der drei Dimensionen Identität, Effizienz: Differenzierung/Integration und Legitimität zu erklären[340]. *Umberto Eco*, ein Vertreter der Literaturwissenschaft, aus der der in mehreren Wissenschaften gedankenlos benutzte Begriff der Postmoderne stammt, nennt ihn treffend einen Passepartoutbegriff [341].

1.6.2 Funktionen der Theorien für die Organisationsanalyse

Nach den obigen Skizzen einiger Organisationstheorien erscheint es möglich, ein paar Gesichtspunkte zu finden, nach denen die Bedeutung von Theorien für eine praktische Analyse von Organisationen beurteilt werden kann[342]. Die wichtigsten Gesichtspunkte scheinen zu sein:

---

337 Siehe dazu *Wollnik* bei *Frese*, Sp. 1778-1797; *Walter-Busch*, S. 273-286.
338 Vgl. die beiden Beispiele bei *Holtbrügge*, S. 30/31.
339 *Elke Weik* bei *Weik/Lang*, Bd. 2, S. 93-119.
340 *Holtbrügge*, S. 56-128, 129-163 und 164-264.
341 *Eco, Umberto*: Nachschrift zum „Namen der Rose", München/Wien: Hanser 1984, S. 77. Vgl. weiter zur Postmodernen Organisationstheorie: *Gergen* bei *Reed/Hughes*, S. 207-226; *Parker, Martin:* Post-Modern Organizations or Postmodern Organization Theory?, in: Organization Studies 1992, S. 1-17 mit Diskussion (*Haridimos Tsoukas*) auf S. 643-649 und Antwort von *Parker* auf S. 651-653; *Alvesson, Mats*: The Meaning and Meaninglessness of Postmodernism, in: Organization Studies 1995, S. 1047-1075.
342 Dazu auch *Mouzelis*, S. 177-180.

A) *Es gibt keine Theorie, die Organisationen nicht unter speziellem Blickwinkel sieht.* Besonders deutlich wird das, wenn man z.B. die Administrations- mit der Kontingenztheorie vergleicht: Bei der ersten kamen Einflüsse der Organisationsumwelt bestenfalls sehr indirekt durch „nicht organisationsgemäßes" Verhalten der Menschen in Betracht; die zweite dagegen betont den Umweltaspekt so übermäßig, dass organisationsinterne Analysen des öfteren nicht ohne Elemente aus älteren Theorien möglich wären. Die Bedeutung der Theoriewahl zeigte sich u.a. bei einer Untersuchung von Kündigungsbereitschaft, die nach zwei verschiedenen, dabei verglichenen Theorien durchgeführt wurde[343].

B) Die Betrachtung von Theorien in ihrem historischen Entstehungszusammenhang führt eher zu Kurzschlüssen als zu Aufschlüssen. So hat die Zuordnung *Taylors* zum expansiven Frühkapitalismus seiner Theorie einen inzwischen „überholten, ja anachronistischen Charakter"[344] zugeschrieben. Statt dessen wäre es nützlicher gewesen, durch Betrachtung der Gegenwart herauszufinden, dass die von ihm erstmals für den Industriebetrieb formulierten Gedanken heute u.a. die Prinzipien[345] für das Training im Leistungssport, die Ablauforganisation am Büroarbeitsplatz und die Planung von Küchensystemen weitgehend mitbestimmen - und natürlich auch weiterhin den Produktionsbetrieb. Die Elektronisierung der Büroarbeit hat in vielen Fällen zu einer Taylorisierung geführt[346], obwohl sich manche eine mehr ganzheitliche, weniger entfremdete Tätigkeit von der allseitigen Zugriffsmöglichkeit auf Daten erhofft hatten. In Großbritannien wurden in den 1980er Jahren Verwaltungsreformen durchgeführt, die als Fortschritt erschienen, obwohl ihnen von Kritikern Neo-Taylorismus vorgeworfen wurde[347]. *Taylors* Funktionsmeistersystem ist Grundlage der von Vielen als besonders zukunftsträchtig angesehenen Matrixorganisation[348]. Ein Extrembeispiel für die Lebensfähigkeit von *Taylors* Ansatz: Beim United Parcel Service (UPS) in den USA wurde den Paketzustellern vorgeschrieben, sich der Kundentür mit einer Geschwindigkeit von 3 feet (= 91,44 cm)/Sek. zu nähern und an die Haustür zu klopfen, um nicht Zeit mit der Suche nach

---

343 *Schmidt, Ruth*: Daterminanten der Kündigungsbereitschaft, in: Zeitschrift für Soziologie 1992, S. 186-199.

344 *Pfeiffer*, S. 26. Zur wissenschaftstheoretischen Kritik an *Taylors* Vorgehen: *Kieser*, S. 90-95.

345 Zur Natur solcher Prinzipien vgl. *Woodward*, S. 246/247.

346 *Walter Bungard* im Vorwort, S. XV, zum Nachdruck 1995 von *Taylors* „Scientific Management". Vgl. auch *Zorrejassateini*, S. 26 m.w.N.

347 *Klages/Haubner*, S. 361.

348 *Scholz* bei *Frese*, Sp. 1310.

dem Klingelknopf zu vergeuden[349]. Ebenso ungebrochen ist die Wirkung von *Max Webers* Organisationstheorie. Obwohl sie inzwischen auf Grund empirischer Ergebnisse ergänzt werden musste („Auch Weber vermutete das nicht")[350], bildet sie bis heute die Grundlage der meisten komplexeren Organisationstheorien[351], so z.B. der Konflikttheorie und des situativen Ansatzes[352]. In einer 1968 erstmals erschienenen Aufsatzsammlung zur Bürokratietheorie bezogen sich 21 von 35 Beiträgen ausdrücklich auf *Weber*, oft gleich im ersten Absatz[353].

C) Gelegentlich werden Widersprüche zwischen oder gar innerhalb (Beispiel: zwischen *Fayol's* Funktionen 10 und 8) von Theorien zum Anlass für Ablehnung der ganzen Ansätze genommen. Dabei ist es angesichts der vielen Erscheinungsformen von Organisationen einerseits und der oft notgedrungen sehr engen Perspektive der Theorien andererseits, die in der Anfangszeit zumeist vom Industriebetrieb ausgingen und generelle Gültigkeit ihrer Behauptungen mehr erhofften als bewiesen, nur naheliegend, dass manche Aussagen lediglich auf bestimmte Typen von Organisationen zutreffen und damit notwendig in Widerspruch zu den entsprechenden Sätzen über andere Typen stehen. *Natürlich sollte von einer Theorie selbst eine Aussage über ihren beanspruchten Geltungsbereich verlangt werden.* Aber manches in diesem Bereich, etwa bei *Fayol*, hatte bisher eher den Charakter flinker Managementberatung als systematischer Wissenschaft. Daraus kann man aber nicht auf Wertlosigkeit für die Wissenschaft schließen. So könnte diese - um bei dem *Fayol*-Beispiel zu bleiben - aus dem Widerspruch zwischen den zwei Funktionen die Frage ableiten, bis zu welchem Punkte man Fehler unsanktioniert lassen darf, um die Initiative nicht von vornherein durch Angst zu lähmen, und wo Sanktionen anfangen müssen, um die Verfolgung des Organisationszieles nicht zu gefährden.

D) Wenn gelegentlich gesagt wird, von *Taylor* bis *Mayo* seien in den ersten Organisationstheorien die Wachstumsorientierung und die Harmonievorstellungen von der Interessenidentität und der konfliktfreien Interaktion zwischen Arbeitgeber und Arbeitnehmer nur das Credo des damaligen American way of life, so scheint damit durch Ideologiekritik der ganze Ansatz als unwissenschaftlich entlarvt wor-

---

349 *Machalaba, Daniel*: United Parcel Service Gets Deliveries Done by Driving Its Workers, in: The Wall Street Journal, March 22, 1986, S. 1 und 26.
350 *Pugh/Hickson* bei *Mayntz* 1971, S. 93.
351 *Katz*, S.16.
352 *Staehle* 1973, S. 28.
353 *Mayntz* 1971.

den zu sein. Dabei wird aber übersehen, dass die Koinzidenz von Autorenmeinung und vorherrschender Unternehmensideologie noch kein Nachweis für Entstehungszusammenhänge ist. So hatten die Hawthorne-Studien eine methodologische Basis, die keineswegs eine apriorische Rechtfertigung von Harmoniepostulaten war, sondern die mit der Annahme, dass „the behavior of workers, to take an example, cannot be studied fruitfully apart from the behavior of management; one affects and is affected by the other; they are mutually interdependent“[354], schon auf der Mikroebene der Organisation den Gedanken einbrachte, der später bei den Systemtheorien den Blick für die Umweltbeziehungen öffnete und der im übrigen auch eine methodologische Grundlage für eine Diskussion über gegenseitige Bedingtheiten zwischen Harmonie- und Konfliktstrategien in Organisationen liefern könnte und damit über die eingeschränkte Reichweite der entsprechenden Theorien. Zudem kann die Gültigkeit von Theorien auch von Randbedingungen abhängig sein, auf deren Wirkung man erst nach langer Zeit aufmerksam wird. So war die Human-Relations-Bewegung fünfzig Jahre lang „eine Konzeption für die Planung, Initiierung und Durchführung von Änderungsprozessen in sozialen Systemen ..., für die sich im Laufe der Zeit der Terminus ‚Organisationsentwicklung' (OE) herausbildete“[355] und der Hintergrund für eines der größten Aktionsforschungsprogramme in Deutschschland („Humanisierung der Arbeit“)[356] - und doch konnte in den USA zur gleichen Zeit gesagt werden: „For decades the Hawthorne studies have provided a rationale for humane approaches in the organization of work by suggesting that considerate or participative treatment of workers led to better economic performance. The present analysis suggests, to the contrary, that humanitarian procedures must provide their own justification"[357]. Fazit: *Nur selten ist eine Theorie so schlecht, dass sie endgültig als falsch oder überholt in die Geschichte der Soziologie abgeschoben werden kann.*

E) In der Theorieentwicklung lassen sich durchaus langfristige Tendenzen erkennen, die zeigen, dass es nicht nur modischen „Paradigmenwechsel“ gibt, sondern offensichtliche Dauerprobleme aus der Wirklichkeit, die Gegenstand vieler Ansätze sind. So wird beispielsweise über *Taylor* gesagt, er habe den Gedanken der Arbeitsteilung, von *Emile Durkheim* als einem der Gründungsväter der Soziologie in die allgemeinsoziologische Theorie eingebracht, in die Betriebs-

---

354 *Roethlisberger* bei *Mayo* 1960, S. XI.
355 *Thom* bei *Frese*, Sp. 1478.
356 Vgl. dazu die bei *Hillmann*, S. 343/344, genannte Literatur.
357 *Franke/Kaul*, S. 623.

praxis umgesetzt[358]. Auf seiner Grundlage veröffentlichten zwei Praktiker, Vorstandsmitglieder bei General Motors, ein Buch[359], in dem sie Spezialisierung und Koordination als wichtigste Prinzipien der Arbeitsorganisation nannten[360]. Dann findet man in der Kontingenztheorie den Satz: „As systems become larger, they differentiate into parts, and the functioning of these separate parts has to be integrated if the entire system is to be viable"[361], und zwar mit Verweis u.a. auf *Gulick, Mooney, Urwick*[362], nicht aber auf *Talcott Parsons*, bei dem es heißt: „The increasing complexity of systems ... involves the development of subsystems specialized about more specific functions in the operation of the system as a whole, and of integrative mechanisms which interrelate the functionally differentiated subsystems"[363]. *Parsons* nun ist einer der Begründer des „functionalism", auf den schon die GM-Direktoren Bezug nahmen[364]. Den gleichen Gedanken finden wir auch bei *Gulick*: „If subdivision of work is inescapable, co-ordination becomes mandatory"[365].

F) Dabei lassen sich eindeutige Theoriefortschritte erkennen. Das gilt sowohl für die empirische Sortierung von Hypothesen in widerlegte und bewährte und die Findung von Randbedingungen für die Gültigkeit als auch für die Differenzierung der behandelten Problematik. Das kann man fast schon optisch erkennen: Bei *Taylor* wird die Problematik mit dem Verhalten des Arbeiters *Schmidt* noch sehr augenfällig dargestellt; in einer zeitgenössischen Darstellung der Freiwilligen-Arbeit könnte das Modell heißen: „Pfadanalytisches LISREL-Modell der Einflussfaktoren auf (individuelles, informelles) Helfen und (kollektive, formelle) Mitarbeit in freiwilligen Organisationen"[366].

G) Ebenso lässt sich feststellen, dass die organisationssoziologische Forschung Fortschritte bringt, und zwar in den beiden üblichen Richtungen. Einmal kann sie wissenschaftlich genau das bestätigen, was intuitiv und daher nicht beweisbar sich schon mancher gedacht hatte. So wurde bei Untersuchungen von Arbeitnehmern in fünfzig Ländern festgestellt, dass es z.B. zwischen den USA und Südostasien erhebliche Unterschiede in den Kulturprinzipien gibt, etwa darin,

---

358 *Greca*, S 7.

359 *Mooney, James D./Riley, Alan C.*: The Principles of Organization, New York: Harper and Row 1939.

360 *Greca*, S. 7. Vgl. auch *Mooney* bei *Gulick/Urwick*, S. 92/93.

361 *Lawrence/Lorsch* 1986, S. 7.

362 *Lawrence/Lorsch* 1986, S. 9.

363 *Parsons* 1966, S. 24.

364 *Mooney* bei *Gulick/Urwick*, S. 94/95.

365 *Gulick* bei *Gulick/Urwick*, S. 6.

366 Siehe dazu *Wilson/Musick*, S. 705.

dass die Arbeitshaltung in einem Kulturkreis überwiegend individualistisch ist, im anderen kollektivistisch, so dass die Anwendung von *McGregors* Motivationstheorie wohl auf den US-amerikanischen Kulturkreis beschränkt bleiben muss[367], was in Wissenschaftlerkreisen bisher keineswegs gemacht wurde, obwohl interkulturell erfahrene Praktiker das längst wussten. Die Forschung konnte aber auch bisher Plausibles widerlegen: Landläufig würde man annehmen, dass der Wechsel von Führungspersonal in einer Organisation deren bestehende Beziehungen zu anderen Organisationen schwächen würde, weil zuerst die Kontakte schwächer werden und dann die neuen Leute neue Verbindungen (vielleicht ihre alten?) favorisieren. Eine Untersuchung in 398 US-amerikanischen Firmen ergab jedoch, dass das Ausscheiden eines Managers die bestehenden interorganisationalen Beziehungen eher stabilisierte und dass der Eintritt eines neuen Managers sie überhaupt nicht beeinflusste[368].

Wenn wir diese Gesichtspunkte zusammenfassen, ergeben sich vier Feststellungen für die Bedeutung der Theorie in der Organisationssoziologie:

1) *Theorieentwicklung ist dann erfolgreich, wenn sie dem modernen Muster der Sozialforschung folgt.* Dieses Muster ist seit den Vorschlägen des kritischen Rationalismus die im Prinzip unendliche Spirale von erstem Theorieentwurf - empirischer Theorieprüfung - verbesserter Theorie - neuer empirischer Theorieprüfung usw. Hierbei ist die Theorie „das Netz, das wir auswerfen, um ‚die Welt' einzufangen - sie zu rationalisieren, zu erklären und zu beherrschen. Wir arbeiten daran, die Maschen des Netzes immer enger zu machen“[369]. Mancher könnte versucht sein einzuwenden: „Was interessieren mich die Netze? Auf die Fische kommt es an!“ Dieser Leser sollte dann die Bemühungen um die Wissenschaft aufgeben, allerdings auch nicht etwa Fischer werden; denn dieser interessiert sich zumindest insoweit für die Netze, als er nicht mit Krabbengeschirr auf Thunfischfang gehen wird - und umgekehrt erst recht nicht. Der Wissenschaftler kann wissenschaftstheoretische Überlegungen nicht vermeiden, weil er wissen muss, was seine Theorie überhaupt leisten kann. Nur dann kann er auch vermeiden, dem Praktiker betrügerische Versprechungen zu machen.

---

367 *Hofstede, Geert*: The Applicability of McGregor's Theories in South East Asia, in: The Journal of Management Development 6 (1987), Nr. 3, S. 9-18.

368 *Baker/Faulkner/Fisher*, S. 162, 167.

369 *Popper*, S. 31.

Das Engermachen der Netze geht nicht auf dem Wege, wie ihn die normative Organisationslehre in der Betriebswirtschaft einschlägt: „Die Organisationslehre dient der Reflexion der Organisationspraxis. Sie fragt danach, wie die Organisationspraxis betrieben wird und wie sie betrieben werden sollte“[370]. Daran ist richtig, dass die Organisationspraxis der Ausgangspunkt des ersten Theorieentwurfes sein kann. Das wäre dann der deskriptive Teil einer Theorie. Die Praxis beweist uns aber nur, dass etwas einmal funktioniert hat. Die Theorie will aber nicht nur sagen, *dass* es so geht, sondern auch, *warum* es so geht. Nach dem deskriptiven muss also stets ein analytischer Teil der Theorie kommen, der die (Kausal-)Zusammenhänge zwischen dargestellten Variablen der Organisation erklärt, zuerst nur als Vermutung und mit jeder erneuten Überprüfung als zunehmende Gewissheit. Ein noch so erfolgreiches Modell aus der Organisationspraxis berechtigt nicht zu dem Schluss, dass es auch in nur einem einzigen weiteren Fall erfolgreich sein müsse. Die unmittelbare Ableitung von Handlungsempfehlungen aus der Praxis wird auch so beschrieben und kritisiert: „In der Managementliteratur finden sich in schöner Regelmäßigkeit immer wieder neue Konzepte zur Organisation und Unternehmensführung. ... Da für die neuen Konzepte meist Beispiele von Unternehmen präsentiert werden, die diese Konzepte erfolgreich umsetzen, wird ein Effizienzanspruch derartiger Konzepte postuliert, der meist weder theoretisch noch empirisch überprüft wird“[371]. Ein solches Verfahren ist wissenschaftlich stümperhaft, weil es in ganz engem Sinne ein Induktionsschluss ist, also ein „Schluß von *besonderen Sätzen*, die z.B. Beobachtungen, Experimente usw. beschreiben, auf *allgemeine Sätze*, auf Hypothesen oder Theorien ... . Ein solcher Schluß kann sich ja immer als falsch erweisen: Bekanntlich berechtigen uns noch so viele Beobachtungen von weißen Schwänen nicht zu dem Satz, daß *alle* Schwäne weiß sind“[372]. Selbst wenn wir die thematisch ja meist recht punktuelle Praxiserkenntnis nach allen Regeln der Forschungsmethodik prüfen würden, kämen wir auf diesem induktiven, additiven Wege noch nicht zu einer allgemeinen Organisationstheorie. Denn „knowledge about organizations cannot be systematized and grow by the mere accumulation of rigorously tested myopic statements; nor, even by studying in an ad hoc manner important problems withouth any theoretical awareness ... . Moreover, the sort of home spun casual theorizing

---

370 *Schewe*, S. 2.
371 *Schewe*, S. 2.
372 *Popper*, S. 3.

which does not take into consideration existing theory ... will not do"[373].

2) Die Beispiele unter 1.6.1 haben uns gezeigt, dass es zur Zeit keine organisationssoziologische Theorie gibt, die den Anspruch erheben könnte, einen hinreichenden Ansatz zur Erfassung aller wichtigen Organisationsaspekte zu bieten; vielmehr hat jede Theorie ihre speziellen Stärken. Daher ist es - mit Ausnahme von ganz engen Themenstellungen - auch vergeblich, in der Organisationsforschung nur in einer einzigen Theorie alle Erklärungsansätze zu suchen.

Vielmehr erscheint gerade in der Organisationssoziologie ein Verhältnis zu Theorien naheliegend, das auch sonst seinen praktischen Vorteil in den empirischen Sozialwissenschaften hat. Wenn man schon die Organisation als „organon" (griech.) der Gesellschaft betrachtet, also als ein Werkzeug, mit dem ein soziales System durch spezialisierte Funktionen bestimmte Ziele erreichen will, dann ist es fast logisch, auch den Theorien darüber nur einen instrumentellen und keinen absoluten Wert beizumessen. *Damit ist für die jeweils zu klärende Forschungsfrage derjenige theoretische Ansatz zu wählen, der die größte Erklärungskraft bietet.* Wer sich als Anhänger einer einzigen Theorie erklärt, legt ein Glaubensbekenntnis ab[374], aber er meldet zugleich seinen wissenschaftlichen Konkurs an.

3) Für den hier vorliegenden Versuch einer Einführung in möglichst viele Bereiche der Organisationssoziologie gibt es einen theoretischen Gesamtansatz noch nicht, weil eben jede Theorie bisher noch ihre Lieblingsthemen hat und deswegen andere Aspekte notgedrungen vernachlässigt[375]. Eine Integration dieser Theorien zu einem allgemeinen organisationssoziologischen Analysesystem fehlt noch[376]. Zwei Organisationswissenschaftler konnten ihre Feststellung aus dem Jahr 1969 ungerührt in der revidierten Auflage von 1986 wiederholen: „Even skillfully written digests and reviews cannot adequately cover the available material. They usually end merely with a

---

[373] *Mouzelis*, S. 179.

[374] So standen sich bis in die 50er Jahre Scientific-Management- und Human-Relations-Anhänger wie zwei feindliche Blöcke gegenüber, von denen jeder behauptete, den „one best way to organize" zu vertreten, bis die Kontingenztheorie zeigte, dass es keinen besten Weg geben kann, weil die optimale Organisationsweise von unabhängigen Randbedingungen, etwa der angewandten Technologie, abhängig ist (*Sandra Dawson/Dorothy Wedderburn* in der Einleitung zu *Woodward*, S. XIV).

[375] Vgl. auch *Perrow*, S. 18-20.

[376] Dazu schon empfehlenswert *Mayntz/Ziegler*, S. 20-33.

plea for a better theory that can synthesize the diverse findings"[377]. Sie könnten es jetzt auch in einer dritten Auflage schreiben.

Eine solche Theorie würde zumindest für die Organisationssoziologie eine Entscheidungssprache liefern, wie etwa Rechtswissenschaft, Medizin und Bauingenieurwesen sie weitgehend entwickelt haben. Damit lassen sich zu beurteilende Praxisfragen in einem weiteren Problemzusammenhang sehen, der weitgehend auf Konsens stößt. Die Einzelentscheidung kann damit immer noch nach dem jeweiligen Theoriebezug verschieden ausfallen. Aber allseits herrscht dann Einverständnis über die systematischen Implikationen der Entscheidung. Dieser Zustand einer Wissenschaft kann jedoch nicht erwartet, sondern nur erarbeitet werden.

Eine derartige Anstrengung würde aber nicht nur der terminologischen Eindeutigkeit dienen. Vielmehr ist er aus der Zweckbestimmung der Theorie her notwendig. Zwar hatte *Robert K. Merton* Recht, als er Mitte der fünfziger Jahre des vorigen Jahrhunderts schrieb: „I believe that our major task *today* is to develop special theories applicable to limited ranges of data - theories, for example, of class dynamics, of conflicting group pressures, of the flow of power and the exercise of interpersonal influence - rather than to seek at once the 'integrated' conceptual structure adequate to derive all these and other theories. The sociological theorist *exclusively* committed to the exploration of high abstractions runs the risk that, as with modern *décor*, the furniture of his mind will be sparse, bare, and uncomfortable"[378]. Neben dieser negativen persönlichen Motivation für eine Großtheorie gibt es allerdings auch eine positive: Je höher die theoretische Abstraktion, desto höher die methodische Schwierigkeit der empirischen Überprüfung, mithin desto niedriger die Gefahr der Falsifizierung. Entscheidend sind aber fachliche Gründe für eine Entwicklung in Richtung auf umfassendere Theorien. Wenn eine Theorie die Wirklichkeit erfassen und erklären soll und wenn diese Wirklichkeit immer komplexer wird, weil sowohl die Organisationen als auch ihre Umwelten immer komplexer werden, dann müssen auch die Theorien notwendig komplexer werden, wenn sie ihren Zweck erfüllen sollen.

Merton hat in dem Zitat im vorigen Absatz glücklicherweise das Wort „today“ selbst durch Kursivdruck betont. Das erlaubt uns die Frage: Ist es immer noch so? Wenn wir uns die organisationssoziologische Literatur über die Jahrzehnte hinweg nur äußerlich ansehen, dann

---

[377] *Lawrence/Lorsch* 1986, S. 185.
[378] *Merton*, S. 9.

fällt auf, dass nicht nur in der Theorie, sondern erst recht in der Empirie immer mehr Personen an einem Vorhaben beteiligt sind. Das muss mindestens die Chance zu erhöhter Kapazität für Komplexitätsbewältigung verbessert haben. Und wenn dereinst in einem Projekt zur Integration von Organisationstheorien so viele Mitarbeiter eingesetzt werden könnten wie für das „redesign" des Armaturenbretts eines Mittelklassewagens, dann könnte man hoffen.

An Warnungen vor den Schwierigkeiten fehlt es aber auch nicht: „Der Gegenstandsbereich der Organisationstheorie ist so breit, daß darunter eine Vielzahl von Teilaspekten fällt, die nur schwer unter ein gemeinsames Dach einer wie auch immer gearteten ‚Supertheorie' zu integrieren sind"[379].

Aus den Kurzbeschreibungen der Theorien unter 1.6.1 dürfte schon deutlich sein: Ein Versuch zur Integration möglichst vieler theoretischer und empirischer Beiträge zu möglichst so vielen Bereichen der Organisationswirklichkeit, dass diese als Grundraster für eine systematisierte Gesamtproblematik betrachtet werden könnten, ist wohl nur auf der Grundlage der integrativen systemtheoretischen Ansätze möglich; nur sie sind hinreichend offen für weitere Ergänzungen, für Umstellungen in der Systematik, für den Einbau von Widersprüchen usw. Auf dieser Grundlage soll in den folgenden Teilen 2 und 3 ein Ansatz zu einer systematischen Organisationsanalyse versucht werden.

4) Damit wüssten wir aber immer noch nicht, ob wir mit so einem umfassenden theoretischen Instrument in der Praxisberatung - und dazu soll die Organisationssoziologie letzten Endes fähig sein[380] - das schaffen können, was uns das zweite Zitat unter 1) in Aussicht stellt, nämlich der Praxis sagen, „wie sie betrieben werden sollte".

In dieser Frage sind die Soziologen viel zurückhaltender als die Betriebswirte, die Psychologen und erst recht die flotten Fortschrittsprediger der verschiedensten Konfessionen im buntscheckigen Wandergewerbe der consultants. Das kommt vermutlich von der nun schon hundertjährigen intensiven Beschäftigung der Soziologen[381]

---

[379] *Scherer* bei *Kieser*, S. 2.

[380] *Lammers* bei *Klages* 1979, S. 105, teilt mit, dass Organisationssoziologen wie *Crozier, Thoenig, Hinings, Mayntz* und *van Dijk* in mehreren Ländern an wichtiger Stelle an Verwaltungsreformen beteiligt waren.

[381] Offensichtlich mit Ausnahme einiger, oft sogar recht reputierlicher, Kollegen, die ohne Beantragung einer wissenschaftstheoretischen Ausnahmegenehmigung ihre persönliche Meinung als intersubjektives wissenschaftliches Ergebnis verkaufen.

mit der Wissenschaftstheorie. Dazu soll hier nur ein einziger Autor zitiert werden, nämlich *Max Weber*.

Dieser schrieb zu unserem Thema schon 1906: „Eine empirische Wissenschaft vermag niemanden zu lehren, was er s o l l, sondern nur, was er k a n n und - unter Umständen - was er w i l l“[382]. Das folgt schon daraus, dass wir bis heute kein wissenschaftliches Instrument oder Verfahren haben, mit dem wir ein Sollen unabhängig von individuellen Präferenzen feststellen können. Das sieht nun fast so aus, als müsse sich die Organisationssoziologie aller Praxisratschläge enthalten. So ist es aber nicht. Bei *Weber* hieß es 1917: „So scheint mir ohne die Möglichkeit eines Zweifels feststellbar: daß auf dem Gebiet der praktisch-politischen (speziell also auch der wirtschafts- und sozialpolitischen) Wertungen, sobald daraus Direktiven für ein wertvolles (d.h. ein an Werten orientiertes, G.E.) Handeln abgeleitet werden sollen: 1. die unvermeidlichen Mittel und 2. die unvermeidlichen Nebenerfolge, 3. die dadurch bedingte Konkurrenz mehrerer m ö g l i c h e r Wertungen miteinander in ihren p r a k t i s c h e n Konsequenzen das einzige sind, was eine e m p i r i s c h e Disziplin mit ihren Mitteln aufzeigen kann“[383]. Das ist alles noch in dem Rahmen, der innerhalb der Erforschung von Kausalzusammenhängen intersubjektiv eindeutig nachvollziehbare Ergebnisse bringt. Es ist also noch relativ technizistisch im weiteren Sinne, hat also mit Sollen im Sinne eines wertorientierten Verhaltens nichts zu tun.

Ganz im selben Bereich ist das, was man heute eine Machbarkeitsstudie nennen würde, also eine Untersuchung darüber, auf welchem Wege ein von anderen gewähltes Ziel mit geringstem Aufwand, in kürzester Zeit oder mit größter Wahrscheinlichkeit erreicht werden kann. Auch das wäre noch keine Wertentscheidung und kein Verlassen der Wissenschaft. So *Weber*: „Die Unmöglichkeit ‚wissenschaftlicher' Vertretung von praktischen Stellungnahmen - außer im Falle der Erörterung der Mittel für einen als fest g e g e b e n vorausgesetzten Zweck - folgt aus weit tiefer liegenden Gründen. Sie ist prinzipiell deshalb sinnlos, weil die verschiedenen Wertordnungen der Welt in unlöslichem Kampf untereinander stehen“[384].

Nun könnte man meinen, gerade in der Organisationsanalyse bzw. -beratung gehe es zumeist um die Feststellung des Abstandes von einem Optimum bzw. um die Erreichung dieses Optimums. Dieses quantitative Mehr oder Weniger sei durchaus in ein qualitatives Gut

---

382 *Weber*, Wissenschaftslehre, S. 151.
383 *Weber*, Wissenschaftslehre, S. 508.
384 *Weber*, Wissenschaftslehre, S. 603.

oder Schlecht zu übersetzen, so dass hier ein intersubjektives, sprich: wissenschaftliches, Werturteil möglich sei und damit auch eine wissenschaftlich begründete Sollensaussage. Diese Meinung würde wohl unbewusst auf einer von zwei Annahmen beruhen, und zwar 1) Optimierung ist nur auf einer Dimension möglich, aber entweder a) weiß der Wissenschaftler besser als der betroffene Praktiker, welcher Weg der bessere ist, oder b) der Wissenschaftler weiß den besseren Weg auch nicht, hat aber trotzdem die Entscheidungsbefugnis.

Beide Annahmen wären falsch. Für Annahme 1 stelle man sich vor, ein Ökonom der Europäischen Kommission in Brüssel erhalte den Auftrag, ein Programm zur Optimierung der Betriebe von Großgrundbesitzern in Südeuropa zu entwickeln. Mit großer Wahrscheinlichkeit wird er dabei Produktionskostensenkung durch Einsatz moderner, also i.d.R. Arbeit sparender, Verfahren anstreben. Vor Ort könnte aber auch einer die Optimierung im Beschäftigen möglichst vieler Arbeitskräfte sehen, um in dem durchaus noch vorhandenen Klientelsystem eine gute Basis für die Wahl in das Parlament zu haben; ein anderer könnte die Optimierung in der Minimierung von Investitionsausgaben und in der Maximierung von ostentativem Konsum und Mitgiftallokation sehen, um der einzigen, aber etwas defizitären Tochter eine bessere Chance auf dem Heiratsmarkt zu verschaffen, und für weitere Standesgenossen lassen sich noch weitere Optimierungsrichtungen finden. Sie fände man aber nicht von Brüssel aus, sondern nur vor Ort. Dort könnte man, ganz nach *Weber*, feststellen, „was er will" und hätte damit den „als fest gegeben vorausgesetzten Zweck", so dass die Optimierung danach wirklich ein wertneutrales wissenschaftliches Verfahren wäre. - Annahme 2 dagegen ist in beiden Fällen Wissenschaftler-Hybris. Im Falle a müsste er eine bessere Wertordnung haben, ohne dass bisher jemand sagen kann, wie man Wertordnungen qualitativ vergleichen kann. Für den Fall b fehlt dem Wissenschaftler jede rechtliche oder demokratische Legitimation.

Diese Problematik wurde hier so breit dargestellt, um für die Funktion von Theorien in der Organisationssoziologie zu zeigen, dass auch bei wiederholter Überprüfung bewährte Theorien dem Wissenschaftler nur helfen können, dem Praktiker zu zeigen, was unter welchen Bedingungen mit einiger Wahrscheinlichkeit sein kann oder wird, nicht aber, was sein soll. Über das Sollen muss der Praktiker autonom entscheiden, weil für seine Angelegenheiten seine Wertordnung gilt, sofern ihm nicht durch demokratisch legitimierte Rechtsetzung etwas genau Bestimmtes vorgeschrieben ist.

2 Interne Analyse der Organisation

In diesem Teil soll dargestellt werden, welche wichtigen Gesichtspunkte zu berücksichtigen sind, wenn man das interne Funktionieren einer Organisation untersuchen will. Dabei muss man, wenn auch modellhaft nur, die Organisation als ein relativ geschlossenes System ansehen. Das geschieht allerdings nur zur Vereinfachung der Betrachtung und ist deshalb kein Rückfall auf ein vorsystemtheoretisches Theorieniveau[385]. Vielmehr gibt es viele Vorgänge in Organisationen, die sich ohne Verlust an Wirklichkeitsnähe unter den Annahmen eines fast geschlossenen Systems diagnostizieren und auch therapieren lassen; andererseits muss natürlich diese Beschränkung aufgegeben werden, sobald Außenbeziehungen auch nur möglich erscheinen. Die Betrachtung der Organisation nur als isoliertes Gebilde ist ebenso wirklichkeitsfremd wie der habituelle Hinweis auf das Hineinwirken der Umwelt; es kommt stets auf das konkrete Problem an, wenn es um die Angemessenheit des theoretischen Instrumentariums geht.

Der systemtheoretische Ansatz[386] ist nicht so neu, wie man oft meint. In der Organisationswissenschaft definierte *Chester I. Barnard* schon 1938, formale Organisationen seien Systeme bewusst koordinierter Handlungen oder Kräfte von zwei oder mehr Personen[387]. In einem Aufsatz im „Harvard Business Review" 1940 bezog er noch deutlicher die Kunden in eine wirtschaftliche Organisation mit ein[388], sah also auch sie noch innerhalb der Systemgrenze. Als erste, noch heute brauchbare systemtheoretische Definition formulierte *Talcott Parsons* Mitte des 20. Jahrhunderst: „An organization is defined as a social system oriented to the attainment of a relatively specific type of goal, which contributes to a major function of a more comprehensive sys-

---

385 Vgl. dazu auch *Ullrich/Wieland*, S. 13/14. Die als recht modern angesehene Vorstellung eines autopoietischen Systems wird von *Morgan* 1986, S. 233-273, dagegen als Gegenbild zum offenen System beschrieben.

386 Zu seiner Geschichte im Allgemeinen und in den Sozialwissenschaften im Besonderen *Berrien* bei *Dunnette*, S. 41-43. Systemtheoretische Bezüge auch u.a. bei *Hoefert* 1994, S. 24/25, S. 121-124, 153/154; *Drepper*, S. 46 und 48-81; *Litterer*, S. 23-55; *Beer*, der als Untertitel „A Systems View" gewählt hat; *Berrien* bei *Dubin*, S. 43; *Silverman*, S. 27-63; *Feigl*, S. 8-13; *Baecker* bei *Bardmann/Groth*, S. 43-57; *Menz*, S. 83-101; *Carzo/Yanouzas*, im Untertitel schon in der 1. Auflage 1967; *Huczynski/ Buchanan*, S. 314-317; *Morgan* 1986, S. 44-48; *Reed* 1992, S. 75-83; *Clegg/Dunkerley*, S. 190-212; *Aderhold* bei *Weik/Lang*, Bd. 2, S. 153-188; *Robbins* 1990, S. 12-19; *Drabek/Haas*, S. 85.

387 *Barnard* 1938, S. 73.

388 *Barnard* 1969, S. 129-153.

tem, usually the society"[389]. Inzwischen ist die Organisation das am ausführlichsten behandelte Beispiel, wenn es um die Anwendbarkeit von Systemtheorie in der Soziologie geht[390]. Gerade weil der Systemansatz so allgemein ist - denn in ihm soll als System „eine Menge von Objekten einschließlich ihrer Eigenschaften bezeichnet werden, die als Elemente über Relationen verbunden sind"[391] - hat er eine hohe Integrationsfähigkeit für Bestandteile anderer Theorien und für einen empirisch breiten Bereich von Objekten in der Wirklichkeit. Es heißt über ihn zu Recht: „The systems approach is undoubtly mind broadening. It calls attention to social, psychological, economic, and technical forces; to goals, roles, norms, structures, technology, people, and environment. It indicates that these are interrelated and that the relationships are dynamic"[392].

Unter diesen Auspizien erscheint ein Ansatz nach Art der soziotechnischen Integrationstheorien, die unter den Organisationstheorien am deutlichsten dem Systemansatz folgen, am zweckmäßigsten. Er ist am wenigsten, etwa im Vergleich zur strukturell-funktionalen Theorie, auf letztlich nur aus Glaubenssätzen begründbare apriorische Theoreme angewiesen, und er ist für viele Modifikationen offen, hat damit also eine Eigenschaft, die für den Beginn einer empirisch zu überprüfenden Organisationstheorie immer nützlich ist. In diesem Sinne sind daher die folgenden Versuche zu verstehen, die vielfäl-

---

389 *Parsons* 1956, S. 63. Sie ist wesentlich handlicher und keineswegs inhaltsärmer, wenn man die Implikationen des Systembegriffs mitdenkt, als einer der neuesten Versuche: „Als Organisation wird ein kollektives oder korporatives soziales System bezeichnet, das vor allem Koordinations- und Kooperationsprobleme lösen soll. Es gibt die Organisation kennzeichnende Ziele, es sind Mitglieder der Organisation vorhanden, es gibt ein Innenverhältnis, das sich durch eine Mischung aus formalisierten und informellen Handlungen und Strukturen auszeichnet, und es bestehen Außenverhältnisse zu anderen Organisationen sowie Anpassungs- und Austauschbeziehungen mit einer vielfältigen Umwelt" (*Allmendinger/Hinz*, S. 10).

390 Vgl. *Prewo/Ritsert/Stracke*, S. 138-265.

391 *Hennen* bei *Endruweit/Trommsdorff*, S. 587. Vgl. auch *Berrien* bei *Dunnette*, S. 43: "A system ... is a set of components ... interacting with each other, 'enclosed' by a boundary which selects both the kind and rate of flow of inputs and outputs to and from the system". Weitere Systembegriffe bei: *Bobbitt* et al., S. 365; *Mayntz* 1963, S. 40; *Miller/Rice*, S. 6/7; *Buckley*, S. 5.

392 *Khandwalla*, S. 235. Die Meinung, die Systemtheorie habe sich nach Vollbringung ihrer Ordnungsleistung überlebt (*Hauschildt* 1987, S. 16), könnte bestenfalls für eine viel engere Konzeption von Systemtheorie zutreffen. Vgl. allgemein zur Systemtheorie für Organisationen auch *Khandwalla*, S. 223-235; *Berrien* bei *Dunnette*, S. 41-62 m.w.N.; *Beer*, S. 15-44 m.w.N.

tigen Beiträge der Organisationstheorie und -forschung in einem Schema in Zusammenhang zu bringen.

Dieses Schema ist in Abbildung 4 auf der S. 97 wiedergegeben[393]. Es bildet den Bezugsrahmen für die folgenden zwei Teile. Dabei erhebt es nicht den Anspruch, jeden Gesichtspunkt abzubilden, der in der praktischen Organisationsanalyse eine Rolle spielen könnte[394]. Allerdings lassen sich darin die meisten der Themen verorten, die in letzter Zeit als wichtige Organisationsprobleme diskutiert wurden.

Als allgemeines Problem für die Annahmen über die internen Organisationsvariablen ist hier das Verhältnis zwischen den unabhängigen und den abhängigen Variablen[395] zu diskutieren. Diese beiden Blöcke sind nämlich die einzigen Stellen im ganzen Schema, an denen keine gegenseitigen Beziehungen angenommen wurden; nur das rechtfertigt ihre Qualifizierung als unabhängige bzw. abhängige Variablen. Die Frage ist aber, ob diese Annahme der Wirklichkeit entspricht, ob nicht doch beispielsweise die Strukturen einer Organisation auch einmal deren Ziele beeinflussen könnten.

In der Tat wird so etwas gelegentlich behauptet. So wurde etwa das praktische Beispiel erwähnt, dass das Verteidigungsministerium der USA manchmal zuerst Personal und Sachmittel für neue Organisationseinheiten bereitstellte und dass die Suche nach Aufgaben erst danach begann[396]. Das ist dann als Einfluss von Strukturen auf die Zielfindung interpretiert worden[397]. Wenn das ein Regelfall wäre,

---

393 Die Darstellung in Abb. 4 ist eine Weiterentwicklung der Abb. 3 auf S. 52 der Erstauflage, die leider beim Organisationseinfluss auf die Umwelt fehlerhaft war. Sie beruhte auf dem Schema bei *Endruweit* 1979, S. 20, das wiederum von der Abbildung bei *Endruweit*, Beiträge zur Soziologie, Bd. III, S. 270, übernommen war. Die gegenüber den früheren Schemata hinzugekommenen Pfeile kennzeichnen Beziehungen, die in dieser allgemeinen Darstellung mit mehr Recht behandelt werden können als in dem früheren spezielleren Zusammenhang. Vgl. zum Grundgedanken auch die Abb. 2-3 bei *Gibson* u.a., S. 31.

394 So entwirft beispielsweise *Khandwalla*, S. 271, ein System mit sechs wesentlich anderen Variablengruppen

395 „We view an organization as a set of variables that are interrelated in such a way that changes in one variable effect change in the other variables" (*Azumi/Hage*, S. 11). Bei *Azumi/Hage*, S. 511-520, wird ein anderes Variablensystem vorgeschlagen, das auch input und output als Organisationsvariablen enthält.

396 *Gilpatrick, Roswell L.*: Defense - How Much Will It Cost?, in: California Management Review V (1962), S. 53.

397 So etwa von *Blau, Peter M./Meyer, Marshall W.*: Bureaucracy in Modern So-

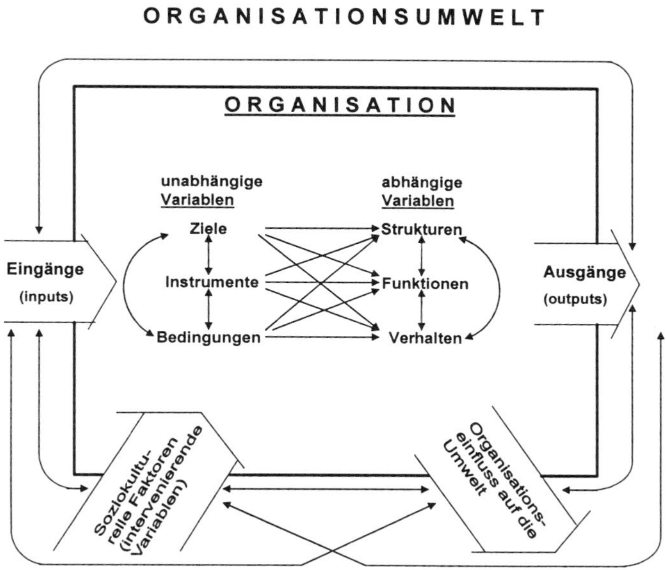

Abbildung 4 : Organisationsvariablen und -umwelt

müssten wir die Unterscheidung von unabhängigen und abhängigen Variablen aufgeben.

Aber schon dieses Beispiel zeigt, dass hier schwerlich ein Regelfall gemeint sein kann. Wenn man von der unter 1.4.3 näher beschriebenen sozialen Rationalität der Organisation ausgeht, ist die Schaffung einer Organisation ohne zu wissen, wozu sie eigentlich dienen soll, ein widersinniges Unterfangen. Es kann nicht bestritten werden, dass es etwas Ähnliches gibt: Wenn ein Vorgesetzer und ein

ciety, 2nd ed., New York: Random House 1971, S. 123. Das Beispiel ist bei *Endruweit*, Beiträge zur Soziologie, Bd. III, S. 298, ausführlicher dargestellt.

Untergebener in einem Betrieb sich plötzlich aus irgendwelchen Gründen nicht mehr verstehen, man auch keinen von beiden entlassen oder sinnvoll versetzen kann oder will, wird oft für einen von beiden eine Position geschaffen, in der er vom anderen unabhängig ist, selbst wenn diese Position nie eine funktionale Bedeutung hat oder erst mühsam eine Zielbestimmung gefunden werden muss; aber das ist nur eine Position, noch längst keine Organisation. Relativ häufig kommen solche Fälle von Beeinflussung der „unabhängigen" durch „abhängige" Variablen bei der unter 2.1.1.3 behandelten Zielnachfolge vor: Wenn eine Organisation ihr Ziel erreicht hat, ist es in der Tat oft vernünftig, ihre Arbeitskapazität nicht durch Auflösung zu vernichten, sondern durch die Übertragung neuer Ziele zu nützen. Das ist aber nur eine Vereinfachung des „Normalverfahrens" des Organisierens, bei dem im Regelfall erst das Ziel und dann die Organisation vorhanden ist. Auch bei der Zielnachfolge ist das neue Ziel nämlich im Grunde längst vorhanden; es wurde nur aus Prioritätsgründen bisher nicht verfolgt und kann erst jetzt in Angriff genommen werden, wenn eine dafür geeignete Organisation ihre bisher als vorrangig eingestuften Aufgaben erfüllt hat. Insofern ist dieser Fall kein echter Fall der Priorität von Strukturen gegenüber Zielen. In den oben zuerst erwähnten „echten" Fällen dagegen kann diese Priorität nicht als Regelfall anerkannt werden, weil sie nicht der Organisationslogik entspricht; sie ist eher ein Beispiel aus der Organisationspathologie[398].

Die Unterscheidung von unabhängigen und abhängigen Organisationsvariablen erscheint also weiterhin gerechtfertigt.

2.1 Unabhängige Organisationsvariablen

Wenn wir hier als unabhängige Variablen der Organisationsanalyse nur Ziele, Instrumente und Bedingungen anführen[399], dann bedeutet das nicht, dass in der Organisationssoziologie nicht auch andere unabhängige Variablen genannt würden.

Ein sehr häufiges Beispiel dafür sind die „Mitglieder". In manchen Definitionen wird der Charakter der Organisation als Zusammen-

---

398 Zu diesem Begriff näher *Türk* 1976, S. 108/109.

399 Dazu auch *Endruweit*, Beiträge zur Soziologie, Band III, S. 272/273 m.w.N.; vgl. auch *Pańków, Włodzimierz:* Determinants of Organizational Structure and the Contingency Approach, in: The Polish Sociological Bulletin 1979, S. 65-79.

schluss mehrerer Menschen besonders betont[400], und dementsprechend gibt es vor allem in älteren Darstellungen der Organisationssoziologie auch ein Kapitel, in dem die Mitglieder als ein Element beschrieben werden[401], wie wir es als unabhängige Variablen darstellen würden.

Hier werden die Mitglieder nicht als eigenständige unabhängige Variable behandelt, weil bei der hier vertretenen Auffassung von sozialem System (vgl. Abb. 1) es ohnehin keine Besonderheit von Organisationen ist, aus mehreren individuellen Mitgliedern zu bestehen; wenn andere Definitionen diesen Aspekt immer noch herausstellen, so tragen sie noch nicht genügend dem Umstand Rechnung, dass inzwischen die Definition der Organisation als soziales Subjekt (vgl. 1.4.1) herrschend und damit die Existenz von Organisationsmitgliedern selbstverständlich geworden ist[402]. Dementsprechend braucht man - jedenfalls in der allgemeinen Organisationssoziologie - die Mitglieder auch nur unter speziell organisationalen Gesichtspunkten zu betrachten, wie hier z.B. unter 2.1.2.2.

Das schließt allerdings nicht aus, dass es praktische Fragestellungen gibt, die eine andere Behandlung angemessen erscheinen lassen können. So könnte man festgestellt haben, dass in einem Untersuchungsgebiet die Partei A zum großen Teil aus Mitgliedern besteht, die aus der Unternehmerschaft und dem höheren Beamtentum stammen, die Partei B aus Mitgliedern in einfacherer oder mittlerer Arbeitnehmerposition, die Partei C hauptsächlich aus unteren Akademiker- oder schlecht bezahlten Intellektuellengruppen, die Partei D jedoch aus wirtschaftlich immer schlechter gestellten Kleinbürgern.

---

400 Vgl. *Blau/Scott*, S. 5; *Kieser/Kubicek* 1992, S. 1 m.w.N.; *Mag*, S. 29; *Barnard* bei *Etzioni* 1969, S. 18/19.

401 So bei *Mayntz* 1963, S. 112-135.

402 Die Gegenmeinung, dass Menschen nicht Bestandteile sozialer Systeme seien, beruht im Wesentlichen auf *Niklas Luhmann* (vgl. u.a. *Luhmann, Niklas*: Soziale Systeme, 2. Auflage, Frankfurt am Main: Suhrkamp 1985, S. 68, 229, 286-296; insbes. *Berghaus, Margot*: Luhmann leicht gemacht, Köln; Böhlau 2003, S. 59-62 m.w.N.). Dieses Konzept muss man wohl für eine metaphysische Verirrung halten; es kann nicht einmal als „analytical concept" (siehe u.a. *Parsons, Talcott*: The Structure of Social Action, Vol. I, New York: Free Press 1968, S. 34) durchgehen. Man kann sich keine empirische Analyse von sozialen Systemen ohne Untersuchung ihrer Mitglieder vorstellen, gerade auch dann, wenn man Kommunikation für die Elemente hält, „aus denen diese Systeme bestehen" (*Luhmann*, a.a.O., S. 192). Denn Kommunizieren ist ein Unterfall von sozialem Handeln, und dieses kann man weder untersuchen noch überhaupt feststellen, ohne dazu die Handelnden zu beobachten, zu befragen oder sonst wie einzubeziehen.

Wenn man dann untersuchen möchte, wie wohl eine unterschiedliche Programmatik der Parteien in der Rechtspolitik, verschiedenes Abstimmungsverhalten bei Wohnungsbauentscheidungen oder Strategieunterschiede im Wahlkampf zu erklären sind, kann es sehr wohl nicht nur ratsam, sondern gar notwendig sein, die Mitglieder als eine wesentliche unabhängige Variable in den Untersuchungsansatz einzuführen. Dasselbe gilt für andere denkbare unabhängige Variablen, wie etwa die Größe, die in der betriebswirtschaftlichen Literatur eine bedeutende Rolle spielt[403].

Die hier behandelten unabhängigen Variablen sollen also nicht erschöpfend sein, sondern nur eine für eine allgemeine Darstellung zweckmäßig erscheinende Konstellation der i. d. R. wichtigsten angeben.

2.1.1 Ziele

Unter den unabhängigen Organisationsvariablen sind die Ziele der Organisation die theoretisch typischsten und unproblematischsten, aber die empirisch wohl schwierigsten. Beide Umstände rechtfertigen eine eingehende Behandlung[404].

2.1.1.1 Begriff und theoretische Bedeutung der Ziele

Bereits unter 1.4 mussten wir feststellen, dass auch andere soziale Systeme Ziele haben, von denen sich die Ziele der Organisation nur durch einen höheren Spezifitätsgrad unterscheiden. Eine derart harmlose Spezialität der Organisationen lässt es fast unverständlich

---

403 Siehe z.B. *Damanpour*, S. 377 m.w.N. und 381-397; *Meyer* 1977, S. 50-59; *Pfeffer* 1978, S. 114; *Robbins* 1990, S. 149-174.

404 Eine über diese Einführung wesentlich hinausgehende Diskussion von Organisationszielen bietet *Simon* 1964, S. 1-22, die zur Lektüre empfohlen wird. Sie stellt besonders auf die Funktion von Zielen bei der Entscheidungsfindung für das Organisationshandeln ab und berücksichtigt dabei auch die Existenz von Bedingungen, die hier z.T. unter 2.1.3 in etwas formalisierter Weise behandelt werden. Allerdings ist zu berücksichten, dass *Simon* im Wesentlichen die Situation des wirtschaftlichen Unternehmens im Auge hat, so dass die Erweiterung auf alle Organisationen nicht immer möglich ist. Einen Überblick über die Literatur von Zielen geben u.a. *Azumi/Hage*, S. 414-417; *Mayntz/ Ziegler*, S. 36-46; *Khandwalla*, S. 355-393; *Büschges/Abraham*, S. 93-108; *Clegg/Dunkerley*, S. 298-333; *Mintzberg*, S. 243-290; *Girschner*, S. 111-117.

erscheinen, dass viele Organisationstheorien so betont auf die besondere Zielproblematik von Organisationen hinweisen[405].

So recht plastisch wird die Bedeutung von Organisationszielen, wenn wir uns praktische Fälle vor Augen halten: In vielen Staaten der Welt müssen Hunderttausende oder Millionen einige Jahre ihres Lebens nur für die potentielle Zielerreichung einer Organisation üben, welche die Verteidigung gegen äußere und innere Feinde bzw. auch den eventuellen Angriff gegen andere Staaten zum Ziel hat; in allen Staaten der Welt gibt es viele Menschen, die ihr Leben lang in einer Finanzbehörde das Einkommen ihrer Mitmenschen zu ermitteln und zu versteuern versuchen; in immer wieder gegründeten Verbrecherbanden wird der stets höher gerüsteten Polizei ein neuer Trick entgegengesetzt, den die Strafverfolger nicht vorhergesehen haben; in vielen Großbetrieben werden Produkte hergestellt, an die vor zwanzig Jahren noch niemand gedacht hat; manche Universität erforscht in wenigen Jahren Zusammenhänge, die seit Jahrtausenden als Domäne eines nicht hinterfragbaren Glaubens galten. Viele Leistungen dieser Organisationen wären, wenn man sich ihren Entstehungszusammenhang vergegenwärtigt, gar nicht anders erreichbar als nur dadurch, dass eine solche Organisation die Erbringung eben dieser Leistung zu ihrem einzigen oder wenigstens einem ihrer wichtigen Ziele macht. Ausschließlich deswegen geschieht es, dass Millionen Menschen ihr Tagwerk sehr einseitig gestalten; dass man die hundert wichtigsten Experten für eine Problemlösung für mehrere Jahre zusammenführt, um einen tradierbaren Erfahrungsschatz anhäufen zu können; dass Prozeduren für reibungslose Erledigung der Normalfälle eingeführt werden; dass jemand seine Qualifikationen noch mehr spezialisieren kann, ohne dabei in Existenznot zu geraten, weil der Austausch von Organisationsleistungen auch die vielfältige, optimale Wohlfahrt der einseitigen Begabungen garantiert, die ohne interdependente Spezialisierung in Organisationen manchmal vielleicht gar nicht überlebensfähig wären.

Bei nüchterner Betrachtung muss man bei aller Kritik an Organisationen überhaupt und an bestimmten Organisationen im Einzelnen wohl am Ende zugeben, dass eine Organisation doch nur durch eine irgendwie ähnliche Organisation ersetzt werden könnte[406], sofern

---

405 Als Beispiele seien genannt: *Büschges/Lütke-Bornefeld*, S. 12, 28 und 31/32; *Silverman*, S. 14-16 m.w.N.; *Bobbitt* u.a., S. 39; *Khandwalla*, S. 356-362; *Ullrich/Wieland*, S. 135-165; *Stuhr* bei *Dworatschek* u.a., S. 13; *Gibson* u.a., S. 7 und 163-171; *Gross* 1969, S. 277; *van Doorn* bei *Lammers/Hickson*, S. 62; *Vanberg*, S. 172 m.w.N.; *Knoblauch*, S. 6.

406 „Were we to drop goals from consideration, there would be no need for

man auf ihre Leistungen nicht ganz verzichten will. *Entscheidend für die Leistungen aber ist deutlich die spezielle Zielrichtung jeder Organisation. Die Organisationsanalyse hat damit in den Zielen ihren wichtigsten Ansatzpunkt*[407]. Schaut man rückwärts von der Wirkung der Organisation auf die Bedeutung der Ziele, lässt sich ohne Übertreibung sagen: „Goals often become the entire reason for the existence of the organization"[408]; sie gelten deshalb auch manchen als die Grundlage für die Rationalität in Organisationen[409]. Das gilt es im Auge zu behalten, wenn manchmal relativ ungewollt und unbewusst Zieländerungen auftreten, bei denen die ursprüngliche Zielsetzung nicht beachtet wird.

Unter dem Organisationsziel versteht man in Übernahme des alltäglichen Sprachgebrauchs ziemlich einheitlich das, „was tatsächlich als Leitbild der Entscheidungen dient, die das Geschehen, die Tätigkeiten und Prozesse in der Organisation auf einen spezifischen Zweck orientieren"[410] oder „some imagined state of affairs which may conceivably be attained or approached (if not finite) at some future time"[411]. Wenn sich so die Ziele für die Organisation als das darstellen, was für die Gesellschaft die sozialen Werte sind, könnten wir *Organisationsziele definieren als unabhängige Organisationsvariablen, die angeben, welches Ergebnis letztlich durch die Ausübung der Organisationsfunktionen (Organisationshandeln) erreicht werden soll.* Die allgemeine theoretische Seite der Organisationsziele[412] sieht in der Tat relativ unproblematisch aus.

Weitgehend gilt das auch dann, wenn man nicht ganz abstrakt von den Zielen einer Organisation spricht, sondern dabei in Betracht

---

special theories or (so im Original; richtig wohl „of", G.E.) formal organizational structure and behavior" (*Hannan/Freeman* bei *Goodman/Pennings*, S. 111). Vgl. für die Zusammenhänge zwischen Problem, Ziel und Organisation auch *Wilson*, S. 3: „There are thousands of police agencies ... each of which is organized in roughly the same way under comparable, if not identical, legal codes, each of which performs similar functions".

407 Vgl. auch *Perrow*, S. 133; *Gross*, S. 277; *Lawless*, S. 497. Nach *Mintzberg*, S. 5 und 246, sind Ziele „the intentions behind decisions or actions".

408 *Allen*, S. 9.

409 *Gross, B.M.*, S. 277.

410 *Mayntz* 1963, S. 58; dort auch zum Unterschied zwischen Ziel und Zweck. Bei *Klages/Schmidt*, S. 40, werden Ziel und Aufgabe synonym gebraucht.

411 *Thompson*, S. 127. Ähnlich *Etzioni* 1978, S. 16, und in seiner Nachfolge *Pfeiffer*, S. 38. Vgl. auch *Hill/Fehlbaum/Ulrich*, S. 141; *Hohmeier* bei *Fuchs-Heinritz* u.a., S. 481; *Champion*, S. 95; *Hoefert* 1994, S. 181-183; *Etzioni* 1971, S. 103: „By *organizational goals* we mean a state of affairs which the organization is attempting to realize. A goal is an image of a future state, which may or may not be brought about".

412 Problematischer wird die Zieltheorie schon bei einer ersten Differenzierung zu einer Typologie (vgl. beispielsweise *Perrow*, S. 134-174).

zieht, dass eine Organisation in der Regel nicht nur ein einziges Ziel hat, sondern ein System von Zielen. So wie die sozialen Werte auf den verschiedenen Positionen einer Wertordnung liegen, so hat auch eine Organisation bei Zielpluralität nur selten eine unverbundene Mehrzahl von Zielen, sondern zumeist ein *Zielsystem*, das die Ziele *vertikal (hierarchisch)* und/oder *horizontal (komplementär oder konkurrierend)* zueinander in Beziehung setzt[413]. Es gibt auch Zieltypologien, die ausnahmslos nicht hierarchisch geordnete Zielarten beschreiben, so z.B. richtungslenkende, intensitätssteuernde und Ausdauer beeinflussende Ziele[414]; ideologische, formelle, geteilte persönliche und systemische Ziele[415]; output, adaptation, management, motivation and personal goals[416]. Ob sie aber als gleichrangig anzusehen sind, ist ebenfalls fraglich; vermutlich wurde bei diesen Typologien überhaupt nicht systemisch gedacht. In der Regel sind jedoch Zielsysteme einer Organisation - nicht zuletzt als Folge von deren Spezifität - einfacher als Wertordnungen.

Besonders einfach werden zumeist die Ziele von Wirtschaftsunternehmungen beschrieben. Hier wie auch sonst werden sie nicht immer als Ziele, sondern oft auch als Gegenstand, Aufgabe oder Zweck bezeichnet. Ein Beispiel dafür lautet etwa: „Gegenstand des Unternehmens ist der Erwerb und die Veräußerung von Grundstücken, Gebäuden und Wohnungseigentum, die Verwaltung von Immobilien und die Übernahme der Geschäftsführung in Unternehmen mit entsprechendem Gesellschaftszweck sowie die Beteiligung an anderen Unternehmen“[417]. Hier sind mehrere Ziele aufgezählt, ohne dass unter ihnen ein Rangverhältnis erkennbar ist. Solche Rangverhältnisse werden aber auch ausdrücklich und sogar mit Randbedingungen angegeben, z.B. „Gegenstand des Unternehmens ist die Herstellung von Kunststoffartikeln, der Bau und Vertrieb von Apparaten, insbesondere für die chemische Industrie und die Luftfahrttechnik. Die Gesellschaft ist befugt, im In- und Ausland Zweigniederlassungen zu errichten ... . Sie darf ferner alle Handels- und Finanzgeschäfte tätigen, die ihre Entwicklung fördern und mit der Zweckbe-

---

413 *Musto*, S. 269; ihm folgend *Pfeiffer*, S. 39. Nicht der Dimension Über-/Neben-/Unterordnung, sondern einer ganz anderen Ziellogik folgt die Unterscheidung von offiziellen und operativen Zielen (*Perrow, Charles*: Goals in Complex Organizations, in: American Sociological Review 26 (1961), S. 855; *Lawless* S. 33).

414 *Orlikowski*, S. 36 m.w.N.

415 *Mintzberg*, S. 246/247.

416 *Gross, B.M.*, S. 287-291.

417 Handelsregister Amtsgericht Fürth/Odw., HRB 303, Neueintragung vom 14.4.1980.

stimmung des Unternehmens direkt oder indirekt zusammenhängen“[418].

Ähnlich deutlich wird die Zielhierarchie für die Universitäten, wenn dafür etwa im baden-württembergischen Hochschulrecht bestimmt wird: „Durch die Verbindung von Forschung, Lehre und Studium dienen die Universitäten der Pflege und der Entwicklung der Wissenschaften. Sie bereiten auf berufliche Tätigkeit vor ... . Die Universitäten fördern die internationale, insbesondere die europäische Zusammenarbeit im Hochschulbereich“[419].

Im ersten Satz wird mit dem Wort „durch“ angegeben, dass Pflege und Entwicklung der Wissenschaften die Primärziele und Forschung, Lehre und Studium die Sekundärziele sind. Mehrere derartige Stufen von Zielen sind eine *Zielhierarchie.* Dabei ist oft nur schwer oder willkürlich zu entscheiden, ob eine Angabe ein Sekundärziel nennt oder ein Instrument. Betrachtet man Ziele unter dem Gesichtspunkt ihrer Operationalisierbarkeit, dann sind die besonders hohen Ziele - wie hier die Pflege der Wissenschaften - zumeist so abstrakt, dass sie ohne weitere Zusätze der Willkür bei der Zielkonkretisierung (dazu näher bei 2.1.1.3) zu großen Raum lassen würden. Diese weiteren Zusätze sehen häufig wie Instrumente aus, obwohl sie auch als Sekundärziele betrachtet werden können, durch die sehr oft - so auch in unserem Beispiel - die Primärziele automatisch erreicht werden, sobald die Sekundärziele insgesamt erreicht sind. Das ist jedenfalls dann so, wenn die Sekundärziele in ihrer Summe die Primärziele inhaltlich umfassen.

Der zweite Satz in der Zieldefinition für die baden-württembergischen Universitäten steht in keinem erkennbaren Über- oder Unterordnungsverhältnis zu den vorher genannten Zielen. Dieses Schicksal teilt er nicht nur mit vielen anderen Zielangaben in den insgesamt sechs Absätzen mit Zieldefinitionen, sondern es ist bei vielen, auch schriftlich niedergelegten Zielangaben geradezu der Normalfall, dass sie eher eine Aufzählung als ein System von Zielen bieten, ohne dass daraus im Ernst auf die Gleichrangigkeit der Ziele geschlossen werden soll. Das ist dann einer der Hauptfälle für einen *Zielkonflikt*[420], also für den *Streit über die Reihenfolge bei der inhaltlichen Verwirklichung bereits*

---

418 Handelsregister Amtsgericht Schwerte, 2 HRB 1256, Neueintragung vom 23.4.1980.

419 § 3 I 1,2 und IV 1 des Gesetzes über die Universitäten im Lande Baden-Württemberg vom 22. November 1977 (GBl. 1977, S. 473 ff.).

420 Ein empirisches Beispiel wird eingehend dargestellt bei *Waldmann, Peter:* Zielkonflikte in einer Strafanstalt, Stuttgart: Enke 1968. Vgl. auch *Prätorius*, S. 50.

bestimmter Ziele, der neben der Rangfrage bei nicht gewichteten, kompatiblen Zielen oft auch die Priorität von widersprüchlichen Zielen oder den Interessendissens von Gruppen betrifft[421]. Zur Vermeidung solcher Zielkonflikte werden deshalb in umsichtig formulierten Zieldefinitionen nach Möglichkeit (im Beispiel oben im 3. Satz „insbesondere die europäische Zusammenarbeit“) die Prioritäten deutlich angegeben. Im übrigen sind Zielkonflikte nicht immer Ergebnis einer ungenauen Zieldefinition. Oft werden sie bei der Zieldefinition bewusst hineinprogrammiert, weil sie durchaus eufunktional sein können: So kann es für einen Betrieb des Anlagenbaus im Ergebnis vorteilhaft sein, wenn nicht von vornherein vorgegeben ist, ob hoher ingenieurmäßiger Entwicklungsstand oder niedrige Gestehungskosten das oberste Ziel sein sollen, sondern wenn das zur Flexibilität im Einzelfall jeweils - durch dann zumeist kollegiale Zieldefinition - ausgehandelt werden muss. Schließlich muss auch nicht jede *Zielkonkurrenz, d.h. formelle Gleichberechtigung von Zielen bei nicht für alle konkurrierenden Ziele gleichermaßen oder unbeschränkt gegebener Zielerreichungschance*, zum Zielkonflikt führen.

Neben ihrer konstitutiven Funktion für die Organisation als solche haben Ziele auch Motivationsfunktionen für das Personal und sogar für die Umwelt der Organisation. Sie steuern die Aufmerksamkeit, kanalisieren die Handlungen, erhöhen die Ausdauer und fördern Strategien und Aktionspläne[422]. Von daher ist es geradezu selbstverständlich, dass die Ziele auch auf andere Variablen einwirken[423].

2.1.1.2 Praktische Festlegung und empirische Ermittlung der Ziele

Angesichts der Wichtigkeit der Ziele für das praktische Funktionieren der Organisation ist es von größter Bedeutung, wer die Ziele einer Organisation festlegt, wer sie definiert. Organisationale Zieldefinitionsmacht verleiht organisationale und soziale Macht. Damit ist es auch nahe liegend, dass Ziele keineswegs - und das nicht nur bei Tarnfirmen der Mafia - immer offen erklärt werden[424]. Ein Prob-

---

421 *Endruweit/Lautmann* bei *Fuchs-Heinritz* u.a., S. 755.
422 *Kreitner/Kinicki*, S. 193/194 m.w.N.
423 Beispiele dazu bei *Büschges/Abraham*, S. 23-26 und 231-246.
424 Eine verblüffende experimentelle Untersuchung beschreibt *Deutscher, Irwin*: Words and Deeds, in: Social Problems 13 (1966), S. 235-254. Vgl. auch die kritischen Bemerkungen zur Zieltheorie bei *Salaman*, S. 81-87.

für den Organisationsforscher ist also, wie er die Ziele einer Organisation konkret empirisch feststellen kann[425].

Um die vielen Facetten dieses Problems erahnen zu lassen, soll das Ziel der Unternehmung hier skizzenhaft diskutiert werden: Für die klassische Organisationslehre der Betriebswirtschaft war das Ziel der wirtschaftlichen Unternehmung von vornherein klar; es war das Ziel des Unternehmers, und es hieß Gewinnmaximierung[426]. Das haben manche Soziologen zu einem Grundsatz für alle Organisationen erweitert, indem sie etwa behaupteten: „The goals of the sponsors are those of the organization"[427]. Einmal abgesehen davon, dass es sicherlich nicht einfach ist, den „sponsor" der Polizei, des Roten Kreuzes oder der Evangelischen Kirche im Rheinland zu nennen, so ist es auch beim Wirtschaftsunternehmen keineswegs so einfach, wie es auf den ersten Blick scheint. Selbst wenn jemand Alleinunternehmer und damit eindeutig „sponsor" ist, kann er heute nur noch in unterentwickelten Gesellschaften eine Hire-and-fire-Politik so betreiben, wie sie das Ziel der Gewinnmaximierung verlangen würde. In den übrigen Teilen der Welt setzen z.B. gesetzliche Kündigungsvorschriften und tarifvertragliche Lohnvereinbarungen der Gewinnmaximierung Grenzen. Das könnte man nun als extraorganisationale Rahmenbedingungen der Zieldefinition interpretieren und damit die reine Theorie unverwässert lassen. Wenn aber z.B. gesetzlicher Rahmen und administratives Passepartout so breit werden, dass für die autonome Zielfindung der Organisation nur noch das Miniaturformat bleibt, ist spätestens der Zeitpunkt gekommen, an dem man doch wohl mehrere und konkurrierende Zieldefinitionen annehmen muss. Dann hätte die Unternehmung eben nicht mehr nur - falls sie es jemals so rein hatte[428] - das Ziel der Gewinnmaximierung, das sich und ihr der Unternehmer setzt, sondern auch das Ziel der Arbeitsplatzbereitstellung, das ihr etwa das Parlament setzt. Dann wären eben nicht mehr die privaten Unternehmer die einzigen Zieldefinitoren der Organisation „Unternehmung", sondern der Staat

---

425 Vgl. für die Seite der Zieldefinition: *Bamberger, Ingolf*: Grundprobleme und Forschungsansätze der langfristigen Zielplanung, in: Zeitschrift für Organisation 1977, S. 91-99.

426 *Hill/Fehlbaum/Ulrich*, S. 144; *Simon* 1964, S. 1; *Strutz*, S. 5; *Cyert/March*, S. 8-10 und 27/28.

427 *Kuhn*, S. 463; ähnlich schon S. 451.

428 Schon von der Human-Relations-Schule (vgl. *Roethlisberger/Dickson*, S. 552, und vorne bei 1.6.1.4) wurde behauptet, eine Unternehmung müsse neben dem Ziel der Produktion von Leistungen für den Markt notwendigerweise auch das Ziel der Zufriedenheit ihrer Organisationsmitglieder haben. Vgl. auch *Musto*, S. 268 m.w.N.

wäre ein konkurrierender Zieldefinitor; dann wären das Arbeitsrecht einerseits und das Entscheidungsgeschick des Unternehmers im verbliebenen Bereich andererseits die Instrumente, mit denen die jeweiligen Ziele verwirklicht und ihr Geltungsbereich gegenüber dem jeweils konkurrierenden ausgeschöpft wird. In der Betriebswirtschaft der sozialistischen Länder wurde dieser Dualismus der Zielsetzung für Unternehmungen besonders deutlich[429]. Sowohl bei der Privatisierung der „volkseigenen Betriebe" in den neuen Bundesländern in den neunziger Jahren als auch bei der fast gleichzeitigen Privatisierung von Staats- und Kommunalbetrieben in den alten Bundesländern zeigte sich so gut wie ausnahmslos, dass unter öffentlicher Eigentümerschaft die Gewinnmaximierung nicht das uneingeschränkte Unternehmensziel gewesen war. Theoretisch lässt sich damit das Problem des Umfangs der Zieldefinitoren wohl als ein Problem der Organisationsgrenzen ansehen: Was an zieldefinierenden Elementen von außerhalb der Organisation kommt, kann als Rahmenbedingung angesehen werden, während organisationsinterne Elemente als Pluralität der organisationalen Zieldefinitoren oder wenigstens als Zielkonkurrenz innerhalb der Organisation zu deuten sind. Organisationsgrenzen sind ein Fall der Systemgrenzen, und deren eindeutige Bestimmung ist weiterhin ein Problem der Systemtheorie. Bis jetzt hilft man sich mit Einzelfallpragmatik, die gerade in der sozialwissenschaftlichen Systemforschung auch weniger ein Notbehelf als eine Realitätskonsequenz ist; denn wo die Grenzen und wie damit die Selbst- und Fremdbestimmtheit der - um beim Beispiel zu bleiben - wirtschaftlichen Unternehmung sind, lässt sich sozialwissenschaftlich methodologisch einwandfrei nur dadurch klären, dass man feststellt, wo sie nach den Maximen der sozialen Wertordnung liegen - und die können bekanntlich wechseln und sind ebenso bekanntlich meist nicht einheitlich in der Gesellschaft.

Wenn es nun solche Probleme bei der Zieldefinition gibt, ist zu fragen, warum man nicht überhaupt darauf verzichtet. So musste eine bekannte Automobilfirma eigens ihre Satzung ändern, um sich an einer Computerfirma beteiligen zu können. In der Tat gibt es auch in

---

429 Das gilt i.d.R. aber auch für Staatsbetriebe in „mixed economies". So stellte *Presthus, Robert V.*: Weberian vs. Welfare Bureaucracy in Traditional Society, in: Administrative Science Quarterly 6 (1961), S. 1-24, bei einer Untersuchung der staatlichen Kohlebergwerke in der Türkei fest, dass ihnen offensichtlich ein anderes Zielprinzip zu Grunde liege als das von *Max Weber* als für die westeuropäische Wirtschaft idealtypisch beschriebene. Vgl. allgemein: *Hiç, Mükerrem* (Ed.): Turkey's and Other Countries' Experience with the Mixed Economy, Istanbul: Istanbul Üniversitesi Iktisat Fakültesi 1979.

der Organisationsforschung eine Tendenz, die Zielproblematik möglichst außer Betracht zu lassen und das Funktionieren „als solches" zu untersuchen. In beschränktem Umfang kann das unschädlich sein. Zum allgemeinen Ansatz kann es aber schon deswegen nicht werden, weil die Organisationspraxis auf Zielsetzungen nicht verzichten kann. Dafür seien einige Gründe als Beispiele aufgezählt:

(1) *Gründe der organisationalen Rationalität:* Eine Organisation bezieht ihre Existenzberechtigung, ihre Legitimität aus dem Anspruch, bessere Problembewältigung zu leisten als jeder nicht-organisationale Ansatz. Menschliche und sächliche Instrumente können aber nur dann koordiniert zur Problembewältigung eingesetzt werden, wenn das Ziel festgelegt ist. Eine neu gegründete Partei muss ein Minimalprogramm haben, wenn sie weitere Mitglieder werben will; die Beamten eines Finanzamtes werden sich anders verhalten, wenn sie wissen, dass sie genau nach dem Buchstaben des Gesetzes ein Optimum an Steuereinnahmen eintreiben sollen, als wenn ihnen vorgegeben ist, im Interessenausgleich zwischen Steuerzahler und Staat auch Gesichtspunkte des Steuerpflichtigen zu berücksichtigen. Im Übrigen zeigt Abb. 4, dass die Ziele alle anderen Variablen mit beeinflussen; die Genauigkeit der Zieldefinition ist also mit maßgeblich für die Qualität aller anderen Organisationselemente.

(2) *Gründe der Ressourcenmobilisierung:* Fast jede Organisation ist über Eingänge (inputs) und Ausgänge (outputs) auf den Austausch mit der Umgebung angewiesen. Ob es um Produktionsaufträge für eine Fabrik, um staatliche Förderung einer Jugendorganisation, um private Spenden für einen Verein zur Flüchtlingshilfe, ja selbst um Personalvermehrung bei der Kraftfahrzeugzulassungsstelle geht - stets wird von der Umwelt gefragt werden, wozu denn eigentlich die Ressourcen eingesetzt werden sollen. In dieser Hinsicht ist wirksame Zielformulierung gerade bei Konkurrenz ähnlicher Organisationen oft eine entscheidende Voraussetzung für erfolgreiches Funktionieren.

(3) *Gründe der Erfolgskontrolle:* Wenn die Ziele der Organisation gewissermaßen deren Sollzustand angeben, ist ihre Kenntnis eine unerlässliche Voraussetzung für eine Evaluation des Organisationshandelns.

Aus diesen und anderen Gründen ist es in der Organisationspraxis und demzufolge auch in der Organisationsforschung unvermeidlich, sich bei bestimmten Problemstellungen mit der Setzung von Organisationszielen zu beschäftigen. Deshalb lohnt es sich, die dabei häufigsten Fragen näher zu erörtern:

A. *Ist die Organisation selbst- oder fremdbestimmt?* In dieser Hinsicht gibt es je nach rechtlichen und sonstigen Rahmenbedingungen viele konkrete Übergangsformen zwischen den Skalenpunkten der Autonomie und Heteronomie.

A) *Autonomie*[430] hat eine Organisation, wenn sie ihre Ziele selbst setzen darf. In ihrer reinen Form ist sie relativ selten und zumeist in den komplexen Gesellschaften auf den Bereich der freiwilligen Organisationen in ihrem engsten Sinne begrenzt, nämlich auf Geselligkeit, Sport und Freizeit organisierende Vereine. Für sie gibt es keine oder sehr geringe zielwahlbegrenzende Vorschriften. Für politische Parteien und Gewerkschaften sind die Autonomiegrenzen häufig enger, weil staatliche Rahmenbedingungen bestehen. Als Faustregel könnte man annehmen: Je weniger sozial bedeutsam die Leistung einer Organisation für die Umwelt, desto größer ist ihre Autonomie.

B) *Heteronomie*, als Fremdbestimmung in den Zielen, ist in ihrer extremen Form ebenfalls recht selten, aber häufiger als totale Autonomie. Insbesondere bei Organisationen, die Subsysteme eines Systems sind, kommt Heteronomie vor. Beispiele sind etwa Außenstellen eines Amtes, rechtlich unselbstständige Betriebsstätten einer Unternehmung, einer taktisch selbstständigen Kampfeinheit zugeordnete Unterstützungsverbände (z.B. Nachrichtenkompanie). Ihre Unselbstständigkeit beruht darauf, dass ihr Ziel als Subsystem nur die Kehrseite der rein instrumentalen Motive ist, aus denen sie vom System installiert wurden; ihre Existenz als Unter-Organisation ist nur insoweit legitim, wie sie als Instrument den Zielen der übergeordneten „Mutter“-Organisation dienen.

Für das Mischungsverhältnis von Autonomie und Heteronomie erweisen sich damit zwei Betrachtungsebenen als wichtig. (1) Im Verhältnis zwischen Organisation und Organisationsumwelt wird die Autonomie der Organisation um so höher sein, je unbedeutender ihre Leistung in sozialer Hinsicht ist oder je mehr sie - bei sozialer Bedeutsamkeit ihrer Leistungen - von sich aus den Umwelterwartungen nachkommt oder je mehr sie trotz Missachtung von Umwelterwartungen ihre autonom gesetzten Ziele durchsetzen kann, je mehr Macht sie also hat. (2) Innerhalb eines Organisationsgefüges, also zwischen über- und untergeordneten Organisationen, gelten im Grunde die gleichen Prinzipien, nur werden sie hier seltener in ständiger Interaktion immer wieder von neuem ausgekämpft; statt dessen werden sie häufiger nach Zweckmäßigkeitsgesichtspunkten grundsätzlich festgelegt. Ob das Verhältnis zwischen Positionen der militärischen Hierarchie durch das Auftrags- oder Befehlsprinzip geregelt werden soll, wird u.a. danach zu entscheiden sein, ob die nachgeord-

[430] Vgl. dazu auch *Weber*, S. 36.

neten Einheiten zur Findung von systemgerechten Unterzielen zu den vorgegebenen Oberzielen qualifiziert sind. Ob die Muttergesellschaft ihrer Tochtergesellschaft eine eigene Produktionsplanung erlaubt, wird u.a. davon abhängen, ob nur der Muttergesellschaft zugeliefert wird oder ob wegen weitgehenden Absatzes auf dem Markt eigene Flexibilität zu entwickeln ist.

B. *Wie ist die Zieldefinition organisiert?* Für die Organisationsforschung ist es ein nützlicher Anfang der Datenerschließung, wenn sie weiß, welche Personen die Ziele einer Organisation definieren[431]. Noch viel wichtiger ist es bei der Gründung oder Entwicklung einer Organisation, die Zieldefinitoren dem jeweiligen Zweck entsprechend optimal festzulegen. Bei autonomen Organisationen ist dabei der Kreis der Zieldefinitoren in der Regel identisch mit der Organisationsleitung.

a) *Monokratisch* ist die Zieldefinition, wenn eine einzige Person die Ziele bestimmt. Prototyp ist der Alleinunternehmer[432]. Das gilt aber nur, wenn er auch praktisch Alleingeschäftsführer ist, so dass dieser Typ nur in kleineren Unternehmungen möglich ist; sobald sich der Unternehmer auf die Eigentümerrolle beschränkt und die Geschäftsführung angestellten Managern überlässt, beginnt in der Regel die kollegiale Zielsetzung, weil die Zielsetzung mehrere Stufen hat, so dass nicht nur die langfristige Organisationspolitik dazugehört. Ob bei monokratischer Behördenleitung auch monokratische Zielsetzung vorliegt, kommt auf den konkreten Fall an. Der deutsche Regierungspräsident hat so gut wie keine, der amerikanische Gouverneur dagegen eine sehr hohe Zieldefinitionsmacht; aber das liegt wieder an der Autonomie-/Heteronomie-Lage.

b) *Kollegial* ist die Zieldefinition, wenn mehrere Personen daran beteiligt sind, die im Wesentlichen gleiche Zielinteressen haben. Das ist im Grunde eine personale Erweiterung des monokratischen Typs; der Vorstand einer Unternehmung ist daher das Musterbeispiel, und die Vorstände von Vereinen sind die häufigsten Fälle.

c) *Kontradiktorisch* ist die Zielfindung, wenn mehrere Personen daran beteiligt sind, die im Wesentlichen widersprüchliche Zielinteressen haben. Bei diesem Typ könnte man an die mitbestimmten Unternehmungen in der Bundesrepublik denken, in denen - nach der üblichen Grobeinteilung - die Vertreter der Anteilseigner auf hohen Gewinn, die Vertreter der Arbeitnehmer auf hohen Lohn bedacht sein sollen. Ob das in der Tat die entscheidenden Gegensätze sind oder

---

431 Einen sehr komplexen Ansatz bieten *Cyert/March*, S. 29-40 und 114-127.
432 *Simon* 1964, S. 1.

ob nicht doch auf einem höheren Zielniveau Zielidentität, nämlich beiderseitiges Interesse an der Erhaltung und sogar möglichst starken Marktposition der Unternehmung herrscht, ist mit Recht eine umstrittene Frage. Daher ist es auch weiterhin umstritten, ob die optimale Konfliktlösung eher darin liegt, dass man sie in einer einheitlichen Organisation mit kontradiktorischer Zieldefinition durch Kompromisse versucht, oder eher darin, dass man die Konflikte zwischen getrennten, jeweils interessenhomogenen Organisationen auszutragen versucht. Die Einheitsorganisation mit kontradiktorischer Zielfindung ist jedenfalls der neuere Ansatz, der noch viel Aufmerksamkeit verdient.

Ist sich der Organisationspraktiker über die konkrete Form der Zieldefinition einer Organisation klar, wird er die Chancen für ein Vorhaben der Organisationsentwicklung besser übersehen und ebenso die notwendigen Kontakte deutlicher erkennen. Der Organisationsforscher wird mit diesem Wissen die Quellen für seine Suche nach den Organisationszielen besser einschätzen können.

C. *Die Quellen für Organisationsziele* können nach den vorangegangenen Überlegungen über die Definitionsträger sehr vielfältig sein. Vor allem für die Organisationsforschung sind die drei folgenden Hauptgruppen interessant.

a) Dokumentarische Quellen umfassen alle ausdrücklich formulierten Zieldefinitionen. Bei deren Erforschung ist allerding zu beachten, dass *Organisationsziele für eine empirische Wissenschaft immer nur die jeweils tatsächlich verfolgten Ziele sind, ob sie nun irgendwo ausdrücklich definiert sind oder nicht*[433].

b) *Angaben der Zieldefinitoren*, in der Regel durch Interviews der Definitoren oder Informantengespräche zu erlangen, könnten sowohl eine Validitätsprüfung in Ergänzung der Dokumentenanalyse sein wie auch eine selbstständige Erkenntnisquelle.

c) *Ergebnisse einer Handlungsanalyse* wären die besten Erkenntnisquellen für die tatsächlichen Ziele einer Organisation. Wenn als Ziel nur das interessiert, was tatsächlich angestrebt wird, so müsste es im tatsächlichen Handeln der Organisation, also bei Untersuchung ihrer Funktionen, am reinsten zum Ausdruck kommen. Wenn sich aus dem Handeln einer Partei ergibt, dass sie Wahlen gewinnen möchte, aus dem Handeln der Anonymen Alkoholiker, dass sie die Trunksucht

---

[433] Vgl. auch *Mayntz* 1963, S. 58; *Pfeiffer*, S. 38; *Mayntz* 1964, S. 13; *Litterer*, S. 317/318.

bekämpfen möchten[434], dann wäre die Handlungsanalyse das optimale Verfahren der Zielerforschung.

Abschließend soll hier an einem Beispiel gezeigt werden, wozu bei einer über Einführungsprobleme hinausgehenden Analyse Untersuchungen über Organisationsziele nützlich sein können. Wenn wir die *tatsächlichen Ziele* von den *angeblichen* unterscheiden, dann können wir die zweite Gruppe noch in *offizielle* und *inoffizielle* unterteilen; so kann das offizielle Ziele einer Untersuchungskommission in der Klärung eines Sachverhalts bestehen, das inoffizielle aber gerade in der Verschleppung dieser Klärung, wie man es sich beispielsweise von der Organisation der Sonderstaatsanwaltschaft für die Watergate-Verbrechen vorstellen konnte, die der amerikanische Präsident Nixon installierte, bevor bekannt wurde, dass er selbst der Haupttäter war. In solchen Fällen ist es ein Problem von erheblicher praktischer Bedeutung, ob die offiziellen oder die inoffiziellen Ziele dann die tatsächlichen werden. Das kann wesentlich davon abhängen, wie die Organisation ihre Loyalitäten sieht, an welchen Verantwortungen sie sich orientiert. Ist sie klientenorientiert oder an sich selbst (d.h. an ihrer Selbsteinschätzung) orientiert, wird sie wahrscheinlich die offiziellen Ziele tatsächlich zu erreichen suchen; ist sie dagegen institutionenorientiert (d.h. in der Regel nach oben, also auf die übergeordnete Organisation, der sie ihre eigene Existenz verdankt), kann leicht die inoffizielle Zielsetzung tatsächlich maßgeblich werden.

Eingehendere Ausführungen zu methodischen Problemen der empirischen Ermittlung von Zielen folgen unter 4.1.

2.1.1.3 Veränderung der Organisationsziele

Der Einfluss auf die Zieldefinition ist nicht nur beim ersten Male, also bei Gründung der Organisation, wichtig. Viel häufiger und inhaltlich keineswegs unbedeutender sind Zieldefinitionen im weiteren Verlauf der Organisationstätigkeit. Denn die anfangs festgelegten Ziele bleiben selten, falls überhaupt, für die gesamte Existenzdauer einer Organisation konstant.

Welche Veränderungen einer bestehenden Zieldefinition möglich sind, versucht Abbildung 5 schematisch darzustellen.

---

434 Vgl. auch *Khandwalla*, S. 355/356.

Jeder der hier angegebenen Prozesse ist im Grunde eine neue Zieldefinition, die sich nur nach den Voraussetzungen von den anderen unterscheidet.

An einzelnen Arten von Zielveränderungen lassen sich, je nach der Ausgangssituation, unterscheiden[435], was in Abbildung 5 dargestellt ist.

(1) *Zielkonkretisierung* ist erforderlich, wenn die vorhandene Zieldefinition so ungenau ist, dass sie sich nicht ohne weiteres in Funktionen übersetzen lässt, wenn sie sich also nicht unmittelbar operationalisieren lässt. Das muss nicht unbedingt ein Fehler der Zieldefinition sein. Es kann u.U. vorteilhaft sein, zur Erreichung eines weiten langfristigen Aktionsradius die Zielbestimmung sehr allgemein zu treffen und von vornherein mehrere Zielkonkretisierungen vorzusehen, um die Organisation der jeweiligen Situation anzupassen. Andererseits kann dieses Vorgehen gefährlich sein, weil - insbesondere bei Inkongruenz von Definitoren der Grundziele und Definitoren der Zielkonkretisierung - die Organisation ihren Charakter in von den Gründern ungewollter Weise verändern kann; deshalb wird z.B. bei Stiftungen i.d.R. auf eine Zieldefinition geachtet, die weitere Konkretisierungen nicht erlaubt. Dass die Frage, ob Ziele ein für alle Mal erschöpfend vorgegeben oder Zielkonkretisierungen erwünscht oder gar verlangt werden, eine Hauptfrage der Organisationspolitik sein kann, zeigen z.B. die grundsätzliche Entscheidung von Militärorganisationen entweder für das Auftrags- oder das Befehlsprinzip oder die verschiedenen Freiheitsgrade, die die Orden innerhalb der katholischen Kirche haben.

Keine eigene Form der Zielveränderung, sondern eine Art der Zielkonkretisierung ist die in neuerer Zeit häufiger benutzte *Zielvereinbarung*. Sie ist *eine kurz- oder mittelfristige Zielkonkretisierung eines langfristigen oder dauernden, meistens formell festgelegten Organisationszieles durch Absprache zwischen Organisationsleitung und -personal*. Beispiele sind etwa die einvernehmliche Festlegung des Umsatzminimums der Vertriebsabteilung (oft gegen Versprechen bestimmter Prämien) oder die Vereinbarung von Mindestzahlen für neu zu werbende Mitglieder für die Handballabteilung eines Sportvereins gegen das Versprechen, bei Erfüllung der Vereinbarung die Abteilung nicht aufzulösen, oder die Selbstverpflichtung einer Fakultät, den Anteil der Wissenschaftlerinnen jähr-

---

435 Siehe dazu auch *Endruweit*, Stichworte "Zielnachfolge", "-verschiebung", "-wandel" bei *Fuchs-Heinritz* u.a., S. 755/756, 756. Mehrere Beispiele für verschiedene Arten von Zielveränderung werden von *Sills, David L.:* The Succession of Goals, bei *Etzioni* 1969, S. 175-187 m.w.N., beschrieben.

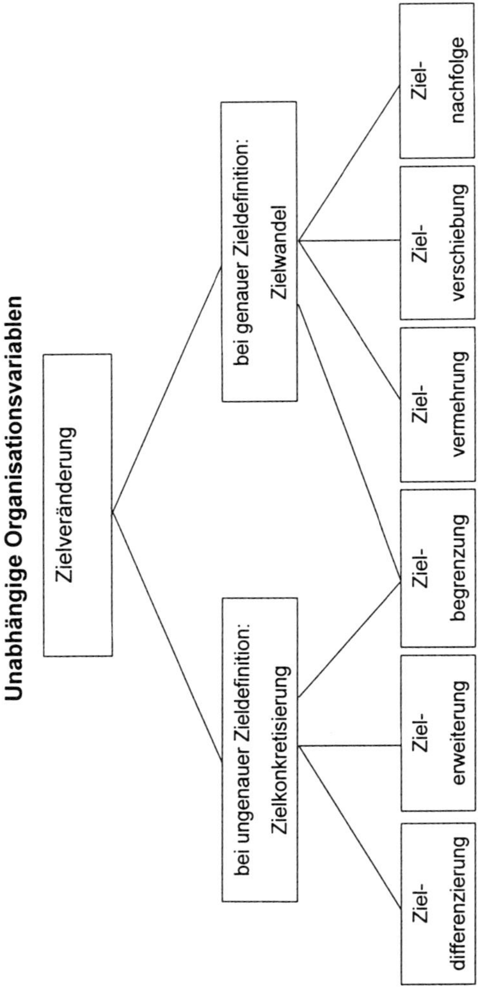

Abbildung 5: Typen der Zielveränderung

lich um 5 Prozent zu erhöhen gegen die Zusicherung , den Haushalt um 500 Euro je Kopf und Jahr zu erhöhen[436].

Die Zielkonkretisierung hat drei ziemlich genau trennbare Erscheinungsformen:

(2) *Zieldifferenzierung* ist wahrscheinlich der häufigste Fall und besteht in einer genaueren Aufschlüsselung der ursprünglichen Zieldefinition, damit diese operabel wird. Damit wird i.d.R. das ursprüngliche Primärziel in mehrere Sekundärziele umformuliert, deren Erfüllung insgesamt die Erreichung des Primärziels bedeutet. Häufig ist die Differenzierung mit einer Prioritätensetzung bei den Sekundärzielen verbunden. Natürlich können bei einer solchen Bildung von Zielhierarchien auch Tertiär-, Quartär- usw. Ziele abgeleitet werden.

(3) *Zielerweiterung* ist auch dann eine Zielkonkretisierung, wenn Ziele aufgenommen werden, die mit den vorhandenen nichts zu tun zu haben scheinen. Auch wenn beispielsweise Bergwerksgesellschaften sich an einer Mineralölraffinerie maßgeblich beteiligen, was bei ihrer Gründung sicherlich nicht als Ziel vorgesehen war, verfolgen sie bei näherem Hinsehen damit doch ihr ursprüngliches Organisationsziel, das oft nur als pars pro toto definiert wurde.

(4) *Zielbegrenzung* als Einengung eines gegebenen Ziels auf einen geringeren Wirkungsbereich kann durchaus eine Strategie der Organisationsoptimierung sein. Als Anpassung an unerwartet geringe Ressourcen, an plötzliche Konkurrenz durch andere Organisationen u.Ä. kann sie eine Konzentration der vorhandenen Mittel auf einen kleineren Funktionsbereich einleiten und damit den Wirkungsgrad der Organisationen verbessern. So sind z.B. Gebietsschutzabkommen zwischen Wettbewerbern oft eine Folge von Zielbegrenzungen. Da Ziele unabhängig von der Genauigkeit ihrer Definition stets begrenzt werden können, ist die Zielbegrenzung zugleich auch als Form des Zielwandels möglich.

(5) *Zielwandel* ist die Veränderung von zuvor bereits hinreichend präzise formulierten Zielen[437]. Er lässt nicht wie die Zielkonkretisierung die Zielstruktur der Organisation in ihren wesentlichen Elementen weiterbestehen, sondern verändert sie in ihren charakteristischen Merkmalen. Hier gibt es neben der Zielbegrenzung drei Grundformen:

---

436 Vgl. auch *Johns*, S. 211.

437 Als Beispiel für eine empirische Studie über Zielwandel sei genannt: *McCleery, Richard H.*: Policy Change in Prison Management, East Lansing, Mich.: Michigan State University, Social Science Research Bureau 1957.

(6) *Zielvermehrung* ist die maßgeblich strukturverändernde Parallele zur Zielerweiterung[438]. Beispiele sind die echten Diversifikationen bei Wirtschaftsunternehmungen, die sich andere Sparten angliedern, nicht um vertikal oder horizontal zu konzentrieren oder um ihre Marktposition durch Erwerb von Produktionsstätten für Substitutionsgüter zu erhalten, sondern die sich damit in wirklich total anderen Branchen betätigen. Dabei kann durch Vernachlässigen der ursprünglichen Ziele die Zielvermehrung zum *Zielwechsel* werden[439].

(7) *Zielverschiebung* ist eine Umstrukturierung der organisationalen Zielhierarchie, bei der die Rangfolge von Zielen geändert wird[440]. *Robert Michels* wurde mit seinen Untersuchungen der sozialistischen Parteien und Gewerkschaften zu Beginn des vergangenen Jahrhunderts zum Anreger dieser wichtigen Forschungsrichtung[441]. Prototyp ist die Ablösung eines Primärziels durch eines der bisherigen Sekundärziele, die oft in populärer Betrachtung so gedeutet wird, dass ein Mittel zum Selbstzweck erhoben wird[442]. Das ist bei vielen Erscheinungen des Bürokratismus der Fall, wenn etwa nur vollständig ausgefüllte Formulare den Bearbeitungsprozess in Gang setzen, obwohl eine konkret fehlende Angabe für diese Entscheidung gar nicht erforderlich ist. Hier wird ein Hilfsziel der Bürokratie (aktenmäßige Kontrollierbarkeit des Entscheidungsganges) dem ohne Frage höherrangigen Ziel der routine- und rechtmäßigen Entscheidung von Einzelfällen übergeordnet. Ein fast unglaubliches Beispiel für die Wirkung von Zielverschiebungen gibt es aus dem 2. Weltkrieg zu berichten. Als japanische Flugzeuge 1941 ohne Kriegserklärung militärische Einrichtungen der USA auf Hawaii bombardierten und die amerikanischen Soldaten ihre Waffen holen wollten, verlangten manche Wachen vor Waffen- und Munitionslagern mitten im Feuer die Vorlage von ordentlichen Anforderungsscheinen auf dem Dienstweg[443].

Zielverschiebung kann ein nützlicher Prozess der Anpassung an äußere oder innere Bedingungen sein; dann sollte sie bewusst und ausdrücklich sein. Geschieht sie dagegen heimlich und zumeist von un-

---

438 Was hier Zielvermehrung heißt, ist im Kern wohl das, was bei *Pfeiffer*, S. 45, als Zielerweiterung bezeichnet wird.

439 So *Hill/Fehlbaum/Ulrich*, S. 158; dieser Prozess wird hier als Form der Zielnachfolge bezeichnet (vgl. im Text bei 8).

440 Vgl. dazu *Mayntz* 1963, S. 78/79; *Bobbitt* u.a., S. 459; *Mayntz* 1964, S. 14-16.

441 Eine empirische Anwendung dieser (und *Max Webers*) Theorie ist die berühmte Untersuchung der amerikanischen Druckergewerkschaft von *Lipset, Seymour M./Trow, Martin A./Coleman, James S.:* Union Democracy, New York: Macmillan 1956.

442 Vgl. dazu auch *Etzioni* 1978, S. 24-27.

443 *Champion*, S. 38.

ten nach oben, so kann bis zum Beweis des Gegenteils davon ausgegangen werden, dass die Organisation aus Selbstsucht von ihren Primärzielen absehen möchte. Unter dieser Rubrik von Zielverschiebungen muss man wahrscheinlich auch eine alltägliche Praxis im deutschen Rechtsleben einordnen, nämlich den Eintritt von Rechtskraft durch Fristablauf auch dann, wenn die Entscheidung inhaltlich total rechtswidrig ist[444]. Dabei wird stets das Primärziel staatlicher Rechtsverfolgung verletzt, nämlich die Durchsetzung des materiellen Rechts. Wenn das mit der Notwendigkeit von Rechtsfrieden begründet wird, so verschleiert das nur, dass es in Wirklichkeit um den Frieden der Beamtenseelen geht.

(8) *Zielnachfolge* ist die Ersetzung eines erreichten, überholten oder aufgegebenen Ziels durch ein neues. Hat die Organisation nicht ein allgemeines Dauerziel (Bereitstellung von Übungsmöglichkeiten und Veranstaltung von Wettkämpfen bei einem Sportverein z.B.), sondern ein genau definiertes Ziel als Beschreibung eines angestrebten Einmal-Erfolges, dann kann bei ihr die *Zielerreichung* eintreten, das Nirwana der Organisation, in der alles Streben und Trachten aufhören kann. In einem solchen Fall könnte sich die Organisation auflösen. Das wäre aber ein Verlust an Problemlösungspotential, wenn es ähnliche Probleme gibt, die diese Organisation durch Annahme eines neuen Zieles zu lösen versuchen könnte. Das hier immer wieder erwähnte Beispiel ist die US-amerikanische Foundation for Infantile Paralysis[445], die durch ihren regelmäßig organisierten „March of Dimes“ und andere Sammlungen durch überall verbreitete Lokalkommitees eine sehr erfolgreiche Organisation geworden war, die vielerlei

---

444 Ein Beispiel berichtet *Der Spiegel* 8/1980, S. 68: Eine Hilfspolizistin in München notiert das Kennzeichen eines falsch geparkten Regensburger Autos. Die Regensburger Zulassungsstelle nennt irrtümlich den vorherigen Halter. Dieser erhält von der Münchener Polizei einen Bußgeldbescheid nach dem Ordnungswidrigkeitengesetz. Irrtümlich schickt er den Einspruch innerhalb der einwöchigen (ungemein schnelle Rechts-Friedenspolitik!) Frist an die Münchner Polizei und nicht an die Zentrale Bußgeldstelle beim bayrischen Polizeiverwaltungsamt, wo er schließlich einen Tag nach Ablauf der Frist landet. Folge: Wenn der Unschuldige nicht zahlt, muss er in die Haftanstalt! Wäre das Öffentliche Recht weniger von obrigkeitsstaatlichem und mehr von organisationsfunktionalem Denken geprägt, wäre der Bußgeldbescheid wegen Nichtzuständigkeit der Münchner Polizei nichtig gewesen. Denn wie immer man deren Zuständigkeitsbeschreibung (= Zielbestimmung) formulieren würde - die negative Sanktionierung Unschuldiger wäre vermutlich nicht darunter.

445 Ausführlich beschrieben von *Sills, David L.:* The Volunteers, Glencoe, Ill.: Free Press 1957. Kürzere Erwähnungen u.a. bei *Mayntz* 1963, S. 73; *Pfeiffer*, S. 45; *Etzioni* 1978, S. 27/28; *Sills* bei *Etzioni* 1969, S. 175-187.

Aktivitäten zur Bekämpfung der Kinderlähmung betrieb; als durch die Erfindung des Salk-Impfstoffes die Kinderlähmung dauerhaft ausgerottet werden konnte, wandte sich die Organisation - nicht zuletzt auf den Rat eines Soziologen, der sie gerade in dieser Zeit untersuchte - der Bekämpfung anderer Krankheiten, insbesondere der Arthritis, zu. Aus ähnlichen Gründen versucht man, ad hoc gebildeten Konstruktions- und Planungsgruppen, ja ganzen Spezialindustrien, neue Ziele zu geben, wenn sie ein altes besonders effizient erreicht haben. Die beiden anderen Fälle der Zielnachfolge stehen dann zur Diskussion, wenn das ursprüngliche Ziel nicht mehr erreicht werden kann. Hier ist die Auflösung der Organisation oder eine Zielverschiebung schon wahrscheinlicher, weil sich die Organisation ja gar nicht durch Zielerreichung als erhaltenswürdig erweisen konnte[446]. Aber auch hier gibt es Fälle von Zielnachfolge. So hatte eine religiöse Sekte in Kalifornien ihre Mitglieder darauf vorbereitet, dass am 21.12.1954 Mannschaften einer Fliegenden Untertasse die Mitglieder der Sekte aufnehmen würden, um sie vor einer großen Flut zu retten, die den Weltuntergang beginnen werde. Dieser trat, wie wir inzwischen wissen, damals nicht ein. Man würde nun erwarten, dass die Organisation sich beschämt aufgelöst hätte. Sie deutete jedoch die Falsifizierung ihrer Prognose so um, dass ihr Glaube die Welt noch einmal gerettet habe, und begann von neuem, Proselyten zu machen, wenngleich nur für einige Zeit, bevor sie sich dann doch vollends auflöste[447].

Besonders aus den vielen Formen der Zielveränderung lässt sich erkennen, dass die Zieldefinition entscheidende Auswirkungen auf die anderen Variablen der Organisation haben kann und/oder muss. Denn dadurch werden wesentlich die organisationsinternen Prozesse bestimmt, die Eingänge in Ausgänge verwandeln. Deshalb sind die Zielbestimmungen, und zwar nicht nur die ursprünglichen in einer ehrwürdigen Gründungsurkunde, sondern vor allem die alltäglichen Zielkonkretisierungen durch die Wochenbesprechungen („Morgenandachten") in den Abteilungen oder durch mündliche Anweisungen, auch ein wichtiges Mittel zur Koordination der Mitarbeiteraktivitäten auf eine gewünschte Wirkung hin.

---

446 Ein interessantes Problem ist das eventuelle Bemühen von Organisationen, die Zielerreichung zu vermeiden, um sich selbst zu erhalten; vgl. dazu *Rooney, James F.:* Organizational Success Through Program Failure, in: Social Forces 58 (1980), S. 904-924.

447 Ausführlich dargestellt bei *Festinger, Leon/Riecken, Henry W./Schachter, Stanley:* When Prophecy Fails, New York: Harper & Row 1956, S. 30-32, 74, 158/159, 162-169 und 230-233.

Übungsaufgabe 2: Organisationstyp und Zielwahl

Der Sportbetrieb ist in Deutschland traditionell fast ausschließlich in „eingetragenen Vereinen“ (e.V.) organisiert. Vorteile des Vereinstyps sind u.a.: Wenige verbindliche Grundregeln und deshalb hohe Flexibilität; weitgehende Kongruenz von Mitgliedern, Personal und „Kunden“; hoher Selbstbestimmungsgrad; gute Organisations-Umwelt-Kontakte. Nachteile sind u.a.: Wegen Selbstverwaltung i.d.R. laienhafte Verwaltung; Schwerfälligkeit der Entscheidungsfindung; Anfälligkeit für interne Konflikte. Für hochprofessionellen Sport erscheint die Vereinsform daher oft hinderlich.

Deshalb gibt es Versuche, Spitzensport in Deutschland wie auch in anderen Staaten als Wirtschaftsorganisation durchzuführen, in Form einer AG, einer GmbH, einer KGaA oder gar als persönliches Eigentum. Tendenziell verhalten sich Vor- und Nachteile dabei spiegelbildlich zum Vereinstyp.

Frage: Gibt es eine Möglichkeit, die Vorteile beider Typen zu verbinden und die Nachteile zu vermeiden oder wenigstens eine Optimierung von Vor- und Nachteilen?

Literaturhinweis: *Emrich/Pitsch/Papathanassiou* und *Wilkesmann/Blutner/Meister.*

2.1.2 Instrumente

Ziele werden nicht schon durch ihre Formulierung erreicht. Sie sagen nur, was mit dem Ausgangsmaterial, den Eingängen (inputs), gemacht werden soll. Zu diesem Machen, der Verarbeitung (throughput), sind Instrumente erforderlich.

2.1.2.1 Begriff und theoretische Bedeutung der Instrumente

So wie die gesamte Organisation als Instrument einer übergeordneten sozialen Einheit zur Erfüllung spezieller sozialer Bedürfnisse angesehen werden kann[448], so sind die Instrumente der Organisation deren wichtigste Grundlage zur zielgerichteten Ausübung ihrer Funktionen.

[448] In diesem Sinne auch *Mayntz* 1963, S. 78; *Etzioni* 1969, S. 155.

Der zielentsprechenden Ausrüstung mit Instrumenten muss also hinreichende Aufmerksamkeit geschenkt werden, und die Adäquanz der Instrumente ist ein maßgeblicher Gesichtspunkt für die Organisationsanalyse.

Als Instrumente kann man solche *unabhängigen Organisationsvariablen bezeichnen, deren Einsatz bei der Ausübung der Organisationsfunktionen unmittelbar oder mittelbar zur Zielerreichung beiträgt.*

Zum Instrumentarium kann daher vieles gehören, von Grundstücken über Maschinen, Gebäude, Computerprogramme, Büromaterial bis hin zum Fachwissen. Wichtigstes Instrumentarium sind wohl ausnahmslos Menschen, zumal sie konstitutives Merkmal aller Organisationen sind.

2.1.2.2 Menschliches Instrumentarium

In vielen Organisationsbegriffen wird als - oft sogar erstes und logisch entscheidendes - Definitionselement die „Personenmehrheit", „collectivity" u.Ä. erwähnt[449], ein Element, das auch in anderen Definitionsansätzen durch die Bezugnahme auf den Systembegriff u.Ä. enthalten ist. Damit können wir es als allgemein anerkannt betrachten, dass jede Organisation aus mehreren Individuen[450] besteht. Fraglich ist, als was sie nun funktional zu betrachten sind.

Zur meist impliziten Antwort auf diese Frage werden in manchen Darstellungen diese Menschen als „Mitglieder" bezeichnet und als eigener Gegenstand der Organisationssoziologie behandelt[451]. Dabei wird aber selten systematisch eindeutig erklärt, wozu sie in der Organisation dienen. Da es in einer Einführung nur von historischem Interesse wäre, alle diese Ansätze zu vergleichen, soll hier statt dessen eine einzige Sicht dargestellt werden, mit der man dann auf Wunsch andere Modelle vergleichen mag.

Für die Klärung der Funktion von Menschen in der Organisation kann man von der ebenfalls in der Literatur oft erwähnten Behauptung oder Beobachtung ausgehen, dass Menschen in der Regel dann sich zu einer Organisation zusammenschließen oder dazu zusammengeschlossen werden, wenn die Zielerreichung ohne diese Organi-

---

449 So z.B. *Mag*, S. 29; *Hall*, S. 9; *Blau* bei *Grusky/Miller*, S. 179; *Barnard* bei *Etzioni* 1969, S. 16 und 18/19; *Carzo/Yanouzas*, S. 6; *König* bei *Grochla*, Sp. 1103; *Büschges/Lütke-Bornefeld*, S. 31/32; *Kuhn*, S. 413.

450 Siehe u.a. *Perrow*, S. 2-5.

451 So z.B. *Mayntz* 1963, S. 112-135.

sation schlechter oder gar nicht möglich erscheint[452]. So versteht man dann unter Organisationen „soziale Gebilde, ... mit deren Hilfe Aktivitäten der Mitglieder auf das verfolgte Ziel ausgerichtet werden sollen“[453] oder eine „Anordnung von Menschen und Sachmitteln in der Weise, daß der Zweck ... in möglichst effizienter Form erreicht wird“[454]. Die Menschen mit ihren konkreten sozialen Fähigkeiten innerhalb einer Organisation sind, zumindest zum größten Teil, das, was mit einem in den Sozialwissenschaften modernen, woanders aber oft als schwer verständlich empfundenen Ausdruck als Sozialkapital bezeichnet wird: „Le capital social est perçu comme un ensemble d'éléments sociaux qui produisent des résultats“[455].

Damit ist die Stellung des Menschen in der Organisation klar; er wird in den meisten Fällen, auch wenn es dem humanistischen Idealisten garstig erscheint, zum Instrument der Organisation. Indessen wird er es in verschiedener Weise, je nach seiner Stellung in der Organisation. Im Wesentlichen können wir Mitglieder, Leitung, Personal, Träger, Klienten und Kunden von einander trennen[456]. Allerdings wird bei einigen Gruppen noch in diesem Abschnitt zu diskutieren sein, ob sie überhaupt zum Instrumentarium gehören.

Eines allerdings ist schon jetzt deutlich: Angesichts der Verschiedenheit dieser Gruppen ist ihre deutliche Unterscheidung in der Praxis empfehlenswert. Sie unterscheiden sich nicht nur in ihrer Funktion, sondern auch in manch anderer Hinsicht, so z.B. nach ihrer Motivation[457] oder ihrer Teilnahmeentscheidung[458]. Zudem hat auch der Organisationstyp etwas mit der Differenzierung des menschlichen Instrumentariums zu tun; so wird in einem Verein die Differenzierung i.d.R. geringer sein[459] als in der Volkswagen AG - und das nicht nur wegen der Größenunterschiede.

---

452 „Complex organizations are built to operate technologies which are found to be impossible or impractical for individuals to operate" (*Thompson*, S. 15).

453 *Kaiser/Kubicek* 1992, S. 4; ähnlich *Schein*, S. 9.

454 *Strutz*, S. 5.

455 *Lin*, S. 701. Anders aber der Sozialkapitalbegriff bei *Bourdieu.*

456 Vgl. dazu auch *Kuhn*, S. 431/432. Sein Sponsorbegriff („those persons whose desires originate and/or continue the organization's existence") ist im Wesentlichen identisch mit unserem Trägerbegriff und sein Rezipientenbegriff („the persons who receive the commodities produced or who are the direct objects of its services") mit unserem Klientenbegriff.

457 Vgl die Darstellung von fünf klassischen Motivationstheorien (*Maslow, Alderfer, McClelland, Herzberg, Vroom*) bei *Kreitner/Kinicki*, S. 151-191.

458 Dazu u.a. *March/Simon*, S. 81-105.

459 Siehe *Emrich/Pitsch/Papathanassiou*, S. 29-40 m.w.N.

A. *Mitglieder* sind, wenn man von selbstorganisierten[460] Organisationen ausgeht, die typischen menschlichen Instrumente, weil hier die Mitglieder eben in dieser Eigenschaft durch den Zusammenschluss in der Organisation die Ziele optimal zu erreichen suchen, die sie als Individuen nur unvollkommen oder gar nicht erreichen würden. Musterbeispiele sind Genossenschaften, religiöse Orden, die Personengesellschaften des Wirtschaftslebens, vor allem aber die freiwilligen Organisationen, also das, was in Deutschland üblicherweise Verein oder Club heißt, und insbesondere die sog. Selbsthilfegruppen (Anonyme Alkoholiker, Alleinerziehende u.Ä.). In diesen klassischen freiwilligen Organisationen werden die Ziele im Grunde dadurch erreicht, dass die Mitglieder sich gegenseitig zu Personal und Klienten gleichzeitig machen.

Für alle diese Organisationen ist es die Regel, dass sie auf Initiative eines oder mehrerer späterer Mitglieder gegründet werden, dass alle Mitglieder grundsätzlich gleichberechtigt sind und zumeist sich in bestimmtem Turnus in der Leitung abwechseln, dass die Organisation relativ autonom ist und dass die Mitglieder ungefähr gleiche Chancen haben, an der Definition der obersten und der unteren Ziele sowie auch an den nicht zieldefinierenden, aber die laufende Tätigkeit maßgeblich lenkenden Entscheidungen teilzunehmen.

Als Mitglieder würde man danach diejenigen Angehörigen einer Organisation bezeichnen, die durch ihre Mitarbeit aktiv zur Zielerreichung beitragen und die gleichzeitig an den für die Zielerreichung wichtigen Entscheidungen beteiligt sind. Das ist ein engerer Mitgliederbegriff, als er sonst in der Organisationssoziologie üblich ist. Wir müssen in zwei Richtungen die Grenzen erläutern.

Einerseits zählt man oft zu den Mitgliedern von Organisationen auch die Insassen von Gefängnissen, die Patienten von Nervenkliniken und die ABC-Schützen der Grundschule[461]. Alle diese Menschen haben gemeinsam, dass sie keinen oder keinen nennenswerten Einfluss auf die Organisation haben. Dementsprechend sind die Organisationstheorien in der schwierigen Lage, schon mindestens zwei große Gruppierungen von Mitgliedern zu konstruieren, die sich zumeist recht antinomisch zueinander verhalten, indem die einen die Organisationsziele ggf. mit bedenkenloser Gewalt gegen die anderen Mit-

460 In fremdorganisierten Organisationen ist es dagegen typisch, dass die Träger nur eine relativ kleine Mitgliedergruppe installieren und die größte Menge der Zielverwirklichungsaktivitäten einem zahlreichen Personal überlassen.

461 So z.B. *Mayntz* 1963, S. 90 und 113.

glieder durchsetzen sollen/wollen, obwohl die anderen „Mitglieder" sich in der Regel glücklicher fühlten, wenn sie von der Organisation verschont blieben; besonders bei Ausführungen über totale Organisationen kommt dieses Dilemma zum Ausdruck[462].

Damit erscheint ein so weiter Mitgliedschaftsbegriff unzweckmäßig. Er wird, so ist jedenfalls der Eindruck, auch nur bei solchen Organisationen angewendet, die Dienstleistungen im weitesten Sinne produzieren. In Organisationen zur Güterproduktion kommt niemand auf die Idee, auch die *Kunden* - selbst nicht für die Zeit der Garantiefrist - in den Mitgliederkreis einzubeziehen[463]. Offensichtlich spielt bei den erwähnten Dienstleistungsorganisationen der Umstand eine Rolle, dass die als Mitglieder reklamierten „Kunden" zur Organisation in viel regelmäßigere, dauerhaftere und tiefergehende Beziehung treten als die Abnehmer von Waren zur Fabrik. Aber auch wenn dieser Umstand erheblich wäre, müsste man Kriegsgefangene logischerweise zu Mitgliedern der Siegerarmee machen - die Abstrusität dieses Beispiels zeigt die Mängel dieses weiten Mitgliederbegriffs.

Sinnvoll wäre damit die Ausgliederung dieses Personenkreises aus dem Mitgliederbegriff. *Personen, die auf die Organisation keinen Einfluss haben, in ihr auch nicht ohne Mitentscheidungsbefugnis auf die Zielerreichung hinarbeiten, sondern mehr als Objekt den Zielverwirklichungsaktivitäten der Organisation ausgeliefert sind, sollen hier als Klienten bezeichnet werden*[464]. Beispiele dafür sind neben den oben genannten die Steuerpflichtigen beim Finanzamt, die Obdachlosen beim Sozialamt, die Kläger, Beklagten und Angeklagten beim Gericht usw. Das entspricht auch dem sich neuerdings herausbildenden Sprachgebrauch in der Organisationsforschung, wo man die Klienten nicht zu den Angehörigen, sondern zur Umwelt zählt. Für das Verhältnis zwischen den Mitgliedern als Bestandteilen der Organisation und den Kunden, Anhängern, Fans, Klienten und sonstigen Elementen der Organisationsumwelt ist interessant, dass die Bedeutung der ersten zu Gunsten der anderen in dem Maße sinkt, in dem die Leistungen der Organisation an die Umwelt für ihr Überleben wichtiger werden als die Leistungen innerhalb der Organisation[465]. Als Konsequenz dieser Regel wurden etwa Einkaufs- und andere Genossenschaften in Handelsfirmen, zumeist als Aktiengesellschaft, umgewandelt.

---

462 Vgl. z.B. *Pfeiffer*, S. 53 und 57; *Mayntz/Ziegler*, S. 34.
463 Anders allerdings *Barnard*, S. 137-145, in der Frühzeit der Organisationstheorie mit interessanter handlungstheoretischer Begründung, aber in einem präsystemtheoretischen Stadium.
464 Vgl. zum Klientenbegriff u.a. *Irle*, S. 65/66.
465 Vgl. für Sportvereine *Wilkesmann/Blutner/Meister*, S. 761.

Andererseits ist eine zweite Art von organisationsrelevanten Personen, die häufig zu den Mitgliedern gezählt wird, in ähnlicher Weise wie die Klienten an den laufenden Entscheidungen der Organisation und auch an den Zielverwirklichungsaktivitäten unbeteiligt, obwohl oft die Organisation diesen Personen ihre Existenz verdankt und von ihnen auch ihre Legitimität ableitet, ihre obersten Ziele erhält und an sie ihre Arbeitsergebnisse abliefert. Dieser Personenkreis soll hier als die *Träger* der Organisation bezeichnet werden; und er soll ebenfalls i.d.R. nicht zu den Angehörigen der Organisation, sondern zur Umwelt gezählt werden.

Das macht, um das interessanteste Beispiel zu nennen, die moderne betriebswirtschaftliche Organisationslehre mit dem Kapitalgeber einer Unternehmung, der sich nicht selbst an der Firmenleitung aktiv beteiligt[466]. Erst recht muss das dann für die anonymen Kapitalgeber der Publikumsgesellschaften gelten, deren Einflussrechte, etwa als Aktionäre in der Hauptversammlung, wahrlich nicht ausreichen, um ihnen Mitgliedschaftscharakter zuzuschreiben. In ähnlicher Weise ist die Funktion mancher anderer Träger zu sehen, denen zwar als „sponsor" das Privileg der Zieldefinition zugestanden wird[467], die aber danach de facto weniger Einfluss haben als ein angestelltes Mitglied des Betriebs- oder Personalrates. Das trifft vor allem für die häufig kaum identifizierbaren Träger öffentlich-rechtlicher Organisationen zu, die durch Verfassung, Gesetz oder Rechtsverordnung eingerichtet werden und dann trotz Heteronomie ein sehr aktives Eigenleben entfalten, ohne aber - wie sich bei haushaltsmäßigen Existenzfragen regelmäßig zeigt - wirklich selbstständig zu sein.

In der klassischen Organisation, in der sich Menschen zusammenschließen, um durch gemeinsame Aktivitäten mehr zu erreichen, als durch die Summe von Einzelaktivitäten erreichbar ist, sind die Mitglieder die einzigen menschlichen Instrumente. Das Musterbeispiel sind die bergrechtlichen Gewerkschaften im Gegensatz zu einer modernen Bergbau-AG. Die Mitglieder sind dann das, was Wirtschaftswissenschaftler heute gern *Humankapital* nennen. Zugleich sind sie auch Träger von Sozial- und Kulturkapital.

Dabei könnte man das *Humankapital* auch als Fachqualifikationskapital bezeichnen. Damit könnte man sogar eine „Verzinsung von Bildung" auf dem Arbeitsmarkt messen[468], allerdings wohl vorwiegend nur bei Erwerbsorganisationen; bei anderen Orga-

---

466 So z.B. *Hill/Fehlbaum/Ulrich*, S. 150; ihnen folgend *Pfeiffer*, S. 49.
467 Vgl. *Kuhn*, S. 451.
468 *Coleman* bei *Smelser/Swedberg*, S. 175.

nisationen könnte man zwar berechnen, wieviel die Mitgliederleistung „wert" ist, indem man sie mit einer fiktiven professionellen Leistung vergleicht, wüsste dann aber nicht, ob die Leistung zu diesem Preis überhaupt nachgefragt würde. - Das *Sozialkapital* besteht im Wesentlichen in den sozialen Beziehungen. Sie sind für politische Organisationen besonders wichtig, aber auch für Aufsichtsratsmitglieder einer AG. - Als *kulturelles Kapital* bezeichnet man hauptsächlich den Besitz bestimmter Werte. Er ist vor allem bei freiwilligen Organisationen, insbesondere bei karitativen Zielen, wichtig. So wurde in einer Untersuchung in den USA nachgewiesen, dass religiös eingestellte Personen eher als areligiöse einer durchaus nicht immer kirchlichen Hilfsorganisation beitreten[469]. Die Wertschätzung für diese Kapitalien ist in den Organisationen je nach Kultur durchaus verschieden. So wird berichtet, dass in japanischen Firmen nicht wie in den nach Weberschen Bürokratieidealen aufgebauten deutschen die Fachqualifikation bei der Einstellung im Mittelpunkt stehe, sondern der soziale und kulturelle Hintergrund der Bewerber[470]. Das gehört aber schon zu einer anderen Kategorie von Organisationsangehörigen, zum Personal.

B. *Als Personal der Organisation wollen wir solche Angehörige (also zum System, nicht zur Umwelt Zählende)*[471] *bezeichnen, die an den Zielverwirklichungsprozessen aktiv mitarbeiten, ohne wie die Mitglieder an den zugehörigen strategischen oder taktischen Entscheidungen aus eigenem Recht mitwirken zu können.* Die Klassifizierung des Personals als Instrumentarium ist in der klassischen Organisationslehre verbreiteter[472] als die entsprechende Einordnung der Mitglieder.

Aus den Definitionsunterschieden folgt bereits, dass das Verhältnis des Personals zur Organisation anders ist als das Verhältnis der Mitglieder. Wenn die Mitglieder über die Organisation mitentscheiden, so ist das nicht nur ein Unterschied in der formellen Rechtsposition, sondern diese ist in der Regel nur Folge einer besonderen sozialen Position der Mitglieder in der Organisation: Sie haben die Organisation mit begründet, um die von ihnen geteilten Organisationsziele zu fördern bzw. weil die Organisationsziele der Ausdruck ihrer individu-

---

469 *Wilson, John/Janoski, Thomas:* The Contribution of Religion to Volunteer Work, in: Sociology of Religion 56 (1995), S. 137-152.

470 *Deutschmann*, S. 136.

471 Dieser Begriff der Organisationsangehörigen entspricht dem Begriff der Systemmitglieder bei *Hill/Fehlbaum/Ulrich*, S. 145, die ihn in Anlehnung an *Kirsch* für solche Personen verwenden, „die dauernd eine positionsspezifische Rolle im System innehaben".

472 Vgl. z.B. *March/Simon*, S. 129-194, wo der klassische Ansatz erweitert, aber entgegen der erklärten Absicht nicht ersetzt wird.

ellen Ziele sind, oder sie sind aus denselben Gründen der Organisation später beigetreten; ebenso nimmt die Organisation in der Regel nur Mitglieder auf, wenn diese ein entsprechendes Verhältnis zu den Organisationszielen haben. Wenn eine Organisation Zielerreichung auf breiter Basis will, wird sie ihr Humankapital möglichst aus der Mitgliedschaft rekrutieren. Sobald die Tätigkeit aber sehr umfangreich wird - Kirchen betreiben Krankenhäuser, Kindergärten, Altenheime usw. - reicht das Mitgliederpotential oft nicht aus, so dass externes Personal rekrutiert werden muss. Das Personal jedoch wird eingestellt, weil es Aufgaben übernehmen soll, die zwar der Erreichung der Organisationsziele dienen, aber eher eine aufgabenspezifische als zielengagierte Qualifikation verlangen. Das Personal (Beispiele etwa: Sekretärin, Drucker, Kraftfahrer) verrichtet deswegen typischerweise Aufgaben, die es genauso gut in einer Organisation mit völlig anderer Zielsetzung verrichten könnte, obwohl gelegentlich (z.B. Pressereferent) auch hier Positionen mit Personal besetzt werden, das eine starke Zielorientierung besitzen muss - aber das ist zumeist eine Notlösung, wenn kein Mitglied die notwendige Fachqualifikation hat oder eine notwendig hauptamtliche Tätigkeit übernehmen will. Deshalb ist das, was über das Humankapital der Mitglieder gesagt wurde, in gleichem Maße für das Personal wichtig. Beim Sozialkapital sind die Personalangehörigen weniger gefragt, weil auch bei sehr personalintensiven Organisationen dieser Bereich eher weiter von den (ehrenamtlichen) Mitgliedern betreut wird. Besonders problematisch wird es, wenn Mitglieder und Personal unterschiedliche Wertordnungen in die Organisation einbringen. Dazu gibt es z.B. Untersuchungen über Konflikte zwischen religiöser Leitung und professionellem Personal in Kirchenorganisationen[473].

Für das Verhältnis zwischen Personal und Mitgliedern bzw. Trägern wird auch behauptet: „A persistent tendency of human organizations throughout history is for the staff to take over all or much of the sponsor control. The hired hands become boss“[474]. Das wäre ein Prozess, mit dem oft der Vorgang der Zielverschiebung verbunden ist.

---

473 *Chaves, Mark*: Intraorganizational Power and Internal Secularization in Protestant Denominations, in: American Journal of Sociology 99 (1993), S. 1-48.

474 *Kuhn*, S. 517.

Übungsaufgabe 3: Wertordnungsunterschiede bei Mitgliedern und Personal

Mitglieder und Personal bringen beide ihr kulturelles Kapital hinsichtlich der Organisation, ihrer Ziele und ihrer funktionalen Beiträge ein.

Frage: An welchen Stellen können Unterschiede in den organisationsbezogenen Wertordnungen von Mitgliedern und Personal positive, an welchen Stellen negative Auswirkungen auf das Funktionieren der Organisation haben? Welche Mittel gibt es, um solche Unterschiede zu verhindern bzw. zu minimieren?

Literaturhinweis: AktienG, GmbHG, Vereinsrecht (in welchem Gesetz steht das?)

Ein Versuch, ein lediglich als Instrumentarium dienendes Personal in Richtung auf mitgestaltende Mitglieder zu verändern, ist die bekannte Mitbestimmungsbewegung bei den Arbeitsverhältnissen. Hier ist eine der geradezu schicksalsentscheidenden Fragen, wie man es schafft, bei der gemeinsamen Entscheidung nicht auch die Organisationsziele so zu verschieben, dass die Organisation ihren Charakter verliert. Wenn eine Organisation, die ursprünglich optimale Transportleistungen für die Bevölkerung eines Landkreises erbringen sollte, sich in eine Organisation verwandelt, die optimale Lebensbedingungen für ihr Personal bereitstellt, kann es auf Grund der Umweltreaktionen auf diese Zielverschiebung passieren, dass beide Ziele nicht erreicht werden und die Organisation untergeht.

Die Bedeutung des Personals ist so groß, dass es in der Betriebswirtschaftslehre schon recht umfangreiche Ansätze zu einer Personalstrategietheorie innerhalb der Organisationstheorie gibt[475].

---

[475] Siehe dazu z.B. die Ansätze bei *Ackermann, Karl-Friedrich*: Personalstrategien bei alternativen Unternehmensstrategien, in: *Bühler, Wilhelm,* u.a. (Hrsg.): Die ganzheitlich-verstehende Betrachtung der sozialen Leistungszuordnung. Festschrift Josef Kolbinger, Wien/New York: Springer 1985, S. 347-373, und *Ders.*: Konzeptionen des Strategischen Personalmanagements für die Unternehmenspraxis, in: *Glaubrecht, Helmut/Wagner, Dieter* (Hrsg.): Humanität und Rationalität in Personalpolitik und Personalfüh-

Beide Arten von Organisationsangehörigen, die Mitglieder wie das Personal, wirken an der Erreichung der Organisationsziele durch ihre Einbindung in die Organisationsstrukturen mit. Die Form dieser Einbindung ist die Festlegung ihrer Rollen; dazu folgen nähere Ausführungen unter 2.2.1.2.

C. Die *Leitung* der Organisation wird hier als eigene Art des menschlichen Instrumentariums nur deswegen erwähnt, weil sie sowohl aus Mitgliedern als auch aus Personal bestehen kann. Dabei erscheinen folgende Hypothesen plausibel: Je kleiner die Organisation ist, desto wahrscheinlicher ist die Leitung nur aus Mitgliedern zusammengesetzt; je fachlich schwieriger die Ziele einer Organisation sind, desto wahrscheinlicher ist die Leitung aus Personal zusammengesetzt[476]; bei Organisationsleitung durch Personal sind Konflikte zwischen Mitgliedern und Personal häufiger als bei Organisationsleitung durch Mitglieder.

Im Übrigen werden Gesichtpunkte der Leitung bei den abhängigen Variablen unter 2.2.1.3 behandelt.

2.1.2.3 Andere Instrumente

Neben dem Humaninstrumentarium, das bei allen Organisationen eine kaum zu überschätzende Rolle spielt, gibt es auch Instrumente anderer Art, deren Funktionen eingehendere Differenzierungsüberlegungen rechtfertigen.

Am augenfälligsten sind die *Sachinstrumente*, also die Gebäude und Maschinen einer Fabrik, die Büroausstattung fast einer jeden Organisation, die Waffen einer Armee. Auch Grundstückseigentum kann dazu gehören, wenn es unmittelbar für die Organisationsziele verwendet wird, etwa bei einem Kleingärtnerverein oder einem Golfclub; dient es jedoch nur der Erzielung von allgemeinen Einnahmen (z.B. das Grundvermögen von Stiftungen für die Kunst oder von amerikanischen land grant universities, die Grundeigentum haben und die Pachteinnahmen daraus für ihren Haushalt verwenden), gehört es nicht dazu, sondern ist Kapital. Je mehr die Erfüllung der Organisationsziele von Sachinstrumenten abhängt, desto mehr muss die Or-

---

rung. Beiträge zum 60. Geburtstag von Ernst Zander, Freiburg: Haufe 1987, S. 39-68.

476 Über den Zusammenhang zwischen Organisationstyp und Art der Organisationselite vgl. *Etzoni* 1971, S. 160-189 und 191-228. Fünf Ansätze zur Erfassung von Management bei *Schienstock*, S. 28-38.

ganisation auf einen jeweils optimalen Ausrüstungsstand in diesem Bereich achten. Es ist also oft eine Frage der Preisentwicklung bei den einzelnen Instrumentenarten und der gegenseitigen Substituierbarkeit, wie man die zweckmäßigste Instrumentenkombination zusammenstellt.

Vor allem im öffentlichen Bereich gibt es viele Organisationen, die im Wesentlichen über *Finanzinstrumente* verfügen. So erreicht manches Kulturamt einer Stadt seine Ziele nur zum geringsten Teil durch selbst vorbereitete Veranstaltungen, vielmehr dagegen durch Verteilung von Steuergeldern an kulturtreibende Vereine und andere Empfänger der Finanzmittel. Die Finanzministerien sind Musterbeispiele dafür, dass man aus dem Einsammeln von Arbeitsergebnissen Anderer und Umverteilung dieser Mittel an Dritte oft mehr Organisationsmacht ableiten kann als aus eigener „echter" Arbeit. Das gibt es aber nicht nur beim Staat: die Holdinggesellschaft ist das Pendant dazu in der Wirtschaft.

Von den Finanzinstrumenten ist das *Kapital* deutlich zu unterscheiden. Sind finanzielle Ressourcen selbst das Objekt, besteht also die Funktion der Organisation im Sammeln und Verteilen von Geld, dann sind die Finanzen ihr Instrument. Kapital wird dagegen in den meisten Fällen nur als Hilfsinstrument zur Beschaffung der unmittelbar den Organisationsfunktionen dienenden Instrumente verwendet.

Eines der wirksamsten Instrumente ist der legitime *Machtbesitz*. So erreicht die Polizei ihre Ziele keineswegs hauptsächlich durch den Besitz von Pistolen, Computern und Streifenwagen, sondern vielmehr dadurch, dass nur sie diese und andere Mittel einsetzen darf. Von mindestens ähnlicher Wichtigkeit wie diese Sachinstrumente ist daher ihr Machtinstrument, nämlich das Gewaltmonopol, das sich auch in Verhaftungs-, Durchsuchungs- und sonstigen i.d.R. nur der Polizei zustehenden Rechten ausdrückt. Noch deutlicher tritt die Bedeutung dieses Instruments bei Gerichten und anderen staatlichen Kontrollinstanzen (Kartellamt, Gesundheitsamt, Rechtsaufsicht jeder Art usw.) hervor. Da aber alle Zuständigkeitszuschreibungen ein solches Machtinstrument sind, vor allem wenn es sich um ausschließliche und konkurrierende Zuständigkeiten handelt, ist es nicht auf den Staat beschränkt. So leitet etwa der Betriebsrat als innerbetriebliche Organisation seine Möglichkeiten der Zielerreichung im Wesentlichen davon ab, dass er seine gesetzlich verliehenen Mitwirkungsrechte nutzt. Dabei ist Macht im Sinne *Max Webers* zu verstehen, so dass sich dieses Instrument doch vom folgenden unterscheidet.

Oft ebenfalls auf einer Art Monopolstellung beruhend, aber im Gegensatz zur Macht in der Regel nicht gegen den Willen eines Klienten angewendet wird das Instrument der *Symbolverwaltung*. Dieses erlaubt es der Organisation, ihre Ziele dadurch zu erreichen, dass sie für die Erteilung von Prestige, die Verleihung von Status, die Zuerkennung von Berechtigungen, also für im Grunde symbolische Belohnungen, von den Klienten Vorleistungen verlangt. Auf diese Art erreichen etwa die weiterführenden Schulen[477] und die Universitäten ihre Ausbildungsziele. Auch viele Funktionen der Kirchen sind wesentlich dadurch bestimmt, dass sie symbolische Handlungen, wie Konfirmationen oder Taufen, vornehmen, die für sich als sozial erstrebenswert gelten; ein Versuch, die Wirkung einer solchen Organisation zu beeinträchtigen, hat oft die Entwertung dieser Symbole zum Ziel, etwa durch Einführung einer staatlichen Jugendweihe in Konkurrenz zur Konfirmation oder die Verleihung des Professorentitels durch die Landesregierung an möglicherweise verdienstvolle, aber universitätsferne Personen.

Nicht als ein selbstständiges Instrument kann man dagegen Knowhow, Erfahrungsschatz und „Beziehungen" (diese sind oft ein Gesichtspunkt bei der Besetzung von Aufsichtsräten, Beiräten u.Ä.) ansehen. Sie sind nur ein Element des Humaninstrumentariums und prinzipiell nichts anderes als eine besondere Eigenschaft von Dienstleistungen, den typischen Organisationsfunktionen, die durch Humaninstrumente erbracht werden. Ebenfalls gehören innerorganisatorische Normen, wie z.B. Arbeitsanweisungen im Einzelfall oder die „Arbeitsorganisation" (= Organisiertheit) insgesamt, nicht zu den Instrumenten, weil sie ein Bestandteil der Organisationsstrukturen sind[478].

2.1.2.4 Beziehungen zwischen Instrumenten und Zielen

Der Doppelpfeil zwischen „Instrumente" und „Ziele" in Abbildung 4 deutet an, dass hier von gegenseitigen Beziehungen zwischen beiden Variablen ausgegangen wird.

---

477 Die Elementarschulen haben dagegen das Machtmittel der gesetzlichen Schulpflicht, das sie ggf. mit Hilfe von Polizei und Gericht anwenden können.

478 Dagegen sind nach außen gerichtete Normen durchaus für manche Organisationen (z.B. Gerichte, Institutionen zur Festsetzung von Industrienormen) ein geradezu charakteristisches Instrument.

Der Grundsatz, dass bestimmte Ziele auch bestimmte Instrumente bedingen, ist allgemein anerkannt. Schon im Kinderlied wird beigebracht, dass man zum Kuchenbacken „sieben Sachen" brauche. In der Organisationspraxis ist das aber nicht immer hinreichend beachtet. Wenn der Staat den Universitäten nur so gering dotierte Sekretariatsstellen bewilligt, dass die Einstellung einer Fremdsprachensekretärin unmöglich ist, dann ist das Universitätsziel der Förderung der internationalen Zusammenarbeit im Hochschulbereich (vgl. Fn. 419) nicht nur ins Gesetz geschrieben, sondern auch in den Wind. *Eine Zieldefinition ohne Bereitstellung der entsprechenden Instrumente kann nie zur Zielerreichung führen.*

Hinter dieser Grundbeziehung zwischen Zielen und Instrumenten gibt es aber noch feinere Zusammenhänge, die hier in einer Einführung nur angedeutet werden können, obwohl sie für die Praxis der Organisationsentwicklung von höchster Bedeutung sind. Dafür nur ein paar Beispiele:

Wenn man davon ausgeht, dass die Gründer einer Organisation das engste Verhältnis zu den ursprünglichen Zielen haben, dann ist bereits die Erweiterung der Mitgliederbasis eine Bedrohung dieser Ziele: Der Schritt vom Alleinunternehmer zur Personengesellschaft und von dieser zur Kapitalgesellschaft hat daher nicht nur eine steuerrechtliche, sondern auch eine organisationssoziologische Problematik. Besonders gilt das, wenn nicht nur die zielorientierten Mitglieder die Zielverwirklichung betreiben, sondern wenn sie - oft allein wegen der Größe der Organisationen - Personal einstellen müssen. Personal tritt meistens nicht wegen der Organisationsziele ein, sondern hat dafür Motive[479] im außerorganisationalen Bereich, insbesondere die Finanzierung des individuellen Lebensunterhalts[480]. Wer die Wahl bei der Erledigung von Organisationsaufgaben durch Mitglieder oder durch Personal hat, muss neben der Finanzierbarkeit von Personal, das zumeist teurer ist als überwiegend ehrenamtlich mitwirkende Mitglieder, auch den Zielerreichungsaspekt betrachten. In Produktionsbetrieben ist oft durch die technische Anordnung der Arbeitsvollzüge die Zielerreichung durch zielignorantes Personal möglich; nur Streik und Sabotage sind hinderlich. In anderen Organisationen ist jedoch Zielbewusstsein oft ein wichtiger Faktor der Zielerreichung. Wenn kirchliche Kindergärten oder Altersheime manchmal

---

479 Die Motive werden hier in anderem Sinne gebraucht als die „motives", die *Simon*, S. 1/2, den Zielen gegenüberstellt.

480 Zum Unterschied zwischen Organisationszielen und Personalmotivation auch *Kuhn*, S. 451, der allerdings nicht hinreichend zwischen Zielen und Motiven und gar nicht zwischen Mitgliedern und Personal trennt.

nur konfessionell qualifiziertes Personal einstellen, ist das ein Versuch, ein Mittelding zwischen Personal und Mitglied zu schaffen.

Andererseits kann es für eine Organisationsleitung u.U. von Vorteil sein, mit den Organisationsfunktionen zieldesinteressiertes Personal zu betrauen, das jede Weisung getreulich ausführt. Das gilt besonders bei einer labilen Zielhierarchie, wenn mit Organisationsfunktionen betraute Mitglieder versuchen können, ihre Zieldefinitionen gegen die der Leitung in der Alltagspraxis durchzusetzen. In Anbetracht der Tatsache, dass das Zielverwirklichungshandeln die wirklichen Ziele bestimmt, ist darauf zu achten, in welcher Weise die unmittelbar Handelnden die Ziele sehen. Zwar ist es nicht uneingeschränkt richtig, dass es fast ein Naturgesetz sei, dass Personal immer danach strebe, alle Macht in einer Organisation an sich zu reißen[481], so ist doch z.B. eine Zielverschiebung oft darauf zurückzuführen, dass durch die Praxis des Personals dessen Motive mehr und mehr effektives Handlungsziel werden und die ursprünglichen Organisationsziele verdrängen. Möglicherweise ist das der Grund dafür, weshalb neben vielen anderen sehr zielorientierten Organisationen auch die Gewerkschaften sogar ihre untersten hauptamtlichen Funktionäre ausschließlich oder bevorzugt aus dem Mitgliederbestand rekrutieren; reines Personal könnte die Gewerkschaft für einen Arbeitgeber wie jeden anderen halten und eine Gewerkschaft der Gewerkschaftsangestellten gründen, die dann gegen die Gewerkschaft streikt.

So wie es Primär-, Sekundär- usw. Ziele gibt, so gibt es auch Primär-, Sekundär- usw. Instrumente, je nach ihrer (Un-)Mittelbarkeit im Zielverwirklichungsprozess. In der Regel wird Parallelität zwischen dem Zielrang und dem Rang des zugehörigen Instruments herrschen. So kann bei einer Fabrik, die veraltete Produktionsanlagen, aber hochmoderne Verkaufsbüros hat, bis zum Beweis des Gegenteils auf eine entsprechende Zielhierarchie geschlossen werden.

Manchmal kommt es nur auf die Blickrichtung an, ob ein Objekt Ziel oder Instrument ist. Wenn ein System ein Subsystem installiert, dann dient das Subsystem als Instrument zur Erfüllung der Funktionen des Systems. Was aus Systemsicht instrumentalen Charakter hat, gibt aus Subsystemsicht aber das Ziel des Subsystems an[482].

Der eingangs erwähnte Doppelpfeil kann sogar bedeuten, dass Instrumente die Ziele effektiv bestimmen. Wird z.B. die Polizei reichlich mit Gummiknüppeln ausgerüstet, ihr aber psychologisches

481 *Kuhn*, S. 517.
482 Vgl. auch *Mayntz* 1963, S. 78.

Fachwissen und Fähigkeitstraining vorenthalten, ist es die natürliche Folge, dass sie sich mehr um die Erreichung der Ziele kümmert, für die der Gummiknüppel taugt, und die Ziele außer Acht lässt, für die ihr die Instrumente fehlen. *Durch nicht zielgerechte Instrumentierung einer Organisation wird also nicht nur die Zielerreichung sabotiert, sondern auch die - oft illegitime - Zielveränderung programmiert, ohne dass diese gewollt sein muss.*

2.1.3 Bedingungen

Im Gegensatz zu Zielen und Instrumenten sind die Bedingungen erst in neuerer Zeit, etwa seit Mitte der sechziger Jahre, als Organisationselement diskutiert worden[483]. Sie konnten im Grunde auch erst dann wichtig werden, als mit der systemtheoretischen Betrachtungsweise die Festlegung von Grenzen zwischen Organisation und Umwelt notwendig wurde. So werden in einem Buch, das Mitte der sechziger Jahre die Anwendbarkeit der Allgemeinen Systemtheorie in der Soziologie, insbesondere bei Organisationen, untersuchte, schon „constraints" erwähnt, deren Bedeutung sich daraus ergab, dass „most events are determinately associated with other events"[484]. Im Grunde sind Organisationsbedingungen, da Organisationen ja auf soziales Handeln ausgerichtet sind, nur Spezifizierungen der allgemeinen Handlungsbedingungen. Das kommt in der folgenden Formulierung von zwei Organisationswissenschaftlern deutlich zum Ausdruck: „Actions can be said to be constrained whenever one response to a given situation is more probable than any other response to the situation, regardless of the actor responding. That is, constraint is present whenever responses to a situation are not random"[485].

2.1.3.1 Begriff und theoretische Bedeutung der Organisationsbedingungen

Damit die systematische Einbeziehung der allgemeinen Handlungsbedingungen in die Organisationssoziologie als unabhängige Variable

---

[483] Siehe dazu *Endruweit*, Beiträge zur Soziologie, Bd. III, S. 273 und 294/295 m.w.N., und *Hill/Fehlbaum/Ulrich*, S. 319-367, wo die Bedingungen aber noch in einer etwas anderen systematischen Stellung gesehen werden.

[484] *Buckley*, S. 62/63, der allerdings die Organisationen nicht so eindeutig wie im vorliegenden Buch auf soziale Subjekte begrenzt.

[485] *Pfeffer/Salancik*, S. 14.

gerechtfertigt ist, müssen sie dadurch eingeengt werden, dass nur solche Bedingungen als unabhängige Variable zählen, die eine lang andauernde Bedeutung für die Abläufe in der Organisation haben. *Als Organisationsbedingungen sollen solche unabhängigen Organisationsvariablen bezeichnet werden, die neben Zielen und Instrumenten relativ langfristig die Organisationsfunktionen determinieren und deshalb als Ausgangsgröße in die Organisationskonstruktion eingehen.* Das klingt ein wenig nach Restkategorie; und das ist auch richtig, weil die verschiedensten tatsächlichen Umstände zu Organisationsbedingungen werden können.

So kann man sich beispielsweise vorstellen, dass es für die Gesamtfunktion eines Produktionsbetriebes sehr wesentlich sein kann, ob er ein Monopolanbieter ist oder nur einer von vielen Wettbewerbern auf dem Markt; bei völlig gleichen Zielen und Instrumenten können die Strukturelemente im Übrigen von einer solchen Betriebssituation entscheidend abhängen. Entsprechend kann der Arbeitsmarkt sich als Bedingung auswirken[486], insbesondere bei berufsspezifischen Unterschieden. In ähnlicher Weise kann es für Hilfsorganisationen wichtig sein, ob sie bei der Ressourcenbeschaffung und der Leistungsbereitstellung allein auf einem Gebiet tätig sind oder mit Parallelorganisationen - z.B. im Unfallrettungsdienst Deutsches Rotes Kreuz, Johanniter-Unfallhilfe, Malteser-Hilfsdienst, Arbeitersamariterbund u.v.a.m. - konkurrieren bzw. sich abstimmen müssen. Für eine Landesbehörde, wie z.B. ein Finanzamt oder ein politisch noch sensitiveres Schulamt, macht es schon einen Unterschied, ob sie nur Recht des eigenen Landes oder auch evtl. von einer anderen politischen Richtung gesetztes Bundesrecht auszuführen hat. So zählt man zu den Organisationsbedingungen „all jene Variablen“, „die im Rahmen des organisatorischen Gestaltungsprozesses weder manipuliert werden können (wie die organisatorischen Instrumente) noch selbst angestrebt werden (wie die organisatorischen Ziele)“[487].

Über die Wirkungsweise der Bedingungen wird gesagt: „There are *constraints* operating between the elements such that only certain interrelations or interactions obtain between them, and not others”[488], und es gebe „*constraints* that specify or limit ... alternative actions“[489]. Die Bedingungen sind in der Regel nicht beim Aufbau der Organisation hineinkonstruiert worden, sondern sie sind sehr häufig Faktoren,

---

486 Siehe dazu u.a. *Hartmann, Heinz/Süllow, Bernd*: Arbeitsmarkt und betriebliche Beschäftigungspolitik, in: Zeitschrift für Organisation 1979, S. 361-366.

487 *Hill/Fehlbaum/Ulrich*, S. 319.

488 *Buckley*, S. 83.

489 *Buckley*, S. 128.

deren Sitz außerhalb der Organisation liegt. Als unabhängige Organisationsvariablen sind sie aber zu behandeln, weil sie dauerhaft (über Mitarbeiter oder Umweltbedingungen) regelmäßige, abhängige Variablen beeinflussen, als hätte die Organisation selbst sie wie Zielvorgaben oder Instrumente eingesetzt. Sie sind daher nicht wechselnde Umwelteinflüsse, sondern gewissermaßen internalisierte; daher kann die Organisation sich ihnen auch nicht so verschließen, wie sie es gegenüber einem Zulieferer kann, indem sie sich einen anderen wählt. Wenn man im folgenden Zitat „constraints" und „contingencies" zusammen als Bedingungen ansieht, könnte es auch zur Erklärung beitragen: „When the organization is opened to environmental influences, some of the factors involved in organizational action become *constraints*; for some of time they are not variables but fixed conditions to which the organization must adapt. Some of the factors become *contingencies*, which may or may not vary, but are not subject to arbitrary control by the organization"[490].

Bei manchen Zentralobjekten der Organisationspsychologie hängt es von der innerorganisationalen Verfestigung und auch wohl schlicht von der Dauerhaftigkeit ab, ob sie als Bedingungen wirken oder nicht. Das kann z.B. für die Arbeitszufriedenheit gelten, eine Einstellung, die sich u.a. auf das Verhalten (Produktivität, Fehlzeiten, Konfliktbereitschaft) auswirkt[491], oder für die Motivation[492]. So würde etwa *Maslows* immer noch umstrittene Bedürfnistheorie[493], wenn sie denn „richtig" wäre, das Folgende bedeuten: Die Verteilung der Bedürfnisse auf fünf verschiedenen Ebenen (1. physiologische, 2. Sicherheits-, 3. Zugehörigkeits-, 4. Selbsteinschätzungs-, 5. Selbstverwirklichungsbedürfnisse) mit der Maßgabe, dass höhere Bedürfnisse erst nach Befriedigung der niedrigeren auftreten und niedrigere beim Auftreten der höheren bedeutungslos werden, führt beispielsweise dazu, dass bei hungernden oder schlafbedürftigen Klienten einer Organisation das joviale Schulterklopfen durch den besichtigenden Minister keinerlei Motivationsschub auslöst, dass umgekehrt bei einem

---

490 *Thompson*, S. 24; allerdings würden wir hier die grundsätzliche Sicht als Variable beibehalten, wenn auch als einer von der Organisation kaum beeinflussbaren, wohl aber von außerhalb veränderlichen. Allerdings weist *Türk* 1989, S. 108-109, darauf hin, dass schon 1937 in *Thurman W. Arnolds* Buch „The Folklore of Capitalism" Gedanken auftauchten, die später als Kern der Organisationskulturtheorie neu erfunden wurden. Auch *William F. Whytes* „Street Corner Society" von 1943 kann streckenweise als intensive qualitative Untersuchung von Organisationskultur gelesen werden.

491 Siehe z.B. *Johns*, S. 128-131.

492 Theorien dazu bei *Hellriegel*, S. 359-383, im knappen Überblick.

493 Siehe dazu *Maslow, Abraham H.*: Motivation and Personality, New York: Harper & Row 1954.

Anerkennung suchenden Angestellten die Erhöhung des Stundenlohns um 50 Cent keine höhere Anstrengung bewirkt.

Besonders unter betriebswirtschaftlichen Fragestellungen kann es wichtig sein, ob die schlichte Größe einer Organisation für sich allein schon eine Bedingung sein kann. Man beobachtet nämlich häufig "the fact that at any particular point in time there are constraints imposed on most, if not all, organizations by their physical size. These constraints generally limit the amount of work the organization can do"[494]. Die Größe einer Organisation wird oft in Verbindung zu anderen Variablen, insbesondere Strukturvariablen, gebracht; eine Durchsicht von über 80 Studien zu diesem Thema ergab aber, dass nur sehr selten irgendwelche theoretische Ansätze dahinter stehen, sondern meistens nur Rationalisierungen von Korrelationen[495], die aber nur Hypothesenqualität haben können. Im Anschluss an die Kontingenztheorie wird mehrfach angenommen, dass mit zunehmender Größe auch Komplexität und Trägheit einer Organisation zunähmen und dass größere Trägheit wiederum zu niedrigerer Reaktionsfähigkeit bei Wandel der Umwelt führe, andererseits aber zu größerer Verlässlichkeit in turbulenten Umwelten[496]. Eine Untersuchung des Wirkens von 198 New Yorker Versicherungsgesellschaften in der Zeit von 1813 bis 1985 ergab, dass sowohl Größe als auch Alter die Wahrscheinlichkeit des Scheiterns vermindern, allerdings nicht in stabilen, wohl aber in turbulenten Umwelten[497]; von Vorteil ist die Größe einer Organisation offensichtlich, wenn es um ihr Überleben geht: Die große Organisation erhält dann leichter öffentliche Hilfe[498]. Heftig diskutiert wird der Zusammenhang zwischen Größe und Innovationskraft, wobei in der Literatur die Meinung vorherrscht, dass größere Organisationen dabei im Vorteil seien[499]. Ebenso scheint, jedenfalls nach einer Untersuchung von fünf Firmen in Frankreich, die Größe positiv auf persönliche Erfüllung, Gruppengeist, Vertrauen und Anpassungsbereichtschaft zu wirken[500].

Anfangs wurde die Diskussion über Bedingungen im Rahmen der Zieldefinitionsprobleme geführt. Bedingungen wurden aufgefasst als Grenzen bei der Zieldefinition, so z.B. gesetzliche Bestimmungen:

---

494 *Kimberley*, S. 587, der auf S. 574-585 Ansätze zur Definition und Messung von Größe aus der Zeit von 1950 bis 1974 zusammengestellt hat. Vgl. weiter zur Größe: *Meyer, M.W.*, S. 50-59; *Robbins* 1990, S. 149-174.

495 *Kimberley*, S. 573-574.

496 *Ranger-Moore*, S. 904 m.w.N.

497 *Ranger-Moore*, S. 905-915.

498 Vgl. auch *Pfeffer* 1978, S. 114.

499 *Damanpour*, S. 377 m.w.N. und 381-397.

500 *Calori/Sarnin*, S. 71.

„If any such statements are part of the legal or contractual obligations of the organizations they act as constraints on the freedom of sponsors to do as they please"[501]. Dieser Ansatz hat bis in die neueste Literatur hinein[502] anregend auf die Theorien über die Zieldefinition gewirkt, indem er ein brauchbares Erklärungsmodell für den Fall lieferte, dass die Ziele zwischen mehreren Definitoren mit verschiedenen Interessen ausgehandelt werden.

Inzwischen scheint es an der Zeit, die Bedingungen als eigene Variable neben Zielen und Instrumenten anzusehen. Die erwähnten Beispiele zeigten schon, dass es als Bedingungen klassifizierbare Faktoren gibt, die mit den beiden anderen unabhängigen Variablen nichts zu tun haben.

2.1.3.2 Organisationskultur als Organisationsbedingung

Die kurze Wissenschaftsgeschichte der Organisationsbedingungen kann man mit nur geringer Übertreibung als Schlüsselthema der neuesten Organisationstheorie und -geschichte überhaupt ansehen. Natürlich gab es stets solche Einflüsse auf die Organisationen, wie sie jetzt mit den Bedingungen erfasst werden sollen. Unter Vorgriff auf das unter 3 zu Behandelnde kann man aber sagen, dass die isolierte Betrachtung von Organisationen in der Anfangszeit der Organisationssoziologie auch mit Recht keinen Anlass sah, ein solches Element wie die Bedingungen zu konzipieren. Die Gesellschaft war noch weniger von Organisationen durchsetzt und damit weniger von ihnen abhängig. Dementsprechend unsystematischer und seltener waren auch die Einflüsse von außen auf die Organisation. Man konnte sich also ohne zu große Abstraktion die Organisation als geschlossenes System vorstellen.

Erst die Durchorganisierung der Gesellschaft führte zu einem vielfältigeren Austausch zwischen jeder Organisation und ihrer Umwelt. Die „Organisationsdichte" wurde ähnlich größer wie die Bevölkerungsdichte und damit auch die Einflüsse von außen, unter denen man die erheblichsten und langfristigsten nun zweckmäßigerweise als Richtgröße bei der Gestaltung einer konkreten Organisation berücksichtigte.

---

501 *Kuhn*, S. 464.
502 Vgl. das gelungene Beispiel bei *Türk* 1978, S. 83-85.

So trat die Thematik der Organisationskultur erst ziemlich spät auf[503], als ihr Untergebiet, die Unternehmenskultur, in der beginnenden Globalisierung der achtziger Jahre aus dem „Kulturvergleich" amerikanischer und japanischer Firmen derselben Branche entstand. Gleich drei Bücher, die nach dem Rezept „Sushi for American Taste" Ad-hoc-Theorien ohne empirische Überprüfung anboten, wurden zu Verkaufserfolgen[504]. In der Wissenschaft konnte man schon ein Jahrzehnt vorher lesen: „Culture places imperative demands on organizations. ... Within these boundaries there are a variety of operations or structures possible to fill the irreducible minimum functional requirements"[505]. Ende der siebziger Jahre wurde aber auch gezeigt, dass *Selznicks* „character" und *Clarks* „sagas" Vorläufer der Organisationskultur waren[506]. Der Erfolg des wissenschaftlichen Themas kam aber erst mit dem späten Interesse der Praxis, obwohl das Organisationsklima, wie das Betriebsklima in der Industriesoziologie, als engerer Vorläufer der Organisationskultur ein wichtiges Thema gewesen war und als „as real as any ‚objective' structural property of an organisation" angesehen wurde[507].

Ausgangspunkt für die Definition ist eine Vorstellung von Kultur, die als solche modern ist, auch wenn sie mit den alten Definitionen der Kulturanthropologen übereinstimmt. Sie lautet beispielsweise: "A pattern of basic assumptions - invented, discovered, or developed by a given group as it learns to cope with its problems of external adaptation and internal integration - that has worked well enough to be considered valid and, therefore, to be taught to new members as the correct way to perceive, think, and feel in relation to those problems"[508]. Vor diesem Hintergrund kann man dann unter *Organisations-*

---

503 Vgl. dazu als kurze Übersicht *Endruweit, Günter*: Arbeitszufriedenheit, Betriebsklima, Unternehmenskultur - ein methodischer Fortschritt?, in: Beiträge zur Soziologie, Bd. V, S. 301-325, insbes. S. 304-305 m.w.N. Siehe auch: *Schreyögg* bei *Frese*, Sp. 1526. Ausführlicher: *Staehle* 1999, S. 497-517; *Heinen*, S. 4-14; *Baecker* bei *Bardmann/Groth*, S. 57-61; *May*, S. 15-29.

504 *Ouchi, William G.*: Theory Z: How American Business Can Meet the Japanese Challenge, Reading, MA: Addison-Wesley 1981; *Deal, Terence E./Kennedy, Allan A.*: Corporate Cultures, Reading, MA: Addison-Wesley 1982; *Peters, Thomas J./Waterman, Robert H.*: In Search of Excellence, New York: Harper & Row 1982. Siehe auch *Deutschmann*, S. 133/134.

505 *Litterer*, S. 259.

506 *Pettigrew*, S. 570-581.

507 *Conrad/Sydow* bei *Tyson* u.a., S. 16.

508 *Schein, Edgar H.:* Organizational Culture and Leadership, San Francisco: Jossey-Bass 1985, S. 9. Vgl. auch *Heinen*, S. 17-20 und 49-66; *May*, S. 50-54. Vgl. weiter zur Organisationskultur: *Rowlinson, Michael/Procter, Stephen*: Organizational Culture and Business History, in: Organization Studies 1999,

kultur verstehen „*die Gesamtheit der Ziele, Grundüberzeugungen, Werte, Symbole, Normen, Verhaltensmuster und deren materielle Objektivationen, die einer Organisation ein bestimmtes Gepräge und eine unverwechselbare Eigenart verleihen*"[509]. Sie wirkt damit nach innen und außen, obwohl es Definitionen gibt, die nur den Binnenaspekt enthalten, wie z.B.: „Organizational culture is the social glue that binds members of the organization together through shared values, symbolic devices, and social ideals"[510].

Inzwischen ist die Theorie wesentlich differenzierter geworden. Einer der vielen Ansätze zur Typologisierung von Unternehmenskultur geht von drei Dimensionen aus: a) Verankerungsgrad (Ausmaß der Übereinstimmung von individuellen und unternehmensbezogenen Werten und Normen der Mitglieder); b) Übereinstimmungsausmaß (zwischen den Werten und Normen der Mitglieder); c) Systemvereinbarkeit (Übereinstimmung zwischen Unternehmenskultur und Führungsinstrumenten)[511]. Nimmt man nur zwei Ausprägungen je Dimension an, hat man bereits 16 Typen von Unternehmenskulturen. Ein anderer Ansatz will allein die Stärke der Organisationskultur auf drei Dimensionen messen: a) Prägnanz (Klarheit der vermittelten Orientierungsmuster und Werthaltungen); b) Verbreitungsgrad (Ausmaß, in dem die Mitarbeiter die Kultur teilen); c) Verankerungstiefe (Grad der Internalisierung der Kulturmuster)[512].

Auch hinsichtlich einzelner Elemente ist die Organisationstheorie erheblich fortgeschritten. Das sei hier am Beispiel von *Vertrauen* und *Macht* kurz angedeutet, die bereits seit langem in der Allgemeinen Soziologie behandelt werden, aber nun im Zusammenhang mit Organisation weitere Klärung erfahren.

S. 369-396; *Franzpötter*, S. 22-32 (fünf theoretische Forschungsansätze); *Goll/Zeitz*, S. 191-192 m.w.N.; *Holtbrügge*, S. 257 m.w.N.; *Froschauer*, S. 107/108 (Beispiele aus Österreich); *Lambelet*, S. 126-131 (Fallbeschreibungen); *Parsons* 1956, S. 67; *Bissels, Sandra/Sackmann, Sonja/Bissels, Thomas:* Kulturelle Vielfalt in Organisationen, in: Soziale Welt 52 (2001), S. 403-426; *Morgan* 1986, S. 121 und 111-140; *Huczynski/Buchanan*, S. 465-470; *Robbins* 1990, S. 437-465; 1991, S. 55-75, 252-269, 571-593; 1992, S. 253.

509 *Hillmann*, S. 640; ähnlich *Marshall*, S. 371. Vgl. auch: *Johns*, S. 288-297; *Schreyögg* bei *Frese*, Sp. 1525-1537; *Eldridge/Crombie*, S. 86-124; *Gawthrop*, S. 1-20; *Franzpötter* bei *Bardmann/Groth*, S. 295-300; *Maas/Schüller* bei *Wiendieck/Wiswede*, S. 160-161; *May*, S. 42-47 m.w.N.; *Pettigrew*, S. 574-577; *Pheysey*, S. XIII.

510 *Kreitner/Kinicki*, S. 645 m.w.N. Vgl. auch *Deal/Kennedy*, S. 15.

511 *Heinen*, S. 26-33.

512 *Schreyögg* bei *Frese*, Sp. 1530.

So wird *Vertrauen* als ein Mittel angesehen, um mit Unsicherheit fertig zu werden[513]. Unsicherheit ist ein besonders schwerwiegendes Problem bei erwerbswirtschaftlichen Organisationen, für die man viele Vorschläge zur Bewertung von verschiedenen Unsicherheiten entwickelt hat, um zwischen ihnen entscheiden zu können; wenn aber Unsicherheit so fast total ist, dass sich nicht einmal Wahrscheinlichkeiten abschätzen lassen, kann Vertrauen immer noch helfen. „Vertrauen wird hier verstanden als der Glaube, dass diejenigen, zu denen eine Abhängigkeitsbeziehung besteht, die an sie gestellten Erwartungen erfüllen. Somit umschreibt Vertrauen einen Zustand, der die Bereitschaft von Organisationen oder Individuen zu Verletzbarkeit unter den Bedingungen von Risiko und Interdependenz darstellt"[514]. Also kann Vertrauen innerhalb von Organisationen zwischen deren (verschiedenen Gruppen von) Angehörigen wirksam sein, aber auch nach außen zwischen der Organisation und anderen sozialen Subjekten. Vertrauen ermöglicht Handeln auch dort, wo die Vernunft der Berechenbarkeit Nichthandeln anraten würde. Deshalb wird das Vertrauensproblem auch besonders eingehend in Zusammenhang mit virtuellen Unternehmen diskutiert[515]. Das Vertrauen ist um so höher, je mehr für den Konflikt zwischen den Partnern des Vertrauensverhältnisses die Entscheidung einem neutralen Dritten überlassen ist und je qualifizierter und durchsetzungsstärker dieser Dritte ist[516]. *Macht* erweist sich dann als funktionales Äquivalent zu Vertrauen[517], wenn es um Reduktion von Unsicherheit geht, und zwar für beide Seiten. Denn Vertrauen bezeichnet man, etwas technischer gesehen, auch als „risque élevé et contrôle faible"[518]. Das hängt auch damit zusammen, dass Macht Kontrollspannen zu vergrößern vermag[519]. Macht ist ein wichtiger sozialer Katalysator für die Beziehungen zwischen Organisationen und Umwelt, und zwar in alle Richtungen.

---

513 „Trust as a means for coping with uncertainty" lautet eine Überschrift bei *Bachmann*, S. 341.

514 *Orlikowski*, S. 24 m.w.N. Vgl. auch *Schewe*, S. 5, 7 und 17-21, sowie *Drumm*, S. 186.

515 *Sieber*, S. 43/44; *Fischer*, S. 98-112 und 160-163; *Kahle, Egbert*: Vertrauen und virtuelle Organisation, Kurzreferat für den Workshop 1998 der Kommission „Organisation", Lüneburg 1998.

516 *Lane/Bachmann*, S. 228-254.

517 *Bardmann*, S. 349, und *Lane/Bachmann*, S. 232. Vgl. allgemein zur Macht in Organisationen: *Clegg/Dunkerley*, S. 433-482; *Perrow* 1986, S. 258-278; *Bacharach/Lawler*, S. 16/17 mit sieben Machtdefinitionen von *Weber* bis *Parsons* und 107 Hypothesen zur Macht in Organisationen; *Reber, Gerhard* (Hrsg.): Macht in Organisationen, Stuttgart: Poeschel 1980 (nur wirtschaftliche Organisationen betreffend).

518 *Neuville*, S. 89.

519 *Robbins* 1992, S. 204.

Dazu sagte schon Parsons: „The power exercised in and by an organization is generated both outside and within the organization. Every organization ... is part of the polity and a generator of power, but it is also a recipient of the power generated at higher echelons in the polity"[520]. Für Zusammenhänge mit der Organisation wird gesagt: „Power is defined ... as the capacity to effect (or affect) organizational outcomes"[521].

Wenn Macht hier als funktionales Äquivalent zu Vertrauen bezeichnet wurde, heißt das noch lange nicht, dass beide Kulturelemente beliebig austauschbar seien. Eine durch Vertrauen bestimmte Organisation ist gewiss eine andere als eine durch Macht bestimmte. Diese Behauptung ist nicht etwa moralisch, wertend gemeint, wie es einem Wissenschaftler ohnehin nicht zusteht; sie ist nur funktional, also immer noch wissenschaftlich gemeint und soll sagen, dass Macht in mancher Hinsicht ein funktionales Äquivalent zu Vertrauen ist (umgekehrt natürlich genauso!), dass sie aber auch Wirkungen haben kann, die Vertrauen nicht hat. Ohnehin ist Macht ja nicht der Gegensatz zu Vertrauen. Das sieht man schon daran, dass man sich eine Organisation vorstellen kann, in der Vertrauen und Macht (jeweils für bestimmte Situationen) die herrschenden Beziehungsprinzipien sind, und eine andere, in der Misstrauen und Laisser-faire-Haltung[522] die Beziehungen bestimmen.

Die Einordnung der Organisationskultur unter die unabhängigen Variablen ergibt sich aus ihrer Wirkung: „Organisationskultur beeinflußt die Emotionen und Motivationen der Organisationsmitglieder. ... Organisationskultur trägt somit maßgeblich zur Integration und zum Zusammenhalt der Organisation bei. Von ihr hängt weitgehend die Leistungsbereitschaft des Organisationsangehörigen und die allgemeine Leistungsfähigkeit der Organisation ab, ferner die Gewinnung qualifizierter und leistungsstarker Nachwuchskräfte. Organisationskultur ist damit ein entscheidender Wettbewerbs- und Erfolgsfaktor sowie ein wirkungsvolles Führungsinstrument"[523]. Sie wird als eine Rückbesinnung auf die Human-Relations-Ideen ange-

---

520 *Parsons* 1956, S. 226.

521 *Mintzberg*, S. 4, der dort interessanterweise anfügt: „The French word ‚pouvoir' stands for both the noun ‚power' and the verb ‚to be able to'."

522 Ob es das überhaupt gibt? In Marktwirtschaften ist es üblich, bei Säumnis eines Zulieferers nach dringlicher Mahnung mit Schadensersatzprozess und/oder Vertragskündigung, also mit Macht zu drohen. In Planwirtschaften wird schon mal dem Zug der Wolken zugeschaut, bis die notwendigen Teile irgendwann „von selbst" kommen. Und wie ist es bei Behörden?

523 *Hillmann*, S. 641. Ausführlich dazu *Lässig*.

sehen[524] und wie diese von Organisationsleitungen planmäßig aufgebaut und eingesetzt[525], nachdem „pendant longtemps, on a fait comme si l'entreprise était un ‚no culture's land' régi par un principe de stricte rationalité économique et technique"[526]. Deshalb ist der Organisationskulturansatz auch von denen theoretisch vorbereitet worden, die am Rationalitätsprinzip bei Organisationen am stärksten gezweifelt hatten[527], also „als Ausdruck einer Krisenwahrnehmung des sozio-ökonomischen Systems"[528].

Inzwischen gibt es auch empirische Ergebnisse[529]. So konnte beispielsweise gezeigt werden, dass die Gründer einer Organisation eine besondere Bedeutung für die Organisationskultur haben[530], wie propagierte Kultur und gelebte Kultur auseinanderklaffen können[531] und wie, so eine Untersuchung von Kirchen auf der Grundlage der Theorie der rationalen Wahl, eine strenge Kultur Trittbrettfahrer ausschließen und laue Mitglieder von engagierten trennen kann[532]. Dementsprechend gibt es auch Zusammenstellungen von Verfahren zur Ermittlung von Organisationskultur[533], die man nicht nur aus „Organisationsphilosophien", Firmenleitbildern und Äußerungen von Organisationsleitungen[534] ableiten kann, auch wenn diese durch Erarbeitung in iterativen, partizipativen Prozessen höhere Akzeptanz genießen als bei einfachem Oktroi[535].

Wenn sich in einer Organisation die Leitung nicht um die Kultur kümmert, ist es so, als ob in einer Gesellschaft die Elite sich nicht darum kümmert: Die Kultur entsteht bzw. wandelt sich doch, weil sie unvermeidbares Produkt anhaltender Interaktion ist. Allerdings ist gewachsene Kultur im Nachhinein schwerer zu beeinflussen, wenn man eine bestimmte Richtung möchte. Daraus rechtfertigt sich auch ihre Einordnung unter die Bedingungen (und nicht Instrumente). So

---

524 *Marshall*, S. 371.
525 Vgl. das Beispiel bei *Endruweit*, Beiträge zur Soziologie, Bd. V, S. 305 m.w.N.
526 *Lambelet*, S. 122.
527 *Bardmann*, S. 57 m.w.N.
528 *Türk* 1989, S. 111/112.
529 *Deal/Kennedy*, S. 8-13 und 25-30.
530 *Schein* bei *Frost* u.a., S. 14-25.
531 *Morgan* 1986, S. 121-124.
532 *Iannaccone*, S. 1180.
533 *Deal/Kennedy*, S. 129-135; vgl. auch *Hofstede* et al., S. 286-310.
534 Beispiel bei *Franzpötter*, S. 130-149.
535 *Ebling* bzw. *Huth/Scheer* bei *Prigge/Sudek*, S. 19-29 bzw. 175-212.

heißt schon in einer frühen Darstellung eine Überschrift: „Culture as a constraint on organizations“[536].

So wie es in einem System häufig Subsysteme gibt, so entwickeln sich in Kulturen auch Subkulturen[537]. Kaufleute und Ingenieure in der Industrie, philanthropischer Vorstand und bürokratische Geschäftsführung in einer Hilfsorganisation, politisch und administrativ denkende Beamte in einem Ministerium können leicht verschiedene Denkmuster, Handlungsweisen und letztlich, manchmal ungewollt und unbemerkt, auch Organisationsziele entwickeln. Dann ist das Integrationsvermögen der Leitung gefragt, damit die Unterschiede im organisationalen Instrumentarium nicht über Konflikte zu Desintegration oder Zielverschiebung führen.

Welche Wirkung im Mikrosozialen von der Organisationskultur ausgehen kann, ergab sich in einer Untersuchung über die Karrieren von 179 Naturwissenschaftlern und Mathematikern in den USA. Danach war der Einfluss des Fachbereichsprestiges, gemessen nach einer der dort üblichen Rangskalen, auf die Produktivität der Wissenschaftler, gemessen in Veröffentlichungen und Zitiertwerden, höher als der Einfluss der Produktivität der Einzelnen auf das Fachbereichsprestige[538].

Noch bedeutender erscheint die Organisationskultur, wenn man liest: “An estimated 90 percent of corporate mergers are disappointments for those involved. Moreover, nearly one third of acquired companies are sold within five years. Observers attribute this poor showing mainly to incompatible corporate values and management's inability to handle large-scale change”[539]. Derartige Konflikte bis Misserfolge sind nicht etwa selten. Schätzungen besagen, dass etwa 40 Prozent der strategischen Allianzen und international gemeinsamen Unternehmen scheitern, und zwar in der Regel wegen kultureller Unterschiede[540]. Nachdem jahrelang von Unternehmensberatern und -praktikern die Organisationskultur in nicht wesentlich mehr gesehen wurde als in „Zehn Prinzipien unseres Hauses“, vom Vorstand -

---

536 *Litterer*, S. 259.

537 *Staehle* 1999, S. 514, *Schreyögg* bei *Frese*, Sp. 1531.

538 *Allison/Long*, S. 469-478. Danach lässt sich fragen, was denn nun wissenschaftliches Prestige wirklich sei. Etwa ein verstärkender Regelkreis von sich selbst erfüllenden Voraussagen?

539 *Kreitner/Kinicki*, S. 643/644 m.w.N.; weiter zur kulturellen Diversität in Organisationen u.a.: *Bissels/Sackmann/Bissels*, S. 411 m.w.N.; *Hofstede, Geert*: An American in Paris: The Influence of Nationality on Organization Theories, in: Organization Studies 1996, S. 525-537.

540 *Bissels/Sackmann/Bissels*, S. 416 m.w.N.

meist ohne Mitwirkung des Betriebsrats - erlassen, sieht man inzwischen immer mehr, dass sie eher Gelebtes als Gedrucktes, eher Lebendiges als Lesbares, mehr langfristig Wirksames als schnell Änderbares ist. So ergab sich in einem Interview des „Spiegel" mit Gunter Thielen, dem Vorstandsvorsitzenden des in mehreren Branchen und mehreren Staaten tätigen Bertelsmann-Konzerns, der folgende Wortwechsel: „Thielen: Wenn Sie zwei gleich große Firmen fusionieren, dann müssen Sie zwei ganz unterschiedliche, aber gleich starke Unternehmenskulturen zusammenführen. Spiegel: Wie etwa Daimler mit Chrysler. Thielen: Bis in solchen Fällen was zusammenwächst, dauert es meist eine ganze Generation"[541].

Ingesamt haben viele Vergleichsuntersuchungen ergeben, dass sowohl Einstellungen und Handeln des Managements als auch die Organisationsstrukturen überhaupt stark von der jeweiligen Kultur der sozialen Umwelt abhängen[542]. Daher ist es wahrscheinlich, dass Transplantationen mit Immunisierungsproblemen zu tun haben werden.

2.1.3.3 Beziehungen zwischen Bedingungen und anderen unabhängigen Variablen

Schon aus der Herkunft der Bedingungsproblematik ergibt sich, dass gegenseitige Beziehungen zwischen Zielen und Bedingungen bestehen.

Hier ein Beispiel dafür, wie die Zielerreichung durch Nichtbeachtung von Bedingungen sabotiert wird: Die deutschen Staatsanwaltschaften haben unter ihren vielen Aufgaben (= Zielen) auch eine nach dem Häftlingsentschädigungsgesetz. Haftentschädigung u.Ä. konnte ein in der DDR verurteilter Deutscher in der BRD erhalten, wenn die Staatsanwaltschaft auf Antrag feststellte, dass die Vollstreckung in der DDR unzulässig gewesen war. Die Unterlagen musste der ehemalige Häftling beschaffen, obwohl längst bekannt war, dass bei der Entlassung in die BRD die Unterlagen in der Regel eben nicht herausgegeben wurden[543].

Für die umgekehrte Wirkungsrichtung kann man sich leicht Fälle vorstellen, in denen die Wahl eines bestimmten Zieles verlangt, dass

---

541 *Der Spiegel* Nr. 5/2003, S. 74. Siehe auch *Maclaren*, S. 57-67.
542 *Peter Lawrence* bei *Bryman*, S. 98; siehe dort auch S. 105/106.
543 Vgl. Beispiele bei *Nawrocki, Joachim*: Schuldlos schuldig, in: Die Zeit 50/1979, S. 12.

auch entsprechende Bedingungen herrschen. In der Entwicklungspolitik ist es weit verbreitete Erfahrung, dass man den Aufbau eines bestimmten Industriezweiges nur dann schafft, wenn man zeitweilig zumindest diesen Wirtschaftsbereich durch protektionistische Maßnahmen aus dem Weltmarkt herausnimmt, weil gegen die volle Konkurrenz der etablierten Anbieter der Zusatzaufwand des Neuaufbaus nicht marktmäßig getragen werden kann.

Ebenso deutlich sind Beziehungen zwischen Instrumenten und Bedingungen. So kann die Einstellung von teilzeitbeschäftigten Beamten nicht nur aus sozialpolitischen, sondern auch aus funktionalen Gründen nützlich sein, z.B. bei Tätigkeit an Datensichtgeräten oder im Fluglotsendienst. Dem Einsatz solcher Instrumente stehen aber in der Bundesrepublik als Organisationsbedingungen rechtliche Grundsätze des Lebenszeitbeamtentums entgegen, die keineswegs ohne weiteres als immer dysfunktional bezeichnet werden können[544]. Das Bestehen dieser Bedingungen begrenzt also die Auswahl der Instrumente.

Umgekehrt kann man sich vorstellen, dass das Vorhandensein oder Fehlen von Instrumenten auch die Schaffung bestimmter Bedingungen fördert. Wenn etwa die Textilindustrie der Industriestaaten ihre hohen Löhne durch einen Vorsprung in der technischen Ausrüstung oder durch Reservierung von Fachwissen (selbst eines so zweifelhaften wie der Kenntnis von Modetrends) kompensieren kann, braucht sie wohl keine wettbewerbsbeschränkenden Überlebensbedingungen.

2.2 Abhängige Organisationsvariablen

Konnte man bei den unabhängigen Variablen immerhin noch drei aufzählen, die in der neueren Literatur allgemein die Hauptrolle spielen, so ist das bei den abhängigen[545] schon schwieriger. Zumeist werden nur die Organisationsstrukturen eingehender behandelt[546].

Das kann an der besonderen Natur der abhängigen und der unabhängigen Variablen liegen[547]. Die bisher behandelten unabhängigen

544 Vgl. dazu u.a. *Jacobs, Volker*: Umstritten: Teilzeit für Beamte, in: Saarbrücker Zeitung vom 24.8.1977, S. 2.

545 Eine Unterscheidung von abhängigen und unabhängigen Variablen, wie hier, ist ohnehin in Lehrbüchern nicht die Regel.

546 Das ist aber nicht immer in derselben systematischen Position; so werden bei *Hill/Fehlbaum/Ulrich*, S. 170 ff., viele Elemente, die hier zur Struktur gezählt werden, als Instrumente dargestellt.

547 Siehe dazu auch *Endruweit*, Beiträge zur Soziologie, Bd. III, S. 272-274.

Variablen sind diejenigen, deren jeweilige spezifische Ausprägung eine Organisation entscheidend charakterisiert und die damit die spezifische Natur einer Organisation gewissermaßen normativ bestimmen. Nimmt man dazu nun *Charles Perrows* Bemerkung, „we must examine the end or goal if we are to analyze organizational behavior“[548] und *Hans Hoeferts* Grundsatz, „Ziele müssen in Strukturen und Prozesse übersetzbar sein, um verhaltenswirksam sein zu können“[549], sehen wir, dass die rechte Variablentriade in Abbildung 4 in der Tat aus abhängigen Elementen besteht. In dieser Eigenschaft sind sie Elemente nicht nur der Organisation, sondern jeden sozialen Systems, die sich den „maßgebenden“ Variablen der linken Triade mehr oder weniger automatisch anpassen.

Dann scheint es auch naheliegend, ihnen weniger Aufmerksamkeit zu widmen. Die folgenden Ausführungen sollen jedoch zeigen, dass auch dieser Bereich nähere Überlegungen lohnend machen kann, wie bisher vor allem die sehr zahlreichen Beiträge zum Strukturproblem bereits beweisen.

2.2.1 Strukturen

Die Strukturen von Organisationen haben in der bisherigen Organisationstheorie und -forschung ein hohes mengenmäßiges Übergewicht. Das ist auch kein Wunder. Denn wenn die Optimierung von Organisationen in der Praxis ein wesentliches Ziel aller Organisationstheorie ist, dann muss sie sich der Verbesserung der Strukturen widmen[550]. Die meisten Organisationsuntersuchungen befassen sich mit einer fertigen, arbeitenden Organisation, weniger mit Organisationen, die am Scheitern oder gescheitert sind, und kaum welche mit dem Entstehen von Organisationen. Indessen erfahren wir, dass in den USA jährlich etwa sieben Millionen Menschen die Gründung einer Firma vorhaben, dreieinhalb Millionen beginnen auch damit, aber weniger als ein Drittel kommt darüber hinaus[551]. Allerdings ist fraglich, was alles unter diesem Begriff zu fassen ist.

---

548 *Perrow*, S. 133.
549 *Hoefert* 1979, S. 27.
550 Als Beispiel für Spezialthemen der Strukturliteratur: *Robbins* 1990, S. 81-118 (Grundbegriffe der Strukturanalyse bei Organisationen); *Bleicher, Knut*: Organisation - Formen und Modelle, Wiesbaden: Gabler 1981 (praktische Beispiele für Wirtschaftsunternehmen); *Bowles, Martin L.*: Recognizing Deep Structures in Organizations, in: Organization Studies 1990, S. 395-412 (Möglichkeiten der analytischen Psychologie zur Erforschung der Tiefenstrukturen in Organisationen).
551 *Rao* bei *Allmendinger/Hinz*, S. 321.

2.2.1.1 Begriff und allgemeine Bedeutung der Organisationsstrukturen

Der allgemeine Strukturbegriff - z.B. definiert als „Menge der Elemente und der Relationen, die diese Komponenten in nicht zufälliger Weise miteinander in Beziehung setzen, so dass Regelmäßigkeiten bzw. eine bestimmte Ordnung beobachtbar werden“[552] - ist, wie das bei systemtheoretischen Begriffen üblich und erforderlich ist, wenig anschaulich.

Implizite Hinweise auf die Bedeutung von Strukturen finden wir schon in manchen Organisationsdefinitionen, wenn es etwa heißt, Organisationen erreichten ihre Ziele durch „division of labor and function, and through a hierarchy of authority and responsibility“[553], „organizational structures describe ... patterns of coordination“[554], „organizational structure maintains organizational performance“[555]. Die Wichtigkeit der Strukturen wird aber erst richtig deutlich, wenn man sich vergegenwärtigt, dass in der Struktur der Organisation auch der Sitz von Rationalität und Effizienz ist, zwei funktional verbundenen Richtwerten allen Organisierens überhaupt. Durch die Strukturierung, in Gestalt von beispielsweise der Festlegung von Verantwortungsbereichen, Kommunikationswegen, Rollenerwartungen, Kooperationsanweisungen usw., werden erst Folgen von Handlungen, mithin Organisationsergebnisse erwartbar, vorhersagbar, „programmierbar“[556]. Dabei werden häufig drei Dimensionen der Struktur festgelegt, die *Komplexität* (Umfang der vertikalen, horizontalen und räumlichen Differenzierung), die *Formalisierung* (Grad der Regelung von Handlungen durch Normen) und die *Zentralisierung* (Festlegung von Entscheidungsbefugnissen)[557]. Erst die bewusste Vorbereitung dieser Prozesse macht sie nicht vom Zufall oder der Entscheidung Einzelner abhängig. Dabei ist die Strukturierung selbst aber auch nicht beliebig, sie ist auch nicht etwa eine Funktion der schieren Größe; vielmehr hängt sie von der Notwendigkeit ab. Wenn eine Organisati-

---

552 *Schäfers* (*Stefan Titscher* ist irrtümlich als Mitautor genannt) bei *Endruweit/Trommsdorff*, S. 577. Vgl. zum Strukturbegriff auch *Johns*, S. 500-526; *Bosetzky*, S. 26-30; *Klages/Schmidt*, S. 31-38; *Staehle* 1973, S. 12-14; *Khandwalla*, S. 482-529.

553 *Schein*, S. 9.

554 *Pfeffer* 1978, S. 173.

555 *Meyer* 1977, S. 36.

556 Vgl. auch *Thompson*, S. 54.

557 *Robbins* 1991, S. 460-462, und 1992, S. 189.

on in einer einfachen Aufgabenumgebung tätig ist und relativ einfache Technologien anwendet, kann sie auch einfach strukturiert sein, selbst wenn sie sehr groß ist. So zeigte eine Untersuchung, dass Kupfergesellschaften vergleichsweise einfach aufgebaute Firmen waren, weil sie wenige Produkte für einen übersichtlichen Markt mit routinisierter Technologie herstellten[558]. In den folgenden Abschnitten werden jeweils einige der wichtigsten Teilstrukturen behandelt. Ihnen sind zumindest zwei Eigenschaften gemeinsam.

Zum ersten handelt es sich bei allen Strukturen um relativ überdauernde, langfristige Ordnungsmuster von Organisationen[559], jedenfalls ihrer Intention nach. Allerdings setzen hier auch die meisten Maßnahmen zum gelenkten Organisationswandel an (dazu näher unter 3.4). Deshalb sind Versuche zur Strukturänderung auch ein Indikator dafür, wie die Organisationsleitung das Verhältnis ihrer Organisation zur Umwelt sieht.

Zweitens geht es in der Organisationssoziologie bei den Strukturen - wie schon bei den Zielen - mehr um die wirklichen Strukturen[560], nicht so sehr um die laut Organigramm u.Ä. vorgesehenen - oder auch, was oft besonders aufschlussreich ist, um einen Vergleich zwischen beiden. Bei Betriebswirten heißt es dagegen oft: „An organization's structure is the formal pattern of how its people and jobs are grouped"[561] oder „formal structure is a blueprint for activities which includes, first of all, the table of organization: a listing of offices, departments, positions, and programs"[562], es wird also Struktur mit formaler Struktur gleichgesetzt. Hier muss sich eine empirische Sozialwissenschaft von normativen Ansätzen unterscheiden, wie sie gelegentlich in der Ökonomie, aber weitgehend auch bei *Taylor, Mayo* u.a. vorkommen, selbst wenn sie ursprünglich aus empirischen Feststellungen entsprangen. Strukturschemata der Praxis sind für den Sozialwissenschaftler Sollzustände, die den Ausgangspunkt für eine Untersuchung bilden, diese aber nicht erübrigen können. In soziologischem Sinne kann daher „Organisationsstruktur ... als das relativ beständige Ordnungsmuster der Organisation bezeichnet werden"[563].

---

558 Siehe dazu *Chandler, Alfred D., Jr.*: Strategy and Structure, Cambridge, Mass.: MIT-Press 1962, S. 329.

559 So auch *Mayntz* 1963, S. 81; *Hegner* bei *Fuchs-Heinritz*, S. 481.

560 Vgl. auch *Meyer, John W./Rowan, Brian*: Instiutionalized Organizations: Formal Structure as Myth and Ceremony, in: American Journal of Sociology 83 (1977), S. 340-363.

561 *Gibson/Ivancevich/Donnelly*, S. 10.

562 *Meyer/Rowan*, S. 341/342, und *Meyer/Rowan* bei *Powell/DiMaggio*, S. 42.

563 *Girschner*, S. 61 m.w.N. Vgl. auch *Khandwalla*, S. 482, und *Meyer* 1977, S. 44.

Die Unterscheidung von *formaler und informaler Struktur* ist ein umstrittenes Thema in der Organisationssoziologie. Diese Zweiteilung wurde durch die Hawthorne-Studien (vgl. 1.6.1.4) eingeführt[564]. Seither unterscheidet man formale Strukturen, die „sich aus planvollen organisatorischen Festlegungen ergeben", von informalen, die „sich ungeplant, durch spontane Verbindung - meist allerdings in Reaktion auf Herausforderungen der formellen Organisation - bilden"[565]. Das entspricht nicht der eben gemeinten klaren Unterscheidung von organisatorisch intendierter und empirisch feststellbarer Struktur. Vielmehr ist bei der formalen und der informalen Struktur u.a. noch ungeklärt, ob die informale Struktur eine weitgehend pathologische, gar kritisch dysfunktionale Abweichung ist oder etwa eine möglicherweise sehr eufunktionale Parallelstruktur, die gewissermaßen den von der formalen Struktur ausgesparten organisationsfreien Raum komplementär füllt. In der Praxis kann wohl beides vorkommen.

Diese Unklarheit hat in der theoretischen Literatur zu gegensätzlichen Reaktionen geführt. Eine Richtung lehnt die Unterscheidung als unfruchtbar ab, weil sie im Wesentlichen nicht mehr wiedergebe als die Alltagsbeobachtung, dass Macht oder Einfluss in Organisationen an vielen Stellen ausgeübt würden und deshalb ohne Rücksicht auf formale Absicherung durch organisationale Bedürfnisse in erster Linie als soziale Tatsache zu behandeln seien, jedenfalls vom Sozialwissenschaftler[566]. Eine andere Richtung interpretiert dagegen die formale Struktur nicht als Handlungssystem (wobei ursprünglich aber wohl nur ein potentielles Handlungssystem gemeint sein kann, so dass die Neuinterpretation so sehr viel Neues auch nicht bringt), sondern als ein System von Erwartungen der Organisation, die bei Eintritt oder Verbleiben von Mitgliedern und Personal gewissermaßen als stillschweigende Vereinbarung angesehen werden[567]. Daran hat sich eine interessante, aber teils sehr weitläufige Diskussion angeschlossen[568], von der wir einige Punkte später wieder aufnehmen

---

564 Dazu auch *Blau/Scott*, S. 340-363.

565 *Laatz/Klima* bei *Fuchs-Heinritz* u.a., S. 209. Ausführlicher dazu *Mayntz, Renate*: Die soziale Organisation des Industriebetriebes, 2. Aufl., Stuttgart: Enke 1960, S. 12. Vgl. auch *Mayntz/Ziegler*, S. 70-72; *Hoefert* 1994, S. 31-36. Bei *Lawless*, S. 163, heißt es: „Formal groups are those set up with relatively clear and official roles for members, rules for interaction, and goals for achievement. ... Informal groups ... refer to those unplanned sets of friendship relations, subgroups, and other informal relationships that inevitabley develop when a number of people are placed in geographic or social contact with one another."

566 Vgl. auch *Irle*, S. 17, 78 und 86-90.

567 Vgl. dazu vor allem *Luhmann*, S. 30-40.

568 Dazu auch *Pfeiffer*, S. 51-54, und *Becker, Howard S./Geer, Blanche*: Latent Cul-

werden. Ein erheblicher Mangel dieses Ansatzes ist, dass er nicht recht erklärt, was denn nun die informale Struktur sein soll.

Für den Augenblick scheint eine Auffassung in Analogie zum Recht am zweckmäßigsten: Im Recht wie in der Organisation gibt es einen Bereich, der von den zuständigen Instanzen formal geregelt ist durch Sollvorschriften; diese können entsprechende tatsächliche formale Strukturen bewirken. Tatsächliche informale Strukturen können sich daneben entwickeln, wenn nicht formal geregelte Bereiche nach Strukturierung verlangen; sie können sich aber auch gegen die formalen Strukturen auf den von diesen erfassten Gebieten entwickeln, wenn die Gegenmacht ausreichend ist. Ob formale oder informale Strukturen überwiegen, ist am Anfang eine Frage der Interessen- und danach der Machtkonstellation. Mit der Funktionalität korrelieren weder formale Strukturen noch informale grundsätzlich positiv bzw. negativ; dieses Verhältnis ist stets im Einzelfall festzustellen, weil es durchaus das gibt, was *Niklas Luhmann* „brauchbare Illegalität“[569] nennt. Es ist ohnehin eine weit verbreitete Hypothese, dass bei hoher Strukturendifferenzierung Rigidität und Repressivität vermieden werden müssten, weil sie eine so starke Präformierung des individuellen Handelns verursachen, dass dieses keinen Erlebniswert für die Organisationsangehörigen habe[570] und diese sich dann Ersatz schaffen würden.

2.2.1.2 Rollenstrukturen

Zu den Bereichen der Allgemeinen Soziologie, mit denen sich jeder vertraut machen muss, der sich theoretisch oder praktisch mit Organisationen befassen will, gehört auf jeden Fall die Rollentheorie. Denn die Rollenstruktur ist die wichtigste Grundlage einer jeden Organisationsstruktur[571]. Dabei geht es nicht nur um die Rollenstruktur für sich; denn wenn es heißt, „role concepts are critical for the understanding of human behavior in organizations“[572], dann sind damit auch die Auswirkungen auf andere abhängige Variablen angesprochen, hier auf das Verhalten. Der wichtigste Unterschied zwischen

---

ture, in: Administrative Science Quarterly 5 (1960), S. 304-313.

569 *Luhmann*, S. 304-314.

570 Vgl. *Türk* 1976, S. 127-135.

571 Vgl. zur Rollenstruktur von Organisationen u.a.: *Katz/Kahn*, S. 171-198; *Bobbitt u.a.*, S. 281-324; *Wieland/Ullrich*, S. 245-273; *Luhmann*, S. 39-53; *Salaman*, S. 70-78 und 168-171; *Johns*, S. 246-250. Vgl. auch *Parsons* 1956, S. 68/69.

572 *Naylor/Pritchard/Ilgen*, S. 115.

einer Menge von Menschen und einer gleich großen Organisation von Menschen besteht darin, dass die organisationale Strukturierung in der Verteilung von Rollen besteht. Deswegen definiert man gelegentlich sogar Organisationen insgesamt „as a collection of connected roles“[573] oder „as role systems“[574].

Dabei sind die verschiedenen Rollen der Organisationsangehörigen nur der sichtbare Ausdruck der Arbeitsteilung[575], die durch Differenzierung jeder Funktion der einzelnen Instrumente und Koordinierung auf das Organisationsziel hin der wesentliche Grund dafür ist, weshalb manche Ziele überhaupt nur und andere wesentlich besser durch Organisationen erreicht werden können als mit nicht organisationalen Zielerreichungsversuchen. Ein wesentlicher Aspekt der Organisationsrationalität besteht eben darin, dass in der Rollenverteilung die Einbringung von Ressourcen, die Erreichung von schrittweise vorgegebenen Teilzielen, die Bereitstellung von spezialisiertem Instrumentarium und die Erledigung von differenzierten Funktionen - um nur einige wichtige Gesichtspunkte zu nennen - genau bestimmten Rollenträgern zugeordnet werden können und dass deren Handeln planmäßig auf das übergeordnete Organisationsziel ausgerichtet werden kann, so dass eine höhere Effizienz erreicht werden kann[576] als bei nur zufällig oder durch immer wiederholte Interaktionen bewirkter Kooperation. Ein wichtiger Gesichtspunkt dabei ist, dass Handeln in Rollen zumindest tendenziell auf deren Fraglosigkeit beruht. Solche Festlegungen sollen den Begründungszwang im Einzelfall und den ständigen Konsensdruck mindern. Denn in manchen Organisationen „kommt es vornehmlich auf Konformität statt auf Konsens an; und Konformität kann auf sehr viel mehr verschiedene Weise erreicht werden als Konsens“[577] - eine typische Weise ist die Festlegung von Rollen, so dass der „Verrollungsgrad“ einer Organisation ein wichtiger Schlüssel für viele andere Strukturmerkmale ist. Allerdings ist es wohl aus heutiger Sicht unangemessen, wenn früher gesagt wurde: „The network of standardized role behaviors constitutes the formal structure of an organization“[578]. Denn damit werden

---

573 *Leibenstein*, S. 136
574 *Kast/Rosenzweig* 1985, S. 317.
575 *Katz/Kahn*, S. 47; *Schein*, S. 9. Siehe auch: *Huczynski/Buchanan*, S. 413-422; *Roos/Starke* bei *Nystrom/Starbuck*, Bd. I, S. 290-308; *Cummings* bei *Nystrom/Starbuck*, Bd. II, S. 250-251.
576 Vgl. dazu auch *Thompson*, S. 54 m.w.N. Zur Ideologiekritik der Rationalitäts- und Effizienzprinzipien siehe *Salaman*, S. 28-34 und 177-182.
577 *Türk* 1976, S. 67.
578 *Katz/Kahn*, S. 45.

Rollen und Verhalten zusammengeworfen, und die Bedeutung von nicht standardisierten Rollen wird untertrieben.

Schon in sehr einfachen Organisationen erkennt man Rollenstrukturen, wenn etwa in einem kleinen Verein ein Vorstand gewählt wird. Dieser Vorstand kann wiederum Rollendifferenzierungen haben, wenn z.B. Vorsitzender, Kassenwart und Schriftführer unterschieden werden. In Großorganisationen, etwa in Fabrikkomplexen für den Automobilbau mit Fließbandfertigung, geht die Rollendifferenzierung bis in die Aufteilung in kleinste Funktionen, wie das Anbringen von drei bestimmten Schraubenmuttern, und diese Funktionen sind nicht einmal buchstäblich minutiös, sondern bei manchen Takten an der Karosserietransferstraße in 11 Sekunden zu erledigen. Dabei erreicht die Organisationsstrukturierung durch Rollendifferenzierungen ihr denkbares Maximum, das keineswegs stets das Optimum sein muss, wie die Gründe beweisen, aus denen man vielerorts die Fließbandarbeit durch teilautonome Gruppen abzulösen versuchte[579].

Das formale Festlegen von Rollenstrukturen ist Gegenstand dessen, was man in Englisch job design nennt. Dabei wurden und werden öfter Fehler gemacht. Dann sind die in der Arbeits- und Berufssoziologie eingehend behandelten Prozesse der Arbeitsanreicherung (job enrichment), der Arbeitserweiterung (job enlargement) und der Arbeitsrotation (job rotation) bis hin zur Gruppenarbeit[580] Versuche zur Optimierung der Rollenstruktur[581], weil die vorherige Bestimmung der Arbeitsinhalte offensichtlich Rollenerwartungen festlegte, denen das Personal nicht gerecht werden konnte oder wollte, so dass seine Effizienz hinter den Erwartungen zurückbleiben musste. Allerdings ist auch hier empirisches Vorgehen der Reform vom Schreibtisch her üblicherweise überlegen: Als US-Autofirmen sechs Fließbandarbeiter

---

579 Als internationale Übersicht dazu vgl. *Burbidge, John L.:* Schlussbericht zur Studie über die Auswirkungen von Gruppenfertigungsmethoden auf die Humanisierung der Arbeit, Turin: International Centre For Advanced Technical and Vocational Training 1975. Inzwischen wurde aber auch über zurückgenommene Gruppenprojekte berichtet (*Kühl, Stefan*: Über das erfolgreiche Scheitern von Gruppenarbeitsprojekten, in: Zeitschrift für Soziologie 2001, S. 199-222).

580 Vgl. dazu u.a. *Hellriegel* u.a., S. 283-303; *Johns*, S. 200-206, 230-248, 255-260 und 399-407. Beispiele für job enrichment aus der Praxis: *Tausky/Parke* bei *Dubin*, S. 553-560. Siehe auch *Feigl*, S. 101-107; *Robbins* 1991, S. 252-260, und 1992, S. 63-73; *Lengfeld, Holger/Liebig, Stefan*: Gruppenarbeit, Entlohnung und Gerechtigkeit, in: Zeitschrift für Soziologie 2002, S. 211-231; *Minssen* S. 185/186.

581 Siehe *Endruweit, Günter*: Von der Gruppenarbeit zu einem Entwicklungsparadigma, in: *Ders.*: Beiträge zur Soziologie, Bd. IV, S. 19-38.

zum Ausprobieren der neuen Gruppenarbeit für einen Monat zu Saab-Scania nach Schweden schickten, meinten fünf von ihnen, das Fließbandsystem sei besser, weil es weniger Arbeitstempo und weniger Konzentration verlange[582].

Ihren äußeren Ausdruck findet die Rollenstruktur zumeist in Stellenbeschreibungen[583]. In Stellenanzeigen und in entsprechenden Organisationsplänen sehen sie etwa so aus wie in diesem Beispiel für einen Referenten einer Personalabteilung: „Anwendung einer Vielzahl von Tarifverträgen und Arbeitsgesetzen für die praktische Personalarbeit. Hierzu zählt auch die Ausarbeitung und Prüfung von Betriebsvereinbarungen etc., Festlegung von Regeln und Verfahren für Auslandsentsendungen und Montageeinsätze, Arbeitsvertragsgestaltung“[584].

Es gibt zwei Grundmuster der Rollenstruktur[585]. In einfachen Organisationszusammenhängen genügt die *segmentierende Rollendifferenzierung*. Alle Rollen sind inhaltlich gleichartig, der Nutzen der organisationalen Zusammenfassung liegt nicht in der Spezialisierung der Einzelrollen, sondern in deren organisatorischer Zusammenfassung durch eine nur wenig gestufte Hierarchie. Beispiele sind die einzelnen Typistinnen des Schreibpools, die Soldaten der alten Infanterie auf der Individualebene und die Landesverbände einer Partei oder die Bootsbesatzungen eines Schnellbootgeschwaders auf der Systemebene. Die segmentierende Rollendifferenzierung schafft also eine quantitative Reihung von Elementen, die Autarkie im Hinblick auf das Organisationsziel besitzen; eine der wichtigsten allgemeinen Wirkungen dieser Art von Differenzierungen ist, dass das Grundsystem i.d.R. voll funktionsfähig bleibt, auch wenn einzelne Segmente ausfallen. Sind die Organisationsfunktionen komplexer[586], braucht man in der Regel eine *funktionale Rollendifferenzierung*. Sie bewirkt eine qualitative Reihung von Elementen, die keine Autarkie im Hinblick auf das Organisationsziel besitzen; damit wird eine wesentlich höhere Spezialisierung erlaubt, allerdings wird das Gesamtsystem auch erheblich

---

582 *Der Spiegel* Nr. 1-2/1975, S. 88.

583 Oft synonym (aber manchmal auch in abweichendem Sinne) als Positions-, Arbeitsplatz- oder Funktionsbeschreibung bezeichnet. Vgl. dazu und zu den Verfahren überhaupt *Schwarz*, insbes. S. 22-37 und die branchenspezifischen Praxisbeispiele auf S. 295-325.

584 Aus: *Die Zeit* 13/1980, S. 34. Ein gutes Beispiel aus der Neuen Zürcher Zeitung gibt *Schwarz* auf S. 325 wieder. Noch eingehendere Beispiele aus der betrieblichen Praxis bei *Dalton/Lawrence/Lorsch*, S. 23-25.

585 Dazu auch *Pfeiffer*, S. 55.

586 Vgl. dazu *Türk, Klaus:* Typen, Komplexität und Kompliziertheit organisationaler Differenziertheit, in: Soziale Welt 1975, S. 92-109. Anders wird Komplexität aber definiert z.B. von *Champion*, S. 154.

störanfälliger bei Ausfall einzelner Elemente. Beispiele hierfür sind die Cockpit-Mannschaft eines Verkehrsflugzeugs mit Flugkapitän, Copilot und Ingenieur oder eine Panzerbesatzung mit Kommandant, Fahrer, Richt- und Ladeschütze auf der Individualebene sowie die auf die Herstellung von Motoren, das Pressen von Karosserieteilen usw. spezialisierten einzelnen Werke einer Automobilfabrik oder die auf Nachrichten-, Pionier-, Nachschub-, Kampf- u.a. Aufgaben spezialisierten Einheiten einer Heeresdivision auf der Systemebene. Bereits der Vergleich von zentralem Schreibbüro und Flugzeugbesatzung zeigt, dass die Art der Rollendifferenzierung nicht unbedingt mit der Größe[587] der Organisationseinheit zu tun haben muss, und selbst der Zusammenhang zwischen funktionalem Differenzierungsgrad und administrativem Koordinationsaufwand ist nicht zwangsläufig linear, wie - teilweise allerdings widersprüchliche - empirische Untersuchungen ergeben haben[588].

Auch recht genaue Rollendefinitionen lassen üblicherweise dem Positionsinhaber noch Freiraum zur Verhaltensgestaltung. Mit derselben Rollenbeschreibung kann der eine, gewissermaßen introvertiert, seine Tätigkeit vollkommen erwartungsgemäß ergebnisorientiert mit hoher Effizienz verrichten, während der andere der eigentlichen Produktion weniger Aufmerksamkeit widmet und daher auch weniger produktiv ist, aber umsichtig darauf achtet, dass sein Tun sich an die Arbeit seines „Vorarbeiters“ lückenlos anschließt und auch der „Nacharbeiter“ keine Leerzeiten hat. Bei Beförderungen wird man möglicherweise den anderen dem einen vorziehen.

Um einen Eindruck von den vielen Facetten der Rollenstruktur zu geben, sollen hier einige willkürlich ausgewählte Fragen angeführt werden, die man beim Aufbau oder der Untersuchung von organisationalen Rollenstrukturen stellen kann oder muss. Sind die Rollen genau definiert, oder lassen sie dem Träger oder dem Erwartenden Interpretationsspielraum? Sind die Rollen für alle Ebenen der Organisation gleichermaßen genau beschrieben? Enthalten die Rollendefinitionen Elemente, die auf Intra- oder Interrollenkonflikte deuten, oder sind sie konfliktfrei[589]? Sind die Rollenerwartungen identisch

---

587 Über die Beziehung zwischen Organisationsgröße (i.d.R. gemessen durch die Zahl der Organisationsangehörigen) und Strukturvariablen vgl. u.a. die empirischen Untersuchungen von *Blau*, S. 201-218; *Hall/Johnson/Haas*, S. 903-912. Weiterhin zur Organisationsgröße: *Caplow*, S. 25-28.

588 Siehe dazu u.a. *Klatzky*, S. 428-438; *Blau 1970*, S. 201-208. Aus der allgemeinen Literatur: *Champion*, S. 82-84 und 154.

589 Es ist z.B. eine beliebte Technik von Vorgesetzen, sich selbst von Verantwortung frei zu halten, indem sie ihre Koordinierungsaufgabe als Konfliktelement in die Rolle von Untergebenen hineindefinieren. Das ist etwa

oder verschieden, z.B. zwischen Vorgesetzten, Untergebenen und Kollegen differenziert? Wie verhält sich die Rollendefinition zu den Bedürfnissen des Trägers (z.B. Akzeptanz von Monotonie oder dem Gegenteil)? Entsprechen die realen Rollenausführungen den formalen Rollenfestlegungen oder weichen sie ab?

Das Erlernen von Rollenerwartungen ist der wichtigste Inhalt der organisationalen *Sozialisation*. Bei vielen Organisationen, insbesondere bei freiwilligen, lernen die Mitglieder ihre Rollen zu Beginn ihrer Mitgliedschaft nach dem Trial-and-error-System, das etwa in Vereinen noch dadurch erleichtert wird, dass die Mitgliedschaft oft schichtspezifisch ist. Wo indessen die Sozialisation in die Rollen einen mehr oder weniger formalen Prozess erfordert, für den die Berufsausbildung das Musterbeispiel ist, kann es für viele Organisationsaspekte u.a. sehr wichtig sein, ob dieser Prozess innerhalb (z.B. militärische Ausbildung) oder außerhalb (z.B. für Krankenhausärzte an Universitäten) der Organisation stattfindet[590]. Einige wichtige Gesichtspunkte sind in der folgenden Übersicht enthalten:

Dimension	Organisationssozialisation	
	intern	extern
Organisationsspezifische Qualifikation	hoch	niedrig
Qualifikationsbreite	niedrig	hoch
Wert- und Normhomogenität	hoch	niedrig
Betriebsblindheit	hoch	niedrig
soziale Kontrolle über die Organisation	niedrig	hoch
Mobilität der Organisationsangehörigen	niedrig	hoch
Innovationsfähigkeit	niedrig	hoch
Autarkie und Autonomie	hoch	niedrig
Kosten für die Organisation	hoch	niedrig
interne Konflikte	niedrig	hoch
Einfluss auf die Organisationsleitung	hoch	niedrig

---

der Fall, wenn die Bahn dem Zugbegleitpersonal gleichzeitig aufgibt, Züge auf langen Strecken mit nur kurzen Haltezeiten absolut pünktlich zu fahren und bei Halten auf den Bahnhöfen alle laufend notwendigen Überprüfungen für die Betriebssicherheit durchzuführen. Wenn dann einmal der Fahrplan nicht eingehalten wird oder ein Radlager heißläuft, kann stets das Zugbegleitpersonal wegen Pflichtverletzung belangt werden, da sowohl Fahrplanstrategen als auch Obertechniker auf die von ihnen definierten Rollen des Zugbegleitpersonals verweisen können.

[590] Dazu auch *Endruweit* 1979, S. 30/31.

Schon diese wenigen Dimensionen zeigen, dass die Praxis der organisationalen Sozialisation über die Rollenstruktur erhebliche Auswirkungen für das Funktionieren der Organisation haben kann. Deshalb sind bei den Diskussionen über die Dauer von Referendariaten, Traineezeiten, Praktika u.Ä., über die Prüfungsberechtigung bei berufsqualifizierenden Examina, über die Mischung der einzelnen Teile bei dualen (z.B. betriebliche und berufsschulische Anteile für Auszubildende der gewerblichen Wirtschaft), über die fachhochschulmäßige oder behördeninterne Ausbildung des gehobenen Verwaltungsdienstes usw. zumindest vielschichtigere Zusammenhänge betroffen, als auf der Oberfläche erkennbar ist.

Die Rollenstruktur der Organisation im Unterschied zur Leitungsstruktur wird gelegentlich mit den Gegensatzpaaren der *funktionalen und skalaren Organisation*[591] oder der *horizontalen und vertikalen Differenzierung*[592] gleichgesetzt. Das ist wohl unberechtigt. Denn es gibt durchaus zutreffende schlichte Rollendefinitionen, die bereits Über- und Unterordnungselemente enthalten. Ein Beispiel bietet eine Stellenanzeige, mit der eine Volkshochschule einen hauptamtlichen pädagogischen Mitarbeiter sucht, dessen Rolle so beschrieben wird: „*Leitung* und didaktische, methodische und organisatorische Betreuung ....“[593]. Hinter den angeblich antinomischen Dualismen stecken wohl - ähnlich wie bei der bekannten Unterscheidung von exekutiver und dispositiver Tätigkeit in der Industriesoziologie - im tiefsten Grunde Vorstellungen von produktiver Tätigkeit, die sich gerade angesichts der Funktion von Organisationen letztlich als etwas zu naturalistisch erweisen. Angemessener betrachtet man Rollen- und Leitungsstruktur als zwei Aspekte derselben Struktur: Rollen sind ohnehin die Grundlage für beide; aber einmal steht mehr der Inhalt der einzelnen Rolle im Blickpunkt, das andere Mal das Über-, Unter- und Gleichordnungsverhältnis zu anderen Rollen.

Übungsaufgabe 4: Rolle und Verantwortung

Stellen Sie sich vor, Sie haben nach langen Jahren als ehrenamtlicher Kommunalpolitiker die Landesliga erreicht und Sie sollen nun Staatssekretär im Kultusministerium werden. Zu Ihren Pflichten würde u.a. die Schulaufsicht gehören. Auf Nachfrage erfahren Sie, was im Einzelnen damit gemeint ist: für die Einhaltung der Lehrpläne sorgen;

---

591 *Schwarz*, S. 42 und 137 m.w.N. (4. Aufl. 1971).
592 *Pfeiffer*, S. 54 und 61 m.w.N.
593 *Die Zeit* Nr. 13/1980, S. 33 (kursive Hervorhebung hinzugefügt).

die Förderung schwacher Schüler gewährleisten; garantieren, dass Lernen immer Spaß macht; Lehrerstellen einsparen. Da Sie noch Minister werden wollen, haben Sie keine Lust, sich als Staatssekretär an diesen Aufgaben die Finger (oder auch den Mund) zu verbrennen. Wie können Sie positive Pflicht und negative Lust in Einklang bringen?

Literaturhinweis: Eine der Anmerkungen zwischen Nr. 525 und 593.

2.2.1.3 Leitungsstrukturen

Betrachtet man die Organisationsstruktur unter der Fragestellung, welcher Rollenträger welchem anderen Rollenträger über- oder untergeordnet ist, hat man die Leitungsstruktur im Auge. Sie wird auch Autoritätsstruktur, Hierarchie u.ä. genannt[594]. Leitung ist damit das, was man auf Englisch *management* nennt. Alles, was in einer Organisation getan werden muss, ist grundsätzlich Aufgabe der Leitung, deren Funktionen damit äußerst umfassend sind: „Managing is the process of planning, organising, directing, coordinating and controlling men, materials, machines and money so as to secure the optimum achievement of objectives“[595]. Hier steht allerdings nicht „producing goods and services“ drin, was am Ende ja die Leistung der Organisation an die Umwelt sein soll. Das überlässt die Leitung dem Personal, dem gegenüber dann „directing, coordinating and controlling“ erforderlich sind. So besteht Leitung zu einem sehr wesentlichen Teil auch in der *Delegation* der Organisationsaufgaben im eigentlichen Sinn auf ausführende Kräfte, die von der Leitung nur im Sinne der Organisationsziele organisiert werden: „Management is the process of working with and through others to achieve organizational objectives in an efficient manner“[596]. Schon in dieser Mindestaufteilung steckt ein Anfang von *Hierarchie*.

---

[594] Vgl. z.B. *Mayntz/Ziegler*, S. 60 und 62; *Pfeiffer*, S. 59-65; *Mayntz* 1963, S. 97-100. Über Ansätze zur empirischen Erfassung siehe: *Fuchs, Reimar:* Hierarchie im Wandel, in: Zeitschrift für Organisation 1975, S. 9-18.

[595] *Bowey*, S. 21 mit Hinweis auf *Light*.

[596] *Kreitner/Kinicki*, S. 9. Das wird in einem Kindergedicht folgendermaßen beschrieben: „Der Motor brummt: ‚Wenn ich nicht wär, / dann könntet ihr nicht fahren.‘ / Der Wischer zischt: ‚Wenn ich nicht wär, / woher kämen die Scheiben, die klaren?‘ / Die Räder surren: ‚Weil wir uns drehn, / braucht ihr nicht zu Fuß nach Hause zu gehn!‘ / Fritzchen hört zehn Minuten zu, / dann sagt er zum Vater: ‚Und was machst du?‘ / ‚Nicht

Eine gewisse Weltfremdheit hat diesen Aspekt zu einem der beliebtesten Anknüpfungspunkte für Organisationskritik gemacht[597], in der soziale Herrschaftsverhältnisse insbesondere in der Ungleichheit innerhalb von Organisationen inkarniert erscheinen. Dabei pflegt selbst ein Kegelclub mit zehn Mitgliedern, in dem eine totale Basisdemokratie immerhin noch technisch möglich wäre, einen Vorstand zu wählen. Das hat jedenfalls den Vorteil, dass der Vorstand im Namen des Vereins eine Kegelbahn mieten und mit anderen Vereinen Wettkämpfe vereinbaren kann, dass überhaupt jemand mit der Amtspflicht für solche Initiativen vorhanden ist und dass Außenstehende wissen, wen sie ansprechen können, um mit dem Club in Kontakt zu kommen. Eine solche Repräsentanz der Organisation ist eine organisationszielorientierte Entlastung des einzelnen Organisationsangehörigen. Technisch werden solche Regelungen erreicht durch eine Rollendefinition, die Über- und Unterordnungsverhältnisse, also Leitungsstrukturen, festlegt[598]. Denn eine Repräsentanz der Organisation ist nur dann möglich, wenn die innerhalb der Repräsentationsbefugnis getroffenen Entscheidungen auch für die anderen Angehörigen bindend sind. Die Existenz von Leitungsstrukturen als solchen gehört als ubiquitäres Phänomen[599] damit zur rationalen Natur der Organisation; selbstverständlich bietet die inhaltliche Ausgestaltung dieser Strukturen noch genügend Anlass zu kritischer Analyse.

Der Hierarchiekritik liegt zumeist die Vermutung zu Grunde, dass Über- und Unterordnung die Übergeordneten vom Zwang zu Initiative und Innovation entlaste, weil sie delegieren können, und die Untergeordneten in Initiative und Innovation bremse, weil die Übergeordneten sie einengen, ihnen Unruhe übel nehmen, Konkurrenz befürchten usw.; niedrige Hierarchien würden eher den vorhandenen Energien Wirkungsmöglichkeit geben. Eine einjährige Vergleichsuntersuchung von 295 Handelsvertretern in drei großen Firmen mit

---

viel', sagt Vater, ‚ein bißchen lenken, / Gas geben, bremsen - und an alles denken!'" (*Hans Baumann*: Im Auto, in: Bilder und Gedichte für Kinder, Braunschweig: Westermann 1974, S. 73).

597 Vgl. auch *Wild, Jürgen*: Organisation und Hierarchie, in Zeitschrift für Organisation 1973, S. 45-54.

598 Grundsätzlich müssen Leitungs- und (die hier nicht behandelten, weil eher zur Arbeits- und Berufssoziologie gehörenden) Qualifikationsstrukturen nicht parallel liegen; vgl. auch *Krause*, S. 343-370. Zur Kooperation zwischen den verschiedenen Ebenen der Leitung vgl. u.a. *Lanson*, S. 515-531.

599 So z.B. *Mayntz* 1963, S. 97; *Schein*, S. 9; *Mayntz/Ziegler*, S. 35 m.w.N. Über allgemeine soziale Wurzeln der organisationalen Hierarchie siehe die kulturvergleichende Untersuchung von *Maurice/Sellier/Silvestre*, S. 331-365.

verschiedener Hierarchiestruktur prüfte die Hypothese, dass je flacher die Hierarchie ist, desto

1) höher sei die Zufriedenheit im Hinblick auf
   a) Selbstverwirklichung,
   b) Autonomie,
   c) Gelegenheit zur Innovation,
   d) Gelegenheit zur Interaktion,
   e) Sicherheit und
   f) Einkommen,
2) niedriger sei der wahrgenommene Stress,
3) niedriger seien die Fehlzeiten,
4) höher sei die Leistung im Hinblick auf
   a) Effizienz (Bestellungen pro Händlerbesuch) und
   b) Tourenabdeckung (Händlerbesuche pro Tourenstrecke).

Dabei ergaben sich signifikante Unterschiede im Sinne der Hypothese bei 1a, b und f; 2; 4a. In den übrigen Fällen waren die Unterschiede nicht signifikant[600]. Dazu fällt auf, dass die Mehrzahl der signifikanten Unterschiede bei den Kennwerten zum Vorteil des Personals auftrat; die Kennwerte zum Vorteil der Organisation waren nur bei 4a signifikant, ansonsten nicht signifikant.

Die systematisch durchaus richtige Feststellung, dass im Zweifel alle Kompetenzen bei der obersten Leitung lägen, ob sie nun nach dem *Direktorialprinzip* (Singularinstanz) oder dem *Kollegialprinzip* (Pluralinstanz) gestaltet ist, und dass die niedrigeren Ebenen (i.d.R. als Singularinstanzen) nur jeweils delegierte Kompetenz hätten[601], profitiert von der Unklarheit des Fremdwortes Kompetenz. Im Deutschen müsste man Zuständigkeit und Fähigkeit unterscheiden und wüsste dann, dass hier nur Zuständigkeit gemeint sein kann[602].

Da die Leitung die Spitze der Handlungsstruktur ist, steht sie auch an der Spitze der Rollenstruktur und hat damit die höchsten Erwartun-

---

600 *Ivancevich/Donnelly* bei *Gray/Starke*, S. 164-172.

601 *Staerkle* bei *Frese*, Sp. 1230.

602 Dieser Unterschied wird auch deutlich in dem Ausspruch eines Atomphysikers über Leitung und "Fußvolk" in der Wissenschaft: "The man who knows all there is to be known about a subject goes into research. The man who knows something about it goes into teaching. And the man who doesn't know a thing about it - he co-ordinates the work of the two others" (zit. von *Henri Langier*, dieser zit. bei *Cépède, Michel/Houtart, François/Grond, Linus:* Population and Food, New York: Sheed and Ward 1964, S. V).

gen zu erfüllen, so dass es geradezu zwangsläufig ist, dass sie auch die höchsten Fähigkeiten, die höchsten Qualifikationen haben sollte. Das würde dann auch den von der Leitung angestrebten höchsten formalen und informalen *Status*[603] rechtfertigen und die damit verbundenen Annehmlichkeiten. Deshalb gehört es oft zur Selbstpräsentation von Leitungen, die Kongruenz aller dieser Größen nach außen zu behaupten. Dass es in Wirklichkeit längst nicht immer so ist, wird allerdings immer bekannter. So beschreibt *Louis Gerstner*, Sanierer der Firma IBM, die zuerst eine der erfolgreichsten Gründungen der Wirtschaftsgeschichte war, dann aber in existenzgefährdende Schwierigkeiten geriet, wie dort Organisationsstrukturen zu finden waren, die auch von Laien als absolut dysfunktional hätten erkannt werden müssen[604]. Die zur Zeit sehr zunehmende Entzauberung des Leitungsmythos mag vielleicht zu einer Statusnivellierung führen, wird aber an der Hierarchie als funktionaler Notwendigkeit wohl wenig ändern. Das lässt sich nicht zuletzt daraus schließen, dass die Leitung von großen Organisationen, insbesondere von Unternehmen, fast völlig von den Eigentümern auf Personal übergegangen ist, ohne dass die Hierarchien weniger geworden sind: „Almost all institutions in almost all advanced societies are run by graded hierarchies of managers, officials, or officers who do not ‚own' but control"[605].

Die formalen Leitungsstrukturen werden in einem Organisationsplan festgehalten, der auch Instanzengliederungsplan, Aufbauplan, Zuständigkeitsregelung, Geschäftsverteilungsplan u.Ä. genannt wird[606] und der zumeist auch graphisch in einem Organisationsschaubild oder Organigramm[607] dargestellt wird. Ein Beispiel bietet Abbildung 6. Darin sind - und das ist repräsentativ für die gesamte Praxis - die Funktions- oder Positionsbezeichnungen (diese allerdings nur auf der obersten Ebene) angegeben, und die Linien symbolisierten Über- und Unterordnungsverhältnisse. Dieser Organisationsplan geht über das Übliche in zweierlei Hinsicht hinaus: er nennt auch die Namen der gegenwärtigen Positionsinhaber, und er gibt relativ detailliert die

---

603 Siehe dazu u.a. *Johns*, S. 250-254.

604 *Gerstner, Louis V., Jr.*: Wer sagt, Elefanten können (richtig müsste es heißen: könnten; G.E.) nicht tanzen? Der Wiederaufstieg von IBM, Stuttgart/München: Deutsche Verlags-Anstalt 2002.

605 *Michael Young* im Vorwort von 1962 in *Burnham*, S. 11, wobei zu beachten ist, dass „to control" häufig besser mit „steuern", „lenken", „führen" oder „leiten" zu übersetzen ist als mit „kontrollieren" i.S. von „überwachen".

606 Vgl. *Schwarz*, S. 17, der auch auf weitere Literatur zur Technik der Aufstellung solcher Pläne verweist. Weitere Beispiele u.a. *Gibson* u.a., S. 233 - 250.

607 Dazu: *Blum, Egon*: Möglichkeiten und Grenzen des Organigramms, in: Zeitschrift für Organisation 1980, S. 42 - 51 und 84 - 91.

positionsinternen Funktionen an. Damit ist er zugleich eine Art von Zuständigkeitsübersicht und erfüllt so eine wichtige Aufgabe der internen und externen Information, durch die Zeitverluste durch Desorientierung oder Fehlleitung vermieden werden. Das geschieht im wesentlichen durch eine Art Kombination von Organisationsplan und Stellenbeschreibung.

Zusätzlich könnte ein Organisationsplan auch Informationen über das Verhältnis der einzelnen Positionen zueinander enthalten, die über reine Über- und Unterordnungsbeziehungen hinausgehen. Das ist allerdings nur dort nötig, wo es solche Beziehungen gibt, also bei komplexeren Strukturen als denen einer Einheitsverwaltung. Typisch ist das bei solchen Organisationen, die intermediäre Instanzen anderer Organisationen sind. Abbildung 7 gibt ein Beispiel aus der Regionalplanung wieder, in dem die Rechte und Pflichten zwischen den einzelnen Instanzen und Organen dargestellt sind, so dass der Inhalt der Über-, Unter- und Nebenordnungsverhältnisse (z. B. Information, Wahl, Delegation, Berichtspflicht, Ergebniskontrolle, Vorschlagsrecht) erkennbar wird.

Die Existenz von Leitungsstrukturen hängt auch damit zusammen, dass *Kontrollspannen* in größeren Organisationen notwendig sind. Unter Kontrollspanne, neuerdings besser Leitungsspanne genannt[608], versteht man den Bereich der einem Vorgesetzten unmittelbar Untergebenen[609]. Es ist selbstverständlich, dass ein Vorgesetzter die in seiner Position notwendigen unmittelbaren Beziehungen nur mit einer begrenzten Zahl von Untergebenen unterhalten kann. Das ist so selbstverständlich, dass man die Idee der Kontrollspanne (und den Beginn der Organisationsberatung) auf 2. Mose 18, 13 - 26, zurückführen könnte.

Zu Beginn der Organisationstheorie glaubte man, den Umfang der Kontrollspanne genau zu kennen: „No human brain should attempt to supervise directly more than five, or at the most, six other individuals whose work is interrelated“[610], hieß es in den dreißiger Jahren. Zur Begründung diente einerseits eine zweifelhafte Analogie, aber andererseits eine sinnvolle Betrachtung über die Grenzen direkter

---

608 So z.B. *Hill/Fehlbaum/Ulrich*, S. 219. Vgl. auch *Child*, S. 50-65; *Huczynski/Buchanan*, S. 377-380.

609 *Endruweit* bei *Fuchs-Heinritz*, S. 369. Ebenso *Kreitner/Kinicki*, S. 603: „The term span of control refers to the number of people reporting directly to a given manager", die für einen Überblick über dieses Konzept verweisen auf *Bedeian, Arthur G.:* A History of the Span of Management, in: Academy of Management Review, July 1977, S. 356 - 372.

610 *Urwick* bei *Gulick/Urwick*, S. 52.

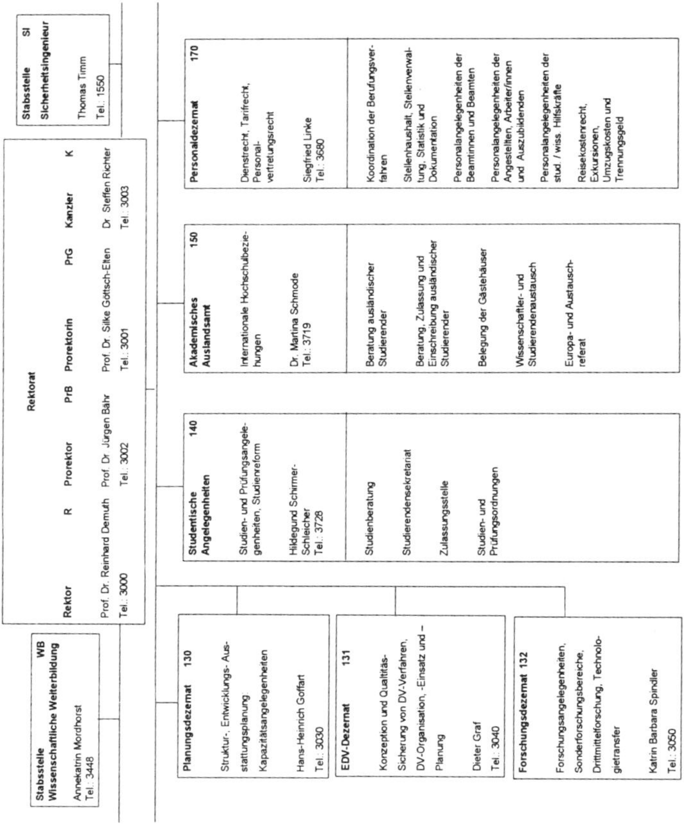

Abbildung 6: Ausschnitt aus dem Organisationsplan der Rektoratsverwaltung der Christian-Albrechts-Universität zu Kiel (Stand 2004)

Beziehungen zwischen Vorgesetzten und Untergebenen: „Just as the hand of man can span only a limited number of notes on the piano, so the mind and will of man can span but a limited number of immediate managerial contacts. ... The limit of control is partly a matter of the limits of knowledge, but even more is it a matter of the limits of time and energy"[611]. Wenn die Kontrollspanne nicht nur trockene Arbeitsanweisungen umfasst, sondern wenn zur Leitung auch die Motivation der Untergebenen, die Konfliktregulierung und die Krisenprävention gehören, dann können auch die modernen Kommunikationsmittel[612] die Kontrollspanne nicht erweitern. Die Schlichtung eines heftigen Zuständigkeitsstreits per e-mail - das wäre ein schlagender Beiweis für die Unfähigkeit des Vorgesetzen. Formale Methoden der (Leistungs-)Kontrolle werden angesichts wachsender Aufgabenvielfalt immer mehr durch gemeinsam akzeptierte Werte und Normen abgelöst[613], also eine schrittweise Ersetzung von Kontrolle durch Organisationskultur. Eine Vergrößerung der Kontrollspanne ist auch eine erhebliche Reduzierung der Personalkosten. Ein häufig wiederholtes Beispiel rechnet vor: Wenn in einer Organisation mit 4.096 Personen auf der untersten Ebene die Kontrollspanne von 1:4 auf 1:8 erhöht wird, braucht man statt 1.365 Vorgesetzter nur noch 585[614].

Der zweckmäßigste Umfang der Kontrollspanne ist deshalb weiterhin ein Diskussionsthema. Darüber gibt es für den näher Interessierten eine vielfältigere Literatur, auf die hier verwiesen sein mag[615]. Dabei gibt es mit Sicherheit keine allgemeingültige Spannen, sondern jeweils spezifische, die von der Art der Funktionen der Organisation, den Organisationsbedingungen, der Persönlichkeit von Vorgesetzten und Untergebenen und vielem mehr abhängen. Ihre fast naturgesetzliche Existenz ist aber nicht zu leugnen und damit auch nicht der zwingende Grund für eine Mindesthierarchisierung[616]. Allerdings gibt

---

611 *Gulick* bei *Gulick/Urwick*, S. 7.

612 Vgl. dazu das für eine Organisation allerdings nicht ganz passende Beispiel der Fernseh-Überwachung von Londoner U-Bahn-Stationen bei *Heath, Christian/Luff, Paul/Svensson, Marcus Sanchez*: Overseeing organizations, in: British Jounal of Sociology 55 (2002), S. 281-201.

613 Vgl. *Deutschmann, Christoph*: Der „Betriebsclan", in: Soziale Welt 1987, S. 133-147, hier: S. 133 m.w.N.

614 *Robbins* 1990, S. 88; 1991, S. 468-470; 1992, S. 199; *Huczynski/ Buchanan*, S. 378.

615 Siehe als Ansatzpunkt die Hinweise bei *Hill/Fehlbaum/Ulrich*, S. 219-224, und *Litterer*, S. 306 - 309 und 559 - 573. Historische Ausführungen bei *Haire*, S. 293 - 297. Siehe auch *Staehle* 1999, S. 702.

616 Dazu die einleuchtenden Gründe bei *Mayntz* 1963, S. 97.

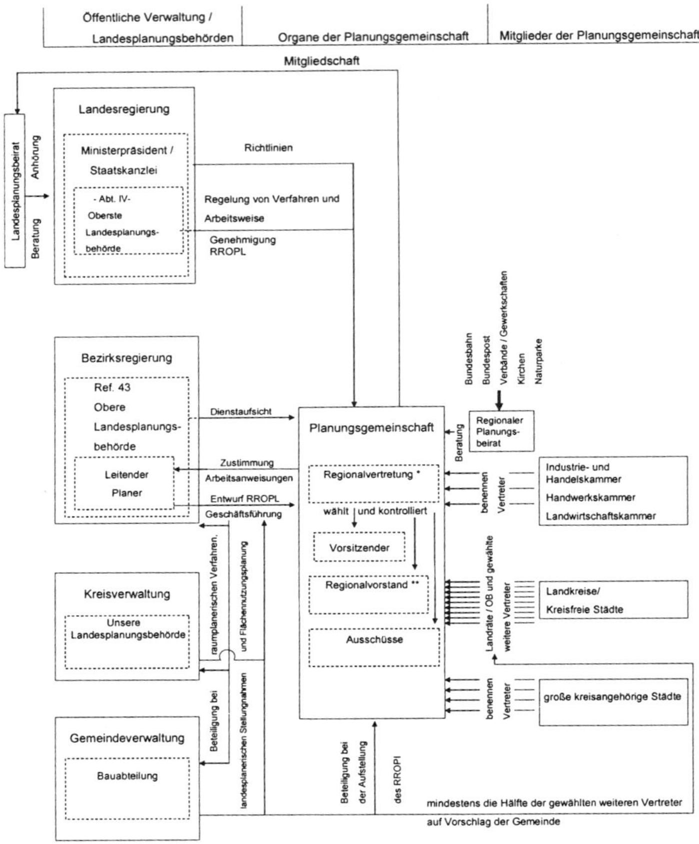

Abbildung 7: Organisationsplan der Landesplanung in Rheinland-Pfalz (Stand 1980)

es auch bei sehr ähnlichen Organisationen eine oft sehr verschiedene Kontrollspanne, weil diese in der Wirklichkeit nicht nur von den sachlich gebotenen Leistungsmöglichkeiten abhängt. So betrug 1988 das Zahlenverhältnis zwischen Generälen und Soldaten in Österreich 0,9, in Kanada 16,2 (einige weitere: BRD: 4,0; USA: 4,9; Frankreich: 7,3; Spanien: 8,5; Schweden: 8,8)[617].

Wenn man unter *Leitung* bzw. *Führung*, beide i.d.R. gleich bedeutend benutzt, „meist die zielorientierte soziale Einflussnahme zur Erfüllung von Aufgaben in mehr oder weniger strukturierten Arbeitsfeldern"[618] versteht, kann man mehrere *Leitungsstrukturtypen* unterscheiden, die man üblicherweise als „-organisation" bezeichnet, obwohl sie nur deren Struktureigenschaft widerspiegeln[619]. Abbildung 8 zeigt die wichtigsten Typen in sehr vereinfachter schematischer Darstellung. Hierbei ist zu beachten, dass es sich um Idealtypen im Sinne *Max Webers* handelt; in der Organisationswirklichkeit findet man oft Mischungen aus diesen Typen, da solche Mischungen den differenzierten Situationen in einer Organisation zumeist besser entsprechen als nur aus Missachtung der organisationalen Randbedingungen entstandene sture Verwirklichungen eines „reinen Prinzips".

A. *Linienorganisation* heißt eine Organisationsstruktur[620], *wenn mindestens ein Inhaber einer Rollenposition mindestens einem anderen unterstellt und/oder vorgesetzt ist.*

Das ist ein Organisationsgefüge, wie es sich idealtypisch ergibt, wenn ein einheitliches Rollensystem in mehrere Subsysteme differenziert wird, die dann wiederum in je mehrere Subsubsysteme differenziert werden usw. Das Typische dabei ist, dass Beziehungen jeweils nur zwischen Mutter- und Tochtersystemen bestehen; Verbindungen zur weiteren „Verwandschaft" in der Seitenlinie sollen nicht geknüpft werden, werden aber in Wirklichkeit oft hergestellt.

---

617 *Cooper, G.S.*: Britain's brass-bound Forces, in: Daily Telegraph, March 26th, 1988, S. 2.

618 *Wiswede* bei *Wiendieck/Wiswede*, S. 4. Vgl. weiterhin u.a. *Huczynski/Buchanan*, S. 477-519; *von Rosenstiel* bei *Allmendinger/Hinz*, S. 203-244; *Robbins* 1991, S. 5 (Leitungsrollen nach *Mintzberg*) und 353-385 (Theorien), sowie 1992, S. 135-154 (Theorien und Modelle); *Fischer* bei *Wiendiek/Wiswede*, S. 137 (weitere Definitonen).

619 Der Terminologieunterschied beruht darauf, dass diese Begriffe in der betriebswirtschaftlichen Organisationslehre entwickelt wurden, in der für eine Richtung Organisation das ist, was für die Soziologie u.a. Struktur ist. Bei *Hill/Fehlbaum/Ulrich*, S. 191 - 209, laufen Linienorganisation usw. allerdings auch schon unter der gemeinsamen Überschrift „Strukturtypen", die dort aber als Teil der Instrumente gelten.

620 Vgl. auch *Spieß/Winterstein*, S. 18-21.

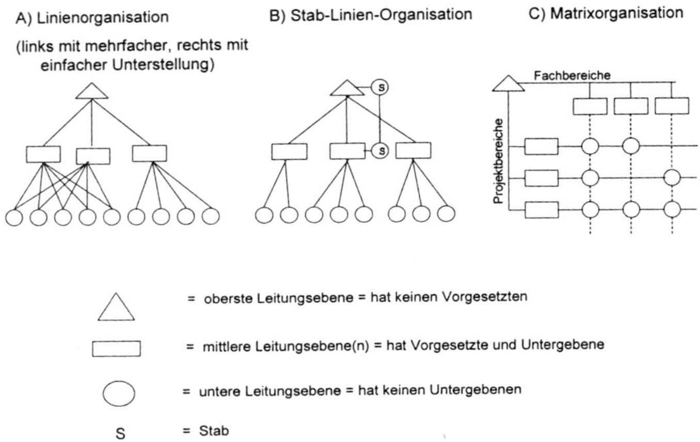

Abbildung 8: Grundtypen von Leitungsstrukturen

Dieser Strukturtyp wird den häufigen Entwicklungsproblemen von Organisationen bei Wachstum gerecht: Ein Rolleninhalt wächst so an, dass er von einem Rollenträger allein nicht zu bewältigen ist. Wenn daraus dann zwei oder mehr Rollen (= Positionen) gemacht werden, ist das Problem gelöst; die Rollendifferenzierung kann den bisherigen Inhalt völlig gleichartig auf die neuen Subsysteme aufteilen (quantitative Differenzierung) oder einige Teilrollen dem einen, die anderen dem anderen Subsystem zuweisen (qualitative Differenzierung). In beiden Fällen dienen die Subsysteme den Zielen des Muttersystems, und dieses bleibt fachlich kompetente „Vorgesetzte".

Soziologisch besonders interessant sind an diesem Strukturtyp im Vergleich zu anderen vor allem die folgenden Gesichtspunkte: Im Liniensystem soll die einheitliche Zielorientierung optimal ermöglicht werden; das soll dadurch erreicht werden, dass sämtliche Kommunikation nur den Über- und Unterstellungslinien folgt (dazu Näheres unter 2.2.1.4). Aus einer solchen Ausrichtung von *Kommunikation* und *Interaktion* folgt in der Regel eine gleichartige Ausrichtung von Loyalitätsbeziehungen nach oben und unten. Mit einer Anordnung von Leitungsstrukturen, die eigentlich der einheitlichen Verfolgung des Gesamtzieles dienen soll, werden so gleichzeitig – aber vielleicht unvermeidbar? – Strukturen geschaffen, die Spartendenken und Ressortegoismus fördern. Damit steht ein weiterer Gesichtspunkt im Zusammenhang, nämlich die vertikale *Mobilität* der Organisationsangehörigen. Die Regel ist, dass ein Angehöriger beim *Aufstieg* in seinem Linienteil bleibt, indem er üblicherweise Nachfolger seines früheren Vorgesetzten wird. Dahinter steht die sinnvolle Annahme, dass er den zu leitenden Bereich schon kannte, und die nur bei quantitativer Differenzierung wenigstens zur Hälfte sinnvolle, aber auch sonst zu findende Annahme, dass jemand sich durch Bewährung in der niedrigeren Position für die höhere qualifizierte. Je mehr sich jemand im engeren Horizont eingesetzt hat, desto eher traut man ihm den größeren zu, der aber wiederum im Verhältnis zur nächsten Aufstiegsposition der engere Bereich ist. Um bei solchen Strukturen nicht die Organisation zu desintegrieren, braucht man spezielle Vorkehrungen, um zentrifugale Kräfte nicht zu groß werden zu lassen; als Beispiel empfiehlt es sich, insbesondere bei qualitativer Differenzierung, als Bedingung für Aufstieg die Bewährung in mehreren verschiedenen Bereichen auf der Horizontalen zu setzen. Ein letzter von vielen Gesichtspunkten sei schließlich noch erwähnt: Beim reinen Liniensystem, das jede Position nur mit einer höheren verbindet, ist die höhere Position, insbesondere wieder bei qualitativer Differenzierung, für jeweils alle Rolleninhalte der niedrigeren Positionen der Vorgesetzte und damit der für die Zielerreichungskontrolle Zuständige. Das kann leicht zu einer solchen Rollenakkumulation führen, dass ein Positionsinhaber der Vorgesetztenfunktion nicht mehr so gerecht werden kann, wie es der Geist des Liniensystems verlangt; die humorvoll erscheinende Deutung von Aufstieg, dass man durch Kompetenzbeweis in der Ausgangsposition solange in höhere Positionen befördert werde, bis man das Höchstmaß an Inkompetenz erreiche[621], hat hier schon einigen Realitätsgehalt, wenn man einmal davon absieht, dass die Qualifikation der Vorgesetztenposition nicht zwangsläufig nur die Summe der Qualifikationen der Untergebenenpositionen sein muss.

Diesem Mangel versucht eine Variation des Liniensystems abzuhelfen. Neben der bisher behandelten *einfachen Unterstellung* gibt es daher auch das Modell der *mehrfachen Unterstellung*[622]. Darin erkennen wir die Meinungsverschiedenheiten zwischen *Fayol* und *Taylor*[623] wieder (vgl.

---

621 Siehe *Peter, Laurence J./Hull, Raymond*: Das Peter-Prinzip, Reinbek: Rowohlt, 1970, insbes. S. 28.

622 Manchmal wird die Linienorganisation mit mehrfacher Unterstellung auch als selbstständiges (neben einer Linienorganisation, die dann nur die einfache Unterstellung umfasst) Modell angesehen und dann als „funktionale Organisation" bezeichnet (*Hill/Fehlbaum/Ulrich*, S. 193).

623 Siehe dazu näher *Staehle* 1999, S. 705/706.

vorne bei 1.6.1). Bei der mehrfachen Unterstellung wird einem Vorgesetzten die Spezialisierung erlaubt; dafür hat jeder Untergebene mehrere Vorgesetzte. Die Kontrollspanne wird durch qualitative Begrenzung quantitativ erhöht, und die qualitative Kontrolle wird durch quantitative Begrenzung verbessert. Diesen möglichen Vorteilen stehen aber mögliche Nachteile gegenüber, wie z.B. die Schwierigkeit der Zuständigkeitsabgrenzungen und damit die Gefahr divergierender Leitungsmaßnahmen und daraus resultierender Konflikte. Die oft auf grundsätzlicher Ebene geführte Auseinandersetzung über die Vor- und Nachteile beider Prinzipien geht von der durch nichts begründeten, aber auch nie explizit, dagegen stets implizit gemachten Annahme aus, es gebe eine optimale Struktur für alle Organisationen zusammen. Viel wahrscheinlicher ist dagegen, dass es vor allem von den Organisationsbedingungen abhängt, ob einfache oder mehrfache Unterstellung zweckmäßiger ist. So kann etwa ein Heer im Frieden optimal organisiert sein, wenn nicht der Ausbildungsvorgesetzte, sondern ein technisch spezialisierter Vorgesetzter für die Wartung des Geräts zuständig ist; im Krieg dagegen hat sich bisher überall die einheitliche Unterstellung am besten bewährt. In der Wirtschaft kann so etwas – wie in der Staatsverwaltung etwa bei den Regierungspräsidien – zu einem Entscheidungsproblem werden, wenn Zweigniederlassungen und Außenstellen einer einheitlichen Leitung oder den jeweiligen Ressorts in der Zentrale unterstellt werden sollen.

B. *Stab-Linien-Organisation* heißt eine Organisationsstruktur, *wenn die Linienorganisation durch Stäbe ergänzt ist, d.h. organisationale Subsysteme, die organisationszielspezifische Entscheidungen vorbereiten oder ausführen, aber nicht treffen, und in manchen Fällen organisationszielunspezifische Funktionen ständig ausüben.*

Stäbe stehen also außerhalb der Linienorganisation, weil diese eine Entscheidungs- und Funktionsstruktur zur Erreichung der Organisationsziele ist. An den Entscheidungen in der Linie ist ein Stab (Beispiel: Direktionsassistent in der Wirtschaft oder persönlicher Referent eines Ministers) nur als Zuarbeiter für die Konzipierung von Entscheidungen eines in der Regel sehr hochrangigen Linienmitgliedes beteiligt, und das ist die typische Stabsarbeit. Daneben hat er gelegentlich ausführende Funktionen der letzten Stufe, also nicht weiter delegierbare; diese Funktionen sind entweder ständige und dann üblicherweise nicht organisationszielspezifische (z.B. Presseabteilung) oder sie sind organisationszielspezifisch, dann aber zumeist vorübergehend (z.B. Stab für ein Sonderprojekt oder für eine Reorganisationsmaßnahme)[624]. Analogisch gesprochen, ist die Stabstelle also eine Sackgasse im Linienverkehr[625].

Dementsprechend hat der Stab auch nur eine Verbindung zu der Linienposition, der er zugeordnet ist. Er hat selbst keine nachgeordnete Stelle und damit keine Vorgesetztenfunktion. Davon gibt es nur gelegentlich eine Ausnahme, die in Abb. 8 durch die gestrichelte Linie angedeutet ist; manchmal sieht eine Geschäftsordnung vor, dass der Stab eines höherrangigen Linienmitglieds Koordinations- o.ä. Aufgaben gegenüber gleichartigen Stäben niederrangiger Linienmitglieder hat und damit de facto, wenigstens teilweise, Vorgesetztenfunktionen. Eine solche Regelung könnte man sich für das Verhältnis zwischen dem Presse- und Informationsamt der Bundesregierung und den einzelnen Referaten für Öffentlichkeitsarbeit der Bundesministerien als zweckmäßig vorstellen. Das als oberste Bundesbehörde dem Bundeskanzler unmittelbar unterstellte Bundespresseamt könnte dann etwa dessen Richtlinienkompetenz in die Pressereferate der Ministerien hineintragen und damit die konzertierte Informationspolitik durchsetzen. Aus ebenso guten Gründen erklärt aber Art. 65 GG jeden Minister zum selbstständigen und verantwortlichen Leiter seines Geschäftsbereichs und damit auch seines Pressereferats; das könnte nun zu widersprüchlicher und zentrifugaler Informationspraxis führen. Während das erste System die Selbstständigkeit und Verantwortlichkeit der Ministerien verfassungswidrig beschneiden würde und auch leicht zu Loyalitätskonflikten in den unteren Stäben und zu Stabsfunktionsüberschreitungen führen könnte, so dass das Liniensystem empfindlich gestört werden kann, hat das zweite System seine Probleme darin, dass gerade übereilige Nachrichtenformulierung und Meinungsbildung auf einem durchaus nicht homogenen Hintergrund leicht zu divergierender Außendarstellung führt. In diesem Dilemma versuchte die Bundesregierung in den siebziger Jahren Regelungen[626] für einen Kompromiss durch grundsätzliche Abstimmungsverfahren und durch Einsetzung von Koordinationsbeauftragten zu finden, um die Vorteile beider Extreme zu verbinden und die Nachteile zu

---

[624] Vgl. zu Stabsfunktionen auch *Cleland/King*, S. 143; *Wieland/Ullrich*, S. 29-33; *Litterer*, S. 584-628.

[625] Ähnlich *Irle*, S. 34.

[626] Maßgebende Quellen für diese Regelungen waren insbesondere § 81 der Gemeinsamen Geschäftsordnung der Bundesministerien, ein Organisationserlass des Bundeskanzlers vom 18.1.1977 (Bulletin vom 22.1.1977) und ein Kabinettsbeschluss vom 15.2.1978. Vgl. auch *Hofsähs, Rudolf/ Pollmann, Hans*: Das Presse- und Informationsamt der Bundesregierung, 5. Auflage, Düsseldorf: Droste 1979, insbes. S. 22-24 und 29-31. Für wichtige Informationen danke ich Herrn *Nehl* vom BPA.

vermeiden, indem wesentlich darauf geachtet wird, dass jeder Stab nur seiner Bezugs-Linienposition verantwortlich bleibt.

Stab-Linien-Strukturen entstehen, weil in der reinen Linienstruktur die höheren Stellen leicht mit Hin- und Herkommunizieren so ausgelastet werden, dass sie keinerlei Kapazität für konzeptionelle Arbeit mehr haben; ein weiterer Grund ist oft, dass manche typischen Stabsarbeiten Qualifikationen verlangen, die im gesamten Liniensystem nicht vorhanden sein müssen, und zwar oft sogar Qualifikationen, die formal denen des vorgesetzten Linienpositionsinhabers entsprechen oder diese gar übertreffen, jedenfalls in ihrer Spezialisierung[627].

Deshalb ist die Stab-Linien-Struktur nicht nur als Struktur komplexer als die Linienorganisation, sondern sie wird auch erst notwendig, wenn die Organisationsfunktionen eine gewisse Komplexität erreichen. Diese Organisationskomplexität hängt durchaus nicht linear mit der Organisationsgröße zusammen. Schiere Größe lässt sich in der Regel mit den simplen Rollendifferenzierungsmethoden der Linienorganisation bewältigen. Maßgebend sind vielmehr die Natur der Organisationsfunktionen und die Schwierigkeiten des Organisationsumfeldes, im Grunde also der Schwierigkeitsgrad der Output-Erstellung.

Vergleicht man die kurzen Beschreibungen der Stabsfunktionen mit dem, was zuvor über die Linienorganisation gesagt wurde, wird deutlich, dass die Einrichtung von Stabsstellen neue organisationssoziologische Probleme bietet. Sie schaffen z.B. neuartige Aufstiegsprobleme. Der Linienmann qualifiziert sich für den Aufstieg, indem er seine gegenwärtige Position möglichst gut ausfüllt, und eine gute Organisation wird auf zusätzliche Vorgesetzteneigenschaften achten. Das Stabsmitglied braucht gerade keine Vorgesetztenqualifikation, und die hervorragendsten Zuarbeitereigenschaften lassen ihn eben gerade nicht für die Linienfunktion geeignet erscheinen. Rotation zwischen Stab und Linie ist daher in derselben Organisation von Natur aus begrenzt, es sei denn, die Organisation legt darauf aus personalpolitischen Überlegungen besonderen Wert. Hier kann natürlich ein System von Stäben auf verschiedenen Linienebenen eine qualifikationsspezifische Aufstiegschance bieten, so etwa beim Militär.

Aber auch im überindividuellen Bereich bietet der Stab Probleme. Aufgrund ihrer besonders hohen Qualifikation sind Stabsmitglieder

---

627 Historische Hinweise zur Stab-Linien-Struktur bei *Irle*, S. 31, und *Staehle* 1999, S. 706/707.

nicht immer auf Zuarbeitertätigkeit zu reduzieren. Umgekehrt haben sie regelmäßig häufigere Kontakte zu ihrem Vorgesetzten als die diesem ebenfalls unterstellten Linienmitglieder und werden deshalb oft als Angelpunkte der informalen Struktur angesehen. Ein öfter vorkommendes Karrieremuster führt deshalb auch Stabsmitglieder zum Aufstieg in die Linien der Konkurrenz, weil ihre intime Kenntnis der Herkunftsorganisation dort wichtig ist.

Mit einiger Vorsicht könnte man die Stab-Linien-Organisation als Synthese von Linienorganisationen mit einfacher und mehrfacher Unterstellung ansehen[628], die beider Vorteile besitzt und beider Nachteile zu vermeiden sucht. Im Stab-Linien-System bleibt der *Fayol*-Grundsatz der einheitlichen Leitung erhalten und wird der *Taylor*-Grundsatz der fachlichen Spezialisierung von Vorgesetztenpositionen teilweise ermöglicht. Oft wachsen sich ursprüngliche Stabsstellen zu einer „zentralen Dienststelle“[629] aus, die in recht großem Umfang alle entsprechenden Funktionen für die gesamte Organisation erledigt und ohne weiteren Unterbau auf relativ hoher Organisationsebene angesiedelt ist. Beispiele sind die zentrale Personalverwaltung, die Datenverarbeitung, die Rechtsabteilung und die Revision. Damit ist die Verschmelzung der beiden Muster von Linienorganisation vollständig.

C. *Matrixorganisation* heißt die Fortentwicklung der bisher beschriebenen Tendenz. Obwohl sie in ihren Grundlagen auf *Taylor* zurückgeht[630], insbesondere auf die doppelte Unterstellung im Funktionsmeistersystem[631], ist sie als praktisches Phänomen neuer. Sie soll deshalb erläutert werden, bevor eine vorläufige Definition versucht wird.

Eine Vorstufe war die Einrichtung von Task Forces, d.h. zeitweiligen Subsystemen einer Organisation, die zumeist bei Unterstellung unter eine hohe Position des Liniensystems eine genau begrenzte Teilfunktion der Gesamtorganisation übernehmen und für die die Angehörigen aus den verschiedensten Stellen des (Stab-)Liniensystems vorübergehend in die Task Force übernommen werden. Dort sollen sie unter Befreiung von allen sonstigen Organisationsfunktionen sich auf die Teilfunktion der Task Force konzentrieren, für die sie als Spezialisten gelten. Die Task Force – Beispiele etwa Sonderkommissionen der Kriminalpolizei für die Aufklärung besonders spektakulärer Fälle,

---

628 Ähnlich *Hill/Fehlbaum/Ulich*, S. 199-201.

629 Vgl. schon *Schmalenbach, Eugen*: Über die Dienststellengliederung im Großbetrieb, Köln/Opladen: Westdeutscher Verlag 1959, S. 22-26.

630 *Scholz* bei *Frese*, Sp. 1310.

631 *Hebal* bei *Mayntz* 1971, S. 228.

„Expeditionskorps" von Kolonialarmeen und Projektgruppen für Großvorhaben der Bauindustrie – ist üblicherweise eine Suborganisation, die nach Zielerreichung aufgelöst wird.

Vor allem in der Rüstungs- und Raumfahrt-Industrie der USA wurde dieser Ansatz zu dem allgemeinen Organisationsprinzip der Matrixorganisation ausgeweitet, als sich immer häufiger die Task-Force-Situation ergab: zeitlich begrenzte, einmalige Projekte, die hochspezialisierte Qualifikationen und dabei Zusammenarbeit verschiedenster Disziplinen verlangten. Die für solche Fälle geschaffene Matrixorganisation (vgl. Abb. 8 ganz rechts) hat die folgende Grundstruktur[632]: Der obersten Führungsebene sind zwei Bereiche – mit oder ohne (in Abb. 8 ohne) jeweils gemeinsame(r) Leitung – unterstellt, nämlich einerseits Fach- oder Verrichtungsbereiche, die in Abb. 8 in der Waagerechten dargestellt sind, und andererseits Projekt-, Produkt- oder Objektbereiche, die in Abb. 8 in der Senkrechten dargestellt sind. Die Fachbereiche repräsentieren dabei die langfristigen Funktionen der Organisation, wie etwa Finanzierung, Buchhaltung, Personalwesen; die Projektbereiche sind für einzelne Vorhaben zuständig, in einem Automobilwerk beispielsweise für Personenwagen, Nutzfahrzeuge, Sonderfahrzeuge usw., in einer Hilfsorganisation beispielsweise für Obdachlosenhilfe, Flüchtlingshilfe, Unfalldienst usw.[633].

In ihrer abstraktesten Fassung sind nun die Kreise in Abb. 8, also die untersten Ebenen, nicht personale Positionen, sondern Funktionen eines Projektbereichs. Im Extemfall kann also ein Projektbereich nur

---

632 Einführend dazu u.a. *Wieland/Ullrich*, S. 49-51; *Staehle* 1999, S. 709-712; *Khandwalla*, S. 495-497; *Litterer*, S. 645-648; *Leumann*, S. 72-80; *Scholz* bei *Frese*, Sp. 1302-1315. Empirisches bei *Joyce*, S. 536-561. Eingehende Analyse dieses Strukturtyps bei *Larson/Gobeli*, S. 126-138.

633 Bei *Kreitner/Kinicki*, S. 632, lautet die Beschreibung so: „ A matrix organization is a project-oriented approach for organization design that combines vertical and horizontal authority. It often is referred to simply as project management. ... In flagrant violation of the traditional unity of command principle (each employee should report to only one boss), the functional specialists ... have two bosses. Each functional manager is responsible for general administrative duties such as hiring, training, performance appraisal, and project assignments. Meanwhile, the project managers have temporary authority over varying numbers of functional specialists, depending on project requirements." Bei *Likert*, S. 171-178, wird die gleichzeitige Organisiertheit nach funktionalen und geographischen Kriterien bei einer Telefongesellschaft eingehend dargestellt, ohne dass von Matrixorganisation die Rede ist, sondern von „multiple, overlappping group structure" oder „cross-function, geographical work group". Weitere Beispiele aus der Praxis bei *Butler/Wilson*, S. 28; *Merrill*, S. 589-591; *Robbins* 1990, S. 331-337.

aus einer einzigen Person bestehen, eben dem links angeführten Projektbereichsleiter. Die rechts von ihm aufgeführten Kreise würden angeben, dass er mit dem darüberliegenden Fachbereich jeweils funktionale Beziehungen aufzunehmen habe, wenn seine Tätigkeit es erfordert, und dass dieser Fachbereich ihm gegenüber auch weisungsbefugt ist.

Eine andere Konzeption, die jedoch größere Projektbereiche voraussetzt, versteht die Kreise als Personen auf der untersten Leitungsebene. Das kann z.B. bedeuten, dass jeder bei einem Projekt fachlich berührte Fachbereich (ist er fachlich nicht berührt, ist in Abb. 8 am Schnittpunkt der Linien kein Kreis) einen oder mehrere Angehörige in das Projektteam „delegiert“. Dann wird auch die unterschiedliche Ausführung der Linien in Abb. 8 verständlich: durchgezogene Linien in der Horizontalen geben die disziplinarische Unterstellung unter den Projektleiter wieder, punktierte Linien in der Vertikalen die fachliche Unterstellung unter den Fachleiter. Hier gilt also das *Taylor*-Prinzip statt des *Fayol*-Prinzips (vgl. 1.6.1.2 a.E.). Wenn ein solches System große Flexibilität in der Zusammenstellung von Arbeitsgruppen und kurze Kommunikationswege bietet, so werden damit auch persönlich oft problematische Fluktuationen in der Gruppenzusammensetzung eingeführt und Machtkämpfe unter den Fachbereichen um den beherrschenden Einfluss in den Projektbereichen keineswegs ausgeschlossen. Denn „its greater flexibility and ambiguities with respect to roles, power, and responsibilities make it an extremely difficult organizational form in which to live and to manage“[634].

Deswegen werden Vor- und Nachteile noch sehr streitig diskutiert. Der größeren Flexibilität, verstärkten Koordination, besseren Kommunikation, erhöhten Motivation und dem größeren Engagement als Vorteilen werden als Nachteile Macht- und Autoritätskämpfe, vermehrte Konflikte, langsame Entscheidungsfindung und die Kosten der doppelten Leitung gegenübergestellt [635]. Eine Feldstudie bei einem Flugzeugbauer, einem typischen Bereich für Matrixstrukturen, erbrachte folgende Ergebnisse dieser Form: eine größere Menge, aber eine geringe Qualität der Kommunikation und einen negativen Einfluss auf Arbeitseinstellungen und -koordination[636].

Der Matrixorganisation wird vor allem die Verminderung von Hierarchieebenen zugetraut. Allerdings sieht das wohl nur auf den ersten Blick so aus, weil die Grundstruktur in der Tat nicht mehr Ebenen

---

634 *Beer*, S. 162.
635 *Kreitner/Kinicki*, S. 632.
636 *Joyce*, S. 536-561.

braucht, als Abb. 8 darstellt. Ob das aber in der Realität so ist, hängt nicht zuletzt von der Größe der einzelnen Projektbereiche ab; dass die Belegschaft einer auch nur mittleren Baustelle als nur funktional-horizontal gegliederte Projektgruppe funktionieren kann, ist relativ unwahrscheinlich.

Bisher ist die Matrixorganisation im Wesentlichen nur dort als idealtypisches Muster benutzt worden, wo der Task-Force-Situation ähnliche Organisationsbedingungen vorherrschten. Es gibt aber auch Ansätze zur Einführung der Matrixorganisation bei relativ stabilen, repetitiven und routinisierten Funktionen einer Organisation. Abbildung 9 zeigt einen Versuch der Stadt Duisburg, die regionale Dimension der Bezirksrathäuser in der Horizontalen mit der fachlichen Dimension der Zentralverwaltung in der Vertikalen matrixartig zu verflechten[637].

Es ist also keineswegs ausgeschlossen, dass die Matrixorganisation sich zu einem allgemeinen Organisationstypus entwickeln kann, jedenfalls dann, wenn auf Flexibilität der Organisation Wert gelegt wird – und das braucht nicht nur an der Variabilität von einzelnen Großprodukten mit Spezialtechnologie zu liegen, sondern könnte aus der Personalsituation kommen, an Dienstleistungsanforderungen usw. liegen. Dann könnte man eine *Matrixorganisation* als eine Organisationsstruktur konzipieren, *bei der ständige fachliche Spezialeinheiten vorübergehenden oder ständigen projektorientierten Spezialeinheiten gegenüberstehen*, so dass eine Kombination von beiden eine optimale Erreichung auch wechselnder Organisationsziele ermöglicht. Das wäre dann in der Tat die Verknüpfung von zwei Vorteilen aus zwei anderen Strukturprinzipien: „The matrix ... is an attempt by managers to obtain the benefits of efficiency (lower cost) inherent in the functional organization and the benefits of effectiveness (responsiveness to markets) inherent in the decentralized firm“[638]. Von den unvermeidlichen Nachteilen allerdings wird beim Vorschlagen neuer Modelle seltener geredet.

---

637 Eine frühere Fassung wird näher beschrieben von *Dworatschek* bei *Dworatschek* u.a., S. 155-158; die Abb. 8 auf dem Stand von 2004 verdanke ich Herrn *Schauf* vom Organisations- und Personalamt. Gegenüber der früheren Fassung (=Abb. 8 in der 1. Auflage) ist hier ein Rückgang der Matrixverflechtung zu erkennen.

638 *Beer*, S. 161. Siehe auch *Morgan* 1986, S. 57-59; *Child*, S. 89 (dort etwas andere Darstellungsweise).

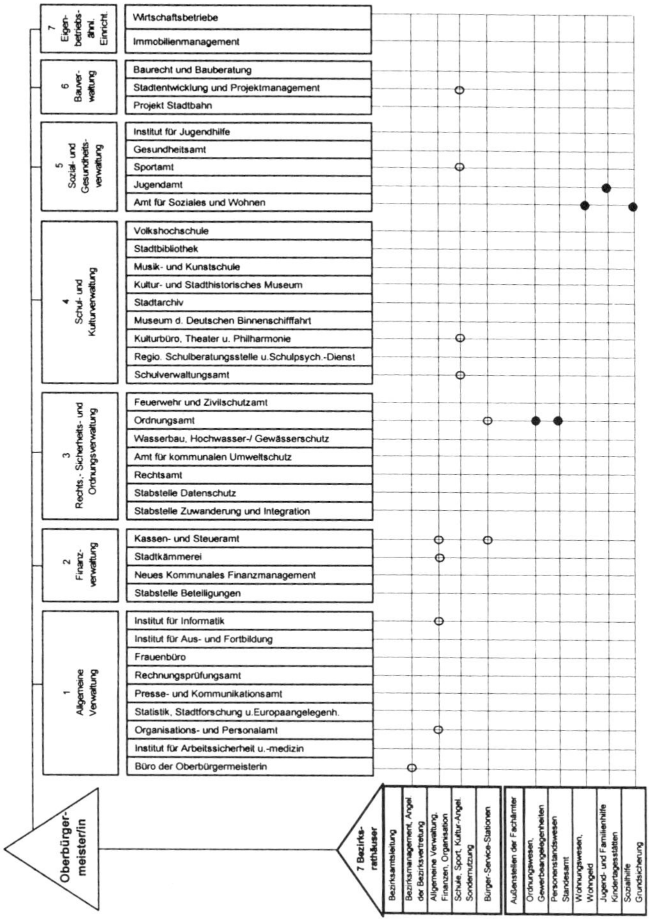

○ Dienstaufsicht beim Bezirksamtsleiter, Fachaufsicht beim Fachbereichs-(Fachamts-)leiter

● Dienst- und Fachaufsicht beim Fachbereichs-(Fachamts-)leiter

Abbildung 9 : Matrixorganisation der Stadtverwaltung Duisburg

Eine Erweiterung des inzwischen bekannten Matrixmodells ist die *Tensororganisation*[639]. Unter ihr versteht man „eine dreidimensionale Ausgestaltung des Leitungssystems, wobei i.d.R. die Merkmale ‚Funktion', ‚Produkte' und ‚Regionen' kombiniert werden. Es gilt das für die Matrixorganisation Gesagte in noch ausgeprägterer Form"[640].

Das sind die drei bzw. vier (wenn man die Linienorganisation mit mehrfacher Unterstellung als eigene Form, dann meist „funktionale Organisation" genannt, zählen will) klassischen Formen der Leitungsstruktur. Ihre Kriterien sowie Vor- und Nachteile sind so vielfältig, dass man sie übersichtlich nur in einer Tabelle darstellen kann, für die es schon Beispiele gibt[641].

Inzwischen gibt es mehrere neuere Ansätze zur Arbeitsstrukurierung, die nicht ohne Weiteres einer bestimmten Leitungsstruktur zuzuordnen sind. Das gilt etwa für die *Telearbeit*, d.h. „die dezentrale, d.h. räumlich getrennte Leistungserstellung, in deren Rahmen Informations- und Telekommunikationstechnologien zum Einsatz kommen"[642]. Ob diese aber auch für, beispielsweise, Motivationsversuche taugen? Dazu gehören auch die *teilautonomen Arbeitsgruppen*, die ja ein Übergang von hierarchischer Kontrolle zur Selbstkontrolle sein sollen, also ein weitgehender Verzicht auf Führung trotz Zielvorgabe von außen. Deshalb sind sie „unterschiedlichen, ja konträren Anforderungen ausgesetzt. So sollen Fertigungsgruppen sich selbst regulieren, aber die Selbstregulation bleibt immer auf extern vorgegebene Ziele begrenzt. Die Gruppenmitglieder sollen miteinander kooperieren; zugleich müssen sie sich aber auch wechselseitig kontrollieren"[643]. So wundert sich ein Forscher über die „weitverbreitete Naivität und die Harmonievorstellungen über Gruppenarbeit im Rahmen der Humanisierungsdebatte"[644], nachdem er selbst dabei u.a. Mob-

---

639 Allegorie zur Anatomie (Muskel, der eine Membran spannt) oder zur Mathematik (Verallgemeinerung des Vektorbegriffs in der Elastizitätstheorie).

640 *Staerkle* bei *Frese*, Sp. 1234. Siehe auch *Staehle* 1999, S. 709; *Gomez/Zimmermann*, S. 183/184.

641 Das wohl beste bei *Staehle* 1999, S. 713-717. Vgl. zu allen Formen auch *Gomez/Zimmermann*, S. 176-184.

642 *Claudia Bremer* bei *Brill/de Vries*, S. 121. Vgl. auch *Konradt, Udo/Schmook, Renate/Mälecke, Mike*: Impacts of telework on individuals, organizations and family, in: International Review of Industrial and Organizational Psychology 15 (2000), S. 63-99, mit sehr gutem Überblick über empirische Studien.

643 *Minssen*, S. 340.

644 *Fröhlich, Dieter*: Machtprobleme in teilautonomen Arbeitsgruppen, in: *Neidhardt, Friedhelm* (Hrsg.): Gruppensoziologie, Opladen: Westdeutscher Verlag 1983, S. 532-551 (=Sonderheft 25 oder Kölner Zeitschrift für So-

bing, Machtkämpfe und Konflikte zwischen von der Gruppe formell gewähltem Sprecher und informellem Führer festgestellt hatte. Auch die *virtuelle Organisation* und die *Netzwerkorganisation*[645] soll Hierarchien abbauen und damit Leitung vermindern. Möglicherweise sparen die Verfahren aber nur Stellen im Linienbereich ein und schaffen dafür neue Stabsstellen für Klinische Psychologen.

Für die Leitung gilt, wie für alle anderen Aspekte der Organisationsstruktur, dass sie nicht nur nach außen wirkt, sondern auch auf die anderen Strukturelemente[646]. Ob die Leitung eines (Sub-)Systems abhängig von äußeren Einflüssen ist oder nicht, ob sie häufig oder selten wechselt usw., ist also nicht nur eine Frage, die in der Praxis unter dem Gesichtspunkt der Leitungsstruktur allein, sondern unter dem der Organisationsstruktur in allen Einzelaspekten entschieden werden muss.

Ein wichtiger Gesichtspunkt für die Leitungsstruktur ist die *Partizipation*[647]. Darunter versteht man die Beteiligung des Personals an Entscheidungen; und da Entscheidungen Maßnahmen der Leitung sind, ist Partizipation auch Beteiligung an der Leitung. Zur Partizipation als Oberbegriff gehören sowohl die formelle, meistens durch Gesetze oder Tarifverträge vorgeschriebene *Mitbestimmung* bzw. *Mitwirkung* wie auch alle Formen der informellen Beteilung bis hin zur jovialen Frage des Arbeitsdirektors: „Na, Müller, Sie haben ja zu Weihnachten Schicht. Was wünschen Sie sich da von der Kantine?“

Es ist nahe liegend, dass Organisationsleitungen eher für die informelle Partizipation sind, das Personal mehr für die formelle. Partizipationslose Leitung würde i.d.R. große Defizite bei Identifikation des Personals mit der Organisation, Arbeitsmotivation und –zufriedenheit, Konfliktvermeidung usw. bewirken. Für alle diese Gesichtspunkte ist die betriebliche Mitbestimmung wichtiger als die überbetriebliche oder Unternehmensmitbestimmung.

In der betrieblichen Mitbestimmung gibt es allein für die Beteiligung von Organisationsleitung und Personal verschiedene Modelle, wie folgendes Zitat zeigt: „Reines Arbeitnehmergremium ist der Betriebs-

---

ziologie und Sozialpsychologie). *Minssen*, S. 186, spricht von „diskursiver Koordinierung“ bei der Gruppenarbeit und führt dazu als typisches Mittel die Zielvereinbarung an.

645 Siehe dazu auch *Staehle* 1999, S. 747-752.

646 Vgl. dazu *Meyer, M.W.*, S. 514-542; *Miller/Fry*, S. 305-319; *Mrela*, S. 53-63.

647 Siehe dazu *Endruweit, Günter/Gaugler, Eduard/Staehle, Wolfgang H./Wilpert, Bernhard* (Hrsg.): Handbuch der Arbeitsbeziehungen, Berlin/New York: de Gruyter 1985; *Staehle* 1999, S. 534-538.

rat in Deutschland, in Österreich, in der Schweiz, in den Niederlanden und in Italien. In Frankreich ist nur der Vorsitzende des Gremiums Arbeitgeber bzw. Arbeitgebervertreter. Die schwedischen Gremien dagegen bestehen zu 2/3 aus Arbeitnehmer- und zu 1/3 aus Arbeitgebervertretern. Paritätische Besetzung gibt es in Dänemark, Norwegen, Großbritannien, Irland und Belgien. In Luxemburg gibt es beide Schemata: die paritätische Besetzung beim ‚Comité Mixte' und die ausschließliche Arbeitnehmervertretung bei der ‚Délégation du Personnel'"[648]. Das betrifft nur die Mitbestimmung in der Wirtschaft; im öffentlichen Dienst kann sie nach ganz anderen Vorschriften gehen (in Deutschland z.B. sowohl Bundes- wie Länderrecht).

Was Partiziption in der Wirklichkeit bedeutet oder bedeuten kann, richtet sich nicht zuletzt danach, bei welchem Typ von Entscheidungsfragen die Personalverteter ein Recht auf Mitentscheidung (evtl. gar Vetorecht), Mitberatung oder nur Information haben. Wegen der komplexen Natur, aber auch aus anderen Gründen ist die empirische Forschung bisher noch relativ mager[649]. Deshalb kann auch nicht gesagt werden, ob die folgende Zusammenfassung stimmt: „Participation failures in all countries ... stem primarily from lack of worker interest. Despite the strong pleas by behaviorists that participation is needed as an antidote to the dehumanization of the work-place, workers show few signs that they perceive participation as a psychological need."[650]

Eingehender wird das Thema in der Industriesoziologie sowie in der Arbeits- und Berufssoziologie behandelt.

2.2.1.4. Kommunikationsstrukturen

Aus den bisher erörterten Strukturaspekten lässt sich schon erschließen, dass die Kommunikation innerhalb der Organisation eines der besten Mittel ist, mit denen die Organisation in Gang gehalten wird. Die Muster, die für diese Kommunikation vorgegeben sind, gehören also auch zu den wichtigen Strukturaspekten, und damit gehört auch ein großer Teil der Kommunikationswissenschaft zum hier empfohlenen Rüstzeug für Organisationsfachleute[651]. Die Beschäfti-

---

[648] *Dülfer*, S. 357/358 m.w.N. (Dort wird das Comité irrtümlich als Comitée geschrieben).
[649] Vgl. die Beispiele bei *Staehle* 1999, S. 537.
[650] *Fein* bei *Dubin*, S. 476.
[651] Näheres u.a. bei *Katz/Kahn*, S. 223-258; *Litterer*, S. 494-527. Zum Zusammenhang zwischen Organisations- und Kommunikationstheorie vgl. *Menz*, S. 7-28.

gung mit der Kommunikation in Organisationen ist für den Praktiker und, ihm folgend, den Wissenschaftler aus folgenden Gründen wichtig: „The study of communication in organizations is of special import because the large size, high degree of complexity, strain toward effectiveness, and elaborate control structure of organizations all require extensive communication networks and roles and mechanisms especially devoted to the flow of communication. We are interested in the study of communication chiefly as a symbolic process by which the orientations of lower participants to the organization are reinforced or changed"[652]. Deshalb ist Kommunikation, entgegen mancher Technikermeinung, auch nicht durch die Arbeitsvorbereitung zu ersetzen. Eine „seductively simple definition“ für Kommunikation nennt diese "the process by which information is exchanged between a sender and a receiver"[653]. Nach einer weiteren Unterscheidung wäre dieses nur das „Grundmodell der technischen Kommunikation", dem man als soziale Kommunikation "den zwischenmenschlichen Austausch von Mitteilungen, Gedanken und Gefühlen (auch nichtverbaler Art) sowie die Fähigkeit von Menschen, in Gruppen soziale Beziehungen zu unterhalten“ gegenüberstellt[654]. Falls das Thema überhaupt, zumeist erst in der neueren und vorwiegend in der organisationspsychologischen Literatur, aufgegriffen wird, begnügt man sich oft mit dem technischen Begriff, der auch in der Kommunikationswissenschaft grundlegend ist. Allerdings darf der Begriff nicht zu sehr als Übernahme aus der Technik gesehen werden, weil er dann zu eng ist. Der soziale Sender sendet auch dann, wenn er es gar nicht merkt, und sogar dann, wenn er es gar nicht will. Der Vorgesetzte, der jahrelang an einem Untergebenen wortlos vorbeigeht, sagt damit, dass der Untergebene ihm nicht ein einziges Wort wert ist. Der Untergebene, der seinen Vorgesetzten nie grüßt, zeigt damit – wenn man voraussetzen kann, dass er eine Minimalsozialisation durchlaufen hat – eindeutig, dass er ihm keine Achtung entgegenbringt. Beide dürfen sich über die Folgen ihrer Kommunikation nicht wundern.

Der Intention nach sind die Kommunikationsstrukturen recht einfach: sie sollen parallel zu den Leitungsstrukturen verlaufen[655], wel-

---

652 *Etzoni* 1971, S. 241.

653 *Johns*, S. 347.

654 *Staehle* 1999, S. 300 und 301. Vgl. auch *Spieß/Winterstein*, S. 51-77; *Robbins* 1991, S. 315-332, und 1992, S. 115-134.

655 So *Champion*, S. 172, der dort mit „authority hierarchies“ unsere Leitungsstruktur meint. Zum Zusammenhang von Kommunikationsstruktur und anderen Strukturaspekten vgl. auch *Hage/Aiken/Marrett*,S. 860-871; *Mayntz/Ziegler*, S. 46-54; *Luhmann*, S. 190-206; *Porter/Roberts* bei *Dunnette*, S. 1553-

chem Modell diese auch folgen mögen. Die Anweisungen usw. von Vorgesetzten sollen die Linien abwärts gehen, und die Rückmeldungen usw. von Untergebenen sollen die Linie aufwärts gehen. Wird Kommunikation zwischen zwei Stellen auf verschiedenen Linien notwendig, muss sie in vielen Fällen aufgrund ausdrücklicher Vorschriften unter Einhaltung des „*Dienstweges*" stattfinden, nämlich vom Sender aus die erste Linie aufwärts bis zu der Position, in der beide Linien zusammenlaufen, und von dort aus die zweite Linie abwärts bis zum Empfänger. So verschwenderisch diese Praxis sein mag, wenn sie in jedem Fall durchgeführt wird, so sinnvoll ist sie bei wichtiger Kommunikation: Alle dem Sender und dem Empfänger vorgesetzten Positionsinhaber bis hin zu dem für die Zielorientierung beider Linien Verantwortlichen sind über den Vorgang unterrichtet und können ggf. im Interesse der Organisationspolitik korrigierend eingreifen. Wird der Dienstweg aber dysfunktional rigoros gehandhabt, bildet sich oft der „kleine Dienstweg" als inoffizieller, dann aber meist wirksamerer direkter Kontakt in der Horizontalen aus, und zwar auch bei wichtigen Angelegenheiten. Das Auseinanderklaffen von Leitungs- und Kommunikationsstruktur ist einer der häufigsten Fälle von informalen Organisationsstrukturen. Das ist dann aber kein statisches Strukturelement, sondern Kommunikation ist oft ein durchaus dynamisches Mittel für intriganten Wandel der Leitungsstruktur. Deshalb gehört auch der Klatsch zur Organisationskommunikation[656].

Die Parallelität von Leitungs- und Kommunikationsstruktur hat offensichtlich viele Vorteile. So ist dann oft die *formelle Kommunikationsstruktur* konzipiert, d.h. die von der Organisationsleitung vorgegebene, vorgeschriebene, normative, „ideale". Demgegenüber umfasst die *informelle Kommunikationsstruktur* die Wege, auf denen Kommunikation real, tatsächlich, freiwillig, ggf. sogar unzulässigerweise stattfindet. Als allgemeinen Begriff der *Kommunikationsstruktur* kann man also vorschlagen: *das Netzwerk, in dem Informationen zwischen Organisationsangehörigen fließen sollen (formelle Kommunikation), ob sie nun tatsächlich so fließen oder nicht, bzw. tatsächlich fließen, obwohl sie so nicht fließen sollen (informelle Kommunikation).* Die Unterscheidung entspricht vom Prinzip her also der zwischen formellen und informellen Gruppen, wobei aber die jeweiligen Kommunikationspartnerschaften keineswegs immer zugleich Gruppen sind. Ein empirisch erheblicher Unterschied zwischen formeller

---

1589. Die Kommunikationsstruktur wird daher schon in der frühen modernen Organisationstheorie als Organisationsvariable gesehen (vgl. z.B. *Likert*, S. 5 und 201).

[656] Vgl. auch *Noon/Delbridge*, S. 25 und 33.

und informeller Struktur ist i.d.R. ein Indikator für einen Organisationsmangel, d.h. für eine unzweckmäßige formelle Kommunikationsstruktur. Deshalb dürfen formell und funktional einerseits sowie informell und dysfunktional andererseits nicht gleichgesetzt werden. Denn neben der formellen hat auch die informelle Kommunikation ihre stabilisierende Bedeutung. Insbesondere als gruppenspezifische Kommunikation zwischen Angehörigen der gleichen Organisationsebene[657] dient sie nicht nur der Information über organisationsfremde Gegenstände, sondern auch dem Austauch organisationsrelevanter Mitteilungen, die auf dem langen Weg der formellen Kommunikation vielleicht verloren gingen. So trägt die informelle Kommunikation ebenfalls zur Identitätsgewinnung und Kohäsionsbildung bei[658] und ist nicht immer nur ein Anfang von Gegenmachtformierung. Damit kann ein zu großer Hiatus zwischen Organisationsrolle und Persönlichkeitsbedürfnissen vermieden werden[659]. Empirische Untersuchungen zeigten, dass die Zufriedenheit mit der Kommunikation positiv korrelierte mit der Arbeitsleistung und der gesamten Arbeitszufriedenheit[660].

Man kann als Hypothese aufstellen: Je höher eine Position in einer Organisation ist, desto weniger ist ihr Inhaber mit Material, Energie u.ä. befasst und desto mehr mit Kommunikation[661], und zwar zunehmend über die Grenzen der Organisation hinaus. In ähnlicher Weise verläuft wohl nur noch, und das noch mehr an der Spitze konzentriert, die Beschäftigung mit Finanzierung. Kommunikationsfähigkeit ist daher Voraussetzung für alle Führungspositionen, je höher, desto mehr. Das zeigt schon eine kurze Liste von Führungsaufgaben, die überwiegend mit dem Mittel der Kommunikation erledigt werden müssen: koordinierende Abstimmung, Delegation, Gruppen-

---

657 Über einige Folgen von quer zur Leitungsstruktur erfolgender Kommunikation vgl. *Allen*, S. 78/79.

658 Informelle Kommunikation ist nach verschiedenen Untersuchungen schneller als formelle; zu etwa drei Vierteln wahrheitsgemäß; in ihrer Thematik selektiv; wird besonders von solchen Organisationsangehörigen genutzt, die unsicher, bedroht oder mit Organisationswandel konfrontiert sind; macht etwa die Hälfte der betrieblichen Informationen aus (*Kreitner/Kinicki*, S. 422/423 m.w.N.).

659 Das ist ein Gesichtspunkt, der insbesondere bei der Arbeitsplanung für hoch qualifiziertes oder überdurchschnittlich kreatives Personal in der Praxis oft nicht hinreichend beachtet wird.

660 *Pincus, N. David:* Communication Satisfaction, Job Satisfaction, and Job Performance, in: Human Communication Research, Spring 1986, S. 395-419; *Snyder, Robert A./Morris, James H.:* Organizational Communication and Performance, in: Journal of Applied Psychology, August 1984, S. 461-465.

661 *Litterer*, S. 494.

arbeit in der Verwaltung, Beratung, Entscheiden, Anerkennung, Partizipation, Klimapflege und schließlich Führung als solche[662].

Dabei kann es für den Erfolg der Kommunikation sehr auf den konkreten Kommunikationsstil ankommen[663]. Eine einfache Übersicht bietet Abbildung 10, die fünf verschiedene Kommunikationsstile im

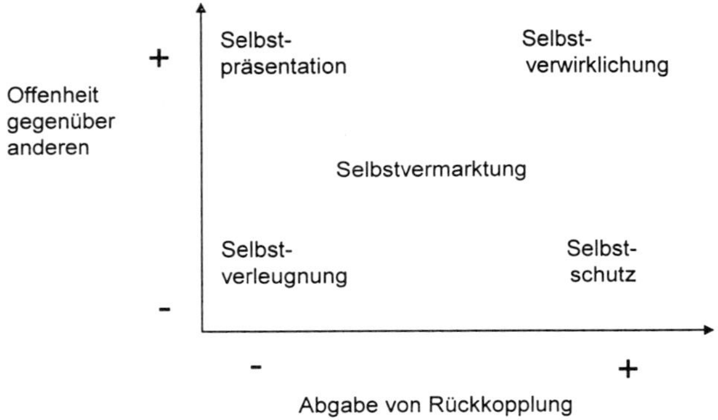

Abbildung 10: Kommunikationsstile

Hinblick auf die Offenheit der Kommunikatoren gegenüber anderen und ihre Bereitschaft zu rückkoppelnder Reaktion auf die Kommunikation von anderen unterscheidet. Dazu gibt es neben der schon behandelten formellen und informellen Kommunikation noch weitere Typen, wie z.B. verbale – nonverbale; absichtliche – unabsichtliche; mündliche – schriftliche; interne - externe[664]. Alle haben ihre jeweiligen besonderen Kriterien, die entsprechend besondere Fähigkeiten verlangen. Im Übrigen ist es nicht so, dass neuere Kommunikationsmittel ältere immer verdrängen. Eine Vergleichsuntersuchung

---

662 *Zelker, Harold/Dance, Frank E.X.:* Business and Professional Speech Communication, New York: Holt, Rinehart and Winston 1965, S. 17. Schon durch einfache soziometrische Datenerfassung kommt man zu der Hypothese, dass die Zentralität bei Kommunikationsbeziehungen mit Macht korrelieren könne (vgl. *Brass/ Burkhardt* bei *Nohria/Eccles*, S. 191 m.w.N., und eigener Untersuchung auf S. 203-210).

663 Siehe dazu *Hellriegel/Slocum/Woodman*, S. 158-159; Abbildung 10 nach Figure 6-3 auf S. 158.

664 *Allen*, S. 38-41.

zeigte, dass elektronische Post und persönliche direkte Kommunikation sich ideal ergänzen, die erste für die schnelle Tatsacheninformation oder die Anweisung zu unmittelbarer Handlung, die zweite für Problemlösung, Orientierungsänderung oder Konsensfindung[665].

Der Informationsfluss der Kommunikation kann schon bei recht kleinen Gruppen oder Netzwerken sehr verschiedene Formen annehmen, die wir alle aus der Soziometrie kennen. Dabei haben alle Formen, wie Abbildung 11 zeigt[666], von einander sehr verschiedene Merkmale im Hinblick auf die Wirkung innerhalb der Organisation. Das Ketten-Modell kommt dem Idealzustand für die Kommunikation in einer strengen Linienorganisation am nächsten; es vermeidet alle Nachteile, aber auch alle Vorteile. Die anarchische Kommunikation nach dem Alle-Känale-Modell, das auf jede Strukturierung verzichtet, entspricht zwar am ehesten den Wünschen der Teilnehmer, ist aber im Hinblick auf das Organisationshandeln das schlechteste. Auch die anderen Modelle haben Vor- und Nachteile zugleich. Es gibt also keine allgemein empfehlenswerte, weil optimale Kommunikationsstruktur, sondern stets nur eine für die jeweilige Organisationssituation geeigneteste; und die muss nicht für das gesamte System einheitlich sein, sondern kann sich von Subsystem zu Subsystem unterscheiden.

Die Kommunikationsstruktur[667] verdient daher große Aufmerksamkeit. Besonders vernachlässigt wird meist die Kommunikation von unten nach oben, weil sie oft lästig erscheint; die Unteroffizierswarnung „beschweren kann sich jeder; aber wehe, wenn er's tut" ist eines der unangenehmsten Beispiele. Dabei ist auch die Beschwerde stets ein Indiz für den Zustand der Organisation, dessen Unterdrückung die Inkompetenz der Organisationsleitung beweist. Die linienaufwärts gerichtete Kommunikation hat nicht nur Feuermelderaufgaben für organisationsinterne Strukturprobleme. Sie kann auch eine Ergebniskontrolle in einem Zeitpunkt bieten, in dem Korrekturen noch vor massiver Kritik aus der Umwelt angebracht werden können. So sind ausführliche Mitteilungen von Verkaufsfahrern über Reaktionen auf neue Werbemittel oder Waren oft rechtzeitiger und kosten-

---

665 *McKenney/Zack/Doherty* bei *Nohria/Eccles*, S.262-287.
666 Nach *Hellriegel/Slocum/Woodman*, S. 156. Vgl. auch *Lawless*, S. 209.
667 Zu Kommunikationsstrukturen allgemein siehe u.a. *Champion*, S. 172-195; *Lawless*, S. 189-216; *Litterer*, S. 494-525; *Hellriegel/Slocum/Woodman*, S. 148-168; *Staehle* 1999, S. 299-308; *Johns*, S. 346-374; *Caplow*, S. 252-262; *Gibson/Ivancevich/Donnelly*, S. 529-556.

	Netzwerktyp				
	Star	Y	Kette	Kreis	Alle-Kanäle
Zentralisationsgrad	sehr hoch	hoch	mittel	niedrig	sehr niedrig
Führungsvorhersagbarkeit	sehr hoch	hoch	mittel	niedrig	sehr niedrig
durchschnittliche Gruppenzufriedenheit	niedrig	niedrig	mittel	mittel	hoch
relative Zufriedenheit der einzelnen Mitglieder	hoch	hoch	mittel	niedrig	sehr niedrig

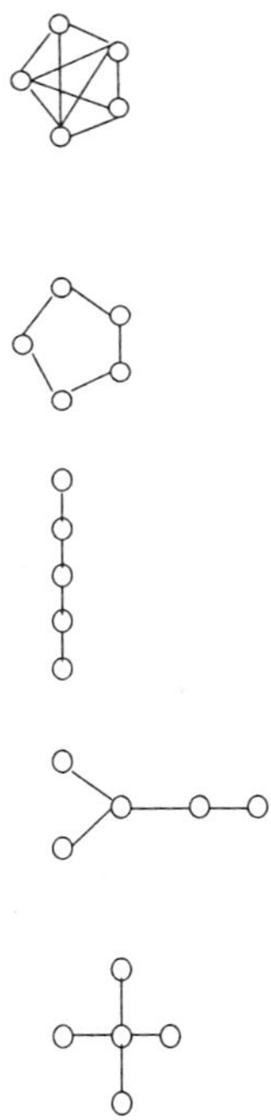

Abbildung 11: Formen von Kommunikationflüssen in Fünfernetzwerken und ihre Merkmale

günstiger als ein Marktforschungsprojekt, mit dem ein Fehlschlag nach seiner bundesweiten Ausdehnung untersucht wird, und ein Kultusministerium wüsste aus systematischen Erfahrungsberichten der Lehrer mehr über die Probleme bei der Einführung der Mengenlehre als aus der Zeugnisstatistik und ein paar Zeitschriftenaufsätzen, die doch zu spät kommen.

Übungsaufgabe 5: Möglichkeiten und Aussichten der Kommunikation für einen neuen Chef

Ein frisch diplomierter Bauingenieur, der wegen der Weltfremdheit mancher Ingenieurcurricula nichts von der Rolle und den Handlungsmöglichkeiten von Vorgesetzten gehört hat, wird wegen Ausfalls des eigentlich vorgesehenen gleich zu Beginn seiner Tätigkeit als Bauleiter auf einer Baustelle mit 46 Mitarbeitern eingesetzt. Er fragt Sie, was er dort in Sachen Kommunikation tun könne und was ihn dabei wohl erwarten werde.

Literaturhinweis: *Lawless*, S. 202-206.

2.2.1.5 Autoritätsstrukturen und Führungsstile

Häufig wird die Autoritätsstruktur als Synonym zur Leitungsstruktur gebraucht. Hier soll sie, wie in manchen anderen Darstellungen ebenfalls, in einem eigenen Sinne gesehen werden, der von der allgemeinen Fassung des soziologischen Autoritätsbegriffs ausgeht und damit Folgendes meint: „in der Regel das Objekten, Symbolen, Personen, Personengesamtheiten, Institutionen oder metaphysischen Wesenheiten nebst deren Repräsentanten oder Agenten als absolutes (meist psychologisch) oder relationales (meist soziologisch) Merkmal zugeschriebene Vermögen, Ziel, Inhalt und Form des Denkens und Verhaltens von Personen und Personengesamtheiten zu bestimmen, wenn und insofern es in gewisser Weise institutionalisiert ist und ihm zugleich ein ‚Minimum an Gehorchenwollen, also Interesse (äußerem oder innerem) am Gehorchen' (Weber, S. 122) korrespondiert"[668]. Knapper und auf die Autorität in Organisationen zugeschnittener heißt es: „Authority is the direction or control of the behavior of others for the promotion of collective goals, based on some ascertainable form of their knowledgeable consent"[669].

Schon aus dieser allgemeinen Formulierung lässt sich entnehmen, dass die Autoritätsstruktur nicht so einheitlich sein muss, wie es die Leitungs- und Kommunikationsstrukturen jedenfalls ihrer Tendenz nach sein müssen, weil die Autoritätsstruktur weniger formal geplant werden kann als es die beiden anderen Strukturaspekte üblicherweise sind.

Eine Liste von Funktionen, die Inhaber von Leitungspositionen in jeweils verschiedenem Umfang ausfüllen müssen, nennt folgende Einzelheiten: 1) Spitzenkoordinator für Gruppenaktivitäten; 2) Planer für zukünftige Aktivitäten; 3) Experte für die Entscheidung von Sachkonflikten; 4) Vertreter der Gruppe nach außen, auch bei Kommunikation; 5) Steuerer der internen Beziehungen; 6) Verteiler von Belohnungen und Bestrafungen; 7) Vermittler und Schiedsrichter bei Konflikten; 8) Vorbild; 9) Symbol für die Gruppe; 10) Ersatz für Eigenverantwortung mancher Untergebener – und gelegentlich auch 11) Oberideologe; 12) Vaterfigur; 13) Sündenbock[670] . Man kann sich gut vorstellen, dass diese Funktionen leichter mit als ohne Autorität zu erfüllen sind.

Noch deutlicher wird das, wenn man sich den üblichen Ansatz der organisationssoziologischen Autoritätsanalyse ansieht[671]: Dabei wird nach der Legitimitätsbasis der Autorität gefragt, also nach der Grundlage, auf der jemand einen Autoritätsanspruch erhebt, und nach der Grundlage, auf der die Autorität anerkannt wird. Dazu werden dann Typen von Autorität unterschieden, die überwiegend nach den Grundlagen ihrer Legitimitätsanerkennung benannt sind[672]. Die meistdiskutierten dieser Typen sind:

---

668 *Büschges* bei *Endruweit/Trommsdorff*, S. 41.

669 *Buckley*, S. 186.

670 *Lawless;* S. 415-417 m.w.N.

671 Vgl. Zur weiteren Einführung: *Etzioni* 1973, S. 83-87 und 120-137; *Hill/ Fehlbaum/Ulrich*, S. 76-85, 124 und 195; *Mayntz/Ziegler*, S. 60-70; *Luhmann*, S. 206-220; *Litterer*, S. 167-188 und 412-444; *Gibson/Ivancevich/ Donnelly*, S. 180-221; *Peabody, Robert L.*: Perceptions of Organizational Authority, in: Administrative Science Quarterly 6 (1962), S. 463-482.

672 Hierbei muss man sich aber vor sehr vereinfachenden Wirkungsmodellen hüten. Nach den gängigen Theorien über Rolle und Status (oft gleich Autorität) in der Leistungsgesellschaft müsste sich das Leistungsprinzip in der Weise in Arbeitsgruppen auswirken, dass besonders viel Leistende ei-

A. *Charismatische, traditionale und rational-legale Autorität:* Diese Trias ist eine unmittelbare Übernahme aus *Max Webers* Herrschaftstypologie, auf die für den näheren Inhalt hiermit verweisen sei[673]. Zumindest die beiden ersten Typen sind meistens nur zur Charakterisierung von obersten Organisationsleitungen tauglich, und das oft nur bei monokratischer Leitungsstruktur: So kann ein Divisionskommandeur, ein Sektengründer oder Parteivorsitzender charismatische Autorität haben und ein Heimatvereinsvorsitzender, aber auch ein Krankenhauschefarzt oder ein Lehrstuhlinhaber traditionale. Um aber die Autoritätsverhältnisse im Presswerk einer Automobilfabrik zu analysieren, sind diese Kategorien zumeist von vornherein unbrauchbar. Daher benutzen die moderne Organisationssoziologie und –psychologie mehr die folgenden Typen:

B. *Positionale Autorität*, gelegentlich auch als formale Autorität bezeichnet, beruht auf der Anerkennung der formalen Überordnung im Organisationsgefüge. Es ist der Glücksfall aller Organisationsentwicklung, wenn die geplante formale Leitungsstruktur solche Legitimität findet, dass die Autoritätsstruktur ihre Parallele wird – sie wäre dann eine Struktur nach positionaler Autorität.

C. *Funktionale Autorität*, auch aufgabenspezifische, Fach-, Sach- oder Experten-Autorität genannt, beruht auf der Anerkennung der Bedeutung einer Funktion und des Sachverstandes des mit ihrer Erfüllung betrauten Menschen. Sie hat mit der Position nichts Grundsätzliches zu tun. So kann der Werksdirektor die Vorschläge eines ihm formal unterstellten Sicherheitsingenieurs auch dann befolgen, wenn dieser nicht aufgrund besonderer Zuständigkeitsvorschriften die Befolgung verlangen kann.

---

nen hohen Status (funktionale Autorität) haben und dieser sich in ihrer Rolle, z.B. in den Erwartungen an sie als Interaktionspartner, niederschlägt. Dann müsste man Status als Fachautorität, und damit indirekt Leistung, geradezu soziometrisch messen können, indem man auszählt, wie relativ häufig sie Zielperson von Interaktionen sind. Eine pfadanalytische Untersuchung von 2.077 Mitgliedern von 224 Forschungs- und Entwicklungsgruppen in 29 großen US-Firmen ergab jedoch, dass der Status in der Arbeitsgruppe, der wiederum die Interaktionshäufigkeit beeinflusste, seinerseits keineswegs nur von Qualifikation und Leistung abhing, sondern u.a. auch signifikant von Bildungsgrad, Geschlecht (zum Nachteil der Frauen), Position und Anciennität. Hielt man diesen Status in der Arbeitsgruppe konstant, war es allerdings immer noch der Expertenstatus, der einen starken direkten Einfluss auf die Interaktionsfrequenz hatte (*Cohen/Zhou*, S. 179-188).

673 *Weber*, S. 157-188.

D. *Personale Autorität* beruht auf herausragenden persönlichen Eigenschaften und entspricht in einem Extremfall der charismatischen. In der Literatur wird zwischen C und D oft nicht genügend klar getrennt[674]. Ein sinnvolles Kriterium ist die Unterscheidung danach, ob das Anerkennungsmerkmal nur funktionsspezifisch (Betriebserfahrung, „Verbindungen", Mitarbeiterkenntnis – dann C) oder auch außerhalb der Funktion (Kompromissbereitschaft, Liberalität, Kreativität, Freundlichkeit – dann D) relevant ist.

Oft werden noch andere Autoritätstypen erwähnt, beispielsweise *demokratische, kollegiale oder professionelle Autorität.* Diese Unterscheidungen haben aber wohl nicht den gleichen systematischen Rang wie die unter B bis D erwähnten. Denn – um nur ein Beispiel zu erwähnen – ob der Bischof einer Diözese von allen Kirchenmitgliedern gewählt oder vom Papst eingesetzt wird oder sonst wie in seine Position kommt, ist erst wichtig, wenn es um die Grundlagen der positionalen Autorität, insbesondere um deren Wandel, geht; bis dahin handelt es sich auf jeden Fall um positionale Autorität.

Vergleicht man die Autoritätstypen unter B bis D, erscheint es sogleich möglich, dass in derselben Organisation drei verschiedene Autoritätsstrukturen bestehen können, je eine nach jedem Typ. Eine günstige Funktionsprognose könnte gestellt werden, wenn die drei Strukturen weitgehend deckungsgleich sind. Sind sie es jedoch nicht, kommt es auf die Konfliktstrategien im konkreten Fall an, ob Diskongruenzen desintegrierend wirken. Jedenfalls ist auch eine Koexistenz von divergierenden Autoritätsstrukturen nicht ausgeschlossen, wenn etwa die Angehörigen eines Kriminalamtes die positionale Autorität des Kriminaldirektors hinnehmen und dieser die funktionale Autorität erfahrener Kriminalhauptkommissare anerkennt, die etwa bei Vernehmungen eine höhere Qualifikation haben können als der Direktor sie je erreichen wird. Die Divergenz von Autoritätsstrukturen wird zumeist dann zum Problem, wenn die Autoritätstypen systematisch unterschiedliche Chancen haben, bei den sonstigen Organisationsstrukturen mitberücksichtigt zu werden.

Im Zusammenhang mit Autorität wird oft auch die *Macht* in Organisationen erwähnt. Zuweilen werden beide gleichgesetzt, wenn man als Machtformen „legitimate or *positional* power, referent or *personal* power, and expert or *proficiency* power" unterscheidet[675]. Das liegt

---

[674] Vgl. z.B. die von *Fuchs-Heinritz, Werner*: Stichwort Autorität, persönliche, bei *Fuchs-Heinritz* u.a. auf S. 85 unter (2) erwähnten Fälle.

[675] *Saskin/Morris*, S. 297. Siehe auch *Lawless*, S. 363/364 m.w.N.; *Kreitner/*

häufig, insbesondere beim Vergleich von deutscher und englischer Literatur, an einem Sprachproblem. Während *Weber* Herrschaft und Autorität synonym verwendet[676] und davon die Macht deutlich trennt, worin ihm die deutsche Soziologie überwiegend folgt, werden die drei Begriffe im Englischen zumeist unter dem Begriff power zusammengefasst: „Authority legitimizes power“[677], „authority is usually defined as legitimate power“[678]. Mit der deutschen Literatur zu diesem Thema ist englische nur dann zu vergleichen, wenn ihr ein Begriff ähnlich diesem vorangestellt ist: „We may define power as control or influence over the actions of others to promote one's goals without their consent, against their ‚will', or without their knowledge or understanding (for example, by control of the physical, psychological, or sociocultural environment within which others must act“[679].

Mit der Entstehung und Begründung von Autorität steht der *Führungsstil*, im Englischen auch style of management genannt[680], in einem empirischen, aber nicht durchweg regelmäßigen Zusammenhang. Hierüber gibt es in der Organisationssoziologie und den verwandten Disziplinen viel Literatur[681], so dass wir nur einige Grundzüge erwähnen können.

Unter *Führung* versteht man vereinfacht „zielbezogene Einflussnahme auf andere“[682] oder ausführlicher „a social influence process in which the leader seeks the voluntary participation of subordinates in an effort to reach organizational objectives“[683].

Die erste Hälfte des 20. Jahrhunderts wurde von Theorien beherrscht, nach denen Führer durch einige im Wesentlichen angeborene Eigenschaften in ihre Position kommen (Eigenschaftstheorie

---

Kinicki, S. 374-378 m.w.N.; *Hellriegel/Slocum/Woodman*, S. 394-396 und 428-432; *Johns*, S. 426-430.

676 *Weber*, S. 157.

677 *Luthans*, S. 388.

678 *Bobbitt* u.a., S. 236.

679 *Buckley*, S. 186.

680 *Khandwalla*, S. 392.

681 Vgl. dazu ein- und weiterführend und meistens mit weiteren Nachweisen versehen: *Mayntz* 1963, S. 132-135; *Hill/Fehlbaum/Ulrich*, S. 239-250; *Khandwalla*, S. 392-445; *Staehle* 1999, S. 328-389 und 838-871; *Wieland/Ullrich*, S. 338-365; *Vroom* bei *Dunnette*, S. 1527-1551; *Blau/Scott*, S. 140-164; *Macharzina*, S. 7-16 und 101-108; *Spieß/Winterstein*, S. 96-98; *Huczynski/Buchanan*, S. 199-204; *Wiswede* bei *Wiendiek/Wiswede*, S. 13-15.

682 *Kerschreiter/Frey* bei *Endruweit/Trommsdorff*, S. 170 m.w.N.

683 *Kreitner/Kinicki*, S. 447 m.w.N.

der Führung; personalistischer Ansatz)[684]. Insbesondere die fünf Eigenschaften Intelligenz, Dominanz, Selbstvertrauen, Energie und Aktivität sowie aufgabenbezogene Kenntnisse wurden als maßgeblich angesehen. Mitte des Jahrhunderts zeigten empirische Untersuchungen jedoch, dass diese Theorie offensichtlich falsch war: Viele Menschen mit hohen Ausprägungen dieser Eigenschaften wurden nie Führer. Die Ansätze wurden aufgegeben. In den achtziger Jahren wurden aber die alten Datensätze mit neuen Auswertungsmethoden nochmals untersucht, und es erwies sich, dass die Falsifikation der alten Hypothesen voreilig gewesen war. Die Eigenschaftstheorien finden nun in angepasster Form wieder Interesse. Da das ein methodologisches Lehrstück zur Theorieprüfung ist, lohnt sich für wissenschaftlich Interessierte das Nachlesen[685].

Der weiterhin bekannteste Teil der Führungstheorien sind die *Führungsstiltypologien*. Bei der verbreitetesten von ihnen werden drei Haupttypen unterschieden[686], die in sich weiter untergliedert werden könnten:

1) *Autoritärer Führungsstil*, auch autokratischer, vorgesetztenorientierter, strafender, autoritativer Stil genannt, ist ein Führungsstil, bei dem der Vorgesetzte nur unter Berufung auf seine Vorgesetztenposition Entscheidungen alleine trifft und durchzusetzen versucht. In häufigem, aber nicht notwendigem Zusammenhang findet man ihn, wenn in einer Linienorganisation positionale Autorität verlangt, aber von den Untergebenen nicht als legitim anerkannt wird. Ebenfalls häufig, aber auch nicht notwendig ist bei diesem Stil der überwiegende Gebrauch von *negativen Sanktionen*, während bei den Typen 2 und 3 relativ mehr *positive Sanktionen* angewendet werden. Der autoritäre Führer beschränkt sich möglichst auf Befehle, unterdrückt Diskussion und Widerspruch, ist desinteressiert an der Meinung der Untergebenen, gibt kaum Entscheidungsfreiheit und kontrolliert sehr genau. Dafür werden bei diesem Stil Entscheidungen schnell und i.d.R. eindeutig getroffen, was z.B. im Krieg für Soldaten wie Zivilisten überlebenswichtig sein kann.

---

684 *Staehle* 1999, S. 331-334 m.w.N.; *Kerschreiter/Frey* bei *Endruweit/ Trommsdorff*, S. 170/171 m.w.N.

685 Dafür sei verwiesen auf: Journal of Psychology 25 (1948), S. 35-71; Psychological Bulletin, July 1959, S. 241-270; Journal of Applied Psychology, November 1983, S. 678-685, und 1986, S. 402-410; Training and Development Journal, August 1984, S. 15-19.

686 Vgl. auch *Thoenig*, S. 37-43. Grundlage dafür ist die Stiltrias aus einem Laborexperiment, über das berichtet wird von *Lewin, Kurt/Lippitt, Ronald/ White, Ralph K.*: Patterns of Aggressive Behavior in Experimentally Created ‚Social Climates', in: Journal of Social Psychology, May 1939, S. 271-299.

2) *Kooperativer Führungsstil*, auch partizipativer, untergebenenorientierter, belohnender Stil genannt, ist ein Führungsstil, bei dem der Vorgesetzte Entscheidungen mit dem Einverständnis der Untergebenen zu treffen und durchzuführen versucht. Er findet sich besonders häufig, wenn die Unterschiede an funktionaler Autorität zwischen Vorgesetzten und Untergebenen nicht sehr hoch sind oder wenn die Funktionen nicht nur mechanische Erledigung, sondern positive Zielorientierung der Untergebenen verlangen.

3) *Permissiver Führungsstil*, auch abdikativer, nichtdirektiver oder Laisser-faire-Stil genannt, ist ein Führungsstil, bei dem zumindest nach innen praktisch auf Führung verzichtet wird, indem wenigstens inhaltlich das Treffen und Durchführen von Entscheidungen im Wesentlichen den Untergebenen überlassen wird. Er findet sich oft beim Fehlen jeglicher Autorität des formellen Vorgesetzten, insbesondere auch bei seinem Verzicht auf Autorität.

Vergleicht man diese drei Führungsstile nach den Dimensionen Eigenschaften, Hauptstärke und Hauptschwäche, kommt man zu folgender Übersicht[687]:

	autoritär	kooperativ	Permissiv
Eigen-schaften	Führer behält alle Autorität und Verantwortung	Führer delegiert Teile von Autorität und Verantwortung, behält aber letzte Verantwortung	Führer überträgt der Gruppe alle Autorität und Verantwortung
	Führer gibt Untergebenen klar definierte Aufgaben	Arbeit wird aufgeteilt durch partizipative Entscheidung	Gruppenmitglieder handeln nach eigener Entscheidung
	Kommunikationsfluss hauptsächlich von oben nach unten	Aktive Kommunikation in beiden Richtungen	Hauptsächlich horizontale Kommunikation in der Gruppe

[687] Quelle: *Kreitner, Robert*: Management, 3. Auflage, Boston: Houghton Mifflin 1986, S. 463. Dort ist entsprechend der Einteilung von *Lewin* u.a. (siehe Fn. 686) von autoritärem, demokratischem und Laisser-faire-Stil die Rede, wobei mit „demokratisch" aber dasselbe gemeint ist, wie hier mit „kooperativ" (ebenso bei *Lawless*, S. 418), und nicht, wie es eigentlich richtig wäre, das Zustandekommen der Führung.

Hauptstärke	Betont schnelle, genaue und vorhersagbare Anweisung und Ausführung	Verstärktes persönliches Engagement durch Partizipation	Erlaubt selbstständigen Mitarbeitern Eigeninitiative ohne Eingriff des Führers
Hauptschwäche	Ansatz kann individuelle Initiative lähmen	Entscheidungsprozess ist zeitraubend	Gruppe kann ohne Führung ziellos dahintreiben

Eine zweigliedrige Führungsstiltypologie unterscheidet *den vorgesetztenzentrierten und den untergebenenzentrierten Führungsstil*, sieht zwischen den beiden Extremen aber mehrere interessante Abstufungen des Vorgesetztenhandelns vor[688]:

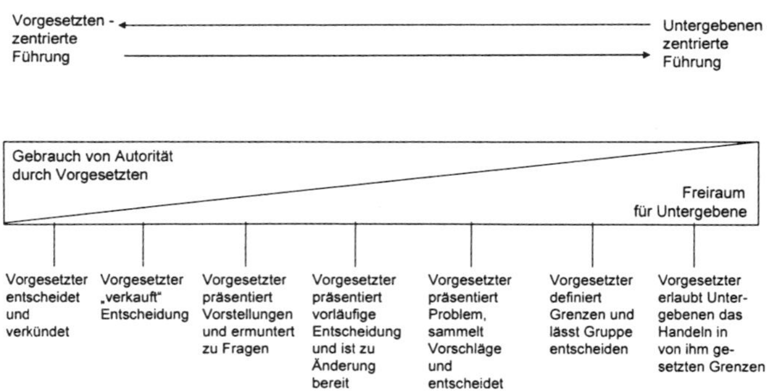

Eine vierteilige Typologie unterscheidet den *autokratischen, behütenden, unterstützenden und kollegialen Führungsstil*[689]. Diese Typologie soll aus den Vorstellungen von *McGregor, Herzberg, Likert, Maslow* u.a. entwickelt worden sein und könnte damit eine Zusammenfassung mehrerer Ansätze bieten. Allerdings macht sie einen entweder normativen oder noch

---

688 *Tannenbaum/Schmidt* bei *Gray/Starke*, S. 99.

689 *Davis* bei *Gray/Starke*, S. 316-325 m.w.N. Zu Übungszwecken behalten wir den ursprünglichen Wortlaut bei. Man versuche, jedes Wort genau zu übersetzen!

sehr ursprünglich-hypothetischen Eindruck; immerhin kann sie heuristischen Wert für die Einschätzung eigenen Handelns haben:

	Autocratic	Custodial	Supportive	Collegial
Depends on:	Power	Economic resources	Leadership	Mutual contribution
Managerial orientation:	Authority	Material rewards	Support	Integration and teamwork
Employee orientation:	Obedience	Security	Performance	Responsibility
Employee psychological result:	Personal dependency	Organizational dependency	Participation	Self-discipline
Employee needs met:	Subsistence	Maintenance	Higher-order	Self-realization
Performance result:	Minimum	Passive cooperation	Awakened drives	Enthusiasm
Morale measure:	Compliance	Satisfaction	Motivation	Commitment to task and team

Das Konzept steht unter der Annahme, dass mancher Vorgesetzte mehrere dieser Modelle im Laufe eines Tages oder einer Woche anwenden wird und dass der Schwerpunkt von Abteilung zu Abteilung wechseln kann. Aber die Tendenz der Häufigkeit soll von links nach rechts zunehmen mit dem Wachsen von Qualifikation, Ansprüchen usw. des Personals, und das System ist (nach rechts) erweiterungsfähig.

Daneben werden öfter auch andere Führungsstiltypen genannt, die aber nicht auf derselben Dimension unterscheiden. So wird von *demokratischem Führungsstil* gesprochen und damit die Entstehungsweise der Führungsposition als Kriterium gewählt. Dieser Ansatz hat aber mit den drei oben erwähnten nichts zu tun; denn ob jemand in eine Führungsposition auf demokratischen Wege oder durch autoritäre Designation oder nach Methoden des sog. „demokratischen Zentralismus", den es nicht nur in sozialistischen Ländern gab, sondern auch oft z.B. im anglo-amerikanischen Vereins- und Gewerkschaftswesen, ist in der Regel nicht maßgebend dafür, ob er die Führung nachher autoritär, kooperativ oder permissiv handhabt.

Eine recht fruchtbare Unterscheidung stellt *person- und outputorientierten Führungsstil* gegenüber[690]; sie ist als „Managerial Grid" sogar warenzeichenrechtlich geschützt. Das „Gitter" besteht aus zwei Achsen, von denen die eine die Personenorientierung, die andere die Outputorientierung in jeweils neun Ausprägungen wiedergibt[691]. Beide Orientierungen bestehen aus Einstellungen, Denkmustern und Verhaltensweisen der Inhaber von Leitungspositionen. In dieser Matrix lassen sich fünf Idealtypen von Kombinationen der beiden Orientierungen eintragen. Nach diesem Ansatz ist es zwangsläufig, dass die Kombination mit den höchsten Ausprägungen beider Orientierungen, hier „Team Management" genannt, die beste sein muss.

Nach den meisten anderen Ansätzen (so auch nach der Einteilung ausbeutend autoritär, wohlmeinend autoritär, konsultativ und partizipativ)[692] lässt sich aber nicht für alle Fälle sagen, welcher Führungsstil der beste ist. Das hängt vielmehr von vielen Faktoren ab, zu denen u.a. die Qualifikationsstufen und die Motivation der Organisationsangehörigen, die Kreativitäts- und Kooperationserfordernisse der Aufgaben, Termingebundenheit der Arbeit, Konkurrenzdruck und ähnliche Variablen gehören. Insbesondere hängt die Feststellung des besten Führungsstils – wie jedes Werturteil über ein Instrument[693] - davon ab, dass man zuvor weiß, was man mit organisationaler Führung eigentlich bewirken möchte. So zeigten empirische Untersuchungen in einigen Fällen, dass Führungsstile und Partizipationsmöglichkeiten sich zwar auf die Einstellung des Personals zur Organisation, nicht aber auf Produktivität auswirkten[694]. In der Erforschung dieses Bereichs stehen wir noch weitgehend am Anfang.

Am Anfang stehen wir in vielen Fällen allerdings auch in der akademischen Ausbildung von Vorgesetzten für eben diese Aufgabe. Bei Betriebswirten haben in den Spezialisierungsbereichen Organisation und Personalwesen sozialwissenschaftliche Beiträge weitgehend Ein-

---

690 Dazu u.a. *Antonio*, S. 895-912, insbes. S. 895/896 m.w.N.

691 *Kreitner/Kinicki*, S. 454-456 m.w.N.

692 *Likert*, S. 14-24.

693 Wir betrachten die Führungsstile hier als abhängige Variable. Führung als Form sozialen Handelns ist jedoch durchaus ein Instrument der Organisation und damit eine unabhängige Variable, deren langfristig verfestigte Wirkungen sich dann als Strukturvariable darstellen; vgl. auch *Landwehrmann, Friedrich*: Organisationsstrukturen industrieller Großbetriebe, Opladen: Westdeutscher Verlag 1965, S. 17/18.

694 *Mayntz/Ziegler*, S. 68/69 m.w.N.

gang gefunden, bei Volkswirten sind sie oft als Wahlfach möglich. Aber bei Juristen und Ingenieuren fehlt es allenthalben. 1940 wurde in den USA bemängelt, „dass angehende Techniker, während sie sich auf Mechanismen, Maschinen, technische Prozesse und abstrakte Kenntnisse konzentrieren, zwangsläufig von der Erfahrung mit Menschen, Organisationen und sozialen Situationen weitgehend abgeschnitten sind, den typischen Gebieten, auf denen Führungsfähigkeiten gefordert werden"[695]. Daran hat sich in Deutschland bis heute allen Ausbildungsreformen zum Trotz wenig geändert.

So kommt es dann zu dem sagenhaften schwäbischen Werksleiter, der einen Besucher herumführt und dabei an jedem zweiten Arbeitsplatz grummelnd kritisiert, bis er vom Besucher gefragt wird, ob er denn nie Anerkennung zeige, weil er so schlechte Leute habe; darauf der Werksleiter: „Ha, nix g'sagt isch g'nug g'lobt!" So kommt es auch zum Ergebnis einer Befragung von 351 Verwaltungsbediensteten in vier Kommunen, wo nach dem Führungsstil der Vorgesetzten (vorgegebene Typen: autokratisch, aufgabenorientiert, mitarbeiterorientiert, aufgaben- und mitarbeiterorientiert sowie Freistil, d.h. wechselnde Orientierungen) geforscht wurde: die größte Gruppe (24 Prozent) stufte ihre Vorgesetzten als autokratisch ein, die kleinste (11 %) als aufgabenorientiert[696].

2.2.1.6 Beziehungen zwischen Strukturen und unabhängigen Variablen

Zusätzlich zu den Illustrationen in den vorangegangenen Abschnitten seien hier noch ein paar Beispiele genannt, die zur Diskussion über die Bestimmungsvariablen der Organisationsstrukturen anregen sollen.

Für den Einfluss von Organisationszielen auf die Strukturelemente, ohnehin „ein Zentralthema der Organisationssoziologie"[697], mag auf das Militär verwiesen sein. Ist eine militärische Organisation, etwa eine Brigade, im Kampf, so hat sie sich auf schnell wechselnde Ziele einzustellen. Ein übersichtliches Linien-Stab-System in der Gliederung, rascher Rollenwechsel für die Soldaten angesichts von Ausfällen, auf notwendige Zielorientierung beschränkte Kommunikation und autoritärer Führungsstil, evtl. mit extremer Ausnutzung der

---

695 *Barnard* 1969 (Original 1940), S. 102.
696 Akademie des Deutschen Beamtenbundes, S. 20-26.
697 *Mayntz* 1971, S. 14.

Sanktionsmöglichkeiten, sind öfter die abhängigen Variablen dieser Situation als alle anderen denkbaren Möglichkeiten. Indessen gibt es keinen von vornherein einsehbaren Grund, um dieselbe Strukturgestaltung auch bei einer Ausbildungseinheit mitten im Frieden für zweckmäßig zu halten, wenn man die Organisationsziele auf Jahre im Voraus kennt. Umgekehrt wird ein Chefarzt, der im kooperativen Führungsstil nach der Visite Diagnose und Therapie mit seinen Mitarbeitern in Ruhe zu besprechen pflegt, möglicherweise jede Achtung verlieren, wenn er nicht bei Komplikationen während einer Operation zu autoritären Führungsmethoden findet. Eine vergleichende Untersuchung von Forschungslaboratorien in der französischen Industrie ergab, dass eine enge Korrelation besteht zwischen Organisationsform und Wissenschaftsdisziplin, die als eine der konstitutiven Zielvariablen angesehen werden kann[698]. Eine Untersuchung in sechs großen norwegischen Organisationen zeigte, dass Frauen besser (u.U. auch besser als Männer) Karriere machten in dynamischen Wettbewerbsorganisationen als in stabilen, bürokratischen[699]. Aus einer schriftlichen Befragung von knapp 6000 Personen (Antwortquote: 93%) in Schweden ergaben sich sehr verschiedene Beziehungen zwischen den Strukturmerkmalen u.a. Größe, Hierarchie und Routinenformalisierung als unabhängigen und Arbeitsautonomie sowie Einkommen als abhängigen Variablen[700].

Die Wirkung instrumentaler Variablen auf die Struktur kann man sich am Zusammenhang zwischen technischer Ausrüstung, Qualifikation und Rollen- sowie Autoritätsstruktur vergegenwärtigen. Kann die apparative Ausstattung einer Organisation, etwa das Montageband einer Automobilfabrik, die Funktionen der Organisation so weit automatisiert übernehmen, dass die Menschen nur noch als kaum qualifiziertes Bedienungspersonal gebraucht werden, können und müssen ihnen die Rollen bis ins Einzelne vorgeschrieben werden, um möglichst großen Ausstoß zu erreichen; eine funktionale Autorität kann dieses Personal so gut wie nie erlangen. Sind dagegen die technisch vorstrukturierbaren Zielerreichungsbedingungen gering und kommt es desto mehr auf die Qualifikation des Humaninstrumentariums an, etwa bei Schauspielern, Journalisten, Forschern, so ist man eher geneigt oder gezwungen, ihnen Freiheit zur Selbstdefinition ihrer Aufgabe zu geben und ihnen hohe funktionale Autorität zuzugestehen. Ein wichtiger Indikator für die Chance von funktionaler Autorität ist offensichtlich eine niedrige Substituierbarkeit.

---

698 *Shinn*, S. 3-34.
699 *Kvande/Rasmussen*, S. 128.
700 *Le Grand* u.a., S. 231-251.

Zur Bedeutung von Organisationsbedingungen für die Strukturen sei auf ein entwicklungsssoziologisches Beispiel hingewiesen. In vielen „mixed economies", also in Systemen mit – wie etwa in der Türkei – privaten und staatlichen Betrieben zu jeweils erheblichen Anteilen in derselben Branche, gibt es zwischen beiden Sektoren in der Regel signifikante Unterschiede. Staatsbetriebe mit häufiger politischer Verpflichtung zu mildtätigem Verhalten und andererseits aber auch Verlustbürgschaft durch den Staatshaushalt haben eine deutlich weniger auf die funktionale Zielerreichung ausgerichtete Personalstruktur als die Privatbetriebe, denen die Ausfallbürgschaft fehlt und die deswegen der Kosten-Nutzen-Relation größere Aufmerksamkeit widmen müssen.

Neue Anforderungen an die Organisationsstrukturen entstehen mit der *Internationalisierung* und *Globalisierung* von Organisationen. Sie werden zumeist als „zwei Seiten einer Medaille" angesehen[701] und betreffen nicht nur Wirtschaftsunternehmen, sondern auch Behörden, Kirchen, freiwillige Vereinigungen wie das Rote Kreuz oder weltweit tätige Umweltschutzorganisationen und vielleicht auch demnächst Gewerkschaften und Parteien, wofür es schon Ansätze gibt. Bisher werden dabei vor allen nur wirtschaftsrelevante Faktoren betont, wie etwa Produktion und Absatz über mehrere Staaten hinweg, und kapitalmarktbezogene, wie z.B. Eigentümerstreuung über mehrere Staaten hinweg, Notierung an ausländischen Börsen und Rechnungslegung nach mehreren Systemen[702]. Die Wirkungen auf das Personal, die Mitglieder und die Leitung von Organisationen sind aber kaum weniger wichtig.

Es gibt schon seit den sechziger Jahren eine Typologie möglicher Strategien der Reaktion auf internationale Herausforderungen. Darin unterscheidet man 1) die ethnozentrische oder internationale Strategie, nämlich die weitgehende Übernahme der im Stammland entwickelten Produkte und Verfahren und eine darauf aufbauende relative Einheitlichkeit in der Gesamtorganisation; 2) die polyzentrische oder multinationale Strategie, worunter eine möglichst starke Anpassung an die lokalen Gegebenheiten zu verstehen ist und damit eine Vielfalt verschiedener Konzepte in der Gesamtorganisation; 3) eine geozentrische oder globale Strategie, mit der man sich an keinem konkreten Standort orientiert, sondern „am Weltmarkt", also an gedachten globalen Verhältnissen, womit dann eine Einheitlichkeit innerhalb der Gesamtorganisation erreicht werden soll[703]. Ob eine solche Konzi-

---

[701] *Pries*, S. 671.
[702] *Hassel* u.a., S. 500-519.
[703] Siehe *Perlmutter, Howard V.*: The Tortuous Evolution of the Multinational

pierung von Handeln auf verschiedenen realen Feldern so einfach ist wie die formallogische Abstraktion in verschiedenen Stufen, darf man wohl bezweifeln. Daher sollte man auch andere Typologien[704] nicht übersehen.

Internationalisierung bzw. Globalisierung kann ein Prozess sein, der in oder mit einer Organisation stattfindet, aber auch ein Vorgang in der Umwelt einer selbst nicht globalisierten bzw. internationalisierten Organisation, die davon aber auf der Eingänge- und/oder Ausgängeseite betroffen wird oder sie in ihrer Wettbewerbsfähigkeit gegenüber anderen Organisationen beeinträchtigen kann, wenn sie nicht mindestens wie diese darauf reagiert. In dem Fall der Umweltglobalisierung bzw. –internationalisierung ist dann die Frage: Ist eine Alternative zur Teilnahme an diesem Umweltprozess möglich? Das könnte u.U. die Regionalisierung sein.

2.2.2 Funktionen

Über Funktionen wurde schon im vorausgegangenen Teil einiges gesagt. Über Leitungs- oder Kommunikationsstrukturen kann kaum etwas ausgeführt werden, wenn nicht zugleich dargestellt wird, was Leiten und Kommunizieren bedeuten. Insofern ist dieser Teil inhaltlich in vielen Hinsichten eine Fortsetzung des vorausgegangenen.

2.2.2.1 Begriff und allgemeine Bedeutung der Funktionen

Als *Funktionen einer Organisation*[705] wollen wir mit dem wohl vorherrschenden Sprachgebrauch ganz schlicht *die „Verrichtungen“*[706] *der Organisation verstehen, und zwar besonders die organisationsspezifischen, also die auf die Zielerreichung gerichteten*[707]. Die Organisationsfunktionen sind also diejenigen sozialen Prozesse, mit denen die Organisationen ihren durch die Zieldefinition bestimmten Auftrag erfüllt. Sieht man die Organisation als soziales Subsystem, kann man genau dieselbe Verrichtung

---

Cooperation, in: Columbia Journal of World Business, Jan./Feb. 1969, S. 9-18.

704 Dazu *Pries*, S. 681-683.

705 Siehe zu diesem Abschnitt auch *Endruweit* 1979, S. 20-29; *Schein*, S. 105; *Caplow*, S. 72.

706 So auch *Schwarz*, S. 18. *Champion*, S. 92, meint, allerdings recht unsystematisch, wohl dasselbe mit „organizational behavior“.

707 Vgl. dazu *Katz/Kahn*, S. 62; *Weber*, S. 35 („Verbandshandeln“); *Khandwalla*, S. 572-618 („organizational performance“).

auch in einem anderen Sinne von Funktion interpretieren, als Beitrag der Organisation zur Zielerreichung des Supersystems oder u.U. auch der Organisationsangehörigen[708].

Rein quantitativ sind die Funktionen also ein ungemein wichtiger Aspekt der Organisation. Er gehört aber zu den in der Literatur am wenigsten behandelten. Obwohl besonders vergleichende, vor allem interkulturell vergleichende, Organisationsstudien[709] ihre besten Ergebnisse aus einem Vergleich der Funktionen gezogen haben, obwohl auch die Organisationsevaluation in ihrem Kernstück eine Funktionenanalyse sein müsste, sofern sie sozialwissenschaftlich sein soll, ist auf diesem Gebiet bisher nicht genügend gearbeitet worden, um reich gegliederte Theorie- und Empiriestücke vorzeigen zu können. In den folgenden Abschnitten können daher auch nur Ansätze skizziert werden.

2.2.2.2 Soziale und interne Funktionen

Wenn wir die Organisationsfunktionen als die organisationsspezifischen Verrichtungen ansehen, empfiehlt sich eine Zweiteilung der Funktionen. Unter *sozialen Funktionen* sind dann die Aufgaben oder Verrichtungen zu verstehen, für welche die Organisation eigens eingerichtet wurde. Es sind die Handlungen, durch die sie unmittelbar die Organisationsziele erreicht. Im Industriebetrieb ist es die Güterproduktion, beim Roten Kreuz u.a. die Gewährung von Hilfeleistung durch Krankentransport, in der Unfallhilfeausbildung usw., beim Bauamt u.a. die Prüfung und Entscheidung von Bauanträgen. Die Ermittlung der sozialen Funktion setzt also die Ermittlung der Organisationsziele voraus.

Aus der Bezeichnung als soziale Funktion kann man jedoch nicht schließen, dass es sich stets um so etwas wie eine gesamtgesellschaftliche Aufgabenstellung handelte, wonach z.B. die Zielsetzung eines Privatbankiers für sein Geldinstitut unmaßgeblich, ja u.U. sogar asozial, sein könnte, wenn sie mit der gesamtgesellschaftlichen Zielzuschreibung (wie immer die auch zustande kommen mag) kollidiert. Hier ist vielmehr wieder die prekäre Bestimmung des Zieldefinito-

---

708 In etwa gleichem Sinn auch *Hill/Fehlbaum/Ulrich,* S. 160.

709 Vgl. die Beispiele bei *England, George W./Negandhi, Anant R./Wilpert, Bernhard* (Eds.): Organizational Functioning in a Cross-Cultural Perspective, Kent, OH: Kent State University Press 1979; *Tannenbaum., Arnold S.*, et al.: Hierarchy in Organizations, San Francisco: Jossey-Bass 1974; *Dlugos, Günter/ Dorow, Wolfgang/Weiermair, Klaus* (Eds.): Management Under Differing Labour Market and Employment System, Berlin: de Gruyter 1988.

renkreises wichtig, die eine empirische Aufgabe ist und die deshalb nur am konkreten Fall zu lösen ist.

Da die Organisationsziele in Zielhierarchien bestehen können, gibt es ein entsprechendes Gefüge auch bei den Funktionen. Man kann deshalb *primäre, sekundäre usw. Funktionen* unterscheiden. So ist vermutlich beim Industriebetrieb die Güterproduktion eine primäre, die Gewährleistung von Arbeitssicherheit eine sekundäre Funktion. Zu dieser Abgrenzung verhilft in der Regel eine Untersuchung der Frage, welche Funktion vorgezogen werden würde, wenn man nur eine von beiden wählen dürfte; mit der Methode des Paarvergleichs könnten so - in Grenzen - eine Funktionenhierarchie ermittelt werden wie auch eine Zielhierarchie.

Angesichts der vielen verschiedenen Ziele, die Organisationen verfolgen können, ist es leicht vorstellbar, dass ihre Funktionen so vielfältig sein können, dass jeder Versuch einer Darstellung scheitern muss.

Nun kann aber eine Organisation nicht pausenlos soziale Funktionen ausüben. Gerade als soziales System hat sie eine manchmal komplexe und komplizierte Struktur zu entwickeln, deren Aufrechterhaltung eigene Aktivitäten verlangt. Da müssen Leitungen gewählt, Haushalte aufgestellt, Urlaubslisten geführt, Konflikte geschlichtet, Prüfungen abgehalten, Kantinen betrieben werden, um nur einige Beispiele zu nennen. Diese könnte man als *interne Funktionen* bezeichnen. Darunter würde man die Aufgaben und Verrichtungen verstehen, die eine Organisation ohne Rücksicht auf ihre spezifischen Organisationsziele lediglich als soziales System ausführen muss.

Natürlich lassen sich auch die internen Funktionen wie die sozialen in eine Prioritätenhierarchie bringen. Insgesamt aber sind alle internen Funktionen gegenüber den sozialen stets sekundär. Das folgt daraus, dass jede Organisation nur wegen ihrer sozialen Funktion eingerichtet wurde, nie wegen ihrer internen. Würde eine Organisation ihre sozialen Funktionen einstellen und sich nur noch internen Verrichtungen zuwenden, verlöre sie ihren spezifischen Organisationscharakter. Dieser Extremfall ist kaum vorstellbar. Aber immerhin sind Verschiebungen in den Aktivitäten von sozialen zu internen Funktionen – oder umgekehrt – ein guter Indikator für Zielveränderungen. Wenn man einmal sarkastisch über die Probleme des Personalabbaus bei der Bundesbahn sagte, diese sei eine Sozialversicherung mit eigenem Schienennetz, so drückt das pointiert eine solche Veränderung aus.

Die Zahl der internen Funktionen einer Organisation ist ebenfalls groß und je nach Typ verschieden. Insgesamt ist sie aber eher überschaubar als die sozialen Funktionen. Die Erfüllung der internen Funktionen ist im Zweifel stets Aufgabe der Leitung; daran ändert auch die Delegationsmöglichkeit nichts. Als solche *Managementfunktionen*, Leitungsaufgaben, werden insbesondere gezählt:

1) *Systemerhaltung*, also ganz im Sinne der strukturell-funktionalen Theorie, so dass schon scherzhaft behauptet wurde, „if organizations have any goal generally agreed upon by all participants, it is survival“[710]. Das wird der Leitung gelegentlich gar durch Gesetz aufgegeben, etwa dem Vorstand einer Aktiengesellschaft: „Der Vorstand hat geeignete Maßnahmen zu treffen, insbesondere ein Überwachungssystem einzurichten, damit den Fortbestand der Gesellschaft gefährdende Entwicklungen frühzeitig erkannt werden“[711]. Das schließt nicht aus, dass er auch die gesetzliche Pflicht hat, eine Insolvenz rechtzeitig anzumelden und damit doch in vielen Fällen das Ende der Gesellschaft einzuleiten. Das betrifft nur den Ausnahmefall, wenn es der Leitung nicht gelingt, den gedachten Regelfall zu verwirklichen, nämlich die ständige

2) Optimierung der Organisationstätigkeit. Diese versucht sie zumindest durch Verbesserung der *Effektivität* („the degree of goal achievement“[712]), möglichst aber durch Erhöhung der *Effizienz* („the ratio of outputs to inputs“[713]) zu erreichen. Dazu gehören auch Maßnahmen der *Arbeitsstrukturierung* wie z.B. *Qualitätszirkel*, die zwar zuerst in Japan, dort aber von amerikanischen Beratern eingeführt wurden[714], Bestrebungen zur *Humanisierung des Arbeitslebens*[715] sowie Einführung der *flexiblen Arbeitszeit*[716], insbesondere aber *Arbeitserweiterung, -wechsel und -anreicherung*[717], die alle Gegenmaßnahmen gegen eine übertriebene *Ar-*

---

[710] *Pfeffer* 1978, S. 112.
[711] § 91 III AktienG.
[712] *Lawless*, S. 32.
[713] *Gibson/Ivancevich/Donnelly*, S. 35. Vgl. zur Effizienzmessung auch *Hauschildt* 1987, S. 12.
[714] Siehe dazu *Stohl, Cynthia*: Bridging the Parallel Organization: A Study of Quality Circle Effectiveness, bei: *McLaughlin*, S. 416-430.
[715] *Mohrmann, Susan A./Lawler, Edward E. III*: Quality of Work Life, in: *Rowland, Kendrith M./Ferris, Gerald E.* (Eds.): Research in Personnel and Human Resources Management, Greenwich, Conn.: JAI 1984.
[716] *Dunham, Randall B.*, et al.: Alternative Work Schedules, in: Personnel Psychology, Summer 1987, S. 215-242.
[717] Forschungsergebnisse dazu u.a. bei: *Griffin, Ricky W.*: Task Design, Glenview, IL: Scott, Foresman 1982.

beitsteilung sind, welche anfänglich das Universalmittel zur Ergebnisverbesserung war.

3) Integration und Koordination. Integration war schon in der strukturell-funktionalen Theorie als notwendiger Ausgleich zu jeder Differenzierung eingeführt worden (vgl. 1.6.1.5). Das wird jetzt auch in der betriebswirtschaftlichen Organisationslehre so gesehen: „Daß Arbeitsteilung, Spezialisierung, Differenzierung ... die entscheidende Ursache für die Steigerung der Produktivität ist, dürfte seit Adam Smith Gemeingut sein. Daß jegliche Arbeitsteilung umgekehrt Koordination, Integration, Arbeitsvereinigung ... fordert, ist indessen weit weniger bewußt“[718]. Wie sich schon in diesem Zitat zeigt, stehen Integration und Koordination faktisch und theoretisch in enger Beziehung; sie „stellen qualitativ unterschiedliche Harmonisierungsarten dar, die sich teilweise ergänzen und teilweise zueinander in Konkurrenz stehen“[719]. Koordination ist wohl der allgemeinere Begriff, weil sie nicht nur als Gegenmaßnahme zu drohenden Differenzierungsnachteilen gedacht ist: „Im Sinne eines kleinsten gemeinsamen Nenners wird Koordination als die Abstimmung von Teilen eines Ganzen im Hinblick auf das Erreichen übergeordneter Zielsetzungen aufgefaßt“[720].

4) Konfliktregulierung ist daher eine der wichtigsten Funktionen einer Organisationsleitung[721], weil Konflikte die Zielerreichung gefährden, aber andererseits auch fördern können. Grundsätzlich sind Konflikte zwischen Organisationen und in Organisationen zu unterscheiden[722]. Die zweite Gruppe kann wieder nach Konflikten zwischen Personen, in Gruppen, zwischen Gruppen und allgemein innerhalb der Organisation unterteilt werden[723]. Die allgemeinsoziologische Konflikttheorie unterscheidet soziale und nichtsoziale Konflikte. Soziale Konflikte sind in der Struktur des Sozialsystems angelegt (z.B. Streit zwischen Technikern und Verkäufern über optimale Produktgestal-

---

718 *Hauschildt* 1987, S. 9.

719 *Dill/Hügler* bei *Heinen*, S. 152 m.w.N.

720 *Dill/Hügler* bei *Heinen*, S. 147, die anschließend ohne Hinweis auf *Parsons* die Koordination als Komplement zu vorheriger Differenzierung beschreiben, ganz wie die Gleichgewichtsintegration in der strukturell-funktionalen Theorie. Siehe zur Kooperation auch *Schewe*, S. 4/5 m.w.N. (bei interner und externer Virtualität) und *Hellriegel/Slocum/Woodman*, S. 247-259 (häufige Faktoren von Kooperationsproblemen zwischen Gruppen).

721 *Robbins* 1990, S. 410-436, und 1992, S. 173-187; *Huczynski/Buchanan*, S. 547-576; *Morgan* 1989, S. 196-206.

722 *March/Simon*, S. 107.

723 Dazu näher *Hellriegel/Slocum/Woodman*, S. 461-475.

tung)[724] und gehören selbstverständlich zum Aufgabengebiet der Leitung. Aber auch nichtsoziale, persönliche Konflikte (Abteilungsleiter A hat dem Hauptabteilungsleiter B die Frau abspenstig gemacht – funktioniert die dienstliche Zusammenarbeit weiter nach der Maxime „Dienst ist Dienst, und Schnaps ist Schnaps“? Wohl kaum.) müssen reduziert und reguliert werden. Aber wie? Hier würde nicht einmal das Verbot der Beschäftigung von Eheleuten helfen. Psychologen haben Ratschläge für das Verhalten bei der Konfliktschlichtung zu bieten: „1. Be available; 2. Learn how to listen; 3. Do not become angry; 4. Define the real problem; 5. Get the facts; 6. Check the contact; 7. Avoid delay; 8. Consider the consequences; 9. Be consistent; 10. Give a clear answer; 11. Adjust grievances early; 12. Keep records"[725]. Vieles davon kann selbstverständlich erscheinen. Es ist aber keineswegs selbstverständlich, wie die Vorgesetztenpraxis in vielen Organisationen immer wieder beweist, obwohl schwelende oder akute Konflikte die Motivation beeinträchtigen können, wie ebenfalls immer wieder bewiesen wurde.

5) *Motivieren* ist eine der Leitungsfunktionen, weil Zielerreichung mit Motivation wahrscheinlicher ist als ohne, denn „Motivation ist Voraussetzung für zielorientiertes Verhalten und deshalb aus Managementperspektive Hauptansatzpunkt für leistungssteigernde Beeinflussungsstrategien“[726]. Motivation ist beim einzelnen Menschen zu erreichen, nicht bei Arbeitsplätzen, Gruppen, Positionen usw.[727]. Das bedeutet nun nicht, dass Vorgesetzte pausenlos herumlaufen und Aufmunterungen verteilen müssen. Viele ihrer üblichen Funktionen können so ausgeübt werden, dass sie motivierende oder demotivierende Nebenwirkungen haben. Um z.B. Arbeitsstrukturierung intrinsisch motivierend wirken zu lassen, wurde der Job-Characteristics-Ansatz[728] entwickelt[729]. Dazu wurden zwei Instrumente, nämlich Mo-

---

[724] Siehe auch *Allen*, S. 132; *Sashkin/Morris*, S. 323.

[725] Nach *Haiman, Theo/Hilgert, Raymond L.*: Supervision, Cincinnati, OH: South-Western Publishing Co. 1972, S. 403-408. Siehe allgemein zu Konflikten in Organisationen: *Staehle* 1999, S. 389-398; *Johns*, S. 443-453; *Sashkin/Morris*, S. 320-341; *Corwin*, S. 507-520; *Luthans*, S. 365-385.

[726] *Staehle* 1999, S. 218/219. Vgl. allgemein zur Motivation in Organisationen: *Kreitner/Kinicki*, S. 142-173; *Huczynski/Buchanan*, S. 57; *Robbins* 1992, S.44-61.

[727] Vgl. auch *Allen*, S. 176.

[728] Zu der in Deutschland immer häufigeren Ersetzung von „Arbeit“ durch „Job“ vgl.: „We define a **job** as the organizational activities or tasks one performs for monetary return. In contrast, **work** has a more encompassing meaning than a job, because it involves producing something of value for oneself or others"(*Kreitner/Kinicki*, S. 45, die sich dafür berufen auf: Work in America: Report of a Special Task Force to the Secretary of

tivating Potential Score (MPS) und Job Diagnostic Survey (JDS) bereitgestellt, um der Organisationsleitung die Anwendung zu erleichtern. Empirische Untersuchungen bestätigen überwiegend, dass Arbeitsrestrukturierungen u.a. Fehlzeiten und Fluktuation verminderten und Arbeitsergebnisse und Arbeitszufriedenheit verbesserten[730]. Auch mit der Entwicklung von Organisationskultur werden sehr oft Motivationsabsichten verbunden[731].

6) Zunehmend wird *Innovieren* zu einer Dauerfunktion von Organisationsleitungen, nicht mehr nur zu einer gelegentlichen Reaktion auf äußere Anforderungen. Unter Innovationen versteht man „im Ergebnis qualitativ neuartige Produkte oder Verfahren, die sich gegenüber dem vorausgegangenen Zustand merklich ... unterscheiden"[732] oder „die Erarbeitung und Implementierung einer Lösung, die in dieser Organisation bisher noch nicht realisiert wurde – vielleicht aber in anderen Organisationen"[733]. Die immer öfter auftretende Notwendigkeit liegt einerseits an der weltweit zunehmenden Qualifikation von Erwerbstätigen sowie an der Globalisierung und den damit entstehenden Problemen und Krisen. „Gegen die Probleme und Krisen setzen wir die Innovation"[734], auch wenn damit die externen Probleme und Krisen erfolgreich bewältigt werden, aber interne Probleme und Krisen entstehen können; denn „Innovationen sind im Zweifel nicht willkommen. ... Innovation muß daher mit Widerständen rechnen. ... Der Widerstand gegen Innovation trägt alle Merkmale eines

---

Health, Education and Welfare, Cambridge, Mass.: MIT-Press 1973, S. 3).

729 Siehe im Einzelnen: *Hackman, J. Richard/Oldham, Greg R.*: Work Redesign, Reading, Mass.: Addison-Wesley 1980.

730 Dazu u.a.: *Fried, Yitzhak/Ferris, Gerald R.*: The Validity of the Job Characteristics Model, in: Personnel Psychology, Summer 1987, S. 287-322; *Staehle* 1999, S. 686-688; *McEvoy, Glenn M./Cascio, Wayne F.*: Strategies for Reducing Turnover, in: Journal of Applied Psychology, May 1985, S. 342-353; *Loher, Brian T.*, et al.: A Meta-Analysis of the Relation of Job Characteristics to Job Satisfaction, in: Journal of Applied Psychology, May 1985, S. 280-289; *Kopelman*, S. 237 und 261/262 m.w.N.

731 *Dill/Hügler* bei *Heinen*, S. 154-157 m.w.N.

732 *Hauschildt* 1997, S. 6, mit Erläuterungen der einzelnen Definitionselemente auf S. 7-23 und Zitieren weiterer 18 Innovationsbegriffe auf S. 4-6. Vgl. weiter zur Innovation: *Zintl* bei *Wöhler*, S. 110-125; *March/Simon*, S. 165-184.

733 *Kieser/Kubicek* 1992, S. 378.

734 *Afheldt*, S. 10. Dort werden auf S. 35-77 drei Innovationsprojekte (Marketing bei der Deutschen Bundesbahn; Umweltschutz-Abonnement in Basel; flexible Arbeitszeiten bei Siemens) ausführlich dargestellt.

Konfliktes“[735], womit wir dann wieder bei einer anderen Routinefunktion der Leitung wären, wie es so oft der Fall ist.

Übungsaufgabe 6: Konflikt und Effizienz

Sie sind Persönlicher Referent eines Vorgesetzten, der auch dann konfliktscheu ist, wenn er gar nicht Konfliktpartei ist, sondern neutraler Dritter, der aber schlichten soll. Dieser Vorgesetzte kommt eines Montags ganz fröhlich zur Arbeit und sagt, er werde sich jetzt um Konflikte überhaupt nicht mehr scheren. Am Wochenende habe er das Buch „Konflikt und Freiheit“ von einem Soziologen namens Bahrenfeld oder Bahrendorf oder so ähnlich gelesen, und der lobe ausdrücklich „die ständige schöpferische Wirksamkeit sozialer Konflikte“. Dann sei ja klar, dass Konflikte die Effizienz erhöhten, und dann dürfe man sogar nichts gegen sie tun.

Sie wenden ein, das setze einen linearen Zusammenhang zwischen Konflikthäufigkeit und –intensität einerseits und Effizienz andererseits voraus. So sei es aber nicht in der Wirklichkeit.

Ihr Vorgesetzter erwidert: Das beweisen Sie mir mal!

Literaturhinweis: Stiehl (nein, der ist kein Forscher, sondern Praktiker), *Stahl* oder, ja richtig, *Staehle* 1999.

2.2.2.3 Manifeste und latente Funktionen

Wenn man von der Einrichtung einer Organisation ausgeht, kann man sich vorstellen, dass man dabei einige Funktionen mit voller Absicht präformiert, dass aber andere Funktionen unbeabsichtigt auftreten. Ebenso kann es sein, dass einige Funktionen erkannt werden und andere unerkannt bleiben. Daher könnte es sich auch in der Organisationssoziologie lohnen, eine Unterscheidung aus der allgemeinen Soziologie zu übernehmen, nämlich die von manifesten und latenten Funktionen.

Dieses Begriffspaar fasst die Dimension beabsichtigte – unbeabsichtigte (= offizielle – inoffizielle) Funktion und die Dimension wahrge-

---

735 *Hauschildt* 1997, S. 128/129.

nommene – nicht wahrgenommene Funktion kreuzweise zusammen. Als *manifeste Funktionen* bezeichnet man dabei die beabsichtigten und auch wahrgenommenen, als *latente Funktionen* die nicht beabsichtigten und auch nicht wahrgenommenen Funktionen. Diese vor allem in der strukturell-funktionalen Theorie entwickelte Terminologie[736] geht von deren – auf *Emile Durkheims* Definition beruhendem – Funktionsbegriff aus, der aber, zumindest im Fall der Organisation, leicht in den allgemeinen Funktionsbegriff zu übersetzen ist.

Allerdings ist dieses Begriffspaar in der allgemeinen Theorie noch klärungsbedürftig und bietet deshalb auch für die Organisationsanalyse Probleme[737]. Ein verbreitetes Beispiel für manifeste und latente Funktionen zeigen die Universitäten. Als manifeste Funktionen bezeichnet man dabei – entsprechend den gesetzlichen Zielen – das Lehren und das Forschen. Daneben aber, so stellt man fest, beurkunden die Universitäten Talente, erteilen Berufs- und Besoldungsstufen-Eintrittskarten und vergeben so soziale Chancen, ja, wirken sogar an der sozialen Schichtung mit. Das mögen in der Tat Nebenwirkungen sein, die bei der Errichtung der Universitäten weder beabsichtigt noch sogleich erkannt wurden. Inzwischen kennen wir sie aber des längeren, und wir stellen sie in den gesetzlichen oder satzungsmäßigen Bestimmungen weder bei der Einrichtung neuer noch der Umstrukturierung alter Universitäten ab. Dann kann man solche Funktionen nicht gut weiter als unerkannt und unbeabsichtigt bezeichnen. Wenn aber latente Funktionen nur solche sind, von denen man ohnehin nichts weiß, sind sie für eine empirische Analyse von geringem Nutzen: sobald man sie erfasst hat, werden sie in der Regel ja wohl manifeste Funktionen, jedenfalls solange es sich um manipulierbare Funktionen handelt, was im Bereich der Organisation wohl der Regelfall ist.

Methodisch ist die Aufdeckung latenter Funktionen noch wesentlich schwieriger als ihre theoretische Definition. Hier ist Einfallsreichtum gefragt. So wurde durch Konversationsanalyse bei Redaktionskonferenzen herausgefunden, dass manche Entscheidung über die Veröffentlichung von Beitragsvorschlägen untergründig zu Gunsten begrenzt positiver Artikel und nicht für betont positive oder betont negative ausfällt, weil (=latente Funktion) Redakteure bei gemäßigten Artikeln ihre Beziehungen zu den Reportern und zu anderen Redak-

---

[736] *Merton*, S. 19-84.
[737] Vgl. dazu die empirische Studie von *Lussey*, S. 532-543.

teuren am problemlosesten aufrecht erhalten, somit also ihre eigene Position als Entscheider bewahren können[738].

2.2.2.4 Beziehungen zwischen Funktionen und Strukturen sowie unabhängigen Variablen

Über die Zusammenhänge zwischen den Funktionen und den Zielen der Organisation haben die beiden vorangegangenen Abschnitte schon einige Auskunft gegeben.

Auf den Zusammenhang zwischen Instrumentarium und Organisationsfunktionen weist die immer wieder aufkommende Automationsdiskussion hin. Vollautomatisierte Produktionsstätten, etwa moderne Kraftwerke und Walzstraßen, haben die eigentliche, die soziale Funktion, weitgehend Automaten übertragen – Menschen sind daran nur noch in höchstens sekundärer Funktion, wie etwa Überwachung und Reparatur, beteiligt; und das sind oft gering qualifizierte und entfremdungsgeneigte Positionen. Ebenso ergebnisfern sind die verbleibenden internen, rein managermäßigen Funktionen.

Den Einfluss von Organisationsbedingungen auf die Funktionen kann man sich wieder am Beispiel der Konkurrenzsituation klarmachen. Hat eine Organisation auf ihrem Gebiet Wettbewerber, wird sie sich in der Regel mehr auf die sozialen Funktionen konzentrieren müssen, weil ihre Leistung nach ihren dabei erzielten Erfolgen beurteilt wird. Ohne Wettbewerber dagegen kann eine Organisation sich mehr internen Funktionen widmen.

Zwischen Strukturen und Funktionen findet man gegenseitige Beziehungen. Ist eine Organisation stark hierarchisiert und gibt es dabei wenig Delegation nach unten, ist der Funktionsbereich für die einzelnen Positionen sehr eng. Wendet man die üblichen Gegenmittel – job enrichment, job enlagement, job rotation z.B. – an, so zeigt sich sogleich eine gar nicht immer beabsichtigte Rückwirkung im horizontalen und vertikalen Strukturgefüge.

2.2.3 Verhalten

Eine Zeitungsmeldung mag die Bedeutung des Organisationsverhaltens veranschaulichen. Es geht dabei um die Voruntersuchung von

---

738 *Clayman/Reisner*, S. 189 und 192-196.

Kindergartenkindern durch das Gesundheitsamt: „Nicht nur das allgemeine Befinden mußte diagnostiziert werden, sondern auch eine TB-Untersuchung war notwendig. ... Die leicht schmerzenden Stiche, die zur TB-Untersuchung notwendig sind, wurden den Kindern schon vor der allgemeinen Untersuchung beigebracht. Bei Mario, der bei Angst sehr empfindlich reagiert, war damit die Sache gelaufen. Er versuchte, das Weite zu finden. Die Reaktion der Ärztin – sie schnauzte die Mutter an, sie solle den Jungen zurückholen. In panischer Angst wehrte er sich und schlug um sich. Die Ärztin bekam dabei auch einen Tritt mit. Doch anstatt das Kind zu beruhigen, erhielt es von der Ärztin eine Ohrfeige. Die Beschwerde der Mutter beim Gesundheitsamt wurde mit der Begründung abgetan, so etwas sei nicht passiert. Auch die Nennung von Zeugen konnte keine andere Antwort erbringen ...“[739].

Dieser Bericht enthält vier Fälle von Fehlverhalten, wenn wir ihm Richtigkeit unterstellen. Dreimal pfuschte die so genannte Kinderärztin: schmerzhafter Tuberkulose-Test bereits vor der allg. Untersuchung, Verbreitung einer gespannten und aggressiven Atmosphäre so ganz nach „Pflichtuntersuchung“ sowie schließlich Körperverletzung im Amt; und dann machte auch die Organisationsleitung einen schweren Fehler, indem sie sich trotz Zeugen für das angebliche Dienstvergehen erst einmal voller Kameraderie „vor ihre Leute stellte“.

Insbesondere aus dem letzten Grunde sind Berichte über solche Fälle seltener als solche Fälle. Schon daraus ergibt sich hinreichender Anlass für die soziologische Beschäftigung mit Organisationsverhalten. Allerdings findet man darüber in allgemeinen Darstellungen nur wenig[740]. Das mag an der traditionellen Vorstellung der betriebswirtschaftlichen Organisationslehre gelegen haben, man brauche nur die rechten organisatorischen Maßnahmen zu treffen und schon strebe alles schnurstracks dem Organisationsziel zu – wenn ausnahmsweise nicht, dann wegen einer menschlichen Panne, die außerhalb des Spektrums einer präskriptiven Lehre liegt. Das Verhalten als rein tatsächlicher Prozess ist genau von den in einer Organisation geltenden Normen, also sozialen Katalysatoren, zu unterscheiden[741].

---

739 Querenburger Nachrichten (Stadtteilzeitung der Bochumer SPD), Nr.3/ 1980, S. 1.

740 Bedeutendere Ausnahmen neben der organisationspsychologischen Literatur u.a.: *Cleland/King*, S. 363-391; *Bobbitt* u.a., S. 117-277; *Ullrich/Wieland*, S. 217-244; *Silverman*, S. 124-126 und 165-182; *Khandwalla*, S. 530-571; *Luhmann*, S. 85-108 und 268-271; *Litterer*, S. 133-166; *Gibson* u.a., S. 87-141.

741 *Meyer/Rowan* bei *Powell/DiMaggio*, S. 42; *Moch/Seashore* bei *Nystrom/Starbuck*,

Diese Sicht ist auch in der Betriebswirtschaftslehre inzwischen weitgehend überwunden, hat aber noch überall ihre Nebenwirkungen in Gestalt solcher Theoriemängel. Jetzt haben neue Ansätze in der Organisationslehre wichtige Versuche zur Füllung der Leerstellen unternommen.

2.2.3.1 Begriff und allgemeine Bedeutung des Organisationsverhaltens

Verhalten ist in den Sozialwissenschaften die „allgemeinste Bezeichnung für jede Aktivität oder Reaktion eines Organismus", wobei die Subkategorie des *sozialen Verhaltens* ein Verhalten von Individuen bezeichnet, „das eine Reaktion auf das Verhalten anderer Individuen darstellt und selbst die Reaktion anderer Individuen beeinflusst"[742].

Mit *Organisationsverhalten* soll daher das *soziale Verhalten von Organisationsangehörigen* bezeichnet werden, *soweit es in Zusammenhang mit dem Handeln innerhalb der Organisationsrolle steht* [743]. Dieser Begriff ist damit eine Erweiterung des schon auf *Max Webers* „Verbandshandeln"[744] zurückgehenden, aber bisher auch nur wenig systematisch weiter entwickelten Begriffs des Organisationshandelns[745].

Das Organisationsverhalten ist gewissermaßen als Mischung von Organisationsrollenhandeln und persönlichem Verhalten die individuelle Seite der Organisationsfunktion. Damit gibt es aber zugleich einen Unterschied in der Extension. Die Organisationsfunktionen werden immer von der Organisation als solcher wahrgenommen. Zwar ist auch dabei nicht immer alles peinlich auf Zielerreichung ausgerichtet. Was immer aber geschieht – es wird von der Organisation betrieben. So kann ein über längere Zeit auf zuvor nicht ausdrücklich formulierte Ziele ausgerichtetes Funktionieren der Organisation ein impliziter Zielwandel sein. Das Organisationsverhalten als individuelles Verhalten ist nie ein Verhalten der Organisation, sondern stets ein Verhalten eines Menschen. Es ist allerdings ein von der Organisa-

---

Bd. I, S. 210-237.

742 *Klima* bei *Fuchs-Heinritz* u.a., S. 712-1712.

743 Damit ist also etwas anderes gemeint als mit „organizational behavior" in der Umgangssprache, wie sie bei *Champion*, S. 92, zitiert wird. Eine vom allgemeinen Sprachverständnis her völlig abwegige Definition ist: „Organizational behavior (OB) is the systematic study of the actions and attitudes that people exhibit within organizations" (*Robbins* 1992, S. 1; ähnlich 1991, S. 8).

744 *Weber*, S. 35.

745 Vgl. dazu *Hegner* bei *Fuchs-Heinritz* u.a., S. 480.

tion – wenn auch in durchaus verschiedenem Grade – beeinflusstes Verhalten, wie durch den Hinweis auf den Zusammenhang mit der Organisationsrolle gesagt werden soll. Daher kann es durchaus sein, dass dieses Verhalten von einem Beobachter der Organisation zugerechnet wird. Genau deshalb ist es ein erhebliches Organisationsproblem, das Verhalten der Organisationsangehörigen möglichst weitgehend im Rahmen der Organisationsfunktionen auf dem Kurs des Organisationszieles zu halten. Im einfachsten Fall soll das Problem durch Zahlung des Gehalts an das Personal gelöst werden; aber alle Kontroll- und Disziplinierungsmaßnahmen dienen ebenfalls im Wesentlichen der Abstimmung von Verhalten und Ziel[746].

Eine Typologie von Organisationsverhalten unterscheidet aufgabenorientiertes, beziehungsorientiertes und selbstorientiertes Verhalten[747]. Es gibt auch schon Ansätze zur Verhaltensanalyse[748]. Die wichtigste Unterscheidung ist jedoch die folgende.

2.2.3.2 Zielorientiertes und nicht zielorientiertes Organisationsverhalten

Aus dem unter 2.2.3.1 Dargestellten ergibt sich eine Unterteilung des Organisationsverhaltens in zielorientiertes und nicht zielorientiertes.

Das *zielorientierte Verhalten* ist das, was vom Organisationszweck her erreicht werden soll. Da die Organisationsangehörigen in der Regel eine Instrumentenfunktion für die Zielerreichung ihrer Organisation haben und da diese Funktion in der Regel durch Verhalten ausgeübt wird, sollte das Verhalten zielorientiert sein.

Vorgabe für das Verhalten ist normalerweise die Organisationsrolle. Diese Rolle kann durchaus verschiedenes Verhalten als Erwartung hinstellen. In einer großen Volkspartei genügt oft die Beitragszahlung samt Vermeidung von „parteischädigendem Verhalten“, u.U. ist sogar das Verhalten von „Karteileichen“ noch rollengemäß, d.h. die stillschweigende Duldung des Registriertseins in der Mitgliederkartei, damit der Ortsverband mehr Delegierte für die Gremien auf Kreisebene entsenden kann. Dagegen wird eine Kaderpartei von ihren Mitgliedern nicht nur verbale positive Bekenntnisse verlangen, sondern auch aktive Mitarbeit bei der Propagierung ihrer Ziele. Parteien, Vereine, Verbände u.Ä. verlangen immerhin nur einen relativ gerin-

---

746 *Cyert/March*, S. 27/28; *Cleland/King*, S. 21 und 395-409.
747 Bei *Hellriegel* u.a., S. 215/216, wo aber fälschlich von Rollen die Rede ist.
748 *Argyris* bei *Haire*, S. 115-154.

gen Anteil des Zeitbudgets ihrer Mitglieder, um ihn mit Organisationsrollen zu füllen. Viel anspruchsvoller sind Organisationen, die ihre Angehörigen – ob nun Mitglieder oder Personal – hauptberuflich einbeziehen. Aber auch dann, wenn ein Organisationsangehöriger wöchentlich fünfmal acht Stunden unter den Erwartungen seiner Rolle steht, kommt es immer noch auf das Ernstnehmen des Organisationszieles innerhalb der Organisation an, ob es im Wesentlichen genügt, dass der Rollenträger nicht zu spät kommt und nicht zu früh geht, oder ob zu seiner Rolle die regelmäßige Produktion einer bestimmten Zahl von Beiträgen zur Zielerreichung gehört.

Als allgemeiner Grundsatz kann wohl angenommen werden, dass eine Rolle um so reichhaltiger und um so zwingender ist, je wichtiger das zielorientierte Verhalten des Rollenträgers für die Ziele der Organisation ist. Das merkt man insbesondere an Extrembeispielen, wie sie etwa der Pfarrer oder der Priester bieten. Sie haben sogar eine Rollenbeschreibung, die für 24 Stunden am Tag das organisationsgebundene Verhalten beeinflussen soll. Der Lokomotivführer kann außer Dienst ein total unpünktlicher Mensch sein, ohne dass das Ansehen oder die Funktion der Bahn darunter leiden. Der Geistliche kann sich ein organisationsrollenwidriges Verhalten nicht einmal im Urlaub leisten. Solche Berufe führen deshalb zu besonders prekären Verhaltensproblemen[749] in einer Zeit, in der berufsrollenkonformes Verhalten offensichtlich immer anspruchsloser wird. Für einen Richter oder einen Offizier war das Konkubinat noch vor kurzem in Deutschland ein Grund zur disziplinarischen Bestrafung seines Verhaltens, auch wenn dieses nicht im Sitzungssaal oder auf dem Kasernenhof stattfand. Heute ist ihre Berufsrolle in solchen Verhaltensregelungen nicht wesentlich anders als die eines Straßenbahnschaffners – ihr Prestige demzufolge vielleicht auch immer weniger.

Wenn solchermaßen das Verhalten in Organisationen von den Organisationsrollen beeinflusst ist[750], so wird es auch zum Schlüssel für die Lösung von Rollenkonflikten. So wurde z.B. festgestellt[751], dass Abteilungsleiter einer Firma bei der Entscheidung zwischen den teilweise widersprüchlichen Rollenpflichten, hohe Produktivität und zugleich gutes Betriebsklima zu erreichen, ihr Verhalten nach Per-

---

749 Vgl.dazu u.a. *Klee, Ernst*: Bei Pfarrers kriselt es, in: Die Zeit 19/1979, S. 65.

750 Dazu ein Beispiel bei *Trist, Eric L./Bamforth, K.W.*: Some Social and Psychological Consequences of the Longwall Method of Coal-Getting, in: Human Relations 4 (1951), S. 1-38.

751 *Kaye, Carol*: Some Effects on Organizational Change of the Personality Characteristics of Key Role Occupants, Ph. D. Dissertation, Ann Arbor: University of Michigan (mimeogr.).

sönlichkeitsvariablen richteten und damit sogar ein entsprechendes Verhalten bei ihren Untergebenen hervorriefen.

Damit erscheint die Rollenstruktur als ein formaler Versuch zur Lenkung der vom Ausgang her informalen Verhaltensstruktur in Richtung auf die Organisationsfunktionen, die wiederum hauptsächlich von den Organisationszielen bestimmt sein sollen. „From the point of view of an organization, therefore, it is sufficient to spell out the activitities or roles which must be fulfilled in order to achieve the goal. ... Which particular person fulfills the role may be quite irrelevant to the concept of organization, though it will clearly be relevant to how well the organization actually operates“[752]. Dabei müssen wir unter Hinweis auf die Ausführungen bei 1.5.3 A aber im Auge behalten, dass „formal“ nicht immer zugleich „eufunktional“ und „informal“ nicht immer gleich „dysfunktional“ ist. Die formalen Strukturen nehmen oft zu wenig Rücksicht auf menschliche Bedürfnisse der Organisationsangehörigen, obwohl solche Bedürfnisse nicht stets schlichte abhängige Variablen der Organisationsentwicklung sind, sondern manchmal Randbedingungen für die unabhängigen Variablen.

Immerhin ist aber die Divergenz des von den Rollendefinitionen vorgegebenen Organisationsverhaltens und des wirklich gezeigten Verhaltens dann ein Organisationsproblem, wenn das zweite zu den Organisationszielen in Widerspruch steht.

Nicht zielorientiertes Verhalten in Organisationen[753] kann täglich beobachtet werden: bei den Kassiererinnen im Kaufhaus, die ihr Schwätzchen nicht unterbrechen, auch wenn sie sehen, dass ein Kunde an der Kasse wartet; beim Kellner im Restaurant, der durch lautes Rufen zur Entgegennahme der Zahlung von der Zeitungslektüre weggeholt werden muss usw. Aus diesen Beispielen sollte man nicht den Schluss ziehen, dass nicht zielorientiertes Verhalten eine Spezialität des Personals sei, weil dieses eher als Mitglieder mit zielfremden Motivationen in die Organisation eintritt.Vor nicht zielorientiertem Verhalten ist niemand gefeit. Es ist durchaus nicht selbstverständlich, dass der Rechtsanwalt, der zum Vorsitzenden eines ländlichen Reitervereins gewählt wird, dort überhaupt zwecks Förderung des Pferdessports Mitglied geworden ist; er könnte auch eingetreten sein, weil er informellen Kontakt zu prospektiven, lukrativen Klienten sucht.

---

752 *Schein*, S. 10.

753 Vgl. hierzu *Barrett, Jon H.*: Individual Goals and Organizational Objectives, Ann Arbor, Mich.: Institute for Social Research 1970; *Tausky/Parke* bei *Dubin*, S. 531-565.

Die Korruption in Behörden und Firmen, die an den Spitzen nicht unbedingt seltener ist als an den Füßen der Hierarchiepyramiden, ist einer der Hauptfälle von nicht zielorientiertem Verhalten von Organisationsangehörigen.

Es wäre aber ein Missverständnis, wenn man jedes nicht rollenkonforme Verhalten als dysfunktional ansähe. Vielmehr ist es unwahrscheinlich, dass Organisationsstrukturen stets so zweckmäßig und so vollständig sind, dass alle individuellen Einfälle nur schlechter sein können. Nicht nur bei der Lösung von intra- oder interorganisationalen Konflikten, sondern in vielen nicht vorstrukturierbaren Situationen ist eigeninitiatives Abweichen vom Schema oder Ausfüllen von Lücken für die Organisation eufunktionaler[754] als der Rückzug auf „Handeln nach Vorschrift", was u.U. Nichtstun mangels Handlungsanweisung ist. Oft ist gerade das für die Organisation bedeutsamste Handeln, die strategische Außenvertretung durch die Leitung, am wenigsten vorstrukturiert; das Verhalten der wichtigsten Repräsentanten wird eher ihrer eigenen Entscheidung überlassen als das Verhalten der Routinefunktionäre. Aber auch bei der zweiten Gruppe kann rolleninkonformes Verhalten eufunktional sein, wenn etwa die Korruption in überbürokratisierten Organisationen der einzige oder wenigstens Erfolg versprechendste Weg ist, um die sozialen Funktionen der Organisation überhaupt noch wirksam werden zu lassen.

Dieser Abschnitt soll mit einer Zeitungsmeldung abgeschlossen werden, die Anreiz zur Diskussion über einige Probleme des Organisationsverhaltens bieten kann: „Der Betriebsrat der Bochumer Opel-Werke will per Gericht die Abschaffung der Stechuhr durchsetzen. Ein dreijähriger Versuch ohne Stechpflicht wurde 1974 abgebrochen, weil er nach Ansicht der Firmenleitung fehlgeschlagen war. Bei VW und in den Ford-Werken brauchen Arbeiter seit Beginn dieses Jahres die Kontrolluhr nur noch bei Schichtbeginn zu betätigen. Wer mehr als zehn Jahre bei Ford arbeitet, braucht Beginn und Ende seiner Arbeitszeit überhaupt nicht mehr stempeln zu lassen. Völlig unbegrenzt ist die Freiheit allerdings nicht: Wer sich nach Ansicht des Meisters öfters verspätet oder zu früh geht, muss wieder die Stechuhr drücken"[755]. Einige Diskussionsfragen daraus: Ist das Verhalten das extraorganisationale Element, das die Angehörigen wie einen Bazillus in die Organisation schleppen? Ist es nur dann unproblematisch, wenn es genau den Mustern aus der Rollenstruktur entspricht? Kann

---

754 Vgl. auch *Mayntz/Ziegler*, S. 5/6; *Luhmann*, S. 304-314.
755 Der Spiegel 4/1980, S. 94.

organisationales Verhalten ein Indikator für soziale Wertordnung einerseits und organisationale Zielhierarchie andererseits sein?

2.2.3.3 Beziehungen zwischen Verhalten und anderen Variablen

Aus den beiden vorangegangenen Abschnitten ließ sich erkennen, wie insbesondere Ziele und Strukturen der Organisation, aber auch Instrumente – so machen beispielsweise eine hohe maschinelle Abstützung und eine dienstwegmäßige Verzettelung eines Entscheidungsvorganges ein persönliches Engagement der Organisationsangehörigen überflüssig – und Funktionen das Verhalten der Organisationsangehörigen beeinflussen. Dieses Verhalten wirkt wiederum zuerst auf die Funktionen zurück, kann aber auch z.B. die Rollenstruktur beeinflussen, indem es andere Komponenten in die Erwartungen einführt.

Beziehungen zwischen Führungsstil und Verhalten ergaben sich bei einer Untersuchung im öffentlichen Dienst. Resignationssymptome der Mitarbeiter waren am häufigsten beim autokratischen Führungsstil, am seltensten beim aufgabenorientierten; ebenso war das Image der Behörde – aus der Sicht der Mitarbeiter, die allerdings vom eigenen Erleben bestimmt sein kann – am schlechtesten bei autokratischer und am besten bei aufgabenorientierter Führung[756]. Wenn man öffentliche oder private Trägerschaft als eine unabhängige Variable im Rahmen von Organisationsbedingungen ansieht, so fand eine Untersuchung in US-amerikanischen Schulen Beziehungen zwischen diesen und dem Verhalten in Gestalt der Zieleffektivität; allerdings nahm der Unterschied zwischen effektiveren Privatschulen und weniger effektiven öffentlichen Schulen ab, sobald der Privatsektor wuchs, weil sich dann die öffentlichen Träger zu einer entsprechenden Verbesserung der Instrumentierung ihrer Schulen veranlasst sahen[757].

Der wichtigste Verhaltensbestandteil ist wohl das Überleben der Organisation. Dieses hängt nicht zuletzt von der Instrumentierung ab. Eine Untersuchung von 1.849 Unternehmensgründungen in Deutschland ergab, dass langes Organisationsleben von der Größe (hohes Anfangskapital und hohe Beschäftigtenzahl) bei der Grün-

---

[756] Akademie des Deutschen Beamtenbundes, S. 30 und 31. Vgl. auch *Becker/Diehl/Scheer* bei *Prigge/Sudek*, S. 185 m.w.N.
[757] *Arum*, S. 43.

dung und der Qualität des Humankapitals, insbesondere der Qualifikation des Gründers, abhängt[758].

Die engsten Bindungen bestehen aber wohl zwischen den Organisationsbedingungen, also aus der Umwelt kommenden Faktoren, und dem Verhalten, weil Mitglieder und Personal eben doch auch ein Teil der Umwelt sind, auch wenn sie die wichtigsten Instrumente der Organisation darstellen. Sie haben oft sogar eine Vermittlerstellung zwischen Organisation und Umwelt, die sich daraus ergibt, dass fast jeder Mensch höchstens mit einer Arbeit gebenden Organisation besonders intensive, aber auch dann noch von Konkurrenzkenntnis geprägte Beziehungen hat, dass er aber im übrigen mit mehreren anderen Organisationen ebenfalls regelmäßige Kontakte und zum Vergleich reizende Erfahrungen hat. Der „organization man", der sich nach William H. Whyte[759] als Angehöriger des oberen und mittleren Managements so stark mit seiner Organisation identifiziert, dass sie zum beherrschenden Punkt in seiner Wertordnung wird, ist erstens eine Minderheit und zweitens wohl auch zum Teil ein etwas pathologisches Phänomen. Üblich ist es wohl eher, dass das Verhalten der Organisationsmitglieder eine der wichtigsten Stellen ist, an denen allgemeine soziale Normen ihren ständigen Einfluss auf Organisationen finden[760].

Übungsaufgabe 7: Unabhängige und abhängige Organisationsvariablen

Untersuchungen in den USA im Jahr 1980 haben u.a. ergeben: Arbeitswechsel, Umsetzungen und Aufstieg innerhalb der Firma sind niedrig, wenn das Lohn- und Gehaltsniveau hoch ist; arbeitsintensive Betriebe haben hohe Entlassungsraten, wenig Arbeitgeberwechsel und wenig Umsetzungen; Wachstum hat unterschiedliche Wirkungen auf Mobilität und Fluktuation, je nachdem, ob das Wachstum durch das Hinzutreten neuer Unternehmen oder durch die Erweiterung der bestehenden bewirkt wurde (*Hachen*, S. 49-52). Wie heißen die jeweiligen unabhängigen und abhängigen Variablen?

Literarturhinweis: Teil 2 in diesem Buch

---

758 *Brüderl/Preisendörfer/Ziegler*, S. 235, Tab. 2.
759 *Whyte, William H., Jr.*: The Organization Man, New York: Doubleday 1957.
760 Vgl. *Blau* 1974, S. 78/79; *Perrow*, S. 52-54.

3 Organisation und Umwelt

Schon in Teil 2 ließ sich erkennen, dass Organisation und Umwelt enger miteinander verflochten sind, als es die inzwischen überholten engeren Organisationstheorien wahrhaben wollten. Auch wenn in Teil 2 aus analytischen Gründen versucht wurde, die Betrachtung möglichst in den Grenzen einer Organisation zu halten, kam an vielen Stellen unvermeidbar die typische Perspektive der Organisationssoziologie als Spezielle Soziologie durch: die Wechselbeziehung zwischen Organisation und sozialer Umwelt[761].

Mit dieser Perspektive soll sich Teil 3 nun schwerpunktmäßig befassen. Der Ausgangspunkt dafür ist wiederum Abbildung 4. Allerdings können wir zu diesem Thema nur einige Punkte skizzieren, weil die Organisationssoziologie und ihre Schwesterdisziplinen sich erst seit den 70er Jahren intensiver um die Umweltbeziehungen von Organisationen bemühen[762] und dieser Betrachtungsweise eine eigene systematische Stellung einräumen[763]. In größerem Maße ist das eigentlich erst mit der systemtheoretischen Organisationsanalyse begonnen worden, die auch erst interessant wurde, als die Umwelt sich dadurch bemerkbar machte, dass sie immer unsicherer wurde[764].

---

761 Vgl. auch *Azumi/Hage*, S. 26/27.

762 *Etzioni* 1978, S. 80 (auch schon in früheren Auflagen); *Clegg/Dunkerley*, S. 367; *Eldridge/Crombie*, S. 71. Eine Zwischenbilanz der Forschung über Organisation-Umwelt-Beziehungen ziehen *Grandori, Anna/Soda, Giuseppe*: Interfirm Network: Antecedents, Mechanismus and Forms, in: Organization Studies 1995, S. 183-214.

763 Noch bei *Pfeiffer* kommt erst am Schluss auf S. 120-128 diese Betrachtungsweise systematisch zum Vorschein. Als Parallellektüre sei deshalb vor allem *Türk* 1978, S. 49-78 empfohlen, der diesen Bereich als Makrosoziologie der Organisationen bezeichnet, sowie *Kieser/Kubicek* 1992, S. 365-410. Vgl. weiterhin auch: *Etzioni* 1973, S. 80 und 162-174; *Mayntz* 1963, S. 45-46; *Blau/Scott*, S. 195-206; *Starbuck* bei *Dunnette*, S. 1069-1123 m.w.N.; *Azumi/Hage*, S. 25-35; *Staw/Szwajkowski* bei *Katz/Kahn/Adams*, S. 65 m.w.N.; *Karpik, Lucien* (Ed.): Organization and Environment, Beverly Hills: Sage 1977; *Meyer, Marshall W.*, et al.: Environment and Organizations, San Francisco: Jossey-Bass 1978; *Cleland/King*, S. 85-111; *Mayntz/Ziegler*, S. 31 und 84-87; *Perrow* 1986, S. 92-132; *Bobbitt* u.a., S. 363-493; *Ullrich/Wieland*, S. 166-188; *Khandwalla*, S. 326-354. Bei *Pfeffer/Salancik*, S. 6, heißt es 1978: „In recent years, it has become fashionable for those writing about management and organizations to acknowledge the importance of the environment, particularly in the first chapter or in a special section of the book".

764 Vgl. auch *Schein*, S. 104.

3.1 Organisationsgrenzen und Organisationsumwelt

Ebenfalls erst mit der Systemtheorie tauchte eines ihrer Grundprobleme, die Frage nach den Systemgrenzen, in der Organisationssoziologie auf. Wenn die Systemtheorie grundsätzlich davon ausgeht, dass Systeme mit ihrer Umwelt in osmotischen Beziehungen stehen, dann kann man sich die Grenzen eines Systems nur mindestens semipermeabel vorstellen und hat damit ein erhebliches theoretisches Problem für die allgemeine Systemtheorie[765]; sie hat hierzu bisher nur recht abstrakte Ausführungen gemacht.

Auch für die Organisationen ist mit einleuchtenden Beispielen auf das Grenzproblem und seinen Bezug zur Umwelterfassung hingewiesen worden[766], und zwar neuerdings mit besonderem Schwergewicht durch die neo-institutionalistische Organisationstheorie[767]. Zwar mag das Problem in einer an konkreten Phänomenen interessierten empirischen Wissenschaft von praktisch geringerer Bedeutung sein als in der allgemeinen Systemtheorie, jedoch können auch in der Organisationspraxis Fragen nach der Grenze von Organisationen auftauchen. So kann z.B. ein Hochschullehrer, der zugleich Mitglied des Bundestages ist, unter ausdrücklichem Hinweis auf seine Wissenschaftlereigenschaft in einer Wochenzeitung einen Artikel geschrieben haben, der wissenschaftlich und politisch umstritten ist[768]. Unterstellen wir einmal die Richtigkeit der fachlichen Einwände gegen den Artikel, dann ist der Rest des Streits eine Frage nach den Organisationsgrenzen. Hat der Autor als Wissenschaftler geschrieben, also als Mitglied der Organisation „Universität", war der Artikel eine Fehlleistung und ist ihm vorwerfbar, weil er bei der Wahrheitserforschung falsche Ergebnisse brachte; hat der Autor aber als Politiker geschrieben, also als Mitglied der Organisation „Bundestag", war der Artikel keineswegs eine eindeutige Fehlleistung, und er ist ihm mindestens nicht wegen Wahrheitsverfehlung vorwerfbar, weil in der politischen Meinungsbildung Einseitigkeit und Überzeichnung, eben Wahrheitsverfälschung, als übliche oder gar typische Mittel gelten.

Aus dem Beispiel ersehen wir weiterhin, dass Organisationsgrenzen kaum nach einem einheitlichen Kriterium zu bestimmen sind[769].

Nicht alles, was ein Organisationsangehöriger tut, wird der Organisation zugerechnet. Dafür wirkt auf sie auch einmal zurück, was au-

---

765 Siehe auch *Mayntz/Ziegler*, S. 13; *Litterer*, S. 6-9.
766 Vgl. *Türk* 1978, S. 50-54, dem weitgehend gefolgt werden kann.
767 *Kraatz/Zajac*, S. 812.
768 Vgl. Der Spiegel Nr. 10/1980, S. 92/93.
769 Siehe auch *Schein*, S. 105.

ßerhalb einer Organisationsrolle getan wird. Offensichtlich kann man nur einzelne Angaben darüber machen, wo bei den jeweiligen Organisationsvariablen die Organisation endet und die Umwelt anfängt. Da sich in vielen Entscheidungsfällen das Organisationsbild aus mehreren Variablen zusammensetzt, wird bisher offensichtlich nach einem über sozialen Konsens zusammengesetzten Gesamtbild über Organisationszugehörigkeit oder –nichtzugehörigkeit entschieden, ohne dass sich die Entscheidungselemente exakt in einem Index erfassen ließen.

Als denkbare Elemente eines solchen Index lassen sich die folgenden Gesichtspunkte aufzählen, die selbstverständlich nur Beispiele sind:

- Bei den Organisationszielen ist es unerheblich, ob die Definitoren zur Organisation gehören oder nicht. Ziele, die in Organisationsfunktionen umgesetzt werden, sind stets Organisationsziele; bei (noch) nicht umgesetzten Zielen kann die Zuordnung nur nach relativ willkürlichen Kriterien, wie Verwirklichungswahrscheinlichkeit, erfolgen.

- Für die Organisationsinstrumente gibt es ein klares Kriterium: die Angehörigen gehören dazu, die anderen Menschen nicht. Gegenüber Kunden u.ä. lassen sich die Angehörigen dadurch abgrenzen, dass sie der Regelungsgewalt durch Satzung, betriebliche Anordnungsbefugnis u.Ä. der Organisation unterliegen. Dieser unterliegen aber auch Nichtangehörige, wie z.B. Gefangene; hier verhilft das Legitimationsproblem[770] zur Abgrenzung, weil die Organisation von Mitgliedern gegenüber Nichtmitgliedern zu rechtfertigen ist, nicht etwa von den organisationsunterworfenen Nichtmitgliedern gegenüber der noch weiteren Umwelt. Bei den nichtmenschlichen Instrumentarien kommt es nicht auf die Eigentumsverhältnisse an (vgl. Maschinen-Leasing), sondern darauf, ob die Instrumente effektiv für die Organisationsfunktionen eingesetzt werden, so dass u.U. auch eine andere Organisation (etwa beim subcontracting) als Instrument dienen kann.

- Bedingungen sind dann Organisationsbestandteile, wenn sie als struktur-, funktions- oder verhaltensbestimmende Variablen auf Dauer einbezogen sind oder wenn sie ebenso auf die anderen unabhängigen Variablen wirken. Andernfalls sind sie Rahmenbedingungen, die weiterhin als Umwelteinflüsse die Organisation nur dadurch mitbestimmen, dass diese sich ad hoc an sie anzupassen oder ihnen entgegenzuwirken versucht.

- Bei den abhängigen Variablen sind die Organisationsgrenzen ganz abstrakt eben wegen ihrer Abhängigkeit noch schwieriger festzule-

---

[770] Vgl. auch *Perrow* 1970, S. 98-101; *Pfeiffer*, S. 89.

gen. Da es im konkreten Fall aus derselben Eigenschaft heraus aber leichter ist, soll das Problem hier nicht weiter verfolgt werden.

Mit der Feststellung, wo die Grenzen der Organisation liegen, haben wir auch den allgemeinen Begriff für die Umwelt der Organisation: Organisationsumwelt ist alles, was außerhalb der Organisationsgrenzen liegt[771]. Da das aber nicht mehr bezeichnet als den Unterschied zwischen A und Non-A, wird in der Praxis sinnvollerweise ein engerer Umweltbegriff verwendet, der aus dem Organisationsexternen nur die für die Organisation relevante Umwelt auswählt[772]. Dieser engere Umweltbegriff lautet: *Organisationumwelt im soziologischen Sinne sind alle sozialen Phänomene, mit denen die Organisation in ein- oder gegenseitigen Einflussbeziehungen steht*[773]. Eine der praktisch besonders wichtigen Folgen eines solchen selektiven Umweltbegriffs ist die Tatsache, dass Organisationen sich zu einem hohen Grade die ihnen passende Umwelt aussuchen können[774].

Zu einer ersten allgemein strukturierenden Analyse kann etwa ein Schema dienen, mit dem man die Umwelt einer Organisation nach den folgenden Gesichtspunkten untersucht[775]:

A. Komplexität der Umwelt nach

a) Zahl,

b) Verschiedenheit,

c) Verteilung der Einflussfaktoren auf die Umweltbereiche;

B. Dynamik der Umwelt nach

a) Häufigkeit,

b) Stärke,

c) Regelmäßigkeit des Wandels;

---

[771] Augenfälliger kann das auch bestimmt werden als die Stelle, an denen Eingänge und Ausgänge stattfinden (input, output); vgl. *Parsons* 1956; S. 65; *Miller/Rice*, S. 7.

[772] So auch *Bobbitt* u.a., S. 426; *Schmidt* bei *Wöhler*, S. 179-180. *Gebert*, S. 20, unterscheidet die (engere) Umwelt von der (weiteren) Welt; indem er sagt, unter Umwelt werde das „Gefüge der entscheidungs*relevanten* Außendaten verstanden; die verbleibende Daten-Menge konstituiert demnach die Welt"; ähnlich *Hellriegel* u.a., S. 314.

[773] Im Wesentlichen im gleichen Sinne *Türk* 1978, S. 52 m.w.N. Weiter zur Umweltproblematik: *Johns*, S. 537-565; *Perrow* 1986, S. 178-218; *Scott* bei *Meyer/Scott*, S. 161-164.

[774] So auch *Starbuck* bei *Dunnette*, S. 1069 und 1078/1079.

[775] Im Wesentlichen nach *Kieser/Kubicek* 1992, S. 371 m.w.N.

C. Abhängigkeit der Organisation von der Umwelt nach

a) Zahl der möglichen Partner für notwendige Interaktionen,

b) Mittel zur Durchsetzung von Interaktion.

Das quantitative Verhältnis zwischen Organisation und Umwelt kann zum Teil von der Organisation bestimmt werden. Wenn sich z.B. ein Industriebetrieb für eine hohe Fertigungstiefe entscheidet, ist er weniger von Zulieferern, also von der Umwelt, abhängig. Allerdings kann er auch eventuelle Chancen der Umwelt, z.B. günstigere Teilepreise, weniger nutzen, weil er zuerst die eigenen Kapazitäten auslasten muss.

Es gibt bereits erste Versuche, die bisherige Einzelfallforschung über Organisation-Umwelt-Beziehungen so zu systematisieren, dass man als theoretischen Ertrag eine Typologie von Umwelteinflüssen auf die Organisation bzw. von Organisationseinflüssen auf die Umwelt erhält[776]. Diese Bemühungen stehen noch am Anfang. Wie ungemein schwierig sie sind, kann man erahnen, wenn man selbst einmal eine Liste der Einflüsse beginnt, die eine so simple Organisation wie ein dörflicher Wanderverein auf seine Umwelt ausübt. Noch deutlicher wird die Vielschichtigkeit, wenn man dasselbe mit einem den regionalen Arbeitsmarkt beherrschenden Unternehmen einer prosperierenden Großindustrie versucht, etwa dem VW-Werk in Wolfsburg, wobei eine solche Typologie auch die möglichen und optimalen Reaktionsweisen der Umwelt auf die jeweilige Einflussart und –form enthalten sollte. Dabei ist die quantitative und qualitative Bedeutung der Organisation-Umwelt-Beziehungen nicht eine reine Funktion der Organisationsgröße, wie es nach dem zuletzt genannten Beispiel scheinen mag. Man kann sich leicht vorstellen, dass die Umwelteinflüsse auf eine Unternehmung, die Scheinwerfer und Rückleuchten für Automobile produziert, jedenfalls nach ihrer Art und Zahl, wenngleich nicht stets nach ihren Wirkungen, relativ unbedeutend sind, auch wenn die Unternehmung sehr groß ist; ein Zirkus oder ein Tourneetheater ist dagegen mit sehr viel mehr Kontingenzen konfrontiert.

So wird deutlich, dass für manche Organisationen die Umwelt die entscheidenden Parameter setzt[777]. Und ebenso einleuchtend ist, dass viele Probleme der Gesamtgesellschaft von Organisationen produ-

---

[776] Die ausführlichsten Versuche sind die Tafeln 4 und 5 von *Starbuck* bei *Dunnette*, S. 1088-1094 bzw. 1096-1098, von denen die zweite bei *Türk* 1978, S. 62/63, mehr verstümmelt als gekürzt wiedergegeben ist.

[777] So u.a. *Meyer* 1977, S. 35.

ziert werden. Die Organisation-Umwelt-Beziehungen gehören damit zu den komplexesten Theoriebereichen in allen mit Organisationen befassten Sozialwissenschaften. Die Organisationspraxis vermeidet die Behandlung dieser Probleme in der Regel dadurch, dass sie sich um sie ganz schlicht nicht kümmert, sie nicht einmal wahrnimmt. Das ist eine allgemein verbreitete Art des Selbstschutzes vor Komplexitätsstress; es ist aber auch die Grundlage für manchen Konkurs und für andere Erscheinungsformen der Organisationspathologie[778].

Die dynamische Betrachtung der Organisation-Umwelt-Beziehungen ging anfänglich davon aus, dass Organisationen sich der Umwelt anpassen. Optimale Umweltadaptation der Organisation galt geradezu als Inbegriff der Managerfunktion. Dann erkannte man mehr und mehr gegenseitige Beeinflussungen von Umwelt und Organisation. Unvermindert weiter werden ökologische Denkmuster zur Erfassung von Organisation-Umwelt-Beziehungen benutzt[779]. Sie werden jetzt auch auf Ökologie im umgangssprachlichen Sinne ausgeweitet[780]. In der sozialwissenschaftlichen Diskussion über Bürokratie und multinationale Unternehmungen zeigt sich sogar ein Ansatz, den umweltformenden Einfluss von Organisationen besonders betont zu untersuchen. Das Besondere an multi- oder internationalen Organisationen ist, dass ihre Subsysteme in verschiedenen Umwelten (soziale, rechtliche, historische usw.) arbeiten, auf die sie jeweils Rücksicht nehmen müssen, ohne dass der Systemleitung die Unterschiedlichkeit der Umwelten stets bewusst oder gar bekannt ist, obwohl sie erhebliche Bedingungen für die Integration des Systems darstellen[781].

3. 2 Arten der Beziehungen zwischen Organisation und Umwelt

In diesem Abschnitt sollen die Beziehungen behandelt werden, die zwischen einer Organisation und ihrer Umwelt üblicherweise bestehen. Wenn wir dazu wieder von Abbildung 4 ausgehen, können wir die Input-Output- (3.2.1) und die sonstigen (3.2.2 und 3.2.3) Beziehungen unterscheiden.

---

778 Zu diesem Begriff *Türk* 1976, S. 108/109.

779 *Hannan/Freeman*, S. 929-964; *Lincoln, James R.*: Organizational Differentiation in Urban Communities: A Study in Organizational Ecology, in: Social Forces 57 (1979), S. 915-930. Von einer ganz anderen Richtung her, nämlich von *Luhmann* ausgehend, werden dieselben Probleme angeschnitten von *Greca*, S. 14.

780 *Birke/Jäger/Schwarz*, S. 26-44.

781 Vgl. auch *Pausenberger* bei *Frese*, Sp. 1052-1066 m.w.N.; *Gilbert; Kappe.*

Zwischen einer Organisation und ihrer Umwelt sind die Beziehungen, ähnlich wie die Beziehungen innerhalb einer Organisation (siehe 2.1.3.2), selbstverständlich auch kulturgebunden. Auf einer Seite ist es immer eine Organisationskultur, auf der anderen Seite kann es eine andere Organisationskultur sein, aber auch die „politische Kultur", die Rechtskultur oder die allgemeine Kultur einer Gesellschaft. Diese muss im Zweifel das tertium comparationis, den übergeordneten Wert, liefern, nach dem bei Unterschieden z.B. zwischen zwei Organisationskulturen eine Entscheidung getroffen wird. Deshalb ist es für alle Organisationen ratsam, die wichtigsten Elemente ihrer Umweltkultur bei ihren Entscheidungen zu berücksichtigen[782], wenn sie ihre Ziele erreichen wollen. Daher sind Vertrauen, Macht und wohl auch Gerechtigkeit so etwas wie ein psychosozialer Klebstoff zwischen Organisation und Umwelt, die für die soziale Legitimität einer Organisation sorgen[783]. Ein besonders wichtiges Problem ist Vertrauen im Internethandel[784]. Empirische Untersuchungen über Beziehungen zwischen Unternehmen, Banken und Märkten zeigten, dass Macht überlegt eingesetzt wird, um über Zahl und Art von Beziehungen die Unsicherheit, die Unabhängigkeit und die Effizienz zu beeinflussen[785].

3.2.1 Input-Output-Beziehungen

Da Organisationen ihre Legitimität daraus beziehen, dass sie umweltrelevante Problemlösungen optimal bereitstellen[786], sind die Input-Output-Beziehungen die für Organisationen typischen Umweltbeziehungen[787]. Die Organisation bezieht aus der Umwelt Güter, Dienstleistungen und Kapital als Eingänge (input) und transformiert sie zu – hoffentlich – höherwertigen Produkten, die als Güter, Dienstleis-

---

782 *Meyer/Rowan*, S. 340; *Lorsch/Morse*, S. 5; *Parsons* 1956, S. 65, und 1960, S. 63/64; *Buckley*, S. 50.

783 Vgl. auch *Allmendinger/Hinz*, S. 7; *Neuville*, S. 82/83 und 89/90; *Kaluza/Blecker*, S. 8/9 (insbes. für virtuelle Unternehmen).

784 *Diekmann, Andreas/Wyder, David*: Vertrauen und Reputationseffekte bei Internet-Auktionen, in: Kölner Zeitschrift für Soziologie und Sozialpsychologie 54 (2002), S. 674-693.

785 *Baker*, S. 618.

786 „Organizational goals are ipso facto articulated needs that are believed to exist in the environment" (*Azumi* bei *Azumi/Hage*, S. 91); „organizations exist for particular reasons and survive only so long as they are able to generate some product that can be exchanged for the resources necessary to acquire new inputs" (*Eldridge/Crombie*, S. 62). Vgl. auch *Litterer*, S. 5.

787 Vgl. auch *Maurer*, S. 3-9 m.w.N.

tungen oder Kapital in die Umwelt weitergegeben werden[788]. Nach der Qualität dieser Leistungen wird eine Organisation sozial beurteilt.

Damit haben wir in der Organisation das, was in der gesamten Systemtheorie zum Grundansatz gehört: Eingänge (inputs), Durchsatz (throughput) und Ausgänge (outputs)[789]. Zumeist diskutiert man hauptsächlich über Ein- und Ausgänge. Aber die Organisation insgesamt ist eine Einrichtung zum Bewältigen des Durchsatzes; und „dieser ‚Throughput' und seine Ergebnisse sind Teil des Zielsinnes der Organisation und essentiell für ihre Lebensfähigkeit"[790]. Größere Aufmerksamkeit müsste wohl noch den Nebenprodukten gewidmet werden, also z.B. Emissionen, Fehlentscheidungen, Müll, Berufsinvalidität, Materialresten, Krankheiten, Konflikten; zur Flexibilität von Organisationen gehören nicht zuletzt auch die Minimierung solcher Nebenprodukte bzw. das Finden von Nutzungsmöglichkeiten für unvermeidliche Nebenprodukte.

In mehreren Untersuchungen fand man, dass gute Output-Ergebnisse mit hohem Kompetenzgefühl bei den Organisationsmitgliedern korrelierten, schlechte Output-Ergebnisse mit niedrigem Kompetenzgefühl[791]. Man könnte das als Rückkopplung von output (in Gestalt von Anerkennung für Qualitätsprodukte) auf input (in Gestalt von Organisationsbedingungen) interpretieren. Diese Interpretation hätte aber keine Grundlage in den Daten. Die Forscher zeigen, dass es noch zwei weitere mögliche Zusammenhänge geben könne: Erstens eine durch Bewerberanziehung oder Personalauswahl tatsächlich bestehende Rekrutierung von Leistungsfähigeren in den erfolgreicheren Organisationen oder zweitens eine den jeweiligen Organisationsumwelten und damit einigen Erfolgsbedingungen entsprechende Persönlichkeitsdisposition und Verhaltenstendenz des Personals. Welche der Möglichkeiten zutrifft, ist nur durch weitere Forschung zu klären.

Bei den Eingängen ist eine Organisation selten in der glücklichen Lage der neuen Poststelle in der Trabantenstadt, der von der Zentrale alles Nötige bereitgestellt wird. Die meisten Organisationen müssen sich ihre Eingänge beschaffen, indem sie die Umwelt davon überzeugen, dass es nützlich ist, inputs zu geben. Wie das gelingt, hängt von der Art der Inputgewinnung ab. Wir können drei Arten unter-

788 Am einfachsten können diese Beziehungen durch eine Matrix dargestellt werden; vgl. das fiktive Beispiel bei *Türk* 1978, S. 69.

789 *Allen*, S. 17.

790 *Girschner*, S. 105.

791 *Lorsch/Morse*, S. 46-56.

scheiden. Werden Eingänge gegen Bezahlung in Geld gesucht, ist die Beschaffung zumeist nur eine Finanzierungsfrage. Wenn Eingänge für Gegenleistung in Ausgängen, also durch nichtmonetären Tausch, gesucht werden, ist es schon schwieriger, das Gewünschte zu erhalten, wie der Außenhandel in devisenschwachen Wirtschaften zeigt. Erst recht problematisch wird die Inputbeschaffung, wenn die Organisation keine echte, direkte Gegenleistung zu bieten hat, wenn sie also Spenden, Subventionen o.Ä. haben möchte. In diesem Fall kommt es für die Organisation noch mehr als in den beiden anderen Fällen darauf an, sich in einer Umwelt zu platzieren, die für ihre Inputbeschaffung günstig ist. Das sieht man am Beispiel von Hilfsorganisationen besonders gut.

In diesen Fällen ist es nahe liegend, dass auch Einflussbeziehungen zwischen Inputlieferanten und der Organisation entstehen. Das braucht nicht stets ein Versuch der Umwelt zu sein, sich die Organisation gefügig zu machen. In der Regel sind die mehr oder weniger bewussten Anpassungsprozesse in der Organisation selbst viel wirksamer.

Erst recht werden solche vorweggenommenen Antworten auf erwartete Fragen in den Output-Beziehungen wichtig. Wenn „joint production" gar als allgemeines Organisationsziel gilt[792], ist der output in der Tat der Lebenszweck der Organisation, dem dann auch manch anderes Merkmal geopfert werden kann. So ist denn die Marktforschung nichts anderes als der Versuch, Organisationsziele und -funktionen an die outputrelevante Umwelt anzupassen, und Kostenrechnung, Personalführung usw. tun dasselbe im Bereich der Instrumente, Strukturen und Verhaltensweisen.

Der Vergleich von Abhängigkeitsgraden[793] der einzelnen Organisationen in ihren Eingangs-Ausgangs-Beziehungen zur Umwelt erweist sich damit als ein nützlicher Ansatz zur Untersuchung von Organisationsmacht.

Die Umwelt erscheint bei den Input-Output-Beziehungen oft in einem ganz räumlichen Sinn, als Einzugs- oder Absatzgebiet, obwohl nicht der Raum, sondern die darin existierenden sozialen Subjekte für die Organisation maßgeblich sind. Zur Illustration sei auf die Fußballvereine der Bundesliga hingewiesen: Hertha BSC hat in Berlin

---

[792] *Kuhn*, S. 413.

[793] Vgl. auch *Azumi* bei *Azumi/Hage*, S. 97-100. Zu den Zusammenhängen zwischen Umwelt und Organisationsstruktur: *Feuerbach, Karl*: Organisatorische Aspekte der Überwachung von Auslandsengagements, in: Betriebswirtschaftliche Forschung und Praxis 1980, S. 229-247.

eine konkurrenzlose Stellung, weil der nächste entsprechende Verein über 100 km entfernt ist; allerdings bedeutet das bei Auswärtsspielen, dass Reisekosten höher und Schlachtenbummlerunterstützungen geringer sind. Zwischen Köln, Gladbach, Gelsenkirchen und Dortmund drängen sich dagegen in einem Kreis mit 50 km Radius 9 Bundesliga-Vereine, die damit zwar geringe Spesenkosten haben und ihre Fans in großen Massen bei Auswärtsspielen erwarten können. Bei Heimspielen kann es jedoch für die Kassenlage katastrophal sein, wenn sie für mehrere benachbarte Vereine am gleichen Tag angesetzt werden; und für die Zweitligisten ist die Nachbarschaft so vieler Spitzenvereine sowieso ein entscheidendes Entwicklungshindernis.

Allerdings gibt es in den Input-Output-Beziehungen nicht nur einen Einfluss der Umwelt auf die Organisation. Schon gegen diesen wehren sich Organisationen; vertikale Konzentration und horizontale Kartelle sind zwei der Muster für die üblichen Bestrebungen zur Reduzierung der Umweltabhängigkeit in Input-Output-Beziehungen.

Darüber hinaus gibt es auch genügend Beispiele dafür, dass es Organisationen gelingt, in Input-Output-Beziehungen die Umwelt entscheidend zu beeinflussen. So schafft es die deutsche Industrie, niemals breite und schmale Krawatten oder Brillen für Kuhaugen und für Schweinsäuglein zugleich anzubieten, sondern jeweils eine einseitige Mode durchzusetzen. Einer der wesentlichen Erfolgsgründe mag die Konzentrierung der nur teilweise konkurrierenden Organisationen – hier der Industrie – sein, die mit der unmittelbaren Umwelt – hier dem Handel – Interessengleichheit in der Sortimentsbeschränkung und dem erhöhten Ersatzbedarf durch Modewechsel haben, wobei die weitere Umwelt – hier die Verbraucher – mangels Organisiertheit nicht relevant ist.

Übungsaufgabe 8: Input – Output

Ein Unternehmer mit einer neuen Geschäftsidee sucht Ihren Rat. Er will Backwaren verkaufen, die gegenüber Konkurrenzprodukten folgende Vorteile haben: a) qualitativ: in Hunderten von Niederlassungen ständig gleiche Qualität von stündlich frisch hergestellten Waren; b) preislich: niedrigere Preise durch Beschäftigung von ungelerntem, unerfahrenem, evtl. häufig wechselndem Personal. Er will also bestimmte Output-Ziele mit bestimmten Input-Restriktionen erreichen. Er fragt: Wie kann er beide Ziele zugleich erreichen?

Literaturhinweis: *Robbins* 1990, S. 492/493 m.w.N.

Für das Kräfteverhältnis zwischen Organisation und Umwelt ist der Organisiertheitsgrad der Umwelt das vielleicht wichtigste Indiz; denn Organisationen haben eben wegen ihrer Organisiertheit erhöhte Durchsetzungskraft. So mögen in der Massendemokratie manche Ohnmachtsgefühle von Bürgern gegenüber Parteien und der mit ihnen zusammenarbeitenden Verwaltung entstehen, gegen die dann Organisierungsversuche der Politikumwelt in Gestalt von Bürgerinitiativen unternommen werden. Was auf den ersten Blick als taktischer Vorteil der Organisationen erscheinen mag, ist zugleich aber auch ein Nachteil, wenn sie auf das Wohlwollen der Umwelt angewiesen sind. Dann wird es schwer, einer nicht organisational strukturierten Umwelt inputs abzuverlangen und outputs anzudienen. Wenn Organisationen in dieser Lage ihre taktischen Vorteile ohne Rücksicht auf die Umwelt nutzen, verlieren sie in der Regel rasch ihre Legitimität und fördern den Wandel oder die Revolution des ganzen sozialen Systems.

Schließlich ist wohl festzustellen, dass Input-Output-Beziehungen in vielen Fällen nicht einseitige und auch nicht simple zweiseitige Beziehungen zwischen Organisationen und Umwelt sind. Vielmehr sind sie oft komplizierte Kreislaufbeziehungen, die am besten in Analogie zu interpersonalen Rollenbeziehungen vorgestellt werden können. Das klingt recht selbstverständlich, ist aber so schwer in der praktischen Analyse nachzuvollziehen, dass es bisher noch kein eingeführtes Darstellungsmodell für das komplexe Geflecht von verschiedenen Interaktionstypen, Erwartungen, Normen, Wahrnehmungen usw. gibt.

3.2.2 Allgemeine Umwelteinflüsse auf die Organisation

Neben den für Organisationen typischen Input-Output-Beziehungen unterliegen Organisationen auch den allgemeinen Umwelteinflüssen, die in Abbildung 4 als soziokulturelle Faktoren bezeichnet wurden. Diese Einflüsse wirken auf sie, weil sie – wie jedes andere soziale Subjekt – Teil einer Gesellschaft sind, in der solche Einflüsse zu den ständig ablaufenden sozialen Prozessen gehören[794]. Es gibt sogar eine Definition, die Umwelt über ihre Einflüsse auf die Organisation be-

---

[794] Eine kurze Einführung bietet *Dill, William R.*: The Impact of Environment on Organizational Development, bei *Maurer*, S. 81-93. Zur Veranschaulichung vgl. die Abbildung bei *Hellriegel* u.a., S. 181.

stimmt: „One might want to think of environment as that which affects organizations but over which organizations have no control"[795]; wenn dem so wäre, könnte Abschnitt 3.2.3 nicht folgen[796]. Als einzelne Einflüsse werden u.a. aufgezählt: technologische, rechtliche, politische, ökonomische, demographische, ökologische, kulturelle[797].

Schon die allgemeine, also noch nicht inhaltsspezifische, Umweltsituation hat ihre Wirkungen auf die Organisation. So gibt es die Hypothese, „daß die Spezialisierung nach der Verfahrensart bei stabilen Umweltfaktoren am größten sein wird und daß bei sich rasch ändernden Umweltfaktoren die Spezialisierung aufgegeben wird, um eine größere Selbständigkeit der separaten Programme herbeizuführen"[798]. Eine andere Hypothese behauptet, dass „organizations facing many contingencies would exhibit quite rigorous control over those variables they do control"[799], und will damit u.a. den hohen Routinisierungsgrad in totalen Organisationen erklären. In der Tat ist wohl die starke Routinisierung, oft verbunden mit strenger Disziplin, in Organisationen wie Militär, Zirkus, Schiff usw. damit ansatzweise zu erklären, dass man so am erfolgreichsten den vielen zu erwartenden, aber inhaltlich im Einzelnen unbekannten Umweltereignissen begegnen zu können meint[800]. Die Stabilität oder Instabilität der Umwelt gibt nach einer sehr diskutierten Theorie den Grund ab für die Unterscheidung von zwei Typen rationaler Organisation, die in Anlehnung an *Emile Durkheims* Solidaritätsformen als *mechanistisches bzw. organisches Management* bezeichnet werden[801]. Sie gelten als zwei Formen von organisationalen Reaktionen, mit denen verschiedenen Umweltsituationen auf jeweils zweckmäßigste Weise begegnet werden soll.

Die eben erwähnten allgemeinen Umwelteinflüsse fallen auch in der Alltagserfahrung auf. Dass ein Unfallkrankenhaus eine turbulentere Umwelt hat als eine Nachkurklinik, ist unmittelbar einleuchtend. Dementsprechend ist es auch selbstverständlich, dass die eine Organisation Einrichtungen wie Intensivstation, Operationsbereitschaft, Hubschrauberlandeplatz, Liegendaufnahme kennt und die andere nicht. Oft wirken allgemeine soziale Umstände auch als Wirkungs-

---

795 *Meyer* 1977, S. 35.

796 Das war aber in der Tat der Anfang der Betrachtung. 1978 untersuchte ein Buch mit dem allgemeinen Titel „Organisation und Umwelt" nur die Einflüsse der Umwelt auf die Organisation (*Gebert*, S. 7).

797 *Clegg/Dunkerley*, S. 368-375 m.w.N.

798 *March/Simon*, S. 149.

799 *Thompson*, S. 78.

800 Vgl. aber auch die vielleicht umgekehrt interpretierbaren Ergebnisse von *Burns/Stalker*, S. 1-11.

801 Grundlegend dazu *Burns/Stalker*, S. 118-125.

verstärker für Organisationen. Es ist bekannt, dass Schulen die ökonomische Entwicklung fördern und Kinos sie hindern; darüber hinaus konnte aber festgestellt werden, dass beide Organisationen eine verstärkte Wirkung zeigen, wenn das politische System in ihre jeweilige Tendenz zeigt[802]. Es tritt kaum noch ins Bewusstsein, dass manche Alltagsleistung einer Organisation nur durch ganz erhebliche „Umwelteinflüsse", wie z.B. die staatlich finanzierte Verkehrsinfrastruktur, so möglich ist, wie sie z.Z. erbracht wird: Der Ford Fiesta wird montiert in Dagenham (GB), Saarlouis (D) und Valencia (E); dazu werden Vergaser aus Belfast (IRL) geliefert; die Getriebe werden aus Teilen aus Köln (D) in Bordeaux (F) zusammengesetzt und in die Montagewerke geschickt, die die Karosserien teils selbst pressen, teils aus Gent (B) beziehen; die Zylinderblöcke werden in Dagenham (GB) gegossen, in Valencia (E) in die Motoren eingefügt, die dann in die drei Endmontagewerke gehen[803].

Inhaltliche Umwelteinflüsse auf eine Organisation sind, wenn sie in dem für alle sozialen Systeme geltenden Rahmen auftreten, schon deshalb schwerer zu bemerken, weil sie ein ubiquitäres Ereignis in der Gesellschaft sind. Dass soziale Normen, Verhaltensmuster, Werteinstellungen, Moden usw. auch Organisationen beeinflussen, merkt man deswegen seltener, weil sie eben alles in einer Gesellschaft in ähnlicher Weise beeinflussen. So sind dann auch viele Einzelfallstudien auf diesem Gebiet in sich zweifelhaft und untereinander widersprüchlich[804].

Daher ist es besonders die *intersozietäre oder kulturvergleichende Organisationsforschung*, die nähere Aufschlüsse auf diesem Gebiet liefert[805]. Sie war es auch letztlich, die eine Interpretation von Organisationen als geschlossene Systeme als ungeeignet erwiesen hat, indem sie inhaltliche Umwelteinflüsse aufzeigte. Stellt man sich eine Organisation nur als ein System der zwei Blöcke von unabhängigen und abhängigen Variablen vor wie in Abbildung 4 innerhalb der Organisationsgren-

---

802 *Delacroix, Jacques/Ragin, Charles*: Modernizing Institutions, Mobilization, and Third World Development, in: American Journal of Sociology 84 (1978), S. 123-150.

803 *Clegg/Dunkerley*, S. 386 m.w.N.

804 Vgl. dazu u.a. die bei *Azumi/Hage*, S. 33/34, genannte Literatur.

805 Allgemein zur (kultur-)vergleichenden Organisationsforschung: *Perrow* 1970, S. 28-47; *Mayntz/Ziegler*, S. 87-92 m.w.N.; *Brossard, Michel/Maurice, Marc*: Betriebliche Organisationsstrukturen im interkulturellen Vergleich, in: Soziale Welt 1974, S. 432-454; *Maurice, Marc/Sorge, Arndt/Wagner, Malcolm*: Societal Differences in Organizing Manufacturing Units: A Comparison of France, West Germany, and Great Britain, in: Organization Studies 1980, S. 59-86. Vgl. auch die Nachweise bei *Maurer*, S. 7/8.

zen, dann müssten Organisationen mit ähnlichen unabhängigen Variablen auch dann ähnliche abhängige Variablen aufweisen, wenn sie in sehr verschiedenen Gesellschaften existieren. Das ist aber in der Regel nicht der Fall, wie die vergleichende Organisationsforschung zeigte. Selbst solche Organisationen, die in Zielsetzung, Instrumentierung und Umweltbedingungen fast uniform sind, wie etwa Polizei oder Handelsschiff, warten in ihren Strukturen, Funktionen und Verhaltensweisen mit erheblichen Unterschieden auf[806]. Diese Unterschiede können nur dadurch erklärt werden, dass soziokulturelle Faktoren als intervenierende Variablen auf die idealtypisch rein gedachte Organisationsmechanik einwirken. So haben bei der Eingliederung der ehemaligen DDR in die BRD viele Unternehmen ihre frühere Tätigkeit im Großen und Ganzen fortgesetzt. Das Personal musste aber oft Einstellungen, Fähigkeiten und Verhaltensmuster entwickeln[807], die es zuvor zumeist nicht hatte, weil es sie nicht haben musste oder nicht einmal haben sollte. Die Frage war: „Wie können Organisationen, die bisher in einem planwirtschaftlichen ‚Milieu' operiert haben, sich in einem marktwirtschaftlichen Umfeld behaupten?"[808].

Die Forschungen auf diesem Gebiet werden erst langsam etwas zahlreicher[809]. Das liegt nicht nur an den ungewöhnlich hohen Kosten, sondern auch an dem Mangel an theoretischen und methodologischen Vorarbeiten, der erst behoben werden musste[810]. So kommen aus solchen Einzelfallstudien schon Hypothesen zustande wie diese: „Where social values do not asign a high priority to objectivity, productivity, and economic gain, the manifest structure of bureaucracy is of little relevance as a guide either to its performance or to its 'real' goals"[811]. Und sie haben zu solchen Erkenntnissen geführt wie diesen: „Die durch kulturelle Divergenzen auftretende Spannung in der Umweltbeziehung erzeugt bei der ausländischen Unternehmung (Or-

---

806 Vgl. für Polizei: *Endruweit* 1979; für Schiffe: *Richardson, Stephen A.*: Organizational Contrasts on British and American Ships, in: Administrative Science Quarterly 1 (1956), S. 189-207.

807 Vgl. z.B. *Heidenreich*, S. 78-79 und 82-94.

808 *Heidenreich*, S. 76.

809 Beispiele dafür u.a. Staff of the Administrative Science Center, University of Pittsburgh (Ed.): Comparative Studies in Administration, Pittsburgh: University of Pittsburgh Press 1959; *England, George W./Negandhi, Anant R./Wilpert, Bernhard* (Eds.): Organizational Functioning in a Cross-Cultural Perspective, Kent, OH: Kent State University Press 1979.

810 *Azumi/Hage*, S. 30 m.w.N.

811 *Presthus, Robert V.*: Weberian vs. Welfare Bureaucracy in Traditional Society, in: Administrative Science Quarterly 6 (1961), S. 24.

ganisation) und ihren Mitarbeitern einen Anpassungsdruck, der jedoch auf folgende Hemmnisse trifft:

- Die kulturellen Wertvorstellungen und sozialen Verhaltensnormen, die vom Inländer im Kindesalter durch Enkulturation völlig internalisiert worden sind, können durch den erwachsenen Ausländer nur mühsam und unvollständig erlernt werden.

- Eine völlige Anpassung im Sinne einer Quasi-Enkulturation geriete – selbst wenn sie möglich wäre – in Widerspruch zu dem Interesse der Unternehmung an einer einheitlichen Unternehmenspolitik; deshalb ist auch ‚going native' seitens der Auslandsmitarbeiter aus der Sicht der Gesamtleitung nicht erwünscht.

- Die ausländische Unternehmung wird im Gastland tätig, weil sie ein Produkt oder eine Dienstleistung anbieten kann, die es dort in dieser Art oder zu den gebotenen Bedingungen nicht gibt. ... Das bedeutet potentielle Konflikte mit bisherigen Bräuchen, Gewohnheiten und Vorlieben, die zu den kulturell bedingten Wertvorstellungen gehören"[812]. Das hängt damit zusammen, dass Innovationen stets soziale Akzeptanz voraussetzen[813], also kulturabhängig sind.

Gerade in diesem Beispiel zeigt sich aber das schwerwiegendste Problem eines jeden Kulturvergleichs und damit jeder sozialwissenschaftlichen Begriffs- und Theoriebildung: das Problem des *Ethnozentrismus*. Die genannte Hypothese geht von der durchaus westeuropäischen Vorstellung aus, dass Bürokratie als spezifische Ausformung von Organisation von ihrer Tendenz her auf immer größere Spezialisierung angelegt sei. Je höher ein Produktionsbetrieb organisiert ist, desto weniger darf er sich nach dieser Vorstellung mit nichtproduktionsorientierten Funktionen befassen. Die Einrichtung von Kindergärten, Arbeiter-Erholungsheimen, Belegschaftsläden, die Beschäftigung von „eigentlich" überzähligem Personal usw. erscheinen daher leicht von vornherein als geringere Entwicklungsstufen. Es ist aber nicht ausgeschlossen, dass in anderen Kulturen gerade das als eine höhere Entwicklungsstufe angesehen wird als die rationalistische Arbeitsteilung, die ja zugleich auch entfremdend, konfliktträchtig, vereinzelnd und vereinsamend ist.

---

812 *Dülfer* bei *Frese*, Sp. 1207/1208.
813 *Westphal* bei *Afheldt*, S. 91.

Übungsaufgabe 9: Reagieren Organisationen auf die Umwelt wie die Menschen?

Bei einer Unterhaltung taucht die Frage auf, ob Organisationen genauso handeln wie einzelne Menschen, ob sie z.B. durch die Umwelt zu Straftaten verleitet werden können. Sie als Organisationswissenschaftler bzw. –in werden gefragt, ob das wohl stimme.

Literaturhinweis: *Staw, Barry M./Szwajkowski, Eugene*: The Scarcity-Munificence Component of Organizational Environments and the Commission of Illegal Acts, in: *Katz/Kahn/Adams*, S. 65-75, oder: Administrative Science Quarterly 20 (1975), S. 345-354.

Hier sei wiederum darauf hingewiesen, dass Organisation-Umwelt-Beziehungen nicht nur als Relationen in der einen Richtung oder der anderen auftreten, sondern dass sie häufig nur systemtheoretisch zumindest als Versuch eines Regelkreises angemessen zu interpretieren sind. Wie so etwas in einem Beispiel vorgestellt werden kann, ergibt sich aus einer Hypothese über den Einfluss von Organisation-Umwelt-Beziehungen auf die Organisationsziele: „Because the setting of goals is essentially a problem of defining desired relationships between the organization and its environment, change in either requires review and perhaps alteration of goals“[814]. Die bei intrasystemischer Betrachtung unabhängige Variable „Organisationsziel“ ist hier zutreffend als abhängige Variable der Organisation-Umwelt-Beziehung gesehen!

3.2.3 Allgemeine Einflüsse der Organisation auf die Umwelt

Das eben erörterte Problem der angemessenen Deutung und Konzipierung von Organisation führt uns auf die umgekehrte Einflussrichtung, wenn wir uns vorstellen, dass Organisationen nach westlicher Konzeption in Gesellschaften eingeführt werden, in denen universale Arbeitsortientierung, persönliche und nicht-rechtliche Solidarität,

---

[814] *Thompson/McEwen*, S. 23.

Einheit von Arbeit und Familie, Überwiegen der emotionalen gegenüber den berufsqualifikatorischen Gesichtspunkten bei der Persönlichkeitsbeurteilung und ähnliche Werte vorherrschen. Aus der Entwicklungssoziologie ist sattsam bekannt, welche Verwüstungen in der Sozialstruktur eine plötzliche Organisierung verursachen kann.

Organisationen haben aber nicht nur mikro- und makrosozialen Einfluss auf die Umwelt, wenn sie als Transplantate eingeführt werden. Vielmehr gehört diese Wirkung auch bei autochthonen Organisationen zu den regelmäßigen Funktionen. Überraschenderweise ist diese Betrachtungsweise in der Literatur bisher verhältnismäßig selten zu finden[815]. Dabei gibt es eine Definition von Organisieren, die als Ziel die Reduzierung der Umweltunsicherheit nennt[816]. Zu den Strategien in diesem Bereich gehören u.a.: Planung unter Berücksichtigung von Entwicklungsrichtungen in der Umwelt, Eintrittshindernisse für mögliche Konkurrenten, gemeinsame Unternehmungen, Zusammenschlüsse, politische Aktivitäten (z.B. Lobbyismus), Beeinflussung von Marktmechanismen (z.B. durch Kartelle), Aufkauf von Wettbewerbern, symbiotische gegenseitige Abhängigkeiten[817]. Allerdings üben einzelnen Typen von Organisationen Umwelteinfluss in verschiedenem Grad aus.

Zuerst gibt es Organisationen, die von ihrer Intention her nur einmaligen oder wiederholten, aber in weiterer sozialer Wirkung relativ ungewollten output im Sinn haben. Dazu gehören in der Regel die Wirtschaftsunternehmen, wohl auch Krankenhäuser und Theater, obwohl die zuletzt Genannten nach einer keineswegs inkompetenten Meinung durchaus auch „moralische Anstalten“ sein können. Natürlich gilt diese Einschätzung nur für die beabsichtigten Wirkungen, nicht stets auch für die wirklich eingetretenen. Was die Automobilindustrie, die Unternehmungen der Massenkommunikation, aber auch viele weniger spektakuläre Organisationen mit ihrem output an grundsätzlichem und relativ dauerhaftem sozialem Wandel verursacht haben, ist täglich zu beobachten.

Zweitens gibt es Organisationen, die ihren output keineswegs im Sinne von Absatz oder punktueller Dienstleistung verstehen, sondern die von vornherein eine dauerhafte und gründliche Beeinflussung der Umwelt im Sinne haben. Kirchen, Parteien und Schulen sind Musterbeispiele dafür. Was die katholische und die protestantische Kir-

---

815 *Allmendinger/Hinz*, S. 18.
816 *Ahrne*, S. 36.
817 Siehe dazu auch *Pfeffer* 1978, S. 141-171; *Baker/Faulkner*, S. 837 m.w.N.; *Robbins* 1990, S. 358-380.

che, aber auch die im entscheidenen Zeitpunkt nicht einmal 50.000 Mitglieder zählende Sozialdemokratische Arbeiterpartei Russlands[818], die spätere KPdSU, an Veränderungen nicht nur einer einzigen Gesellschaft, sondern in der ganzen Welt initiiert haben, sind Meisterleistungen an organisationaler Umweltgestaltung. Im Übrigen kann man von der gleichen Benennung zweier Organisationen nicht auf gleiche Intentionen schließen: Die britischen Gewerkschaften im 20. Jahrhundert waren introvertiert und verhielten sich gegenüber der Gesamtgesellschaft ausbeuterisch wie Frühkapitalisten, so dass sie wie diese gelegentlich mit Staatsgewalt zur Beachtung der Minimalregeln des Zusammenlebens gezwungen werden mussten; die Gewerkschaften der Bundesrepublik Deutschland haben von Anfang an aktiv an der Sozialgestaltung teilgenommen, dabei für ihre Mitglieder einen hohen Grad von gesamtgesellschaftlicher Integration erreicht und auch die individuellen Vorteile keineswegs vernachlässigt.

Schließlich zeigt sich auch, dass die Organisationen, die ohne Absicht nachhaltiger Umweltbeeinflussung beginnen, sich nicht lange auf schlichten output beschränken können. Da ihre inputs nicht nur auf Rohmaterial, Energie und ähnlich Käuflichem beruhen, sondern auch mehr Unwägbares voraussetzen, kommt bei ihnen der Wunsch nach einem vorteilhaften Image, nach Interessenvertretung, allgemeiner Sympathiewerbung u.Ä. auf. In diesem Bereich sind dann Organisationen tätig, die Umweltbeeinflussung für andere treiben, wie etwa Werbefirmen, Wirtschaftsverbände, Fördervereine usw.

Im Übrigen sind Umwelteinflüsse einer Organisation nicht nur nach ihren Absichten zu untersuchen. Die normative Kraft des Faktischen ist oft viel wirksamer als alles Wollen oder Nicht-Wollen[819]. Am Extrembeispiel des dominierenden Betriebes lässt sich das leicht vorstellen. Auch wenn ein solcher Betrieb von seiner Zielsetzung nur auf Produktion von möglicherweise in seiner räumlichen Umwelt überhaupt nicht abgesetzten Gütern ausgerichtet ist, beeinflusst er diese Umwelt ganz entscheidend: sein Arbeitsplatzangebot ist maßgeblich für die Einkommenssituation, die Berufs- und Sozialstruktur der Ge-

---

[818] Für Februar 1917 werden lediglich 45.000 Mitglieder angegeben (Redaktion einer Kommission der KPdSU (B): Geschichte der kommunistischen Partei der Sowjetunion, o.O. 1938, S. 113 und 229).

[819] So wird man in Krankenhäusern überall danach streben, auf einem gleich hohen internationalen Niveau zu arbeiten. Trotzdem zeigte eine Vergleichsuntersuchung in Deutschland, Frankreich und Großbritannien erhebliche Unterschiede, die auf die Umwelt zurückzuführen waren (*Vassy*, S. 327-351). Diese Umwelteinflüsse auf die Organisation können über das Personal auch wieder verschiedene Einflüsse auf die Umwelt bewirken.

gend; seine Konjunkturlage wirkt auch auf die Lebenschancen der nicht bei ihm beschäftigten Bevölkerung, z.B. der Einzelhändler, und auf die Belastung der öffentlichen Haushalte sowie auf deren Steuereinnahmen; seine Erfordernisse sind daher ein wichtiges Datum für Verkehrs-, Versorgungs-, Wohnungsbau- und andere Planungen der öffentlichen Hand; und diese Bedeutung des dominierenden Betriebes bringt die Entwicklungschancen des Gebietes in die Abhängigkeit des für in- und output des Betriebes relevanten Weltmarktsektors – das sind nur ein paar der vielen Zusammenhänge, durch die Organisationen ihre Umwelt beeinflussen. Sie lassen erkennen, dass es durchaus eine Aufgabe der sozialen Integrationsinstanzen ist, die Einflüsse von Organisationen nicht zu beherrschend werden zu lassen, weil sonst die Abhängigkeit der Umwelt von bestimmten Organisationen zu groß werden kann. Soziale und wirtschaftliche Entwicklungsdisparitäten sind nicht immer, aber sehr oft auf zu segmentierte Organisation-Umwelt-Beziehungen zurückzuführen. Damit wäre eine weitreichende Verflechtung von Organisationseinflüssen auf die Umwelt eines der Kennzeichen von „entwickelter Entwicklungspolitik“, für die eines der wichtigsten Kennzeichen der Ausgleich von Disparitäten ist, da angesichts von unvermeidbaren Umwelteinflüssen nur er eine relativ autonom geplante Entwicklung ermöglicht.

In den Bemerkungen zum dominierenden Betrieb wurde dessen Einfluss auf den Arbeitsmarkt als Umweltbeeinflussung angesehen. Dieser Gesichtspunkt hat also eine individuelle und eine soziale Seite. Was die Organisation dem einzelnen Angehörigen z.B. als individuelle Aufstiegsmöglichkeit bietet, wirkt über den sozialen Status des Einzelnen auch auf die gesamte Sozialstruktur ein. Und ebenso wirken die von einer Organisation nachgefragten Qualifikationen usw. sowohl individuell wie sozial auf die Umwelt ein. So kann es auch für eine Stadt von 200.000 Einwohnern einen deutlichen Unterschied machen, ob die Bahn dort eine Direktion oder ein Ausbesserungswerk unterhält, auch wenn die Zahl der Arbeitsplätze gleich ist.

3.3 Beteiligte der Organisation-Umwelt-Beziehungen

Standen bei 3.2 die Arten der Beziehungen im Mittelpunkt der Betrachtung, so sollen hier dieselben Beziehungen unter dem Gesichtspunkt erörtert werden, wer dabei jeweils auf der anderen Seite der Organisation gegenübersteht.

3.3.1 Interorganisationale Beziehungen

Wenn das Bestehen von Organisationen Ausdruck einer bestimmten Form sozialer Problembewältigung ist, dann ist es wahrscheinlich, dass eine Organisation in ihrer Umwelt ebenfalls mit Organisationen zu tun hat. Je höher der Organisiertheitsgrad einer Gesellschaft ist, desto öfter wird das der Fall sein. Und es gibt auch Untersuchungen, die vermuten lassen, dass der Entwicklungsgrad der einzelnen Organisation Schlüsse auf ihre Beziehungen zu anderen Organisationen erlaubt. Falls man eine Interaktionsanalyse von amerikanischen Organisationen auf dem Gebiet der sozialen und gesundheitlichen Fürsorge[820] verallgemeinern kann, erhöht sich mit dem Komplexitätsgrad – hier gemessen in der Professionalisierung des Personals und der Anzahl der Tätigkeiten – auch die Interdependenz mit anderen Organisationen, hier gemessen als Anzahl der gemeinsam verrichteten Funktionen.

Interorganisationale Beziehungen können in allen unter 3.2 erwähnten Formen bestehen. Daneben ist es oft von Belang, ob die Organisationen miteinander nur durch diese Beziehungen verbunden und sich im übrigen fremd sind oder ob sie auch über diese Beziehungen hinaus in organisationaler Verknüpfung stehen.

Da die Beziehungen zwischen einander fremden Organisationen[821] die Grundformen darstellen, sollen sie hier zuerst behandelt werden. Die wichtigsten Muster für interorganisationale Beziehungen sind:

· *Inputbeziehungen*, bei denen die Organisation von den Lieferungen anderer Organisationen abhängig ist. Inhaltlich sind sie vielgestaltig. Sie reichen von genauen Vorschriften der Abnehmerorganisation mit Auswahl der geeignetesten Lieferanten (z.B. Ausschreibung und Vergabe von Bauvorhaben einer Stadtverwaltung) bis hin zur pauschal zugesicherten Abnahme von Halbzeug, das dann irgendwie weiterverarbeitet wird, wie es etwa die deutschen Universitäten mit den Produkten der Gymnasien machen, während andere Hochschulsysteme auch hier die inputs nach eigenen Maßstäben auswählen.

· *Outputbeziehungen*, bei denen die Organisation von den Abnehmern ihrer Produkte und Leistungen abhängig ist. Abhängigkeit in diesem Sinne besteht nicht bei den üblichen Marktsituationen, sondern nur

---

820 *Aiken, Michael/Hage, Jerald*: Organizational Interdependence and Intra-Organizational Structure, in: American Sociological Review 33 (1968), S. 912-930.

821 Dazu auch *Türk* 1978, S. 66-71; *Mayntz/Ziegler*, S. 86/87; *Blau/Scott*, S. 214-221; *Perrow* 1970, S. 121-130.

dann, wenn die Erwartungen ganz bestimmter Abnehmer in das Organisationshandeln als maßgeblich einbezogen werden. Input- und Outputbeziehungen können zusammen als *Austauschbeziehungen* bezeichnet werden, wenn jeweils ein – nicht notwendig monetärer – Gegenwert „gezahlt" wird.

· *Konkurrenzbeziehungen*, bei denen eine Organisation mit anderen um die Anteile an beschränkten Ressourcen kämpft. Beispiele sind etwa Parteien im Wahlkampf, Hilfsorganisationen bei der Sammlung von Spenden für ähnliche Zwecke und Industriezweige bei Steuervergünstigungen.

- *Konfliktbeziehungen*[822], bei denen eine Organisation mit anderen um die Durchsetzung von nicht vereinbaren Zielen kämpft. Während bei Konkurrenzbeziehungen die Ziele gleich sind und grundsätzlich nebeneinander, wenn auch in relativ begrenztem Maße verwirklicht werden können, sind bei Konfliktbeziehungen die Ziele antinomisch; die Erreichung des einen bedeutet Unmöglichkeit der Zielerreichung für die andere Organisation. Wenn Wirtschaftsunternehmungen regelmäßig in Konkurrenzbeziehungen stehen, so stehen Armeen im Frieden regelmäßig in potenziellen und im Krieg stets in aktuellen Konfliktbeziehungen.

Zusätzlich werden noch andere Formen interorganisationaler Beziehungen genannt[823], etwa regulative (z.B. zwischen Bundesgesundheitsamt und Pharmaindustrie, zwischen Schiedsgericht und Unternehmung) und kooperative (z.B. zwischen den Parteien eines Wahlbündnisses oder einer Regierungskoalition, zwischen den Firmen eines Projektkonsortiums). Die Existenzberechtigung dieser Qualifikationen als selbstständige Beziehungsform ist jedoch zweifelhaft, weil sie zumeist auf derselben Diskriminationsdimension angesiedelt sind wie die zuvor erwähnten. So lassen sich die genannten Beispiele ohne sonderliche Mühe als spezielle Form von Austausch (= input-output)-, Konflikt- und Konkurrenzbeziehungen und deren Regelung begreifen.

---

[822] Ausführlicher zum inter- und intraorganisationalen Konflikt: *Caplow*, S. 31-365; *Luhmann*, S. 239-251; *Ullrich/Wieland*, S. 274-312; *March/Simon*, S. 125-127.

[823] So bei *Türk* 1978, S. 66-71; *Azumi* bei *Azumi/Hage*, S. 93. Vgl. auch *Todeva/Knoke* bei *Allmendinger/Hinz*, S. 34 (13 Typen). Zu Kooperation und Koordination: *Rogers/Whetten*, S. 13. Für den besonders interessanten Fall von Netzwerken (am Beispiel von Versicherungsgesellschaften): *Sydow, Jörg*, u.a.: Organisation von Netzwerken, Opladen: Westdeutscher Verlag 1995.

In mehreren empirischen Untersuchungen ist nachgewiesen worden, dass die Art der interorganisationalen Beziehungen erhebliche Rückwirkungen auf die einzelne Organisation hat. So ergab eine Studie über 91 freiwillige Organisationen, dass Organisationen mit Konkurrenzbeziehungen u.a. mehr Kommunikation in ihrer Leitungsgruppe haben, innovativer sind, mehr (!) Bürokratie und hohen Einfluss der Leitung auf die Mitglieder haben[824]; das Ergebnis über die Korrelation von Konkurrenz und Bürokratisierung wurde auch durch Untersuchungen über politische Parteien bestätigt[825].

Stehen verschiedene Organisationen ständig miteinander in geregelter Verbindung, bilden sie also ein *Organisationensystem*, ist die Situation i.d.R. etwas anders als bei einander fremden Organisationen. In Organisationensystemen gibt es im Normfall nur Input- und Outputbeziehungen; Konkurrenz und Konflikt sind dagegen die Ausnahme, für deren rasche Regelung dann auch zumeist vorgeprägte Muster bestehen. Beispiele für solche Systeme sind Konzerne mit zugehörigen Unternehmungen, Ministerien mit nachgeordneten Behörden, Parteien mit Landesverbänden usw.

Theoretisch-praktische Schwierigkeiten entstehen hier bei der Festlegung der Organisationsgrenzen und –ebenen. Die Grenzen sind etwa problematisch bei der Frage, ob der Betrieb oder die Unternehmung, ob die Außenstelle oder die Behörde „eine Organisation“ sei. Für die Entscheidung gibt es verschiedene Kriterien wie etwa rechtliche Selbstständigkeit, Außenvertretungsbefugnis, Weisungsgebundenheit und Aufsichtsrechte. Auch die Frage der Organisationsebene ist damit verbunden. Sie ist das Problem, wenn gefragt wird, ob zwei Organisationen zueinander im Verhältnis von System zu Supersystem oder von Subsystem zu System stehen. Hierbei sind die Entscheidungsmerkmale noch ungewisser und umstrittener. Ein Trost mag sein, dass der Streit in der Biologie, der Mutter der Systemtheorie, auch noch lebhaft ist, wenn es etwa darum geht, ob nun der einzelne Polyp oder erst die Koralle ein System ist.

Interorganisationale Beziehungen in Organisationssystemen haben besonders unter kommunikationsstrukturellen und zielorientierten Fragestellungen Bedeutung. So kann z.B. der Naturschutz vom Innenministerium ganz anders gehandhabt werden als bei einer Zuordnung zum Bauministerium, und in einem Konzern mit branchenver-

---

824 *Rose, Arnold M.*: Voluntary Associations Under Conditions of Competition and Conflict, in: Social Forces 34 (1955), S. 159-163.

825 *Crotty, William J.* (Ed.): Approaches to the Study of Party Organization, Boston: Allyn and Bacon 1968, S. 247-306.

schiedenen Unternehmungen können einige erhebliche Schwierigkeiten haben, ihre Probleme der Konzernspitze nahezubringen, wenn diese aus anderen Branchen stammt. Einen Grenzfall, der schon in die intersozietäre Organisationsforschung hineinspielt, bilden die so genannten multinationalen Unternehmungen[826]. Sie bieten gerade dann Probleme, wenn sie entgegen dem Sprachgebrauch nicht multinational werden, sondern wenn sie – wie es die Regel ist – nationale Unternehmungen mit ausländischen Tochtergesellschaften bleiben und trotzdem meinen, die Kapitalverflechtung reiche aus, um völlig parallele Autoritäts-, Führungs- und Kommunikationsstrukturen aufzubauen, die nur wegen der finanziellen Beziehungen Legitimität erhalten und das Funktionieren unmittelbar herbeiführen. In diesem Bereich haben besonders Muttergesellschaften aus den USA spektakuläre Fehler gemacht. So provozierte eine Firma in einer aufgekauften deutschen Traktorenfabrik wilde Streiks, als sie zur Rationalisierung der Essenspause die traditionelle Selbstversorgung aus Henkelmann und Bierflasche untersagen und das aufgetaute Einheitsmenü aus dem Kantinenwagen verbindlich machen wollte. In der japanischen Niederlassung einer amerikanischen Bank gab es Konflikte zwischen einheimischem Personal und ausländischer Leitung, als die Amerikaner zwar die landesüblichen niedrigen Gehälter zahlten, aber die Forderungen nach den ebenso landesüblichen Familien- und Fahrtkostenzulagen sowie die Nichtberücksichtigung von Verspätungen der öffentlichen Verkehrsmittel bei der Fehlzeitenberechnung ablehnten[827]. Wenn in solchen Fällen keine interkulturellen Führungskräfte zur Verfügung stehen, ist erfahrungsgemäß die Einsetzung einer einheimischen Leitung erfolgreicher als die eines ausländischen Statthalters.

3.3.2 Organisation und Mensch

Treibt man die systemtheoretische Abstraktion so weit, dass sie in Gefahr gerät, ihre Eignung für eine empirische Sozialwissenschaft zu verlieren, dann gibt es überhaupt keine Menschen in Organisationen, sondern nur noch Handlungen, mit denen Personen von außerhalb

---

[826] Dazu auch *Pugh/Mansfield/Warner*, S. 54 m.w.N.

[827] *Noda, Kazuo*: Keieisha no Soshiki, bei *Takemiya, Susumo* (Hrsg.), Manejimento, Tokio: Chikuma Shobo 1959, S. 103-105. Für die umgekehrten Kultureinflüsse siehe *Lincoln, James R./Olson, Jon/Hanada, Mitsuyo*: Cultural Effects on Organizational Structure: The Case of Japanese Firms in the United States, in: American Sociological Review 43 (1978), S. 829-847.

in die Organisation hineinreichen[828] . Diese intellektuelle Entfremdung ist nicht nötig, um das Verhältnis zwischen einer Organisation und ihren Angehörigen als Organisation-Umwelt-Beziehung zu begreifen[829]. Man braucht nur von der Alltagserfahrung auszugehen, dass die Angehörigen – Klienten u. Ä. erst recht – nur mit einem Teil ihrer Existenz in einer Organisation stehen, mit anderen Teilen in anderen Organisationen oder außerhalb von Organisationen. Selbst „Mitglieder gehen, obwohl durch ihre Handlungen in die Organisation involviert, als personale Aktionssysteme nicht in ihr auf, sondern bleiben externe Systeme"[830]. Indessen ist es möglicherweise weniger der stolze Widerstand freier Menschen gegen die Vereinnahmung durch eine Organisation, der das Individuum noch als Gegenüber der Organisation erscheinen lässt, sondern mehr die Vielzahl der Organisationen. Für Geburt, Tod, Beruf[831], Ausbildung, Heilung und alles Mögliche kann man nicht nur, sondern muss man oft auf Organisationen zurückgreifen. Und selbst in der Freizeit, in der man doch Gelegenheit zur Selbstbestimmung und freien Entfaltung haben sollte, verbringt der Mensch einen guten Teil seiner Stunden, wie *Amitai Etzioni* so schön formulierte, „paying, playing, and praying in organizations"[832]. Konnte man anfänglich noch wegen *Max Webers* Bürokratiebild einerseits und *Karl Marx'* Vorstellungen von der Zukunft der Arbeit andererseits[833] den „Berufsmenschen"[834] oder „Organisationsmenschen"[835] einerseits dem „Menschen als solchem" anderseits ge-

---

828 *Pfeiffer*, S. 76 m.w.N.

829 Zur Einführung in die psychologischen Aspekte des Themas siehe u.a. *Hoefert* 1976, S. 41-200, und 1994, S. 38-111. Der Klassiker auf diesem Gebiet ist *Argyris, Chris*: Personality and Organization, New York: Harper & Row 1957. Vgl. auch *Türk* 1976, S. 66-83. Weiter zu Mensch und Organisation: *Ahrne*, S. 133-137; *Robbins* 1992, S. 24-43; *Büschges/Abraham*, S. 158-173; *Stolz/Türk* bei *Freese*, Sp. 841-855.

830 *Luhmann*, S. 108.

831 Der durchaus individuelle Prozess der Karriere ist nicht nur von individuellen Fähigkeiten und Entscheidungen bestimmt, sondern sehr maßgeblich auch von den Chancen in Organisationen (vgl. auch *Preisendörfer*, S. 211-226 m.w.N.).

832 *Etzioni, Amitai*: Modern Organizations, Englewood Cliffs, NJ: Prentice-Hall 1964, S. 1. Inhaltlich ähnlich *Bobbitt* u.a., S. 1-2. Vgl. auch *Drabek/Haas*, S. 1-9.

833 *Brose/Holtgrewe/Wagner*, S. 256.

834 *Weber, Max*: Die protestantische Ethik und der Geist des Kapitalismus, in: Gesammelte Aufsätze zur Religionssoziologie I, Tübingen: Mohr 1988, S. 203.

835 *Whyte, William H. Jr.*: The Organization Man, New York: Anchor Books 1957, S. 4.

genüberstellen, wird inzwischen schon vom „Inter-Organisationsmenschen“[836] beiderseits gesprochen.

Wenn Organisationen ihre sozialen Funktionen mittels genauer Zielorientierung, Rollendefinition, Arbeitsteilung, Funktionsvorgaben, also insgesamt auf eine Weise erledigen, für die Komplexität und Einseitigkeit gleichermaßen kennzeichnend sind, dann schaffen sie damit Situationen, die aus der Sicht der einzelnen Menschen in der Regel als künstlich erscheinen. Solche Situationen verlangen erhebliche individuelle Anpassungsleistungen. Deshalb sind die Wechselwirkungen zwischen Organisation und Mensch ein soziologisches und psychologisches Thema, das bis in die Argumentationen der Kulturkritik[837] hineinreicht, wo es allerdings meistens „von individuenzentriert moralisierenden Argumenten“[838] beherrscht wird. Da hierbei negative Stellungnahmen vorherrschen, wollen wir uns auf das Zitat einer positiven Prognose beschränken: „Deux grands facteurs, à notre avis, orientent le développement des formes d'organisations de nos sociétés modernes ... Ces deux facteurs ... sont, d'une part, les progrès constants des techniques de prévision et d'organisation et d'autre part la clairvoyance et la 'sophistication' croissante des individus dans une culture de plus en plus complexe. Les progrés des organisations leur permettent de manifester beaucoup plus de tolérance à l'égard des particularités personnelles et des besoins propres de leurs membres ... La sophistication de ceux-ci, en revanche, a augmenté considérablement leur capacité d'adaptation et en même temps leur liberté d'action“ [839]. Insgesamt ist indessen unser Wissen wohl nicht ausreichend für wissenschaftlich begründete Prognosen auf diesem Gebiet.

3.3.2.1 Sozialisation für Organisationen

Angesichts der Spezifität von Organisationen und ihres Charakters als mehr oder minder geplantes soziales Kunstprodukt ist es unvermeidlich, dass das Verhalten in und gegenüber Organisationen ein Gegenstand der Sozialisation ist. Für komplexe Gesellschaften gilt wohl sogar, dass der soziale Erfolg eines Menschen entscheidend von

---

[836] *Grunow/Hegner*, S. 68.

[837] Das auf diesem Gebiet wohl glänzendste, in seiner Tendenz pessimistische Werk ist *Freyer, Hans*: Theorie des gegenwärtigen Zeitalters, Stuttgart: Deutsche Verlagsanstalt 1963.

[838] *Walter-Busch*, S. 13.

[839] *Crozier*, S. 351, der auf S. 6 in der zehn Jahre später geschriebenen Einleitung zugibt, seine Schlüsse „paraissent maintenant terriblement modestes, presque naïves“.

seinen Fähigkeiten im Umgang mit Organisationen abhängt – wie auch umgekehrt „A-Sozialität" wohl regelmäßig mit „A-Organisationalität" korreliert.

Dabei ist es für die Autonomie des Menschen gegenüber Organisationen möglicherweise besonders problematisch, dass in der Primär- und Sekundärsozialisation, also in der Herausbildung der allgemeinen sozialen Persönlichkeit, die Begegnung mit Organisationen eher in einer passiven Rolle stattfindet, so dass die Organisationen vorwiegend als soziale Phänomene begriffen werden, an die man sich tunlichst anpasst. Erst in der Tertiärsozialisation, deren wohl wichtigster Teil die Berufssozialisation ist, wird die Fähigkeit erworben, selber mehr oder weniger aktiv Organisationen mitzugestalten. Es wäre daher eine interessante Untersuchungsfrage, ob die gelegentlich beobachtete erhöhte Organisationssoziabilität von Personen, die als Mitglieder von Jugendorganisationen, Schülermitverantwortung o.Ä. frühzeitig aktive Organisationserfahrung erwarben, nun auf eben dieser Sozialisationssituation oder auf davon unabhängigen Persönlichkeitsvariablen beruht.

Auch beim Sozialisationsthema kommen die Abhängigkeiten zwischen Organisation und Umwelt zu Tage. Die Primär- und Sekundärsozialisation finden in der Regel weitgehend außerhalb einer Organisation statt, mit der danach der sozialisierte Erwachsene zu tun hat. Werden in diesen also Werte, Verhaltensweisen, Kenntnisse und Fähigkeiten vermittelt und internalisiert, die den entsprechenden Elementen in der Organisation im Erwachsenenalter nicht gerecht werden, steht die Organisation vor der Wahl, sich den Zuständen bei Mitgliedern und Personal anzupassen oder diese im Rahmen einer intraorganisationalen Tertiärsozialisation[840] zu ändern, soweit es geht. Ein sehr allgemeines Beispiel wäre etwa eine familiäre und schulische Erziehung, die Leistungsorientierung verhindert[841], während Organisationen in der Regel um so erfolgreicher sind, je mehr Leistungsorientierung in das Organisationsverhalten eingeht.

---

840 Eine Definition der Organisationssozialisation: „Organizational socialization refers to the process by which a person learns the values, norms and required behaviors which permit him to participate as a member of the organization. Presumably, this process is continuous throughout an individual's career with the organization" (*van Maanen* bei *Dubin*, S. 67). Allgemein zur Organisationssozialisation: *Johns*, S. 279-288.

841 Für eine sehr leistungsorientierte Sozialisation vgl. den Lebenslauf *Artur Fischers*, eines Unternehmers und Erfinders mit 5.500 Patentschriften, in: Die Zeit vom 18.10.2001, S. 79.

Ähnliche Probleme begegnen der Organisation, wenn auch die tertiäre Sozialisation zum grundlegenden Teil in anderen Organisationen erfolgt; sie kann in allen diesen Fällen nur antizipatorisch sein[842], also stets mit Verzerrungen behaftet. Das gilt z.B. für den gesamten Nachwuchs für den höheren öffentlichen Dienst in Deutschland, der von den Universitäten ausgebildet wird, und für die wissenschaftlichen Positionen in der Wirtschaft. Da muss mancher diplomierte Erwachsene noch lernen, wie man jeden Morgen regelmäßig um 8 Uhr zu arbeiten anfängt und dass eine Lösung von Problemen nicht nur geschliffen, aber in drei Monaten, sondern auch grob innerhalb von 24 Stunden erarbeitet werden muss, ohne dass ihre Zweckmäßigkeit dabei leidet. Der Streit darüber, wie viel berufliche Sozialisation innerhalb bzw. außerhalb der Organisation sinnvoll ist[843], hat neben vielen anderen Gründen auch einen Anlass darin, dass extraorganisationale Berufssozialisation oft eine zweite kompensatorisch-adaptive Phase in der Organisation notwendig macht, also etwa ein Referendariat, Volontariat, Trainee-Stage u.Ä.[844]; andererseits hat eine nur intraorganisationale Ausbildung auch ihre sozialen Probleme[845], und zwar selbst dann, wenn man die Berufssozialisation ohnehin als dauernden Prozess ansieht. Die *duale Ausbildung*, alternierend zwischen Schule und Betrieb, ist ein Versuch, die Vorteile beider Systeme zu verbinden.

Entsprechend dem gegenseitigen Aufeinander-Einrichten zwischen Organisationen und ihren Angehörigen unterscheidet man daher – nicht nur für die Sozialisation, sondern für den gesamten Interessenausgleich bzw. Integrationsprozess zwischen beiden Seiten – vier Grundmodelle[846]: *Sozialisationsmodelle*, die die Einfügung des Individuums in die Organisationen beschreiben; *Akkomodationsmodelle*, die umgekehrt das Anpassen der Organisationsstrukturen an die individuellen Gegebenheiten behandeln; *Fusionsmodelle*, die gegenseitige Anpassung zum Gegenstand haben; und *Austauschmodelle*, nach denen beide Seiten prinzipiell bleiben wie sie sind und die Integration im Wesentlichen durch Einigung auf einen gemeinsamen Nenner suchen.

---

842 Zur antizipatorischen Sozialisation siehe auch *Merton*, S. 265. Zu den Phasen Antizipation, Kennenlernen, Einleben: *Kreitner/Kinicki*, S. 302-305.

843 Vgl. auch *Mayntz/Ziegler*, S. 76 m.w.N.

844 Zu den amerikanischen Begriffen training, education, apprenticeship, debasement experiences und cooptation siehe *van Maanen* bei *Dubin*, S. 102-106.

845 Dazu u.a. *Endruweit* 1979, S. 30/31.

846 Vgl. *Türk* 1978, S. 128-130 m.w.N.

Gerade für das Verhältnis von Organisation und Mensch ist es also interessant, dass diese möglicherweise intensivste, jedenfalls wegen der Länge des Arbeitstages quantitativ eindrucksvollste Sozialisation nach gegenwärtiger Erkenntnis nicht in der Lage ist, personengebundene Differenzen zwischen Organisationsangehörigen vollkommen zu übertünchen. So zeigten Untersuchungen in der israelischen Verwaltung, dass ethnische Unterschiede der Beamten immer noch durchschlugen, wenngleich Sozialisationseffekte sich in den Unterschieden zwischen Beamten und Nichtbeamten derselben Herkunftsgruppe und im Abnehmen der Differenzen mit der Höhe des Dienstranges vermuten lassen[847]. Allerdings zeigte eine andere Untersuchung, dass Arbeitszufriedenheit und –engagement sowie Bleibemotivation größer waren, je institutionalisierter die Sozialisation war[848].

Für die Elemente der organisationalen Sozialisation und die verschiedenen Formen muss hier auf weiterführende Literatur verwiesen werden[849], zu der im Übrigen dann auch die Berufssoziologie zentrale Beiträge leistet.

3.3.2.2 Intraorganisationale Beziehungen zwischen Organisation und Mensch

Vom Wortlaut her gehört dieses Thema nicht zu den Beziehungen zwischen Organisation und Umwelt. Da aber der Mensch bestenfalls nur Teilzeit-Organisationsmensch ist (das Gegenteil wird mit Recht als pathologisch angesehen), schleppt er täglich seine Umweltorientierungen in die Organisation mit und lässt sie dort seine intraorganisationalen Beziehungen mehr oder weniger mitbestimmen. Die organisationale Sozialisation schafft nur die grundsätzliche Vorbereitung – auch wenn sie als ständiger Prozess anzusehen ist – für das Verhältnis zwischen der Organisation und ihren Mitgliedern oder ihrem Personal[850]. Über die Sozialisation hinaus müssen weitere Bezie-

---

[847] *Nachmias, David/Rosenbloom, David H.*: Bureaucracy and Ethnicity, in: American Journal of Sociology 83 (1978), S. 967-974.

[848] *Jones, Gareth R.*: Socialization, Tactics, Self-Efficacy, and Newcomer's Adjustments to Organizations, in: Academy of Management Journal, June 1986, S. 272.

[849] Eine gute Einführung mit instruktiven Beispielen aus der Forschung bietet *Caplow*, S. 169-200 m.w.N. Vgl. weiterhin auch *Litterer*, S. 716-742.

[850] Zu den Grundbestandteilen der intraorganisationalen Sozialisation zählt *Luthans*, S. 127 m.w.N., die Vermittlung folgender Gegenstände: 1) Grundziele der Organisation; 2) Erwünschte Mittel der Zielerreichung; 3)

hungselemente bestehen, die den Eintritt veranlassen und den Austritt verhindern und die eine ständige Mitarbeit bewirken, sofern es sich nicht um die hier nicht weiter behandelten Zwangsorganisationen handelt[851].

Bei Mitgliedern kann man analytisch die *Teilnahme- (= Eintritts-) und die Leistungsmotivation* unterscheiden[852]. Der Eintritt verlangt meistens nur wenige Grundaktivitäten, gelegentlich nicht einmal eine Beitragszahlung. Soll darüber hinaus aber eine größere positive Leistung erbracht werden, braucht man eine Motivation, die über die Bereitschaft hinausgeht, seinen Namen für eine gute Sache zur Verfügung zu stellen. Beim Personal ist die Eintrittsmotivation meistens uninteressant, weil es ohnehin nur für die Organisation funktional ist, wenn es mit mehr als dem bloßen Eintritt dabei ist. Bei hoher Eintrittsmotivation, etwa wenn alle Brücken zurück abgebrochen sind oder wenn die Organisation eine alternativenlose sozial-emotionale Heimat bietet, kann die Organisation u.U. von ihrem Mitglied ein Verhalten verlangen, das Außenstehenden unverständlich ist. Wer Desperados aufnimmt, kann sie gar zum altruistischen Selbstmord veranlassen, weil sie dann im Gedächnis ihrer neuen Wir-Gruppe „weiterleben" und ihren Eintritt nicht rechtfertigen müssen.

Zur Analyse der Motivation von Organisationsangehörigen wird oft das aus der Lernpsychologie übernommene Gegensatzpaar *intrinsisch - extrinsisch* verwendet. Der erste Begriff meint eine Motivation, deren Reiz aus der Tätigkeit selbst kommt, der zweite eine Motivation, die auf Anreizen aus nur äußerlich mit der Tätigkeit verbundenen Merkmalen beruht, die auch ganz andere Tätigkeiten aufweisen könnten. Intrinsisch motiviert wären damit idealtypisch die Mitglieder karitativer Organisationen; aber auch für politische und andere ideologische sowie religiöse Organisationen könnte das eine typische Form der Mitgliedermotivation sein, und wenn deren Personal ähnlich eingestellt wäre, gereichte es mindestens der Organisation zum Vorteil. Extrinsisch Motivierte dagegen würden mehr auf die Höhe des Gehalts, den angenehmen Arbeitsplatz, das Prestige der Arbeitsstelle, die Vermeidung von Nachteilen bei Nichteintritt u.Ä. abstellen. Die-

---

Zuständigkeit und Verantwortlichkeit innerhalb der Organisationsrolle; 4) Verhaltensmuster für die Rollenerfüllung; 5) Regeln und Prinzipien für die Aufrechterhaltung von Idealität und Integrität der Organisation.

851 Für einzelne Aspekte siehe: *Blinkert, Baldo*: Gehorsam und Kontrolle in formalen Organisationen, in: Kölner Zeitschrift für Soziologie und Sozialpsychologie 1976, S. 272-288.

852 *Luhmann*, S. 104-108; *Pfeiffer*, S. 76-84. Vgl. weiter zu den Motivationstheorien: *Hoefert* 1994, S. 185-209 und 227-237; *Luthans*, S. 173-203; *Dubin*, S. 543-561 und 466-501.

se Motivation scheint die typische Personalhaltung zu sein, so recht für ein Jobdenken, dem es gleichgültig ist, ob die Chauffeurdienste bei der Inneren Mission oder der Mafia geleistet werden. Indessen gibt es sie durchaus auch als Mitgliedschaftsmotivation, wenn es etwa jemand gleichgültig ist, wo er Vorsitzender ist, wenn er nur Vorsitzender ist.

Gerade dieses Beispiel zeigt aber die Schwäche dieser Motivationstheorie. Sie ist im Grunde wohl gar nicht sozialwissenschaftlich; denn bei ihr bestimmt nicht die Gesellschaft, was direkt aus der Tätigkeit kommt und deshalb intrinsisch ist oder was sich aus den Begleitumständen ableitet und deshalb als extrinsisch zu gelten hat – das sind in aller Regel autoritative Setzungen des Forschers. So könnte beispielsweise Machtstreben der Grund zur Mitwirkung in einer durchaus nicht besonders machtorientierten Organisation sein, ebenso der Wunsch nach Anschluss in einer neuen Wohngemeinde, das Imponieren vor der Ehefrau oder die reine Organisationslust. Bei einigen dieser Orientierungen kann man keineswegs von nicht aus der Tätigkeit kommender Motivation sprechen, da sie sogar die Organisationstätigkeit in ihrer reinsten Form zur Quelle haben können. Zudem sind die Tätigkeiten in einer Organisation auch zu vielfältig, um sie zum Zielpunkt einer einheitlichen Motivation zu machen; die Arbeiterwohlfahrt und ähnliche Hilfsorganisationen können auch ihre intrinsisch motivierten Mitglieder zum Spendensammeln oft nur durch eine extrinsische Provision von zehn Prozent vom Sammlungsertrag veranlassen.

Aufschlussreicher ist oft eine Unterscheidung nach vier *Formen organisationaler Einbindung*, die *Klaus Türk* vorgeschlagen hat[853].

· *Instrumentalistische Einbindung* beruht auf dem Erstreben von Vorteilen oder Vermeiden von Nachteilen, über die eine Organisation gegenüber dem Menschen verfügen kann. Insbesondere im Hinblick auf die Leistung des Personals geschieht das zumeist dadurch, dass für die Gewährung des Lebensunterhalts durch die Organisation das Individuum seine Tätigkeit zur näheren Inhaltsbestimmung zur Verfügung stellt[854]; das ist dann die Grundlage der Führung. Allerdings wird die Fremdbestimmung nur innerhalb bestimmter Grenzen hingenommen[855], und da diese Grenzen wandelbar sind, liegt hierin ein

853 *Türk* 1978, S. 133-143 m.w.N.

854 Vgl. dazu auch *Luhmann*, S. 93, und *March/Simon*, S. 81, die das aber im Zusammenhang mit der Teilnahmemotivation meinen; mir scheint der Zusammenhang mit der Leistungsmotivation stärker.

855 *March/Simon*, S. 87.

Grund für Wandel in der Organisation und ihren Umweltbeziehungen. Die Einbindung in die Organisation soll dem Menschen nur die Mittel für die extraorganisationale Existenz verschaffen; wären sie schon vorhanden, würde keine Einbindung in die Organisation gesucht.

- *Bürokratische Einbindung* beruht auf dem Anreiz durch die Mitwirkung bei der Organisationsfunktion als solcher. Die Tätigkeit wird um der Tätigkeit selbst willen ausgeübt, nicht wegen der Gratifikationen oder der Ziele. Ein Beispiel ist manche vom Arbeitsergebnis her uninteressante Arbeit, die Mütter erwachsener Kinder wieder aufnehmen, auch wenn sie das Einkommen nicht brauchen.

- *Professionalistische Einbindung* beruht auf dem inhaltlichen Reiz einer meist hoch qualifizierten Tätigkeit, zu der nur in der Organisation die Möglichkeit besteht. Das ist die Situation vieler Spezialisten[856], die jeweils der Organisation dienen, die ihren Fähigkeiten und Plänen die beste Verwirklichungsmöglichkeit bietet. Hierzu gibt es die Hypothese, dass mit der Höhe von Fachwissen und –fähigkeiten auch die Autonomie der Position korreliere[857].

- *Organisationspolitische Einbindung* beruht auf der Übereinstimmung der organisationalen Zielhierarchie und der persönlichen Wertordnung des Menschen. Dabei reicht es oft, wenn die Tätigkeit das Ziel nur mittelbar fördert; nicht jeder Küster einer Kirche möchte ebenso gern Hausmeister einer Schule sein.

In dem Maße, in dem eine Organisation ihren Angehörigen Anreize aus dem jeweils präferierten Motivationsbereich bietet, wird sie deren Mitarbeit gewinnen können.

Allerdings besteht das Austauschverhältnis zwischen der Organisation und ihren Angehörigen nicht nur im Sinne einer intersystemischen Transaktion. Da viele Angehörige einer Organisation den am meisten in das Gewicht fallenden Teil des Tages in eben dieser Organisation verbringen, ist auch die Organisation selbst ein Lebensraum, in dem der Mensch sich und andere orientieren muss. Das geschieht zu einem guten Teil durch die organisationale Position. Diese wird in ihren wesentlichen Elementen so definiert, wie es Abbildung 12 modellhaft zu verdeutlichen sucht[858]. Die dort dargestellten drei

---

856 Vgl. dazu *Gouldner, Alvin W.*: Cosmopolitans and Locals, in: Administrative Science Quarterly 2 (1957), S. 281-306; *Mayntz/Ziegler*, S. 59.

857 *Katz*, S. 21.

858 In Anlehnung an *Porter/Lawler/Hackman*, S. 192. Vgl. auch *Staehle* 1999, S. 889.

Dimensionen der *organisationalen Position* sind zugleich die drei Richtungen für *organisationale Mobilität* des Positionsinhabers.

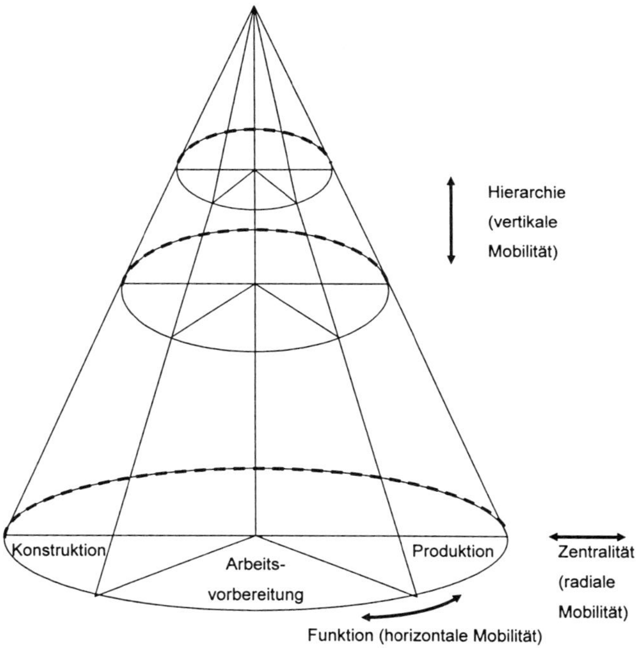

Das Modell beruht auf einem Vorbild bei *Schein, Edgar H.*: The Individual, the Organization, and the Career, in: Journal of Applied Behavioral Science 7 (1971), S. 401-426.

Abbildung 12: Modell zur Bestimmung der organisationalen Position und Mobilität

3.3.2.3 Soziale Bedeutung der Organisation für ihre Angehörigen

Von der eben erörterten intraorganisationalen Situation eines Menschen ist es nur ein kurzer Schritt zur sozialen Bedeutung der Organisationszugehörigkeit für den Einzelnen.

Das ist besonders deutlich, wenn – wie es in Industriegesellschaften die Regel ist – der Beruf in einer Organisation ausgeübt wird. So gut wie selbstverständlich ist, dass angesichts des intensiven Kontakts eine Organisation als Arbeitgeberin das Individualverhalten ihres Personals beeinflusst. Das wurde in Österreich am Beispiel von Durchsetzungskonflikten in einem Handelsunternehmen, einer Bank und einem Ministerium untersucht[859]. Aber auch in feineren Zusammenhängen ist sie wirksam. Da der soziale Status nach allen bekannten Indizes vom Beruf wesentlich mitbestimmt wird, hat die organisationale Position – in der Regel wohl in Verbindung mit dem Prestige der Organisation – einen erheblichen Einfluss auf die soziale Stellung eines Menschen. Misserfolg in der Organisation ist oft auch soziales Scheitern und umgekehrt.

Ähnliches gilt aber auch von Organisationen, die keine Berufschancen bieten. So kann die Mitgliedschaft in Clubs wie Rotary und Lions oder in Vereinen für bestimmte Sportarten, etwa Golf, den sozialen Status erhöhen, weil diese Organisationen sich das Image der Exklusivität zu verschaffen wissen.

Auch in sehr viel anschaulicheren Bereichen hat die Organisation ihre sozialen Fernwirkungen für die Angehörigen. Die umfassende technisch-handwerkliche Erfahrung lässt den klassischen Bergmann auch außerhalb des Berufes zu einem allseits anerkannten Spezialisten für alles werden. In der Entwicklungssoziologie sind noch subtilere Wirkungen von Organisationszugehörigkeit als Schlüssel für allgemeines soziales, aber auch ökonomisches und politisches Verhalten bekannt: Sinn für Denken in Aufwands-und-Ertrags-Relationen, Arbeitsdisziplin, unpersönlich-sachliches Angehen von Problemlösungen u.Ä. sind entwicklungsrelevante Eigenschaften von Elitemitgliedern, die man eher bei organisationserfahrenen als bei charismatischen Führern findet.

Schließlich wirken Organisationen nicht nur auf diesem Wege in die Gesellschaft hinein, sondern sie sind in manchen Fällen auch ein Gesellschaftsersatz oder eine Gegengesellschaft. Manchmal hat eine Organisation etwa kompensatorische Funktionen, wie man sie etwa den deutschen Karnevalsgesellschaften in ihrer Entstehungszeit unter der

---

859 *Lueger* u.a., S. 56-66.

französischen Besatzung zuschreibt; ähnliche Wirkungen kann auch heute eine Vorstandsfunktion in einem Verein für jemand haben, der sonst nur Weisungen auszuführen hat. Dass Organisationen soziale Kontaktgelegenheiten, oft auch Ersatz für Nachbarschaft und Familie sind, ist ebenfalls öfter ermittelt worden.

So wie der Einzelne in seiner sozialen Stellung durch Organisationen mitbestimmt wird, so gibt es auch umgekehrt die Situation, dass die soziale Position einer Organisation von einzelnen Mitgliedern bestimmt wird. Die Neigung vieler Unternehmen, lieber bekannte als effiziente Vertreter in den Aufsichtsrat zu wählen, und die Suche von Vereinen nach namhaften Mitgliedern sind nur zwei der möglichen Beispiele dafür. Dazu gehört auch die Praxis mancher Universität in den USA, einen „distinguished professor" für ein hohes Gehalt und unter Befreiung von fast allen formalen Pflichten einzustellen, wenn das dem Ruf der Institution dient.

Über das Verhältnis Mensch : Organisation wird u.a. gesagt: „Menschen erleben Organisationen als Systeme von impliziten und expliziten Regeln, die auf einen (oftmals unausgesprochenen) Zweck gerichtet sind und Erwartungen sowohl an Organisationsmitglieder als auch an Nichtmitglieder kommunizieren, sich in einer bestimmten Weise zu verhalten"[860]. Organisationen legen Menschen also auf Rollen fest. In der sozialen Rolle zeigt sich für *Ralf Dahrendorf* besonders deutlich: „Die Tatsache der Gesellschaft ist ärgerlich, weil wir ihr nicht entweichen können"[861]. Die Rolle, also auch die von einer Organisation bestimmte, ist belastend. Sie ist aber auch, so muss man *Dahrendorf* hier ergänzen, voller neuer Chancen. Welche Chancen haben wir alleine dadurch, dass wir die Rolle eines Stromkunden der Stadtwerke ausfüllen dürfen! Die meisten Organisationen wollen ja auch nur eine Partial- oder Tangentialinklusion[862] eines Mitgliedes.

In einem ganz anderen Zusammenhang wird die soziale Bedeutung der Organisation für ihre Angehörigen besonders deutlich. Unter 3.3.2.2 hatten wir die Teilnahmemotivation als ein im Wesentlichen intraorganisationales Verhältnis zwischen Organisation und Angehörigen betrachtet. Das gilt aber nicht nur für den Eintritt in die Organisation, sondern auch für den Verzicht auf Austritt[863], da ja ein Verlassen einer Organisation in der überwiegenden Anzahl der Fälle

---

860 *Scherer* bei *Kieser*, S. 1.

861 *Dahrendorf, Ralf*: Homo Sociologicus, 7. Auflage, Köln/Opladen: Westdeutscher Verlag 1968, S. 27. Nach wie vor für Soziologen und Nichtsoziologen eines der lesenswertesten Bücher.

862 Vgl. zu diesem Begriffen *Brose* u.a., S. 270/271.

863 *Luhmann*, S. 33.

möglich ist. Einer der Gründe für das Verlassen einer Organisation kann sein, dass eine ähnliche Organisation bessere Bedingungen bietet[864]. Interorganisationaler Wettbewerb um Mitglieder und Personal ist ein Teil der sozialen Dynamik und damit grundsätzlich eine Chance für Fortschritt. In vielen Fällen, so insbesondere bei Wirtschaftsunternehmen, kann die Organisation nicht alle Wettbewerbsfaktoren selbst kontrollieren, sondern sie ist oft in entscheidenden Merkmalen von überorganisational gesetzten Daten abhängig. Für solche Größen gilt dann, dass soziale Stabilität eben von einer Gesellschaftspolitik abhängig ist, die komplexer aufgezogen wird als das gegenwärtig vorherrschende System von kommunizierenden Röhren aus Konjunktur- und Sozialpolitik. Da neben Lohnniveau, Sozialleistungen und Arbeitsplatzsicherheit auch Bewertungskriterien wie Aufstiegschancen, Organisationsprestige, Betriebsklima und ähnliche schwer zu definierende und für eine gesamtgesellschaftliche Steuerung ohnehin nicht fassbare Faktoren mitspielen, bleibt auch bei mehr Planung für gleichere Organisationschancen noch genügend Raum für interorganisationale Konkurrenz.

3.3.2.4 Organisation und externe Menschen

Bisher war die Rede vom Verhältnis zwischen der Organisation und ihren Angehörigen. Ihre Beziehungen zu externen Individuen, zu Kunden, Klienten, Publikum usw., sind aber nicht weniger problematisch[865]. Das gilt vor allem auch deswegen, weil man Angehöriger in der Regel freiwillig werden und bleiben kann, während man in die Rolle eines externen Partners der Organisation häufig wider Willen gedrängt wird, wenn man die Steuererklärung abgeben oder vor Gericht als Zeuge aussagen muss, wenn man sein Benzin nur von den Mineralölkartellmitgliedern kaufen oder eine so recht zünftige Hochzeit doch nur mit der Kirche feiern kann.

Der externe Mensch wird „von der Organisation“, d.h. von jedem Organisationsangehörigen, an den er in eben dieser Eigenschaft sich wendet, aus der Organisationsrolle heraus behandelt. Dabei herrscht aber nicht der allgemeine Rollenaspekt vor, die Erwartung der Gesellschaft gegenüber dem organisationalen Rollenträger, die ohnehin schwer feststellbar ist. Vielmehr handelt der Organisationsangehörige aufgrund der Vorstellung, die er selbst über die – zumeist organisati-

---

864 Vgl. dazu auch *March/Simon*, S. 94/95.

865 Siehe dazu u.a.: *Hegner, Friedhart*: Das bürokratische Dilemma, Frankfurt (Main)/New York: Campus 1978; *Jacoby, Henry*: Die Bürokratisierung der Welt, Neuwied/Berlin: Luchterhand 1969.

onalen – Erwartungen von seiner Funktion hat. Gerade weil die Organisation von Professionalisierung, Spezialisierung, Objektivierung, Rationalisierung usw. lebt, tritt ihr Angehöriger mit entsprechender Haltung dem Externen gegenüber. Je formalisierter eine Organisation ist, desto mehr führt sie zu sozialer Segmentierung, weil sie ihre Angehörigen desto mehr vom übrigen Leben trennt. So scheint es fast zwangsläufig, dass jeder Mensch von einer Organisation zuerst einmal unter den Gesichtspunkt der Organisation „behandelt" wird; Ganzheitsbetrachtung ist keine typische Organisationsleistung, Organisation bedeutet immer Einseitigkeit und „Herausreißen aus dem Zusammenhang" des Lebens. *Das Verhältnis zwischen Organisation und Mensch ist deshalb teilweise ein Problem der Selbstbehauptung des Menschen gegenüber der Organisation*[866].

Oberhalb der Organisationsebene wird die soziale Integration der organisationalen Einseitigkeiten durch inter- oder supraorganisationale Koordinationsmechanismen bewirkt, durch interministerielle Ausschüsse, Holdings oder Clearingstellen, Dachverbände u.Ä. Aber auch zwischen der Organisation und ihren Klienten, die keine Organisation mit Gegenmacht[867] und daher Kompromisschancen haben, ist die Entfremdung nicht zwangsläufig. Wahrscheinlich sind die meisten der alltäglich zu beobachtenden Mängel nur auf eine grundsätzlich falsche organisationale Sozialisation, insbesondere einseitige Ausbildung und Erfolgsbewertung, zurückzuführen. In ihr wird häufig auf die sozialen Funktionen der Organisation zu wenig Wert gelegt, so dass der Organisationsangehörige ein organisationszentristisches Weltbild bekommt und die relativierte Bedeutung der Organisation als eine der vielen Input-Output-Transformatorenstationen im sozialen Leben nicht mit der sachgerechten Bescheidenheit begreift. Mit Ausbildungsreformen und den verschiedenen Möglichkeiten einer erhöhten beruflichen Mobilität wäre möglicherweise auch mancher Hiatus zwischen Mensch und Organisation, zwischen Bürger und Behörde, zwischen Kunden und Lieferanten, zwischen Gläubigen und Kirche zu tilgen.

Dagegen sind Ansätze, wie sie in den Schlagworten von „Demokratisierung der Verwaltung" durch allerlei Behördenbeiräte und „Demokratisierung der Justiz" durch die US-amerikanische Jury zum Ausdruck kommen, wohl falsche Versuche. Demokratie ist ein Prinzip

---

866 Siehe dazu u.a. *Danet, Brenda/Hartman, Harriet*: Coping with Bureaucracy: The Israeli Case, in: Social Forces 51 (1972), S. 7-22.

867 Einrichtungen von Schülermitverwaltung bis Patienten- und Gefangenenrat sind Versuche zur Etablierung von kollektiver Gegenmacht sonst relativ machtloser Klienten.

für die Legislative, in der über die Gestaltung von Normen gleichberechtigt entschieden werden soll. Exekutive, in der die Norm auf den Einzelfall angewendet werden soll, ist ein Feld für fachliche Qualifikation und nicht für staatsbürgerliche Souveränität. Was wäre eine „Demokratisierung der Wirtschaft"? Wo es um die Beteiligung der Kunden ginge, gilt wohl eher: „Quelle von Kundenmacht ist ... vor allem der Wettbewerb"[868].

3.3.3 Organisation und Gesellschaft

„Unsere Gesellschaft ist eine organisierte Gesellschaft"[869], und „unsere gegenwärtige Gesellschaft wird oft industrielle Gesellschaft, demokratische Massengesellschaft, spätkapitalistische oder Wohlfahrtsgesellschaft genannt. Ebensogut könnte man sie als organisierte Gesellschaft bezeichnen"[870] – das sind jeweils die Sätze, mit denen die beiden Bücher beginnen, die in den sechziger und siebziger Jahren in der Bundesrepublik die am meisten benutzten Einführungen in die Organisationssoziologie waren. Diese Sätze formulieren die Vermutung, dass Gesellschaften sich nicht nur nach der Zahl ihrer Organisationen unterscheiden, sondern dass irgendwann die Quantität in Qualität umspringe[871]. Eine hoch organisierte Gesellschaft ist danach eine dem Typ nach völlig andere Gesellschaft als eine, die nur wenige Organisationen besitzt. Die Organisationen, die moderne Zivilisation und Kultur sowie ein Zentralbegriff zu den modernen Staatszielen aus der Verfassung der Vereinigten Staaten werden von *Amitai Etzioni* in folgender Formulierung zusammengebracht: „Without well-run organizations our standard of living, our level of culture, and our democratie life could not be maintained. Thus, to a degree, organizational rationality and human happiness go hand in hand"[872]. Etwas

---

868 *Kißler* bei *Bogumil/Kißler*, S. 97.

869 *Etzioni* 1973, S. 9.

870 *Mayntz* 1963, S. 7. Vgl. weiter allgemein zum Verhältnis zwischen Organisation und Gesellschaft: *Büschges/Abraham*, S. 26-48 und 215-230; *Reed* 1992, S. 1; *Schimank* bei *Tacke*, S. 35; *Türk* 1995, S. 155-216; *Gibson* u.a., S. 7; *Girschner*, S. 21; *Meyer/Rowan* bei *Meyer/Scott*, S. 24. Zur soziologischen Theorien- und Ideengeschichte: *Eldridge/Crombie*, S. 125-149.

871 *Burisch*, S. 23, wendet gegen die Diagnose eines „Zeitalters der Organisation" ein, dabei werde wohl „Organisation" mit „gewinnmaximierenden ökonomischen Institutionen" gleichgesetzt; das ist barer Unsinn, wie die Alltagserfahrung von London bis Wladiwostok zeigt.

872 *Etzioni* 1964, S. 2; in der deutschen Übersetzung (*Etzioni* 1978, S. 11) wurde „happiness" zu „Zufriedenheit" verwässert. Siehe auch *Parsons* 1956, S. 225, und *Nassehi* bei *Allmendinger/Hinz*, S. 443 m.w.N.

bescheidener, aber immerhin als existenznotwendig für die modernen Großgesellschaften sieht *Emile Durkheim* die Organisationen, wenn er sagt, der moderne Staat brauche intermediäre Instanzen zwischen sich und den einzelnen Menschen: „une nation ne peut se maintenir que si, entre l'Etat et les particuliers, s'intercale tout une série de groupes secondaires qui soient assez proches des individus pour les attirer fortement dans leur sphère d'action et les entraîner ainsi dans le torrent général de la vie sociale"[873]. Im Sinne *Durkheims* werden die Organisationen als Kind der Moderne auch von *Talcott Parsons* gesehen, der sie auf die Arbeitsteilung zurückführt[874].

Populäre Interpretationen behaupten oft, eine weitgehend organisierte Gesellschaft sei rational, kalt, unpersönlich usw., während ein geringer Organisationsgrad eher auf Gemeinschaft deute, auf Wärme, Solidarität, Emotionalität usw. Das kommt etwa in den Worten zum Ausdruck, mit denen ein Jesuitenpater die Kirchensteuerpraxis kritisiert: „Kirchenfunktionäre sagen gern, daß der Bürger ja auch dem Staate die Steuern nicht verweigern kann, nur weil er meint, sie würden falsch verwendet. Diese Argumentation ist konsequent und entlarvend: Kirche wird nicht als Glaubensgemeinschaft, sondern als Organisation verstanden"[875]. Was wir vielleicht als Zielverschiebung innerhalb einer Organisation ansehen würden, wird hier bei einem engeren Organisationsbegriff als Indiz für sozialen Wandel aufgrund der Entartung einer Gemeinschaft zur Organisation i.e.S. gewertet. Aber auch in einem durchaus organisationssoziologischen Sinne könnte man sagen: Wie man industrielle und vorindustrielle Gesellschaften unterscheidet, so könnte man auch organisationale und präorganisationale Gesellschaften unterscheiden und gar eine Theorie des sozialen Wandels darauf aufbauen[876]. So werden auch die Trennung von Arbeit und Freizeit, Öffentlichkeit und Privatheit auf Organisationen zurückgeführt[877]. Um etwas vergleichsweise Klitzekleines hinzuzufügen: Schon logischerweise war das Auftreten von Organisationen Voraussetzung für eine völlig neue Art von Straftaten, die Organisationskriminalität: „Organizational crimes are committed by individuals acting as *agents*: the crimes take place primarily for the benefit of the organization, rather than the private gain of individu-

---

[873] *Durkheim, Emile*: De la division du travail social, 9ème éd., Paris : Presses Universitaires de France 1973, S. XXXIII.

[874] *Parsons* 1956, S. 65/66, und bei *Etzioni* 1969, S. 34. Vgl. auch *Allmendinger/Hinz*, S. 25.

[875] *Kripp, Sigmund*: Plädoyer für eine arme Kirche, in: Die Zeit Nr. 17/1980, S. 63.

[876] Vgl. dazu *Stinchcombe* bei *March*, S. 142-193.

[877] *Rastetter*, S. 170.

als“[878]. Dadurch unterscheidet sie sich von der organisierten Kriminalität, die ein Individualverbrechen im Netzwerk ist. Typische Organisationskriminalität sind z.B. betrügerische Werbung oder Verstöße gegen Umwelt- und Kartellrecht. Wenn man hier, wie sehr oft, den „individual agent“ nicht dingfest machen kann, kann man dann einfach die Organisation bestrafen? Für das mitteleuropäische Strafrechtsdenken mit seinem Schuldprinzip war die Frage alles andere als einfach zu beantworten.

Es ist unmittelbar einleuchtend, dass der Mangel an Organisationen „is a very important limiting factor in the way of economic development ... the higher the level of living to be attained, the greater the need for organization”[879]. Aber im Einzelnen ist mehr plausibel behauptet als empirisch bewiesen worden, dass etwa Urbanisierungsgrad, Bildungsniveau[880], Industrialisierungshöhe und Entwicklungsstufe des Zahlungsverkehrs positiv mit der Zahl und Bedeutung von Organisationen korrelieren[881]. Natürlich ist makrosoziologische empirische Forschung, wie sie zur Untersuchung solcher Zusammenhänge unabdingbar ist, aus vielen Gründen oft gar nicht möglich. So müssen manche interessante Ansätze sogar aus der Frühzeit der Organisationsforschung auch weiterhin im strikten Sinne als unbelegte, wenn auch plausible Hypothesen weitergeführt werden. Dazu gehören so wichtige Behauptungen über den Einfluss von Organisationen auf lebenswichtige Elemente der Sozialstruktur, wie etwa *Robert Michels'* These, „wo du immer Organisation sagst, sagst du Tendenz zur Bildung von Oligarchien“[882], oder *Alexis de Tocquevilles* Vermutung, „dans les pays démocratiques, la science de l'association est la science mère; le progrès de toutes les autres dépend des progrès de celle-là“[883]. Und so interessante Fragen wie etwa die nach den Zusammenhängen zwischen generellen Sozialstrukturen und den typischen Organisationsstrukturen sind kaum erst gestellt[884]. Immerhin sieht es

---

878 *Baker/Faulkner*, S. 842.

879 *Banfield, Edward C.*: The Moral Basis of a Backward Society, Glencoe, Ill.: Free Press 1958, S. 7.

880 Im General Social Survey der USA wurde für 1974 bis 1990 ermittelt, dass höhere Bildung mit vermehrter Mitgliedschaft in Organisationen korreliert (*McPherson/Rotolo*, S. 180/181).

881 Siehe z.B. *Azumi* bei *Azumi/Hage*, S. 91 und 94 m.w.N., *Stinchcombe* bei *March*, S. 142-193. Zur methodischen Kritik: *Starbuck* bei *Dunnette*, S. 1076 Fn. 2.

882 *Michels, Robert*: Einige Randbemerkungen zum Problem der Demokratie, in: Sozialistische Monatshefte 3 (1908), S. 1615-1621, hier: S. 1621.

883 *Tocqueville, Alexis de*: Oeuvres complètes, Tome I, Vol. II (De la démocratie en Amérique), Paris : Gallimard 1961, S. 117.

884 Vgl. dazu die anregenden, wenn auch manchmal sehr fragwürdigen Aus-

inzwischen so aus, als stimme die Behauptung eines linearen Zusammenhangs zwischen Gesellschaftsentwicklung und Organisationenzahl nicht, wie sie in der Hypothese zum Ausdruck kommt, je entwickelter eine Gesellschaft sei, desto mehr Organisationen habe sie. Vielmehr stellte man in einer allerdings regional und sektoral sehr begrenzten, aber zeitlich sehr ausgedehnten Untersuchung fest, dass es zuerst in der Tat ein paralleles Wachstum gibt, nach einem Höhepunkt aber ein Sinken der Organisationenzahl bei weiterem Anwachsen der Organisationsleistung auftritt, die nun eben von weniger Organisationen erbracht wird[885]. Das gilt nicht nur als bekanntes Phänomen der Konzentration bei Erwerbs-, sondern auch für Nichterwerbsorganisationen.

Neben solchen zeitlosen Fragen können auch aktuelle soziale Phänomene als Wirkung von Organisationen erklärt werden. So könnten beispielsweise die Krisen von nichtorganisationalen sozialen Systemen, wie Familie oder Nachbarschaft, hypothetisch als Konsequenz der Organisiertheit von Industriegesellschaften angesehen werden. Die Situation dieser Systeme ist in den industriellen Gesellschaften offensichtlich prekärer als in den nichtindustriellen. Das könnte daran liegen, dass sie in Industriegesellschaften durch die vielen Organisationen in ihrer sozialen Nachbarschaft stark entfunktionalisiert sind und gar bei Bedarf substituiert werden können[886] und dass zudem die Erwartungen gegenüber nichtorganisationalen Systemen an der Erfahrung mit Organisationen orientiert sind und zusätzlich auch das persönliche Verhältnis der Menschen zu ihnen ähnlich wie zu Organisationen strukturiert ist. Darauf deutet auch der Umstand hin, dass Organisationsleistungen dort am meisten kritisiert werden, wo sie weniger typisch organisational erbracht werden, also mit diffuser Zielsetzung, unklarer und zersplitterter Zuständigkeit, in wenig präformierten Verfahren usw. Beispielsweise sind Verteidigungs-, Justiz- und Finanzpolitik im einzelnen zwar auch oft umstritten, aber sie gelten kaum als insgesamt krisenkrank. Demgegenüber werden in vielen Staaten Konjunktur-, Umwelt- und Arbeitsmarktpolitik öfter als kri-

---

führungen von *Salaman*, S. 34-39, über die Organisationen in kapitalistischen bzw. sozialistischen Wirtschaftssystemen.

885 *Barron*, S. 421-445 m.w.N.

886 Die Substitution, allerdings begleitet von einer enormen Erhöhung der Qualität, hat zur Entstehung einer eigenständigen Wohlfahrtsbranche geführt. Die in diesem Sektor tätigen Organisationen hatten in den 90er Jahren mehr als 937.000 hauptamtliche Mitarbeiter, davon 642.000 voll beschäftigte (zum Vergleich: die BRD als Staat hatte etwa 600.000 Beschäftigte); das Anlagevermögen wurde auf 70 bis 200 Mia. DM geschätzt (*Heinze* u.a., S. 245 m.w.N.).

senhaft empfunden. Das kann nicht durch unterschiedliche Schwierigkeitsgrade der Materie erklärt werden, sondern eher durch die verschiedene Art der organisationalen Problembewältigung, insbesondere hier durch den Mangel einer für diese Probleme speziell zuständigen Organisation[887]. Was als partielle Institutionenkritik beginnt und sich über Staatsverdrossenheit zu einer Legitimitätskrise der gesamten Sozialstruktur auswächst, kann seinen Ursprung im Ungenügen einiger Organisationen haben.

In der Regel wirken Organisationen aber viel direkter auf die Umwelt ein[888]. Was an großen Veränderungen zu beobachten ist, lässt sich oft auf gewolltes oder so nicht gewolltes Handeln von Organisationen zurückführen, ob es nun eine Kirche, ein Industriebetrieb, das Rote Kreuz, ein Forschungsinstitut oder ein Ministerium war. Häufig sind Organisationen sogar in ihren Funktionen als change agents, als Agenturen für sozialen oder sonstigen Wandel eingesetzt[889]. So ist vieles an sozioökonomischem Wandel oder politischen und kulturellen Veränderungen ein output von Organisationen oder ein Derivat von Organisationshandeln.

Umgekehrt gibt es auch viele Ansätze, mit denen sich ein bestimmter Zustand von Organisationen aus allgemeinen gesellschaftlichen Umständen erklären lässt[890].

Dazu trägt schon ein ganz allgemeiner Umstand der organisationalen Realität bei. Der Einfluss der sozialen Umwelt findet nämlich seinen

---

887 Natürlich ist oft die Kooperation mehrerer Organisationen oder auch der systematische Konflikt zwischen Organisationen zweckmäßiger als die alle Problemstrukturen verwischende Zuständigkeit einer einzigen Mammutorganisation. Das ist aber niemals in der Weise optimal, wie sie in der deutschen öffentlichen Verwaltung, aber auch in anderen Großorganisationen oft zu finden ist, nämlich als weitgehend unprogrammiertes Umherschieben des Problems zwischen vielen Positionen mit nur vagen Input- und Outputerwartungen. Eine mögliche Strukturierung solcher Prozesse bestünde darin, dass die „federführende" Organisation diejenige ist, welche die für den Einzelfall maßgeblichen Primärziele vertritt und die allen „beteiligten" Organisationen gleichzeitig das Problem etwa mit folgender Erklärung unterbreitet: „Unter der Zielsetzung ... wollen wir den Fall folgendermaßen entscheiden ..., falls Sie uns nicht innerhalb von zwei Wochen einen anderen Entscheidungsvorschlag machen, begründet durch die von Ihnen vertretenen Ziele".

888 Vgl. dazu allgemein auch *Salaman*, S. 5-10.

889 Vgl. auch *Jones* bei *Wöhler*, S. 126-154.

890 Nachweise u.a. bei *Bosetzky*, S. 7/8. Eine aufschlussreiche Fallstudie liefert *Hofstede, Geert*: Angola Coffee – or the Confrontation of an Organization with Changing Values in Its Environment, in: Organization Studies 1980, S. 21-40.

stärksten Ausdruck keineswegs darin, dass Ziele, inputs und Output-Wünsche von außen an die Organisation herangetragen werden. Diese Einflüsse sind meistens einmalig oder sehr speziell und schematisiert. Viel nachhaltiger sind die täglichen Importe aus der Außenwelt, die Mitglieder und Personal mitbringen. Da sie fast ausnahmslos sehr vitale extraorganisationale Orientierungen oder Bindungen zu anderen Organisationen haben, führen sie auch allgemeine soziale Normen, organisationsfremde Ansprüche und Verhaltensweisen, persönliche Erwartungen und andere Orientierungselemente ein[891], mit denen die Organisation bei der notwendigen Parallelisierung von Organisationsfunktionen und Angehörigenverhalten sich auseinandersetzen muss, um organisationale Zielorientierung und Motivation der Angehörigen in Einklang zu bringen.

Es ist daher allgemein anerkannt, dass die Kultur einer Gesellschaft deren Organisationen beeinflusst[892], wie durch manche interkulturelle Vergleiche nachgewiesen wurde. Das gilt selbst dann, wenn sich bestimmte Organisationen mehrerer Gesellschaften in allen hier erörterten unabhängigen Organisationsvariablen sehr ähnlich sind, einen zum Verwechseln ähnlichen input aufnehmen und ebenso gleichartige outputs mit identischen Verfahren produzieren. So etwas gilt z.B. für die Stahlindustrie, die nach mehreren Untersuchungen in den abhängigen Variablen, etwa in den Managementprinzipien, den Arbeitgeber-Arbeitnehmer-Beziehungen usw. deutliche Unterschiede in verschiedenen Gesellschaften zeigt[893]. Selbst der Einfluss von staatstragenden Ideologien lässt sich in grundlegenden Strukturelementen von Organisationen nachweisen[894].

---

891 So auch *Schein*, S. 106; *Blau* 1974, S. 78/79.

892 Ein enger Zusammenhang zwischen gesamtgesellschaftlicher und organisationaler Kultur wird insbesondere für Japan behauptet, allerdings zumeist von Ausländern, so von *Deal/Kennedy*, S. 5: „A major reason the Japanese have been so successful, we think, is their continuing ability to maintain a very strong and cohesive culture throughout the entire country. ... Japan, Inc., is actually an expansion of the corporate culture idea on a national scale".

893 Vgl. z.B. die Untersuchungen von *Hartmann, Heinz*: Der deutsche Unternehmer: Autorität und Organisation, Frankfurt: Europäische Verlagsanstalt 1968; *Harbison, Frederick H./Köchling, Ernst/Cassell, Frank H./Ruebmann, Heinrich C.*: Steel Management on Two Continents, in: Management Science 2 (1955), S. 31-39; *Abegglen, James C.*: The Japanese Factory, New York: Free Press 1958. Vgl. auch: *Tannenbaum, Arnold S./Kavčić, Bogdan/Rosner, Menachem/Vianello, Nino/Wiesner, Georg*: Hierarchy in Organizations, San Francisco: Jossey-Bass 1974; *Pugh/Mansfield/Warner*, S. 53/54.

894 *Bendix, Reinhard*: Work and Authority in Industry, New York: Wiley 1956,

Sogar die Geschichte der Organisationssoziologie selbst bietet einen indirekten Hinweis auf die Wirkungen der Gesellschaft auf Organisationen. Der systemtheoretische Ansatz, der Umweltbeziehungen als einen wesentlichen Gesichtspunkt der meisten Organisationsanalysen einbezieht, verbreitete sich erst in einem Zeitpunkt, als die Organisationsumwelt sich durch mehr Instabilität oder mehr Wandel mit ihren Rückwirkungen in den Organisationen besonders deutlich bemerkbar machte[895]. Zur Einbeziehung dieser zweiten Hälfte des Analysemusters einer jeden Speziellen Soziologie (vgl. 1.1) wurde die Organisationsforschung entgegen ihren ersten Ansätzen also erst durch den Druck der Realität angeregt. In der Gegenwart zeigt sich jedoch immer deutlicher, dass diese Betrachtungsweise sowohl für die Analyse einzelner Organisationsprobleme wie auch für die Untersuchung der allgemeinen Sozialstruktur bedeutungsreichere Erklärungen liefert als die isolierte Laboranalyse von modellhaft als geschlossen betrachteten Systemen.

In diesem Abschnitt konnten die Ausführungen wegen der schier unübersehbaren Vielfalt der Beziehungen zwischen Organisation und Gesellschaft leider nur noch skizzenhafter sein, als es in einer Einführung auch in den anderen Themenbereichen unvermeidbar ist.

3.4 Organisationaler Wandel

Organisationaler Wandel, gleichbedeutend mit Organisationswandel und früher auch bescheidener Reorganisation genannt[896], ist eines der wichtigsten Themen in der Organisationstheorie, und es wird noch wichtiger werden, weil sich der Wandel – nicht zuletzt wegen der Globalisierung – noch mehr beschleunigen wird als bisher.

S. 1-5 und 13-21. Siehe auch *Karpik, Lucien*: Sociologie, économie politique et buts des organisations de production, in: Revue française de sociologie XIII (1972), S. 299-324 ; *Snyder, David* : Institutional Setting and Industrial Conflict, in : American Sociological Review 40 (1975), S. 259-278.

895 *Schein*, S. 104.

896 *Child*, S. 179. Siehe allgemein zum organisationalen Wandel: *Johns*, S. 577-606; *Champion*, S. 225-247; *Huczynski/Buchanan*, S. 520-546; *Gomez/ Zimmermann*, S. 189-192; *Steinle*, S. 162-170; *Allen*, S. 90-115. Drei Ansätze (ökologischer, institutioneller, interpretativer) zum Verständnis von organisationalem Wandel bei *Aldrich* bei *Reed/Hughes*, S. 17-45.

3.4.1 Organisationaler Wandel und Organisationsentwicklung: eine Begriffsklärung

Wenn unter sozialem Wandel „Veränderungen in der Struktur eines sozialen Systems verstanden werden, die typische Merkmale in ihrer Typizität betreffen“[897], dann braucht man nur „sozialen“ durch „organisationalen“ zu ersetzen, um den Unterbegriff des Organisationswandels zu haben. Etwas genauer könnte man sagen: *Organisationaler Wandel ist eine solche Veränderung in den Variablen einer Organisation, dass diese am Ende des Prozesses ein anderer Typ von Organisation ist als am Beginn.*

Nicht zum organisationalen Wandel gehört damit das, was normalerweise im Ablauf der Zeit immer wieder geschieht: der Wechsel des Personals durch Fluktuation, Anpassungen an den Wechsel der Jahreszeiten, übliche Verbesserungen der Produktgestaltung, Wechsel von Lieferanten oder Kundschaft und alle Routinen, wie diejenigen, die man einer potenziellen Sekretärin mit dem Hinweis interessant machen will: „Stellen Sie sich vor: jeden Tag eine neues Datum!“ Dagegen würden sicherlich zum organisationalen Wandel zählen: die Veränderung des Ziels, wenn eine bisherige Staatswerft langfristig für die Eigenversorgung im Schiffsbau eine qualifizierte Stammbelegschaft und Produktionsprogramme aufbaute und nun durch Privatisierung Tochtergesellschaft einer anderen Privatwerft wird, welche die Neuerwerbung nur zum Erlangen von Staatssubventionen benutzt, die per Gewinnabführungsvertrag zur Sanierung der Muttergesellschaft verwendet werden; die Veränderung der Instrumente, wenn die Marineinfanterie zu ihren Landungsbooten auch Hubschrauber erhält, die neue Personalqualifikationen verlangen, den Aktionsradius wesentlich erweitern und ganz neue Kampfmethoden verlangen; die Veränderung der Bedingungen, wenn eine bisher nach einzelnen Verrichtungen von der Krankenversicherung bezahlte Arztpraxis nun nur im Rahmen von Quartalshöchstbeträgen Leistungen abrechnen kann.

Organisationsentwicklung ist ein Begriff, der besonders in der Betriebswirtschaftslehre und der Betriebspsychologie verwendet wird und gern als OE (englisch: OD, organizational development) abgekürzt wird. Die Gesellschaft für Organisationsentwicklung versteht darunter *„einen längerfristig angelegten organisationsumfassenden Entwicklungs- und Veränderungsprozeß von Organisationen und der in ihr tätigen Menschen. Der Prozeß beruht auf Lernen aller Betroffenen durch direkte Mitwirkung und praktische Erfahrung. Sein Ziel besteht in einer gleichzeitigen Verbesserung der Organisation (Ef-*

---

[897] *Endruweit* bei *Endruweit/Trommsdorff*, 1. Auflage, Stuttgart: Enke 1989, S. 799. Ähnlich *Büschges/Abraham*, S. 220.

fektivität) und der Qualität des Arbeitslebens“[898]. Diese und die vielen ähnlichen Definitionen[899] gehen davon aus, dass vorhandene Anlagen, Fähigkeiten usw. im Personal planmäßig erschlossen, verbessert und für die Organisation nutzbar gemacht werden sollen und damit zugleich dem Personal mehr Chancen zu Weiterentwicklung und Selbstentfaltung geboten werden sollen. Die OE schließt damit an die Human-Relations-Bewegung an[900], und sie kann durchaus als ein Unterfall des organisationalen Wandels, und zwar des induzierten und geplanten, bezeichnet werden[901], wenn sie zusätzlich das Kriterium der Veränderung typischer Organisationsvariablen erfüllt, was nicht immer der Fall ist. Das Instrumentarium der OE ist reichhaltig: Vorträge, gelenkte Diskussionen, Unternehmensplanspiele,T-Groups (Trainingsgruppen, spielen sich selbst „here and now“), Fallstudien („there and then“), Mitarbeiterbefragungen, Projektgruppen, Handlungsforschung, Kaizen, total quality management u.a.m.[902]. Als Phasen der Entwicklung werden Diagnose, Behandlung und Aufrechterhaltung unterschieden[903], und die Behandlung kann man in „unfreezing – moving – refreezing“ einteilen[904]. Damit ist OE für viele Kritiker „ein theorieloses Sammelsurium von Interventionstechniken“[905].

Die Organisationsentwicklung, auch definiert als ein „geplanter Prozess der Veränderung, der von außen begleitet wird“[906], bildet zu einem guten Teil den Übergang von der wissenschaftlichen Theorie des organisationalen Wandels zur praktischen Tätigkeit der Organisationsberatung[907], indem bei der OE eher noch die Problemlösung durch die Betroffenen selbst im Vordergrund steht[908], aber in der

---

898 Zitiert nach *Feigl*, S. 67 m.w.N.

899 *Hellriegel* u.a., S. 539 m.w.N.; *Strauss* bei *Dubin*, S. 617-618; *Lawless*, S. 496; *Spieß/Winterstein*, S. 157 m.w.N. und 181; *Zorrijassateini*, S. 10; *Beer*, S. 10; *Hoefert* 1994, S. 113-151; *Kreitner/Kinicki*, S. 665-670; *Kieser*, S. 119.

900 *Thom* bei *Frese*, Sp. 1478. Allgemein zur Geschichte der OE: *Walter-Busch*, S. 218-225; *Hörmann*, S. 31-35.

901 *Steffens* bei *Flügge/Maelicke/Preusker*, S. 210/211; *Strauss* bei *Dubin*, S. 618; *Spieß/Winterstein*, S. 176; *Thom* bei *Frese*, Sp. 1478.

902 *Strauss* bei *Dubin*, S. 619-628; *Spieß/Winterstein*, S. 160-175.

903 *Taylor/Vertinsky* bei *Nystrom/Starbuck*, Bd. I, S. 142.

904 *Spieß/Winterstein*, S. 176.

905 *Neuberger, Oswald:* Personalentwicklung, Stuttgart: Enke 1991, S. 259; dort auf S. 239-272 mehr zur Organisationsentwicklung.

906 *Hörmann*, S. 29 m.w.N.

907 „Zudem verstehe ich unter Organisationsberatung ausschließlich Beratung, d.h. die Verfügbarmachung externer Deutungen ..., nicht jedoch das häufig auch von Beratern angebotene Training von Organisationsangehörigen in speziellen ... Techniken (*Minssen* bei *Howaldt/Kopp*, S. 54 Fn. 1.

908 *Strauss* bei *Dubin*, S. 618; vgl. auch *Minssen* bei *Howaldt/Kopp*, S. 63-65.

Regel doch angeleitet „von außen“. In diesem Feld sind Betriebswirte und Psychologen im Gegensatz zu Soziologen in großer Zahl sehr erfolgreich tätig. Von den etwa 47.000 Unternehmensberatern, die sich allerdings mit mehr als nur OE beschäftigen, wurden 1996 etwa 15,3 Mia. DM umgesetzt, d.h. etwa 300.000 DM pro Berater[909]. Weltweit sollen die Unternehmensberater nach Schätzungen ihre Umsätze von 9 Mia. US-$ in 1984 auf 31,5 Mia. in 1994 gesteigert haben[910], was angesichts der zuvor für Deutschland in 1996 genannten Zahl sehr gering erscheint.

In diesen Begriffszusammenhang gehört auch das Konzept der *Selbstorganisation*[911], das aber über eine Einführung hinausreicht. Dagegen gehört die *Karriere* nicht hierher, weil es sich bei ihr um einen individuellen[912], keinen sozialen Prozess handelt, auch wenn sie zu den Gegenständen von Organisationsentwicklung gehören kann.

3.4.2 Elemente einer Theorie des organisationalen Wandels

In der ersten Auflage dieses Buches war der Organisationswandel in der Schlussbemerkung als einer von zwei Bereichen genannt worden, die in Zukunft eingehendere Darstellung verdienten[913]. Was im Grundwerk der deutschen Organisationssoziologie von *Renate Mayntz* noch als Organisationsentwicklung bezeichnet worden war[914], hatte sich inzwischen in der englischsprachigen Organisationssoziologie zum organizational change verfestigt. Da konnte man hoffen, dass sich dieser theoretisch wie praktisch so wichtige Bereich schnell weiter entwickeln werde. Die Hoffnung erfüllte sich nicht. Das neueste Lehrbuch *(Büschges/Abraham)* behandelt das Thema innerhalb der zehn Seiten des viel weiteren Bereichs „Organisation und sozialer Wandel“[915], und im neuesten Sammelband *(Allmendinger/Hinz)* wird der Wandel nur in der Einleitung unter „IV. Organisationen und sozialer

---

909 *Minssen* bei *Howaldt/Kopp*, S. 54 m.w.N.
910 *Ittermann* bei *Howaldt/Kopp*, S. 187/188 m.w.N.
911 Das ist ein auf naturwissenschaftlichen Konzepten (Autopoiese: *Maturana* und *Varela*; Synergetik: *Haken* und *Weidlich*; dissipative Strukturen: *Prigogine*) beruhender Ansatz, der auch in den Sozialwissenschaften, etwa von *Luhmann*; *Kirsch* und *Malik*, verfolgt wird. Vgl. dazu *Göbel*, S. 91-230.
912 *Hall, D.T.*, S. 4 und 8; *Hellriegel* u.a., S. 179 m.w.N.; *Johns*, S. 617 m.w.N. (Hall).
913 1. Auflage, Stuttgart: Enke 1981, S. 178-180.
914 *Mayntz* 1963, S. 8/9 und 18-23.
915 *Büschges/Abraham*, S. 220-230.

Wandel" hervorgehoben behandelt[916], also auch nicht als organisationaler Wandel.

Diese Enttäuschung ist nicht „Schuld" der Autoren. Es hat einfach an konzertierten Bemühungen in dieser Richtung gefehlt. Organisationssoziologen haben nun mal eben wie viele Soziologen eher die Neigung, ihre Theorien nach der Manier zänkischer Literaten auseinanderzuentwickeln, statt sich zur Erklärung der nun einmal identischen Wirklichkeit um einen komplexeren gemeinsamen Ansatz zu bemühen. Dabei braucht man eine Theorie des organisationalen Wandels allein schon deshalb, um ihn bei Bedarf planmäßig in die Wege leiten zu können[917]. Trotzdem fehlt es noch an entsprechenden Bemühungen, was die Aktivitäten so mancher Unternehmensberatung in Zweifel zieht. Daher kann auch hier nur über einzelne Elemente einer noch zu schaffenden Theorie des organisationalen Wandels berichtet werden.

Im Folgenden wird organisationaler Wandel in dem Sinne verstanden, in dem er unter 3.4.1 definiert wurde: *Organisationaler Wandel findet also nur innerhalb einer Organisation statt.* Der weitere soziale Wandel, ob nun als von einer Organisation in ihrer Umwelt bewirkter oder als aus der Umwelt in die Organisation kommender allgemeiner, d.h. nicht typverändernder (falls typverändernd: organisationaler Wandel), Einfluss auf die Organisation, wurde hier unter 3.2.2 und 3.2.3 skizziert.

3.4.2.1 Auslöser organisationalen Wandels

Nach dem in der Systemtheorie üblichen Denkmuster kann organisationaler Wandel exogen oder endogen sein, von außen oder von innen kommen.

Exogener Wandel erscheint schon deswegen notwendig, weil eine Organisation regelmäßig von input der Umwelt abhängig und wegen outputs in die Umwelt „am Leben" ist. Sollten sich die Bedürfnisse der Umwelt ändern, muss sich die Organisation anpassen oder untergehen. Deshalb konnte unter 1.6 gezeigt werden, dass viele Organisationstheorien, so die strukturell-funktionale, die soziotechnische und die Kontingenztheorie, die Organisation vornehmlich durch ihr Verhältnis zur Umwelt erklären; und selbst die Theorie *Taylors* ist in ihrem Kern ein Versuch, die Organisation an die Gegebenheiten des

---

916 *Allmendinger/Hinz*, S. 20-22.
917 *Clark*, S. 27.

aus der Umwelt kommenden Personals anzupassen. So bringt die Literatur zum Organisationswandel vielerlei Umwelteinflüsse, die zum Wandel der Organisation führen können:

- Wertewandel, der über das Verhalten von Personal und Führungskräften wirkt[918];
- Stimuli aus der nicht-sozialen Umwelt[919] (Gibt es die isoliert? Müssen sie nicht immer durch Menschen heran- oder hereingebracht werden?);
- allgemeine „Modernisierung"[920];
- Krisen[921]
- sowie Technologie, Ökonomie, Konflikt, Anpassung, Integrationsmängel, Ideologien, Arbeitnehmerschaft, gesellschaftliche Entwicklungstendenzen, Politik, Veränderungen beim Wettbewerb usw.[922].

Jedenfalls erscheint die Umwelt als der wichtigste Auslöser von Wandel[923], weshalb auch die Ansicht geäußert wurde, Organisationsentwicklung könne nur von jemand aus der Umwelt oder wenigstens mit „Umweltperspektive" bewirkt werden[924].

Endogener Wandel, also eine ohne äußere Notwendigkeit, nur aus dem Inneren durchgeführte typtreffende Veränderung der Organisation, könnte auf den ersten Blick überflüssig erscheinen. Wenn eine Organisation alles leistet, was sie soll, und alles erhält, was sie braucht, könnte Wandel unnütz sein. Für die sozialen Funktionen mag das sogar stimmen. Aber es kann durchaus interne Ziele geben (Gewinnmaximierung, Personalverminderung, Routinisierung, Einfluss- oder Machtstreben von Einzelnen oder Gruppen[925] usw.), die einen Wandel nahe legen können. Dazu gehört allerdings nicht das Mithalten mit Konkurrenten; das ist exogener Wandel. Ein immer wichtiger werdender Grund ist aber der endogene Wandel als Vorwegnahme eines sonst vielleicht überraschend kommenden Zwanges zu exogenen Wandel. Wer nicht erst auf den äußeren Anstoß wartet, sondern ihn etwa durch Marktforschung vorhersehen kann und daher seine Organisation früher darauf vorbereiten kann, der kann den

---

918 *Lück/Miller* bei *Wiendieck/Wiswede*, S. 187-191.
919 *Bowey*, S. 51.
920 *Kißler* bei *Bogumil/Kißler*, S. 99; *Klages/Haubner*, S. 349.
921 *Friedmann* bei *K. Meyer*, S. 48.
922 *Robbins* 1992, S. 270-275, und 1991, S. 631-653; *Bowey*, S. 209/210.
923 *Litterer*, S. 672.
924 *Beer*, S. 76 m.w.N.
925 *Pfeffer* 1978, S. 178/179.

Wandel gründlicher und daher wirkungsvoller und reibungsloser in Gang setzen. Je häufiger externe Zwänge zum Wandel auftreten, desto eher werden Organisationen versucht sein, Dauerstellen zur „Umweltbeobachtung" und zur rechtzeitigen Einleitung von Wandel einzurichten. Das ist im Prinzip eine nützliche Vorsorge, kann aber auch eine eigene Dynamik entwickeln, wenn eine solche Stelle auch ohne besondere Notwendigkeit Maßnahmen von Wandel (oder auch harmlose Innovationen ohne typändernde Kraft[926]) in die Welt setzt, nur um die eigene Existenzberechtigung immer wieder unter Beweis zu stellen.

3.4.2.2 Akzeptanz als Voraussetzung des Wandels

Schon für rein technischen Wandel, falls es den überhaupt in erheblichem Maße gibt, wird gesagt: „As long as people are involved in organizations, it will be impossible to have the necessary amount of technical change without an accompanying social change"[927]. Da organisationaler Wandel ein Unterfall des sozialen ist, muss auch beim organisationalen Wandel davon ausgegangen werden, dass „sich zunächst Einstellungen, Werte und Verhaltensweisen ändern müssen, damit sich eine Organisation (als Institution) ändern kann"[928]. Es geht also um Akzeptanz[929] des kommenden Wandels. Akzeptanz ist mehr als nur eine positive Einstellung. So ergab eine Untersuchung, dass die Einführung einer neuen Lehrmethode scheiterte, obwohl die Lehrer viel Sympathie dafür geäußert hatten[930]. Akzeptanz umfasst auch die aktive Bereitschaft zur Übernahme der Innovation.

Es ist nicht unwahrscheinlich, dass jede Einführung von Wandel zuerst auf Widerstand stößt[931], wenn die Betroffenen nicht bereits selbst die Notwendigkeit einer Veränderung erkennen oder wenigstens „fühlen" und genau dieser Veränderung das Wenden der Not zutrauen. Denn wenn es schon heißt, „die Historie von Innovationen ist eine unendliche Geschichte des Widerstandes gegen sie"[932], dann

---

926 Anders wohl nur *Allen*, S. 90: „change, or its highbrow synonym, innovation".

927 *Allen*, S. 147.

928 *Thom* bei *Frese*, Sp. 1478 m.w.N.

929 Vgl. zu dem Begriff *Endruweit*: Beiträge zur Soziologie, Bd. I, 1997, S. 202-218, hier insbes. S. 204.

930 *Clark*, S. 2 m.w.N.

931 *Hoefert* 1994, S. 63-67. Vgl. auch die „10 Regeln zur Blockierung von Innovationen" bei *Kanter*, *Rosabeth Moss*: The Change Masters, London: Simon and Schuster 1983.

932 *Hauschildt* 1997, S. 128. Vgl. allgemein auch *Schmidt*.

wird das für die weit radikalere Veränderung durch Wandel erst recht gelten. Manchmal ist es nur eine Frage des richtigen Zeitpunkts der Innovation, um Akzeptanz zu finden. So war die Einstellung zur eigenen Organisation bei Priestern je nach Ordinationskohorte erheblich unterschiedlich[933], und so gab es noch 1977 bei Beamten und Kommunen eine ausführliche Begründung für die Ablehnung der von allen Parteien vorgeschlagenen Teilzeitarbeit im öffentlichen Dienst[934]; heute hat dieser die Privatwirtschaft dabei längst überholt. Die angestrebte Bezahlung nach Leistung im öffentlichen Dienst wird auch nur Akzeptanz finden, wenn glaubhaft gemacht wird, dass man wirklich konsensfähige Verfahren zur Leistungsmessung hat und die Parteizugehörigkeit nicht einmal hilfsweise mitwirkt[935]. In vieler Hinsicht versuchen das Betriebsverfassungs- und die Personalvertretungsgesetze Mechanismen zur Herbeiführung von Akzeptanz für Innovationen bereitzustellen. Das ist Konfliktregelung in Reinkultur nach den Prinzipien der allgemeinsoziologischen Konflikttheorie[936]. Dadurch ersparen weitestgehend akzeptierte gesetzliche Verfahrensvorschriften der Organisationsleitung viele eigenes Konfliktmanagement. Gelegentlich ist die Akzeptanz auch situationsabhängig: Nach einer Hypothese der ökologischen Organisationstheorie hat eine gesamte neue Organisation um so leichter Legitimität (und damit i.d.R. Akzeptanz), je niedriger die Organisationsdichte ist, was an einer Vergleichsuntersuchung des amerikanischen und des deutschen Brauereiwesens auch bestätigt wurde[937]. Die strukturell-funktionale Theorie hat es mit Anforderungen an die Wandelfähigkeit einer Organisation wieder leicht, indem sie diese aus ihrem bekannten Funktionenschema ableitet[938]. Eine ganz allgemeine Hypothese behauptet, je länger eine formale Regel gilt, desto unwahrscheinlicher werde ihre Änderung[939].

Eine sehr optimistische Hypothese für die Machbarkeit partiellen Wandels und damit für relative Schnelligkeit beim Organisationswandel ergibt sich aus der folgenden Behauptung: „A young Hindu with centuries of non-materialistic culture behind him and steeped

---

933 *Goldner* bei *Lammers/Hickson*, S. 130.
934 Saarbrücker Zeitung vom 24.8.1977, S. 2.
935 Vgl. dazu *Bohle*,S. 233.
936 Siehe dazu *Dahrendorf, Ralf*: Konflikt und Freiheit, München: Piper 1972, S. 20-47, hier insb. S. 41-44.
937 *Caroll, Glenn R./Preisendörfer, Peter/Swaminathan, Anand/Wiedenmayer, Gabriele*: Brewery and Brauerei: The Organizational Ecology of Brewing, in: Organization Studies 1993, S. 155-188.
938 Siehe *Gawthrop*, S. 173.
939 *Zhou*, S. 1153.

perhaps in Grandhian principles of simplicity of living with its preference for cottage industry and its innate prejudice against machines and large scale factories and industries, can, within four years of college education, absorb wholly and entirely the tenets of modern economics and accept, without any hesitation, the value of industrialization, large scale manufacture, economic efficiency, and so on. This does not mean that his basic attitudes change immediately. His belief in fate may persist. His faith in the intrinsic goodness of personal austerity may remain"[940]. Leider gibt es dazu keine Belege.

3.4.2.3 Gründe für Organisationswandel

Organisationaler Wandel ist nicht aus sich heraus ein Prozess, den man in mehr oder weniger regelmäßigen Abständen einleiten sollte, damit die Organisationsangehörigen nicht einschlafen. Dagegen sprechen schon die damit regelmäßig verbundenen hohen Kosten aller Art.

Häufige Gründe für das Ingangsetzen von Wandel sind dagegen Überlastung von Leitung und Personal, Konflikte wegen Integrationsmängel, Fehlen von Innovationen, Steuerungsdefizite, Rückzug von der Arbeit (durch hohe Fehlzeiten oder Fluktuation)[941]. Es kann auch sehr schnelles Wachstum sein, das nach Wandel, d.h. hier: nicht einfach quantitativer, sondern qualitativer Veränderung, verlangt, weil sonst ein Zurückbleiben des Verhaltens hinter den funktionalen Anforderungen droht. Beispielsweise wurde die Economic Cooperation Administration (ECA), die US-amerikanische Organisation für das Auslandshilfeprogramm, am 13.4.1948 mit etwa 30 Mitarbeitern gegründet, am 22.4. auf 138 aufgestockt und bis zum 26.7.1948 auf 741 Personen erweitert. Dazu hieß es: „However, ... the development of bureaucratic orientation lagged behind the structural and procedural developments for nearly two years“[942], und viele Pannen waren die Folge.

Ein besonders problematischer Grund für Wandel sind Krisen[943], weil sie besonders schnelle Reaktionen verlangen. Zur Typisierung könnte man unterscheiden:

- interne, z.B. durch Qualitätsmängel der (zunehmend akademischen!) Leitung, die die handwerklichen Fähigkeiten des kaufmänni-

---

[940] *Basu*, S. 16.
[941] *Child*, S. 188-191. Vgl. Auch *Allen*, S. 157.
[942] *Gawthrop*, S. 6.
[943] *Friedmann* bei *K. Meyer*, S. 48.

schen Alltags nicht beherrscht oder missachtet und dadurch die Organisation in die Überschuldung sinken lässt, so geschehen in manchem Unternehmen der New Economy zur Jahrhundertwende;

- sektorale, z.B. durch Innovationsdefizite, die das Mithalten mit anderen Organisationen im gleichen Tätigkeitsfeld unmöglich machen;

- universale, i.d.R. durch Orientierungsmängel, die das rechtzeitige Erkennnen von Veränderungen in der sozialen, politischen, technischen und ökonomischen Umwelt verhindern, weil man dem Informations- und Adaptionsdruck und deren Selektionsanforderungen nicht gewachsen ist.

Gerade das Krisenbeispiel zeigt deutlich, *dass organisationaler Wandel oft das einzige Mittel ist, um den Untergang der Organisation zu verhindern.*

Weitere Anlässe für Organisationswandel werden wahrscheinlich mit weiteren Schritten der Deregulierung[944] kommen. Sie ist ja nicht nur eine Erweiterung der Entscheidungsfreiheit, sondern zugleich durch Aufgabe bisher allgemein verbindlicher Regelungen eine Gelegenheit für neue Konflikte, für die eine Organisation Vorkehrungen treffen muss. Ebenso wird die Globalisierung wohl Wandel verlangen, z.B. wegen neuer interkultureller Probleme[945].

Entgegen einer verbreiteten Praxis ist aber selten hinreichender Anlass für Organisationswandel, dass ein neuer Bestseller erschienen ist oder dass der Chef am Wochenende auf einem Seminar über „Die Zukunft der Organisation“ war.

3.4.2.4 Phasen des Organisationswandels

Es gibt mehrere Beschreibungen des Ablaufs von Organisationswandel, manchmal eingebettet in Schilderungen eines „typischen Lebenslaufs“ einer Organisation[946].

Das häufigste Verlaufsmodell ist relativ einfach: „Should performance decline, structure is adjusted to restore attainment of goals to satisfactory levels. Once attainment reaches satisfactory levels, struc-

---

[944] Angaben zu ersten Deregulierungsmaßnahmen bei der Arbeit in Großbritannien, USA, Japan und Frankreich bei *Lecher, Wolfgang*: Deregulierung der Arbeitsbeziehungen, in: Soziale Welt 38 (1987), S. 148-165.

[945] *Robbins* 1992, S. 1-23. Zur Globalisierung im Lichte von *Max Webers* Vergesellschaftungsbegriff siehe *Zündorf* bei *Eckardt* u.a., S. 31-52.

[946] Beispiele bei *Gomez/Zimmermann*, S. 142-175, und *Ullrich/Wieland*, S. 423-429.

tural constraints are relaxed somewhat to permit members of organizations to have other satisfactions"[947]. In der Organisationstheorie bezieht man sich dabei oft[948] auf die eingängige Formel für den Ablauf von Verhaltenswandel von *Kurt Lewin*: unfreezing, changing, refreezing[949]. *Lewin* hätte dazu schon *Vilfredo Pareto* zitieren können, der geschrieben hatte: „L'état réel, statique ou dynamique, du système est déterminé par ses conditions. Supposons qu' on provoque artificiellement quelque modification dans sa forme; aussitôt une réaction se produira; elle tendra à ramener la forme changeante à son état primitif, modifié par le changement réel"[950]. Da dieser Ansatz schon beinahe 90 Jahre Tradition hat, soll er hier dadurch geehrt werden, dass kein anderer an seine Seite gestellt wird, auch wenn man in der Praxis bisher nur selten die hohe Bedeutung der ersten Phase begriffen hat.

Der hier geschilderte Ansatz geht davon aus, dass organisationaler Wandel ein Prozess ist, der nach Anfang und Ende mehr oder weniger deutlich begrenzbar ist. Das schließt keineswegs aus, dass mehrere Wandelprozesse nacheinander oder auch nebeneinander ablaufen können. Dem steht eine Auffassung gegenüber, die Wandel für einen pausenlosen, einen konstanten Prozess hält[951]. Das kann man aber nur, wenn man unter Wandel praktisch jede Veränderung versteht, und sei sie noch so winzig. Veränderungen, die den Typ der Organisation ändern, so wie sie hier für den Begriff des organisationalen Wandels vorausgesetzt wurden, kann es auch in der dynamischsten Gesellschaft nicht pausenlos geben.

3.4.2.5 Modelle organisationalen Wandels

In der Literatur finden sich manche Darstellungen, die als Modelle für Organisationswandel angekündigt werden, aber mit dem hier vorausgesetzten Wandelbegriff nicht übereinstimmen. Sie sind dann nach der hier benutzten Terminologie eher Möglichkeiten der Reaktion auf Umwelteinflüsse, wie etwa die Alternative von Innovation

---

[947] *M. Meyer* 1977, S. 36.
[948] So z.B. *Ullrich/Wieland*, S. 438-443.
[949] *Lewin, Kurt*, bei *Maccoby, E. E./Newcomb, T. E./Hartley, E. L.* (Eds.): Readings in Social Psychology, 3rd ed., New York: Holt, Rinehart and Winston 1958, S. 197-211. Vgl. auch Fn. 904.
[950] *Pareto, Vilfredo*: Traité de sociologie générale, Genève : Droz 1968 (orig. 1916), § 2067.
[951] So z.B. *Bowey*, S. 208.

und Koalition[952] oder die vier Prozesse rebuttal, reorientation, colonization und evolution[953]. Häufiger sind die in der Praxis gern in wechselnder Reihenfolge benutzten Modelle der Diversifizierung (Ausdehnung der Organisationsgrenzen in neue Tätigkeitsfelder) und der Konzentration auf die Kernkompetenz (Einengung der Organisationsgrenzen auf das ursprüngliche oder das am besten beherrschte Tätigkeitsfeld) echter organisationaler Wandel.

Eine gern gewählte Maßnahme als Reaktion auf Herausforderungen aus der Umwelt ist der Versuch, Synergien zu entwickeln. Idealtypisch ist das etwa die Maßnahme, bisher einzeln arbeitende Konstrukteure, Vertriebsleute usw., deren Vorgesetzter die Einzelergebnisse irgendwie zuerst anregte und dann zusammenfasste, zu einer Gruppe zu vereinigen, die nun zusammenarbeitet. Dann ist *Synergie die Fähigkeit einer Gruppe, bessere Arbeitsergebnisse zu erzielen als die Gesamtheit der Einzelmitglieder sie zuvor erzielt hatte*[954]. Das wäre dann die Anwendung des Satzes, dass das Ganze mehr sei als die Summe seiner Teile. Ob das aber wirklich so ist und ob nicht etwa nur mehr Reibungsverluste und Abstimmungsaufwände entstehen, ist keineswegs immer sicher; zum Teil wird das von der Akzeptanz dieses Wandels abhängen.

Eine Verstetigung organisationalen Wandels soll nach manchen Vorstellungen die *lernende Organisation* sein. Damit kann man aber nicht nur „die Anpassung der Organisation an Umweltveränderungen" meinen[955]. Vielmehr wird es anspruchsvoller so beschrieben: „Die Organisation bzw. die Organisationsmitglieder erlangen durch Lernprozesse die Kompetenz, eigenständige Variationen zu modellieren, Umwelten neu zu verstehen, zu konstruieren und zu wechseln. Im Rahmen des organisationalen Lernens wird dann der Wandel zum Normalfall"[956]. Das klingt allerdings so sozialromantisch wie manche frühe Charakterisierung der „Sozialpartnerschaft", so fern jeden Gedankens an Interessenunterschiede, Machtgefälle, Chancendifferenz usw., dass es mehr zur Einstimmung bei Motivationskursen dienen kann denn als Beschreibung einer größeren Wirklichkeit. Deshalb haben wir auch hier mehr leicht lesbare Praxistipps[957] als genügend Forschung über Machbarkeit.

---

952 *Litterer*, S. 680-686 und 686-688.
953 *Laughlin*, S. 213-224.
954 Ähnlich *Huczynski/Buchanan*, S. 247.
955 So *Zorrejassateini*, S. 66, allerdings für „organisationales Lernen".
956 *Liepmann* bei *Busch*, S. 25/26; dort auch auf S. 74-173 mehrere ausführlichere Beispiele. Weitere Literatur *Probst, Gilbert J. B./Büchel, Bettina S. T.*: Organisationales Lernen, Wiesbaden: Gabler 1994.
957 So z.B. *Senge, Peter M.*: Die fünfte Disziplin. Kunst und Praxis der lernenden

Relativ gut erforscht ist dagegen der *change agent*[958], auch *Innovationspromotor*[959] oder, in gewissem Sinne eingeschränkt, *Umsetzer*[960] genannt. Hierbei handelt es sich aber nicht um den Wandel selbst, sondern um ein Instrument zur Verbesserung eines geplanten Wandels oder auch nur einer Innovation. Dagegen könnte man *Werbung* zum Teil verstehen als einen Versuch zur Vermeidung größeren Wandels, indem man die Umwelt mit ihren Bedürfnissen an die konstanten Möglichkeiten der Organisation anzupassen trachtet.

Wollte man Modelle des organisationalen Wandels systematisch aufzählen und sie jeweils zu bestimmten Voraussetzungen und Folgen in Beziehung setzen, dann könnte man von unserem Organisationsbild in Abbildung 4 ausgehen. Das würde auch unserer Definition unter 3.4.1 Rechnung tragen. Als Beispiele könnte man sich also vorstellen:

· *Zielwandel*: Eine bisher auf die Verteidigung des Territoriums des eigenen Staates ausgerichtete Armee wird auf Eingreiftruppe bei Konflikten zwischen oder in anderen Staaten ausgerichtet, was eine Vielzahl von Anpassungen in allen anderen Organisationsvariablen nach sich zieht. Die anderen Arten der Zielveränderung, wie sie unter 2.1.1.3 beschrieben wurden, erreichen dagegen kaum das Niveau des Wandels.

· *Instrumentenwandel*: Ein augenfälliges Beispiel ist der Übergang von rein ehrenamtlicher Tätigkeit der Organisationsangehörigen auf die Beschäftigung hauptberuflichen und damit bezahlten Personals. Das führt nicht nur zur Einführung von Gehältern und Löhnen, sondern auch zur Geltung von vielen Bestimmungen des Arbeitsrechts bis hin zur Pflicht zur Einführung eines Umkleideraums für das Personal, den Ehrenamtliche nicht beanspruchen können.

· *Bedingungswandel*: Ein Fotoapparatewerk hatte zur Zeit der Einteilung der Welt in Erste, Zweite und Dritte die Hälfte der Produktion an Spiegelreflexkameras für das gesamte Comecon-Gebiet zu liefern; nach dem Ende von Diktatur und Planwirtschaft wird es als Aktiengesellschaft in den weltweiten freien Wettbewerb entlassen. Welcher organisationale Wandel dann Erfolgsvoraussetzung ist, war offen-

---

Organisation, 8. Auflage, Stuttgart: Cotta 2001 (orig.: The Fifth Discipline, New York: Doubleday/Century 1990).

958 Vgl. u.a. *Allen*, S. 146-173; *Clark*, S. 65; *Champion*, S. 17, 226 ; *Beer*, S. 218-226.

959 *Hauschildt* 1997, S. 153-187.

960 *Endruweit:* Beiträge zur Soziologie, Bd. V, 2002, S. 198-221, hier insbes. S. 201-214.

sichtlich nicht hinreichend bekannt; sonst hätte es nicht so viele Firmenzusammenbrüche gegeben.

· *Strukturwandel*: Stellen Sie sich vor, das nächste Konzil beschlösse, in der katholischen Kirche in Anpassung an die weltlichen Entwicklungen auch Dezentralisierung und lean management einzuführen und damit – viel radikaler und moderner als die verknöcherte und innovationsfeindliche Wirtschaft – an der Spitze zu beginnen, weil Vatikan und Papst im Kerngeschäft der Seelsorge so gut wie gar nicht tätig seien. Was hätte das an Anpassungserfordernissen als Folge?

· *Funktionswandel*: Die bisher im Wesentlichen als Strafverfolgungsbehörde tätige Kriminalpolizei soll – derartige Vorschläge gab es in den 70er Jahren des vorigen Jahrhunderts wirklich – mehr im Rahmen von Vorbeugung tätig sein und dabei Sozialarbeiteraufgaben übernehmen. Das wäre durch grundsätzliche Änderungen bei Auswahl, Ausbildung, Ausrüstung usw. des Personals ein so gründlicher Wandel, dass die Bezeichnung als Polizei kaum noch gerechtfertigt (und wahrscheinlich auch hinderlich) wäre.

- *Verhaltenswandel*: Stellen sie sich vor, der eben beschriebene Funktionswandel wäre nicht durchgeführt worden, aber die voll und ganz auf diese Richtung eingestellten Beamten hätten ihr Verhalten in Richtung auf Sozialarbeit umgestellt. Was hätte das für Konsequenzen für die übrigen Variablen der Organisation Polizei?

3.4.2.6 Wirkungen organisationalen Wandels

Messbare Wirkungen zeigt organisationaler Wandel zumeist in einzelnen Dimensionen. So wurde er bei einer Untersuchung von 16 Wohlfahrtseinrichtungen besonders sichtbar bei Komplexitätsgrad, Zentralisierung, Formalisierung, Schichtung, Produktion, Effizienz und Arbeitszufriedenheit[961]. Letztes Ziel des Wandels ist in der Regel aber die Erhöhung der Produktivität. Es kommt also darauf an, wie sich z.B. Veränderungen bei Vergütungssystemen, Zielvereinbarungen, Personalauswahl, Weiterbildung, Leitungsstrukturen und Führungsstilen auf die Produktivität auswirken[962], die selbst meist kein Wandel, sondern nur eine quantitative Veränderung ist. *Organisationaler Wandel ist in der Regel kein Selbstzweck*. Die meisten Untersuchungen dazu stammen aus den USA, so dass ihre Ergebnisse nicht ohne weiteres auf Deutschland zu übertragen sind.

---

961 *Ullrich/Wieland*, S. 405-414 m.w.N.
962 Vgl. *Kopelman*, S. 57, 76/77, 98, 116 und 137/138.

Bei allen Maßnahmen zur Herbeiführung von Wandel ist stets zu beachten, dass sehr oft nicht nur eine Beziehung zwischen eingeleiteter Maßnahme und Eintritt (oder Nichteintritt) des beabsichtigten Erfolgs besteht. Manchmal treten auch unbeabsichtigte Nebenwirkungen auf. So wird durch den Abbau von Hierarchieebenen der Gesamtumfang an Machtpositionen zwar üblicherweise verringert; dadurch aber entsteht oft Macht auf anderer Grundlage: Expertentum, persönliches Charisma oder Kontrolle von Informationswegen[963].

In manchen Fällen sind die Folgen organisationalen Wandels durchaus umstritten. So wurde vor über 30 Jahren der Tod der Bürokratie vorausgesagt, weil diese Organisationsform mit den Erfordernissen des Wandels nicht mithalten könne[964]. Dem steht die Meinung diametral gegenüber, dass durch Bürokratisierung ein Optimum an Arbeitsteilung erreicht werden könne[965]. Manche fragen sich, ob die öffentliche Verwaltung sich angesichts ihrer Machtvollkommenheit überhaupt einem Wandel aussetzen müsse. Aber Engpässe in den Haushalten und steigende Leistungsanforderungen, z.B. auf schnellere Genehmigung von Industrieanlagen, üben auch hier ihren Zwang aus. So gibt es nicht nur in Deutschland, sondern fast weltweit Versuche zur Modernisierung der Verwaltung[966], die des öfteren durchaus Wandel sein können.

Wenn man davon ausgeht, dass Organisationen wie alle sozialen Systeme in der Regel sehr auf ihr Überleben bedacht sind, und wenn man weiter davon ausgeht, dass das Überleben letztlich oft nur durch organisationalen Wandel erreicht werden kann, dann geben folgende Zahlen zu denken: In den USA wurde festgestellt, dass von einer Anzahl neuer Firmen nach 5 Jahren noch 38 % existierten, nach 10 Jahren 21 %, nach 20 Jahren 10 %, nach 50 Jahren 2 % und nach 100 Jahren 0,5 % [967]. Offensichtlich wurde der organisationale Wandel nur sehr selten für längere Zeit geschafft.

---

963 *Jörges/Süss*, S. 81-83.

964 *Huczynski/Buchanan*, S. 526 m.w.N.

965 *Jacoby*, S. 230.

966 Vgl. dazu *Bogumil/Kißler*, S. 9/10, und *Klages/Haubner*, S. 349-351 m.w.N.; *Klages, Helmut*: Verwaltungsmodernisierung durch „neue Steuerung"?, in: Archiv für Kommunalwissenschaften 34 (1995), S. 203-227; *Klages, Helmut*: Verwaltungsmodernisierung, 2 Bde., Speyer: Forschungsinstitut für öffentliche Verwaltung bei der Hochschule für Verwaltungswissenschaften 1997 bzw. 1998.

967 *Robbins* 1990, S. 384 m.w.N.

4 Methoden der Organisationssoziologie

Auch wenn inzwischen manche Lehrbücher der Organisationssoziologie ein eigenes Methodenkapitel haben[968], auch wenn in Zeitschriften Aufsätze über methodische Probleme bei der Untersuchung von Organisationen erscheinen[969], selbst wenn es schon Methodenlehrbücher der Organisationsforschung gibt[970], kann man nicht übersehen, dass dort sowohl bei der Datenerhebung als auch der -auswertung nichts gemacht wird, was nicht auch in anderen Bereichen gemacht wird[971] , wobei auch in der Organisationssoziologie die Neigung zu qualitativen bzw. quantitativen Methoden wie in der Allgemeinen Soziologie schwankte[972].

So sollen dann die folgenden Ausführungen nicht die Methoden darstellen, sondern Beispiele nennen, in denen diese Methoden auf Organisationen angewendet wurden. Dazu sagte ein Betriebswirt: „Contemporary sociology is characterized by rigorous methodology with

---

968 Beispielsweise *Johns*, S. 20-38; *Luthans*, S. 27-37; *Müller-Böling* bei *Frese*, Sp. 1491-1505.

969 So z.B. *Turner, Barry A.*: The Use of Grounded Theory for the Qualitative Analysis of Organizational Behaviour, in: Journal of Management Studies 20 (1983), S. 333-348; *Van Maanen, John*: Reclaiming Qualitative Methods for Organizational Research, in: Administrative Science Quarterly 24 (1979), S. 520-526; *Braithwaite, John*: Corporate Crime Research: Why Two Interviewers Are Needed, in: Sociology 19 (1985), S. 136-138; *Bryman, Alan*, et al.: Leader Orientation and Organizational Transience, in: Journal of Occupational Psychology 60 (1987), S. 13-19; *Coleman, James S.*: Relational Analysis, in: Human Organization 16 (1958), S. 28-36; *Freeman, J.*: Data Quality and the Development of Organizational Social Science, in: Administrative Science Quarterly 31 (1986), S. 298-303; *Levy, Paul/Pugh, Derek Salman*: Scaling and Multivariate Analysis in the Study of Organizational Variables, in: Sociology 3 (1969), S. 193-213; *Martin, Patricia Y./Turner, Barry A.*: Grounded Theory and Organizational Research, in: Journal of Applied Behavioral Science 22 (1986), S. 141-158.

970 So die Bücher von *Bryman; Reed* 1985; *Rosenfeld* u.a.; *Kubicek/Welter* (nur Org.-Struktur); *Kühl/Strodtholz* (entgegen dem Titel leider nur qualitative Methoden); *Cassell/Gillian*. Weiterhin u.a.: *Habenstein, Robert W.* (Ed.): Pathways to Data: Field Methods for Studying Ongoing Social Organizations, Chicago: Aldine 1970; *Shipman, Marten D.* (Ed.): The Organization and Impact of Social Research, London: Routledge & Kegan Paul 1976; *Turner, Barry A.*: Exploring the Industrial Subculture, London: Macmillan 1971; *Adams, Richard N./Preiss, Jack J.* (Eds.): Human Organization Research, Homewood, Ill.: Dorsey 1960.

971 *Allmendinger/Hinz*, S. 23; *Büschges/Abraham*, S. 69.

972 *M. Meyer* 1977, S. 70/71; *Martin* bei *Hassard/Pym*, S. 30-43 m.w.N.

an empirical emphasis and conceptual consciousness“[973]. Solch eine Anerkennung muss in ständiger Bemühung verdient und aufrecht erhalten werden.

4.1 Organisationsanalyse

Unter Organisationsanalyse wird allgemein die Untersuchung einer einzigen Organisation verstanden[974]. Hier ist, wie überall in der Soziologie, der Zusammenhang zwischen Theorie und Methode zu beachten, und zwar in der Weise, *dass die Theorie die Methoden bestimmt.* In einem Beispiel von *Edward Gross* wird das folgendermaßen illustriert: Wenn man mit *Henry Mintzbergs* (überholter) Definition Ziele als „intentions behind decisions or actions“ festgelegt habe, dann gelte für ihre Erforschung: „By ‚intentions' we understand what, in the *participants' view*, the organization is trying to do. ... By ‚activities' we understand what persons in the organization are in fact *observed to be doing*”[975], d.h. also, dass der erste Teil durch Befragung, der zweite durch Beobachtung zu untersuchen ist. Vielleicht ist hier doch eine Einführung in die Grundeinstellungen und –gedanken eines Organisationsanalytikers nützlich[976].

Hier kommen nun einige Beispiele zur Methodenanwendung, und zwar in alphabetischer Reihenfolge:

- *Befragung* wird etwa für Wertordnungsuntersuchungen, beispielsweise zur Organisationskultur („corporate ideology“[977]) benutzt, für die Ermittlung von Führungsverhalten[978] (dort allerdings besser Beobachtung) und kann auch ethnographisch-ethnomethodologisch ausgewertet werden[979].

- *Beobachtung* wird sowohl als teilnehmende[980] als auch als nicht teilnehmende[981] angewendet.

- *Ereignisanalyse* hat sich u.a. bei einer retrospektiven Untersuchung von 1.849 Unternehmen in Deutschland bewährt, bei der sich z. B.

---

[973] *Luthans*, S. 42.
[974] Über einzelne Elemente der Organisationsanalyse *Gomez/Zimmermann*, S. 218-239.
[975] *E. Gross*, S. 284.
[976] Vgl. dazu *Morgan* 1986, S. 321-337.
[977] *Goll/Zeitz*, S. 195-197.
[978] *Maelicke* bei *Flügge* u.a., S. 56-58.
[979] *Morrill*, S. 613-615.
[980] *Beynon* bei *Bryman*, S. 28.
[981] *Bowey*, S. 74.

zeigte, dass die Qualifikation des Gründers mit vielen Einzeldimensionen ein wichtiger Faktor für die Lebensdauer eines Unternehmens ist[982].

- *Ethnographische und ethnomethodologische Verfahren* sind angesichts der sehr verbreiteten qualitativen (Einzel-)Fallstudien sehr naheliegend[983], wobei ethnomethodologisch erhobene Daten durchaus quantitativ ausgewertet werden können[984].

- *Experimente* werden nicht nur zur organisationsanalytischen Forschung, sondern auch im Rahmen von Organisationsentwicklung unternommen[985].

- *Faktorenanalyse* hat nicht zuletzt in der Entscheidungs- und der Organisationskulturforschung ihren Platz[986].

- *Handlungsforschung* (action research), in den 70er Jahren einmal große Mode, wurde auch auf Organisationen angewendet, so bei einer Untersuchung zur Laufbahnplanung in Norwegen[987].

- *Konversationsanalyse* war das entscheidende Instrument für eine Untersuchung über die Aufnahme oder Nichtaufnahme von Beiträgen für eine Zeitung[988].

- *Langzeitstudien* sind insbesondere für die Feststellung von organisationalem Wandel unabdingbar. Werden sie als *Zeitreihenuntersuchung* durchgeführt, ist die Anwendung ein und desselben Instruments in mehreren Zeitpunkten üblich. Man kann aber auch retrospektive Daten aus Informantengesprächen und Dokumentenanalysen mit Echtzeitdaten aus Befragungen verbinden[989].

- *Mehrebenenanalysen* sind oft unvermeidbar, wenn Aussagen über Organisationen aus Daten über einzelne Organisationsangehörige gemacht werden müssen[990].

---

982 *Brüderl/Preisendörfer/Ziegler*, S. 235, Tab. 2.

983 *Hassard* bei *Hassard/Pym*, S. 97-108; *Peters, Katharina*: Die Doppelkonstruktion budgetärer Wirklichkeit, in: Zeitschrift für Soziologie 2000, S. 121-137.

984 *Zucker* bei *Powell/DiMaggio*, S. 83-107.

985 *Taylor/Vertinsky* bei *Nystrom/Starbuck*, Bd. I, S. 139-166.

986 *Hofstede, Geert/Boud, Michael Harris/Luk, Chung-leung*: Individual Perceptions of Organizational Cultures, in: Organization Studies 1993, S. 483-503.

987 *Joynt* bei *Tyson* u.a., S. 195-211.

988 *Clayman/Reisner*, S. 189, 192-196.

989 Vgl. *Pettigrew*, S. 570-571.

990 Vgl. *Steinle*, S. 461-617 und 619-815; *Allmendinger/Hinz*, S. 24 m.w.N.

- *Qualitative Verfahren* sind bei Fallstudien oft die einzig möglichen, sind oft mit bestimmten theoretischen Ansätzen, insbes. der Handlungstheorie, verbunden[991] und für manche Probleme auch besser geeignet als quantitative Methoden[992], wenngleich „die forschungspolitisch wünschenswerte Akkumulation von Wissen ... bei qualitativer Vorgehensweise allenfalls individual möglich“[993] ist.

- *Quantitative Verfahren* lassen sich neben den üblichen Verwendungen auch bei Gegenständen benutzen, die man bisher eher qualitativ anzugehen pflegte, so bei einer Langzeituntersuchung der Entwicklung einer „Organisationslandschaft“ von freiwilligen Hilfsorganisationen in Toronto[994].

- *Skalierung*, und zwar durch Nominal-, Ordinal-, Intervall- und Ratioskalen, ist ein selbstverständliches Verfahren in der quantitativen Organisationsforschung[995].

- *Soziometrie* spielt auch eine Rolle in der Organisationsforschung, so bei der Untersuchung von Wahrnehmung der Organisationsumwelt[996].

Natürlich gibt es auch Ausführungen über allgemeine Gütekriterien in der Organisationsforschung[997], eine Zusammenstellung von Untersuchungen, die bekannte Hypothesen bestätigten oder widerlegten[998] und die Darstellung von drei klassischen Fallstudien von *Selznick*, *Gouldner* und *Crozier*, aber mit neuer Interpretation versehen[999] - ein Problem aller qualitativen Forschungsergebnisse.

---

991 *Walter-Busch*, S. 253-266 und 277-280.
992 *Mouly, V. Suchitra/Sankaran, Jayaram K.*: On the Study of Settings Marked by Severe Superior-Subordinate Conflict, in: Organization Studies 1997, S. 175-192, hier insb. 179-182.
993 *Derlien* 1987, S. 83/84.
994 *Singh/Tucker/Meinhard* bei *Powell/DiMaggio*, S. 390-422.
995 *Globerson* u.a., S. 74-78.
996 *Butler/Wilson*, S. 54-57.
997 *Globerson* u.a., S. 78-83.
998 *Gebert*, S. 94-120.
999 *Reed* 1985, S. 146-173.

Übungsaufgabe 10: Vergleichstabellenvergleich

Bei *Kreitner/Kinicki*, S. 34 m.w.N., finden wir diese Tabelle:

	Generalizability	Precision in Control and Measurement	Realistic Context
Case study	Low	Low	High
Sample survey	High	Low	Low
Field study	Moderate	Moderate	High
Laboratory experiment	Low	High	Low
Field experiment	Moderate	Moderate	Moderate

Bei *Robbins* 1991, S. 35, finden wir diese Tabelle:

	Fallstudien	Umfragen	Laboratoriumsexperiment	Feldexperiment
Verallgemeinerbarkeit	niedrig	mittel	niedrig	hoch
Wirklichkeitsnähe	hoch	hoch	niedrig	mittel-hoch
Genauigkeit	niedrig	niedrig	hoch	hoch
Kontrolle	niedrig	mittel	hoch	mittel-hoch
Kosten	mittel	mittel	niedrig	hoch

Frage: Zu wie viel Prozent stimmen beide Tabellen überein, zu wie viel Prozent unterscheiden sie sich?

Ausführungen zur Organisationsforschung lassen sich aber auch nach den Forschungsgegenständen gruppieren. Auch hierzu ein paar Beispiele, wieder alphabetisch:

- *Beziehungen* in und zwischen Organisationen können nach verschiedenen Verfahren ermittelt werden[1000].

- *Effektivität* ist ebenfalls durch mehrere Methoden zu messen[1001].

- *Evaluation* als ein immer wichtigerer Prozess im Leben einer Organisation muss sich erst recht auf verschiedene Ansätze stützen[1002], wobei es allerdings funktionale Bedenken gegen die Evaluation überhaupt gibt[1003].

- *Humanisierung* des Arbeitslebens hat als Großforschungsprojekt des vorigen Jahrhunderts auch Methodenerprobung gebracht, so Verfahren zur Feststellung des Grades der Humanisierung[1004].

- *Hypothesen* sind zwar laut Lehrbuch i.d.R. recht problemlos zu prüfen; aber wenn es etwa bei den Beziehungen zwischen Größe einer Fabrik und Umfang der Umweltemissionen um die Kontrolle der Randbedingungen geht, wird es doch schwierig[1005].

- *Klima* in Organisationen ist ein Gegenstand, der wohl nie mit nur einem Verfahren zu erfassen ist[1006].

- *Kommunikationsstrukturen* können mit Methoden untersucht werden[1007], die in anderen Speziellen Soziologien ebenfalls erfolgreich angewendet werden.

- *Konflikte* in Organisationen können so vielfältig sein, dass es dafür sogar schon Faustregeln zur Untersuchung von sexueller Belästigung gibt[1008].

1000 *Gerlach/Lincoln* bei *Mohria/Eccles*, S. 511-516.

1001 *Robbins* 1990, S. 47-80.

1002 Siehe dazu u.a. *Hauschildt* 1997, S. 381-420; *Globerson* u.a., S. 30-51; *Ullrich/Wieland*, S. 372-400; *Musto*, S. 268-282. Zum Vergleich eines gegenwärtigen Istzustands mit einem früheren, der nur dann eine Evaluation ist, wenn man im Hintergrund doch eine Vorstellung von einem Sollzustand hat, vgl. auch *Luhmann*, S. 108/109. Zu Einzelaspekten siehe auch: *Miller/Rice*, S. 7, *Lawless*, S. 497.

1003 *Meyer/Rowan* bei *Powell/DiMaggio*, S. 59.

1004 *Kerce/Booth-Kewley* bei *Rosenfeld* u.a., S. 188-209.

1005 *Grant/Jones/Bergesen*, insbes. S. 393, 396 und 401.

1006 Vgl. dazu *Conrad/Sydow* bzw. *Cock* u.a. bei *Tyson* u.a., S. 15-44 bzw. 45-58.

1007 *Menz*, S. 113-294; *McKenney/Zack/Doherty* bei *Nohria/Eccles*, S. 262-287.

1008 *Colbertson/Rosenfeld* bei *Rosenfeld* u.a., S. 164-187.

- *Kultur* in Gestalt von Organisationskultur kann leider nicht voll und ganz auf Vorarbeiten der Kultursoziologie zurückgreifen, weil diese, als eines der Rückzugsgebiete für Geisteswissenschaftler in der Soziologie, in der Methodenentwicklung nicht besonders fortschrittlich ist; trotzdem gibt es einige organisationsbezogene Übersichten[1009].

- *Strukturen* sind als Hauptfeld organisationalen Wandels natürlich oft untersucht worden und haben dabei methodologische Überlegungen ausgelöst[1010].

- *Umwelt* hat schon bei erstmaliger prominenter Behandlung in der Organisationssoziologie methodologische Beiträge gebracht[1011].

- *Verhalten* in der Organisation ist nur ein Unterfall sozialen Verhaltens überhaupt und ist also mit den dafür üblichen Methoden zu erfassen[1012].

- *Wandel* der Organisation ist auch mit den Methoden der Untersuchung von sozialem Wandel zu untersuchen[1013], wobei es hier auch interessante Erfahrungen mit Einzelfallstudien gibt[1014].

- *Ziele* der Organisation sind wegen ihrer systematischen Bedeutung in der Organisationssoziologie besonders wichtig. Die Methodik ihrer Ermittlung verdient daher besondere Aufmerksamkeit[1015].

4.2 Organisationsvergleich

Wenn Organisationsvergleich schon für den normalen Bürger eine Alltagsbeschäftigung ist[1016], ist es nicht erstaunlich, dass auch die Or-

---

1009 Z.B. bei *Froschauer*, S. 120-122; *Calori/Sarnin*, S. 55-65. Vgl. auch *Bryman* bei *Frost* u.a., S. 206, über *William F. Whytes* „Street Corner Society" als Muster für qualitative Organisationskulturforschung.

1010 Siehe z.B. *Kubicek/Welter* mit über 1.200 Seiten mit 280 Messansätzen in ausführlicher Darstellung; *Tannenbaum/Cook* bei *Lammers/Hickson*, S. 183-210 (control graph method); *Beynon* bei *Bryman*, S. 21 ff. (Fallstudien zur Einstellung von Organisationsleitungen); *Zündorf, Lutz*: Forschungsartefakte bei der Messung von Organisationsstrukturen, in: Soziale Welt 1976, S. 468-487.

1011 *Lorsch/Morse*, S. 145-156, zur Arbeitsplatzumwelt S. 156-168.

1012 *Robbins* 1991, S. 25-48; *Hellriegel* u.a., S. 36-53.

1013 Modelle dafür bei *Laughlin*, S. 216-222.

1014 Vgl. dazu insbes. *Woodward*, S. 185-208 (methodische Fragen) und 209-240 (untersuchter Wandel).

1015 Siehe dazu u.a. die 1. Auflage dieses Buches, S. 67-70.

1016 *Lammers/Higgins*, S. 4.

ganisationssoziologie sich recht früh darum gekümmert hat[1017]. Dabei ist manches erst auf den zweiten Blick interessant. So mag es selbstverständlich erscheinen, dass Staaten wie Frankreich, Italien und Belgien mehr (gemessen in absoluten Zahlen) Verbindungen (gemessen in Mitgliedschaften) zu internationalen Organisationen haben als Staaten wie Sambia, Trinidad und Syrien[1018]. Interessant wird der Vergleich aber, wenn man sieht, dass die Ungleichheit in den Verbindungen von 1960 bis 2000 bei internationalen Regierungsorganisationen abgenommen, bei Nichtregierungsorganisationen aber zugenommen hat, und wenn man die möglichen Erklärungen vergleicht[1019].

Dabei fängt der Organisationsvergleich nicht erst in der Feldforschung an, sondern schon bei der Metaanalyse vorhandener Untersuchungen[1020].

Übungsaufgabe 11: Gründe und Folgen von Organisationsunterschieden

Ein von Ihnen beratener Kunde in Frankreich erzählt Ihnen, er habe gehört, dass in gleichen Branchen die Hierarchien in Deutschland flacher seien als in Frankreich und dass das Leitungspersonal relativ geringere Einkommen beziehe. Er möchte wissen, woran das wohl liege und welche Folgen das habe.

Literaturhinweis: Maurice, Marc: For a Study of ‚The Societal Effect', in: *Lammers/Hickson*, S. 42-60 m.w.N.

Trotz mancher Meinungsverschiedenheiten schon zu Beginn des Organisationsvergleichs über die vertretbare Reichweite von Vergleichen[1021], die ja stets Abstraktionen von der Wirklichkeitsnähe der einzelnen Organisation sein müssen, hat sich zunehmend Konsens herausgebildet.

1017 Z.B. *Blau* 1965, S. 323-338.
1018 *Beckfield*, S. 411.
1019 *Beckfield*, S. 417-420.
1020 Zur Methode *Damanpour*, S. 381 m.w.N.; *Hofstede* et al., S. 286-310.
1021 Dazu beispielsweise *Pugh/Hickson* bei *Mayntz* 1971, S. 82.

Dabei ist der Organisationsvergleich ein gefährliches Pflaster für Wissenschaftler. Er wird nämlich meistens unternommen, um nachher einzelne Elemente oder ganze Organisationen bewerten zu können. Da beginnen Probleme. Denn „wer über optimale Zustände, über optimale Dosierung, über optimale Verträglichkeit, über optimale Mengen nachdenkt, muß zunächst das schwierige Problem lösen, das lediglich qualitativ beschriebene Phänomen Organisation zu quantifizieren. Diese Quantifizierung soll nicht nur im Konsens der Forscher gleichartig durchgeführt werden, sie soll auch gleichbleibend angewendet werden. Nur so wird vergleichende Organisationsforschung möglich“[1022]. Andererseits heißt es, „daß schlichte Daten-Gegenüberstellung in kulturvergleichender Forschung wenig nützt“, woraus folge, dass „die Fallstudie wohl ein zentrales Forschungsinstrument für kulturvergleichende Forschung bleiben“[1023] werde. In dieser Zentralfrage herrscht offensichtlich noch Diskussionsbedarf.

Hat man sich aber zum Vergleich entschieden, gibt es schon methodologische Konsensbereiche, so über Arten von Vergleich[1024], über Erforschung interorganisationaler Beziehungen[1025], über den Vergleich von Fallstudien (!)[1026], über den Vergleich von Bürokratien nach den Dimensionen Spezialisierung, Standardisierung, Formalisierung, Zentralisierung und Konfiguration[1027] sowie auch umfangreiche allgemeine methodische Abwägungen[1028].

Für mögliche Erträge von Organisationsvergleichen seien hier drei Beispiele genannt. Bei der Suche nach Mustern in der Zusammensetzung von Gründungsgruppen von Unternehmen wurden zwischen 1998 und 2000 in den USA 830 solche „nascent entrepreneurs“ gefunden und mit einem sehr komplexen quantitativen Ansatz im Hinblick auf sieben Hypothesen auf Übereinstimmungen und Unterschiede untersucht[1029]. Krankenhäuser in den USA und Schweden unterscheiden sich nicht nur in den umweltabhängigen Elementen wie etwa dem Berichtswesen, das von nationalen Gerichten oder Versicherungen bestimmt werden kann, sondern auch beim Zahlenverhältnis zwischen Ärzten und Pflegepersonal, Zeitaufwand für das

---

1022 *Hauschildt* 1987, S. 13.
1023 *Duncan Gallie* bei *Heidenreich/Schmidt*, S. 75 bzw. 79.
1024 *Lammers/Hickson*, S. 6/7.
1025 *Rogers/Whetten*, S. 97-121.
1026 *Grancelli, Bruno*: Organizational Change, in: Organization Studies 1995, S. 1-25
1027 *Pugh/Hickson* bei *Mayntz* 1971, S. 82/83.
1028 *Heidenreich/Schmidt*, S. 16-202.
1029 *Ruef/Aldrich/Carter*, S. 195-222.

Bettenmachen oder Patientenhygiene[1030], die wohl eher nach internationalen medizinischen oder pflegerischen Maßstäben eingerichtet sein könnten. Unternehmen in Japan, Korea und China, die von Außenstehenden oft als „ostasiatisch" einheitlich betrachtet werden, unterscheiden sich schon deutlich bei näherer Betrachtung von nur sechs Variablen[1031].

Organisationsvergleiche werden bisher fast ausschließlich als Untersuchung bestehender Organisationen entweder zum Zweck wissenschaftlicher Erklärung oder zum Zweck praktischer Funktionsüberprüfung durchgeführt. Sie sind dann Ex-post-Vergleiche. Es gibt aber auch einen Ex-ante-Vergleich, wenn es um die Konzeption einer zukünftigen Organisation, i.d.R. ihre Zielbestimmung und sich daraus ergebene Strukturierung, geht. Dann werden die verschiedenen Möglichkeiten einander gegenübergestellt, wobei die jeweiligen Ausprägungen auf einer Dimensionenliste eingetragen werden, um so die Entscheidung übersichtlicher zu machen, weil die Kriterien nun eindeutiger und vergleichbarer sind[1032].

Übungsaufgabe 12: Entscheidung über ein Museum

Eine Stadt hat von einem verstorbenen reichen Einwohner als Vermächtnis das Geld für den Bau eines Kunstmuseums erhalten. Im Stadtrat (und in der Öffentlichkeit) ist umstritten, was für ein Museum es werden soll. Die erste Gruppe bevorzugt ein Museum als Sammelstätte anerkannt hervorragender Beispiele des künstlerischen Schaffens im Lande; die zweite Gruppe möchte ein Museum als pädagogische Einrichtung, die die Besucher an die Entstehung und Wirkung von Kunst heranführt; die dritte Gruppe weiß nicht, was sie will, und ist mit sechzig Prozent die stärkste und damit entscheidende. Der Bürgermeister engagiert Sie zur Organisationsberatung, um in einer öffentlichen Stadtratssitzung beide Modelle nicht nur vergleichend, sondern auch verständlich darzustellen und auch zu den voraussichtlichen laufenden Kosten Stellung zu nehmen.

Literaturhinweise: Dana, John Cotton: The Gloom of the Museum, Woodstock, VT: Elm Tree Press 1917; *DiMaggio* bei *Powell/DiMaggio*, S. 269-272

1030 *Jonsson/Neuhauser* bei *Lammers/Hickson*, S. 287-303.

1031 *Orrù/Biggart/Hamilton* bei *Powell/DiMaggio*, S. 361-389. Siehe auch *Whitley* bei *Reed/Hughes*, S. 127-139.

1032 Beispiel bei *DiMaggio* bei *Powell/DiMaggio*, S. 271 m.w.N.

272 m.w.N.; *Gilman, Benjamin Ives*: Museum Ideals, Cambridge, Mass.: Harvard University Press 1918.

5 Kritik der Organisation und der Organisationssoziologie

Fast jeder Mensch hat spätestens in der Schule gemerkt, dass Organisationen auch lästig sein können. Deshalb gibt es auch Kritik an Organisationen. Hier wollen wir nicht, wie in der „Kulturkritik", Kritik erwähnen, die aus Ärger oder (ideologischen) Moden[1033] entsprang, sondern auch in der Wissenschaft findet man harte Worte.

So heißt es beispielsweise: „Organisationen sind Bestandteil des Ursachenzusammenhanges der ökologischen Krise, inhumaner Sozialverhältnisse und unbefriedigter Grundbedürfnisse in der Arbeit"[1034]. Ganze soziologische Denkrichtungen sind gegenüber Organisationen grundsätzlich misstrauisch eingestellt[1035], und es gibt ausführliche Abhandlungen über negative Seiten von Organisationen, wie z.B. über ihre sozialen und menschlichen Kosten[1036]. So wie uns eine postindustrielle Gesellschaft vorhergesagt wird, so wird auch eine „postmoderne", „postfordistische" oder „postbürokratische" Organisation als Zukunftshoffnung angekündigt[1037].

Es ist überhaupt die Bürokratie, an der sich Organisationskritik besonders oft und heftig festmacht. Bürokratische Organisationen könnten nicht so organisch und flexibel sein[1038], wie Organisationen in Zukunft einmal wegen der Umweltbedingungen sein müssten. Bürokratie mag vielleicht taugen bei Stabilität und Routine, einfachen Organisationsstrukturen, standardisierter Arbeit und unpersönlichem, autokratischem Führungsstil[1039]. Aber im Übrigen überwögen die Nachteile[1040]. Die Bürokratiekritik ist von ehrwürdigem Alter. 1873 schrieb *Michail Bakunin*: „Zwischen einer Monarchie und einer Republik, und sei es der demokratischsten, gibt es nur einen einzigen wesentlichen Unterschied: in der ersteren wird das Volk im Namen des Monarchen von der Beamtenschaft, zum großen Nutzen der privile-

---

1033 So wie bei *Burisch*.
1034 *Girschner*, S. 31/32.
1035 Vgl. *Reed* 1985, S. 72-90, über die Kritische Theorie.
1036 *Girschner*, S. 143-163.
1037 *Reed* 1992, S. 226-237 m.w.N.
1038 So *du Gay*, S. 658.
1039 *Huczynski/Buchanan*, S. 526 m.w.N.
1040 Siehe u.a.: *Robbins* 1990, S. 308-328; *Derlien* 1981; *Huczynski/Buchanan*, S. 398-409; *Wollmann*, S. 242-258; *Hummel, Ralph P.*: The Bureaucratic Experience, 3rd ed., New York: St. Martin's Press 1987.

gierten, besitzenden Klassen, aber auch für ihre eigenen Taschen, unterdrückt und ausgeraubt; in der Republik wird das Volk von derselben Seite, zum Nutzen derselben Taschen und Klassen unterdrückt und ausgeraubt, jetzt nur im Namen eines Volkswillens"[1041]. Er war, ehemaliger Offizier aus adeliger Familie, konsequenterweise Anarchist und wurde konsequenterweise von den Bürokraten nach Sibirien geschickt. Die Bürokratiekritik ist aber noch älter. Im Jahr 1846 beschrieb *Robert von Mohl*, wie Landadelige, Gewerbetreibende, Techniker (im öffentlichen Dienst!), Kirchenleute, Wissenschaftler und Politiker, kurz: Bürokraten, die von *Bakunin* erwähnten privilegierten Klassen, selber die Bürokratie kritisierten[1042]. Und Ende der 1970er Jahre erreichte ein deutscher Beamter und Politiker innerhalb von 4 Monaten eine Auflage von 14.000 Exemplaren mit einem Buch über Bürokratie, das er mit 100 Thesen begann, wie etwa „Die sachliche und personelle Energie der Angehörigen des öffentlichen Dienstes richtet sich vor allem auf die Wahrung der eigenen Kompetenzen" (Nr. 29 auf S. 16) oder „Die eigentlich qualifizierte Arbeit in den öffentlichen Bürokratien konzentriert sich auf 10 bis 20 v.H. ihrer Mitarbeiter" (Nr. 33 aus S. 17)[1043].

Das ging nun nur gegen staatliche und kommunale Bürokratie und stellte die Bürokraten weitgehend als Täter dar. Dass jedwede Bürokratie für die Persönlichkeit, insbesondere die der Bürokraten, schädlich sei, wird behauptet, wenn gesagt wird, dass Bürokratie Selbstverwirklichung unterdrücke, „instead, its very essence lies in a separation of work and life, reason and emotion, pleasure and duty which is desastrous for the productive health of the nation and the corporation and the moral and emotional character of the individual human subject"[1044] .

Wenn dann ein Soziologe zu sagen wagt, „there is nothing better known in the field of organizations ... than Weber's model of bureaucracy"[1045], darf sich das Fach nicht wundern, wenn auch die Organisationssoziologie in das Schussfeld der Kritik gerät[1046].

1041 *Bakunin, Michail*: Staatlichkeit und Anarchie und andere Schriften, Frankfurt (Main): Ullstein 1972, S. 439.
1042 *Mohl, Robert von*: Staatsrecht, Völkerrecht und Politik, Bd. II/1, Tübingen: Laupp 1862, S. 103-107 (orig. 1846); Nachdruck Graz: Akademische Druck- und Verlags-Anstalt 1962.
1043 *Lohmar, Ulrich*: Staatsbürokratie, München: Goldmann 1978.
1044 *DuGay*, S. 661 m.w.N.
1045 *Collins*, S. 286.
1046 Einen Überblick gibt *Reed* 1985, S. 47-60. Siehe auch *Eldridge/Crombie*, S.

Diese Kritik gilt einerseits dem gesamten Gehabe des Faches. So würden Begriffe wie lean management, business process reengineering oder dezentrale, segmentierte Organisation schnell in die Welt gesetzt, obwohl sie empirische Schwächen zeigten, wegen der sie dann auch bald aufgegeben würden; „die Verfechter dieser Konzepte sehen sich mit immer kürzeren Halbwertzeiten von Organisationskonzepten konfrontiert“[1047]. Daraus folgt, hauptsächlich gegen die betriebswirtschaftliche Organisationslehre gerichtet, aber möglicherweise auch auf die Organisationssoziologie beziehbar (?): „Das Resultat ist eine wild wuchernde praxisorientierte Managementliteratur mit teilweise mangelndem theoretischem Fundament, die Suche nach Patentrezepten mit einer – derzeit – ausgeprägten Tendenz zur nahezu ideologischen Heilslehre des Reengineering, die als Absage an eine ‚Politik der kleinen Schritte' (= Theorie mittlerer Reichweite; G.E.) die Organisation lieber neu erfindet, als sich im Dschungel vorfindbarer Komplexität zu verheddern“[1048]. Von feministischer, also selbst ideologischer, Seite wird der Organisationssoziologie ideologische Ignoranz oder gar Feindlichkeit gegenüber Frauen vorgeworfen und zum Beweis der Vorschlag gemacht, einen wichtigen Aufsatz der Organisationstheorie umzuschreiben[1049]. Wo allerdings empirisch geforscht wurde, zeigte sich, dass nicht alle allgemeinen Vorwürfe gerechtfertigt waren; so war die „Finalisierungsthese“, nach der die Forschung immer mehr von Auftraggeberinteressen bestimmt werde, nicht zu bestätigen[1050].

Es gab auch Kritik an einzelnen Punkten. So wurde in den 60er und 70er Jahren der systemtheoretische Ansatz von der Kritischen Theorie abgelehnt[1051], ohne dass diese allerdings ein entsprechendes Gegenkonzept vorstellte. Dasselbe geschah in Bezug auf den Rationalitätsansatz der Organisationssoziologie und die Praxis von Herrschaft und Macht[1052]. Auch die Ausrichtung der Organisationssoziologie an

---

189-204, und *Baritz* bei *Eldridge/Crombie*, S. 190; *Mills, C. Wright*: The Sociological Imagination, London: Oxford University Press 1959, S. 100-118.

1047 *Kühl* bei *Edeling/Jann/Wagner*, S. 73 m.w.N.

1048 *Drepper*, S. 44 m.w.N.

1049 *Calás, Marta B./Smircich, Linda*: Re-writing Gender into Organizational Theorizing: Directions from Feminist Perspectives, in: *Reed/Hughes*, S. 227-253, hier: 245-247. Was dabei herauskommt, taugt weder zum verbesserten Verständnis noch zur verständigen Verbesserung eines Kreisverbandes des Roten Kreuzes.

1050 *Greca*, S. 5/6.

1051 *Reed* 1985, S. 44-46.

1052 *Alvesson, Mats/Willmott, Hugh* (Eds.): Critical Management Studies, Newbury Park, Cal.: Sage 1992.

den Zielen, ohne angeblich die Bedeutung dieses Begriffs klären zu können, wurde als Dilemma bezeichnet[1053].

Der Unterschied zwischen Gegenwart und Zukunft wird sogar so beschrieben, dass die gegenwärtige Industriegesellschaft/Organisationsgesellschaft abgelöst werden werde durch eine postindustrielle/postorganisationale Gesellschaft[1054]. Dann wären in der Tat Organisationen und Organisationssoziologie in Zukunft (allerdings: wann beginnt sie?) überflüssige Gegenstände.

Und was meinen Sie über die Organisationen und die Organisationssoziologie?

1053 *Vanberg*, S. 174.

1054 Vgl. dazu die interessante Gegenüberstellung in den Tabellen 1-3 von *Trist* bei *Dubin*, S. 1014-1022.

Nachwort

„Nur bitte, der geehrte Leser wolle alles gütig annehmen, und nicht übel deuten, so etwan hie oder da etwas solte in Zahlen und dergleichen Dingen versehen seyn, welches gar leicht in Historischen Beschreibungen, absonderlich, da noch niemand das Eys gebrochen, geschehen kan. Solte jemand von demjenigen, was etwan solte versehen seyn, etwas annotiren, und mir nachgehends hochgeneigt communiciren, damit es inskünfftige, so der HErr will, und man lebet, könne corrigiret werden; So werde solches von einem jedweden, er sey auch, wer er wolle, mit der allergrössesten Danckbarkeit annehmen, auch gebührend zu rühmen wissen."

Johann Hellmann,
weiland Pastor zu Marne in Süder-Dithmarschen
Kurtz-verfaßte Süder-Dithmarsische Kirchen-Historie,
Mit Fleiß colligiret, und aus bewährten schrifftlichen Documenten
und andern Urkunden zusammen getragen
Gedruckt und verlegt von seel. Thomas von Wierings Erben,
Hamburg 1735
Blatt 3 der Vorrede

Also sey es auch mit diesem Buche

von Günter Endruweit,
weiland Confirmand zu Marne

Literaturverzeichnis

Afheldt, Heik (Hrsg.): Auf neuen Wegen in die Zukunft: Organisatorische Innovationen, Stuttgart: Poller 1986

Ahrne, Göran: Agency and Organization, London: Sage 1990

Akademie des Deutschen Beamtenbundes/Bertelsmann-Stiftung (Hrsg.): Führung und Arbeitsmotivation in Kommunalverwaltungen, Gütersloh: Bertelsmann-Stiftung 1989

Allen, Richard K: Organizational Management Through Communication, New York: Harper & Row 1977

Allison, Paul D./Long, J. Scott: Departmental Effects on Scientific Productivity, in: American Sociological Review 55 (1990), S. 469-478

Allmendinger, Jutta/Hinz, Thomas (Hrsg.): Organisationssoziologie (Sonderheft 42/2002 der Kölner Zeitschrift für Soziologie und Sozialpsychologie), Wiesbaden: Westdeutscher Verlag 2002

Anheier, Helmut K. (Ed.): When Things Go Wrong, Thousand Oaks, CA: Sage 1999

Anheier, Helmut K./Priller, Eckhard/Seibel, Wolfgang/Zimmer, Annette (Hrsg.): Der Dritte Sektor in Deutschland, Berlin: Edition Sigma 1997

Anheier, Helmut/Salamon, Lester M.: Genese und Schwerpunkte internationaler Forschung zum Nonprofit-Sektor, in: Forschungsjournal Neue Soziale Bewegungen 4 (1992), S. 40-48

Antonio, Robert J.: The Contradiction of Domination and Production in Bureaucracy, in: American Sociological Review 44 (1979), S. 895-912

Argyris, Chris: Personality and Organization, New York: Harper & Row 1970

Arum, Richard: Do Private Schools Force Public Schools to Compete?, in: American Sociological Review 61 (1996), S. 29-46

Azumi, Koya/Hage, Jerald (Eds.): Organizational Systems, Lexington, Mass.: Heath 1972

Bacharach, Samuel B./Lawler, Edward J.: Power and Politics in Organizations, San Francisco: Jossey-Bass 1980

Bachmann, Reinhard: Trust, Power and Control in Trans-Organizational Relations, in: Organization Studies 2001, S. 337-365

Baker, Wayne E.: Market Networks and Corporate Behavior, in: American Journal of Sociology 96 (1990), S. 589-625

Baker, Wayne E./Faulkner, Robert R.: The Social Organization of

Conspiracy: Illegal Networks in the Heavy Electrical Equipment Industry, in: American Sociological Review 58 (1993), S. 837-860

Baker, Wayne E./Faulkner, Robert R./Fischer, Gene A.: Hazards of the Market: The Continuity and Dissolution of Interorganizational Market Relationships, in: American Sociological Review 63 (1998), S. 147-177

Bardmann, Theodor M.: Organisationskultur statt Systemhygiene, in: Schweizerische Zeitschrift für Soziologie 1990, S. 47-78

Bardmann, Theodor M./Groth, Torsten (Hrsg.): Zirkuläre Positionen 3, Wiesbaden: Westdeutscher Verlag 2001

Barnard, Chester I.: The Functions of the Executive, Cambridge, Mass.: Harvard University Press 1938

Barnard, Chester I.: Organisation und Management, Stuttgart: Poeschel 1969

Barron, David N.: The Structuring of Organizational Populations, in: American Sociological Review 64 (1999), S. 421-445

Basu, K. S.: Management similarities and differences under different cultures, New York: Gordon and Breach 1968

Beckfield, Jason: Inequality in the World Polity: The Structure of In-Ternational Organizations, in: American Sociological Review 68 (2003), S. 401-424

Beer, Michael: Organization Change and Development, Glenview, IL: Scott, Foresman 1980

Bennis, Warren G.: Leadership Theory and Administrative Behavior, in: Administrative Science Quarterly 4 (1959), S. 259-301

Birke, Martin/Jäger, Thomas/Schwarz, Michael: Organisation und Ökologie, in: Österreichische Zeitschrift für Soziologie 3/1998, S. 26-44

Bissels, Sandra/Sackmann, Sonja/Bissels, Thomas: Kulturelle Vielfalt in Organisationen, in: Soziale Welt 52 (2001), S. 403-426

Blau, Peter M.: The Comparative Study of Organizations, in: Industrial and Labor Relations Review 18 (1965), S. 323-338

Blau, Peter M.: A Formal Theory of Differentiation in Organizations, in: American Sociological Review 35 (1970), S. 201-218

Blau, Peter M.: On the Nature of Organizations, New York: Wiley 1974

Blau, Peter M./Scott, W. Richard: Formal Organizations, London: Routledge & Kegan Paul 1982 (Nachdruck von 1964)

Blecker, Thorsten: Unternehmung ohne Grenzen, Wiesbaden: Deutscher Universitäts-Verlag 1999

Bobbitt, H. Randolph Jr. /Breinholt, Robert H./Doktor, Robert H./

McNaul, James P. (Eds.): Organizational Behavior, 2nd ed., Englewood Cliffs, N. J.: Prentice-Hall 1978

Bogumil, Jörg/Kißler, Leo (Hrsg.): Verwaltungsmodernisierung und lokale Demokratie, Baden-Baden: Nomos 1997

Bohle, Martin: Leistung, Erfolg und Leistungskontrolle in bürokratischen Organisationen, Meisenheim: Hain 1977

Bosetzky, Horst: Grundzüge einer Soziologie der Industrieverwaltung, Stuttgart: Enke 1970

Bowers, Raymond V. (Ed.): Studies on Behavior in Organizations, Athens: University of Georgia Press 1966

Bowey, Angela M.: The Sociology of Organisations, London: Hodder and Stoughton 1976

Brill, Andreas/Vries, Michael de (Hrsg.): Virtuelle Wirtschaft, Opladen/Wiesbaden : Westdeutscher Verlag 1998

Brose, Hanns-Georg/Holtgrewe, Ursula/Wagner, Gabriele: Organisationen, Personen und Biographien: Entwicklungsvarianten von Inklusionsverhältnissen, in: Zeitschrift für Soziologie 1994, S. 255-274

Brüderl, Josef/Preisendörfer, Peter/Ziegler, Rolf: Survival Chances of Newly Founded Business Organizations, in: American Sociological Review 57 (1992), S. 227-242

Brütsch, David: Virtuelle Unternehmen, Zürich: vdf Hochschulverlag an der ETH 1999

Bryman, Alan (Ed.): Doing Research in Organizations, London/New York: Routledge 1988

Bryman, Alan: Research Methods and Organisation Studies, London: Unwin Hyman 1989

Buckley, Walter: Sociology and Modern Systems Theory, Englewood Cliffs, N. J.: Prentice-Hall 1967

Burell, Gibson/Morgan, Gareth: Sociological Paradigms and Organizational Analysis, London: Heinemann 1979

Burisch, Wolfram: Organisation als Ideologie, Stuttgart: Kohlhammer 1973

Burnham, James: The Managerial Revolution, Harmondsworth: Penguin 1962

Burns, Tom/Stalker, G. M.: The Management of Innovation, 2nd impr., London: Oxford University Press 1994

Busch, Rolf (Hrsg.): Mitarbeitergespräch - Führungskräftefeedback, München/Mering: Hampp 2000

Büschges, Günter/Abraham, Martin: Einführung in die Organisationssoziologie, 2. Auflage, Stuttgart: Teubner 1997

Büschges, Günter/Lütke-Bornefeld, Peter: Praktische Organisationsforschung, Reinbek: Rowohlt 1977
Butler, Richard J./Wilson, David C.: Managing Voluntary and Nonprofit Organizations, London/New York: Routledge 1990
Calori, Roland/Sarnin, Philippe: Corporate Culture and Economic Performance, in: Organization Studies 1991, S. 49-74
Caplow, Theodore: Principles of Organization, New York: Harcourt, Brace, World 1964
Carzo, Rocco/Yamouzas, John N.: Formal Organization, 3rd impr., Homewood, Ill.: Irwin 1970
Cassell, Catherine/Gillian, Symon: Qualitative Methods in Organizational Research, London: Sage 1994
Champion, Dean J.: The Sociology of Organizations, New York: McGraw-Hill 1975
Child, John: Organization, London: Harper & Row 1977
Clark, Peter A.: Action Research and Organizational Change, London/New York: Harper & Row 1972
Clayman, Steven E./ Reisner, Ann: Gatekeeping in Action: Editorial Conferences and Assessments of Newsworthiness, in: American Sociological Review 63 (1998), S. 178-199
Clegg, Stewart/Dunkerley, David: Organization, class and control, London: Routledge & Kegan Paul 1980
Cleland, David I./King, William R.: Management. A Systems Approach, New York: McGraw-Hill 1972
Cohen, Bernard P./Zhou, Xueguang: Status Processes in Enduring Work Groups, in: American Sociological Review 56 (1991), S. 179-188
Collins, Randall: Conflict Sociology, New York: Academic Press 1975
Cooley, Charles Horton: Social Organization, New York: Charles Scribner's Sons 1909
Corwin, Ronald G.: Patterns of Organizational Conflict, in : Administrative Science Quarterly 14 (1969), S. 507-520
Crozier, Michel: Le phénomène bureaucratique, Paris : Seuil 1963
Cyert, Richard M./March, James G. : A Behavioral Theory of the Firm, Englewood Cliffs, NJ: Prentice-Hall 1963
Dalton, Gene W./Lawrence, Paul R./Lorsch, Jay W.: Organizational Structure and Design, Homewood, IL: Irwin 1970
Damanpour, Fariborz: Organizational Size and Innovation, in: Organization Studies 1992, S. 375-402

Davidow, William H./Malone, Michael S.: The Virtual Corporation, New York: Harper 1992 (dt.: Das virtuelle Unternehmen, Frankfurt/M.: Campus 1993)

Deal, Terrence E./Kennedy, Allen A.: Corporate Cultures, Reading, Mass.: Addison-Wesley 1982

Derlien, Hans-Ulrich: Bürokratie, in: Beckerath, Paul Gert von/Sauermann, Peter/Wiswede, Günter (Hrsg.): Handwörterbuch der Betriebspsychologie und Betriebssoziologie, Stuttgart: Enke 1981, S. 132-136

Derlien, Hans-Ulrich: Qualitatives und quantitatives Vorgehen in der Verwaltungsforschung, in: Koch, Rainer (Hrsg.): Verwaltungsforschung in Perspektive, Baden-Baden: Nomos 1987, S. 78-90

Deutschmann, Christoph: Der „Betriebsclan", in: Soziale Welt 38 (1987), S. 133-147

DiMaggio, Paul J./Powell, Walter W. (Eds.): New Institutionalism in Organizational Analysis, Chicago: University of Chicago Press 1991

Drabek, Thomas E./Haas, J. Eugene: Understanding Complex Organizations, Dubuque: Brown 1974

Drepper, Christian: Differenzierung, Entscheidung und Integration, Berlin: Duncker & Humblot 2001

Drumm, Hans Jürgen: Virtualität in Organisation und Personalmanagement, in: Zeitschrift für Organisation Nr. 4/1998, S. 196-200

Dubin, Robert (Ed.): Handbook of Work, Organization and Society, Chicago: Rand McNally 1976

du Gay, Paul: Making up managers: bureaucracy, enterprise and the liberal art of separation: British Journal of Sociology 45 (1994), S. 655-674

Dülfer, Eberhard: Internationales Management in unterschiedlichen Kulturbereichen, 2. Auflage, München: Oldenbourg 1992

Dunnette, Marvin D. (Ed.): Handbook of Industrial and Organizational Psychology, Chicago: Rand McNally 1973 (Nachdruck 1994 bei Consulting Psychologists Press)

Dworatschek, Sebastian, u.a.: Organisation in Wirtschaft und Verwaltung, Frankfurt (Main)/Stuttgart: Deutscher Fachverlag/Deutsche Verlags-Anstalt 1977

Eckardt, Andrea/Köhler, Holm-Detlev/Pries, Ludger (Hrsg.): Global Players in lokalen Bindungen, Berlin: Edition Sigma 1999

Edeling, Thomas/Jann, Werner/Wagner, Dieter: Reorganisationsstrategien in Wirtschaft und Verwaltung, Opladen: Leske + Budrich 2001

Eggers, Thorsten/Kinkel, Steffen: Die „virtuelle Fabrik" in weiter Ferne, in: Fraunhofer-Institut Systemtechnik und Innovationsforschung, Mitteilungen aus der Produktinnovationserhebung Nr. 25, April 2002

Eldridge, John E. T./Crombie, A. D.: A Sociology of Organisations, London: Allen & Unwin 1974

Ellguth, Peter/Liebold, Renate/Trinczek, Rainer: "Double Squeeze". Manager zwischen veränderten beruflichen und privaten Anforderungen, in: Kölner Zeitschrift für Soziologie und Sozialpsychologie 1998, S. 517-535

Emrich, Eike/Pitsch, Werner/Papathanassiou, Vassilios: Die Sportvereine, Schorndorf: Hofmann 2001

Endruweit, Günter: Struktur und Wandel der Polizei, Berlin: Duncker & Humblot 1979 (zit.: Endruweit 1979)

Endruweit, Günter: Beiträge zur Soziologie, Kiel: Institut für Soziologie, Bd. I: 1997; Bd. II: 1998; Bd. III: 1999; Bd. IV: 2000; Bd. V: 2002

Endruweit, Günter/Trommsdorff, Gisela (Hrsg.): Wörterbuch der Soziologie, 2. Auflage, Stuttgart: Lucius & Lucius 2002

Endruweit, Günter: Definieren, messen, evaluieren, in: Soziologie 2003, S. 110-111

Etzioni, Amitai: Modern Organizations, Englewood Cliffs, N. J.: Prentice-Hall 1964

Etzioni, Amitai (Ed.): A Sociological Reader on Complex Organizations, 2nd ed., New York: Holt, Rinehart and Winston 1969

Etzioni, Amitai: A Comparative Analysis of Complex Organizations, revised and enlarged edition, New York/London: Free Press/ Collier-Macmillan 1971

Etzioni, Amitai: Soziologie der Organisationen, 5. Auflage, München: Juventa 1978

Fayol, Henri: Administration industrielle et générale, Paris: Dunod 1970 (zuerst: Paris: Bulletin de la Société de l'Industrie Minérale, 3e livraison de 1916); dt.: Allgemeine und industrielle Verwaltung, München/Berlin: Oldenbourg 1929

Feigl, Joachim: Teamarbeit im unternehmensinternen Dienstleistungsbereich, München/Mering: Hampp 2000

Fischer, Sören: Virtuelle Unternehmen im interkulturellen Austausch, Wiesbaden: Deutscher Universitäts-Verlag 2001

Flügge, Christoph/Maelicke, Bernd/Preusker, Harald (Hrsg.): Das Gefängnis als lernende Organisation, Baden-Baden: Nomos 2001

Franke, Richard Herbert/Kaul, James D.: The Hawthorne Experiments: First Statistical Interpretation, in: American Sociological Review 43 (1978), S. 623-643

Franzpötter, Reiner: Organisationskultur – Begriffsverständnis und Analyse aus interpretativ-soziologischer Sicht, Baden-Baden: Nomos 1997

Freeman, John/Hannan, Michael T.: Growth and Decline Processes in Organizations, in: American Sociological Review 40 (1975), S. 215-228

Frese, Erich (Hrsg.): Handwörterbuch der Organisation, 3. Auflage, Stuttgart: Poeschel 1992

Froschauer, Ulrike: Organisationskultur als soziale Konstruktion, in: Österreichische Zeitschrift für Soziologie 2/1997, S. 107-124

Frost, Peter J./Moore, Larry F./Louis, Meryl Reis/Lundberg, Craig C./Martin, Joanne (Eds.): Reframing Organizational Culture, Newbury Park: Sage 1991

Fuchs-Heinritz, Werner/Lautmann, Rüdiger/Rammstedt, Otthein/Wienold/Hanns (Hrsg.): Lexikon zur Soziologie, 3. Auflage, Opladen: Westdeutscher Verlag 1994

Gawthrop, Louis C.: Bureaucratic Behavior in the Executive Branch, New York/London : Free Press/Collier-Macmillan 1969

Gebert, Diether: Organisation und Umwelt, Stuttgart: Kohlhammer 1978

Gibson, James L./Ivancevich, John M./Donnelly, James H., Jr. : Organizations, 5th ed., Plano, TX: Business Publications 1985

Gilbert, Dirk Ulrich: Konfliktmanagement in international tätigen Unternehmen, Berlin: Verlag Wissenschaft und Praxis 1998

Girschner, Walter: Theorie sozialer Organisationen, Weinheim/München: Juventa 1990

Globerson, Arye/Globerson, Shlomo/Frampton, Judith: You Can't Manage What You Don't Measure, Aldershot: Avebury 1991

Göbel, Elisabeth: Theorie und Gestaltung der Selbstorganisation, Berlin: Duncker & Humblot 1998

Goffman, Erving: Asyle, 8. Auflage, Frankfurt (Main): Suhrkamp 1991 (orig.: Asylums, New York: Doubleday Anchor 1961)

Goll, Irene/Zeitz, Gerald: Conceptualizing and Measuring Corporate Ideology, in: Organization Studies 1991, S. 191-207

Gomez, Peter/Zimmermann, Tim: Unternehmensorganisation, 2. Auflage, Frankfurt/M.: Campus 1993

Goodman, Paul S./Pennings, Johannes M. (Eds.): New Perspectives on Organizational Effectiveness, San Francisco: Jossey-Bass 1977

Gordon, C. Wayne/Babchuk, Nicholas: A Typology of Voluntary

Associations, in: American Sociological Review 24 (1959), S. 22-29

Grant, Don Sherman/Jones, Andrew W./Bergesen, Albert J.: Organizational Size and Pollution, in: American Sociological Review 67 (2002), S. 389-407

Gray, Jerry L./Starke, Frederick A. (Eds.): Readings in Organizational Behavior, Columbus, Ohio: Merrill 1977

Greca, Rainer: Können soziale Organisationen sinnvoll handeln?, München: Saur 1989

Greenwood, Royston/Hinings, C. R./Ranson, Stewart: Contingency Theory and the Organization of Local Authorities, in: Public Administration 1975, S. 1-23 und 169-190

Grochla, Erwin (Hrsg.): Handwörterbuch der Organisation, Studienausgabe, Stuttgart: Poeschel 1973

Gross, B. M.: Organizations and their Managing, New York: Free Press 1968

Gross, Edward: The definition of organizational goals, in: British Journal of Sociology 20 (1969), S. 277-294

Grunow, Dieter/Hegner, Friedhart: Von der Bürokratiekritik zur Analyse des Netzes bürokratischer Organisationen, in: Leuenberger, Thomas/Ruffmann, K.-H. (Hrsg.): Bürokratie, Frankfurt (Main): Lang 1977, S. 45-79

Grusky, Oscar/Miller, George A. (Eds.): The Sociology of Organizations, 2nd ed., New York/London: Free Press/Collier -Macmillan 1981

Gulick, Luther/Urwick, Lyndall F. (Eds.): Papers on the Science of Administration, New York: Columbia University, Institute of Public Administration 1937

Hachen, David S. Jr.: Industrial Characteristics and Job Mobility Rates, in: American Sociological Review 57 (1992), S. 39-55

Hage, Jerald: An Axiomatic Theory of Organization, in: Administrative Science Quarterly 10 (1965), S. 289-320

Hage, Jerald/Aiken, Michael/Marrett, Cora Bagley: Organization Structure and Communications, in: American Sociological Review 36 (1971), S. 860-871

Hall, Douglas T.: Careers in Organizations, Pacific Palisades, Cal.: Goodyear 1976

Hall, Richard H.: Organizations, 6th ed., Englewood Cliffs, N. J.: Prentice-Hall 1972

Hall, Richard H./Johnson, Norman J./Haas, J. Eugene: Organizational Size, Complexity and Formalization, in: American Sociological Review 32 (1967), S. 903-912

Hannan, Michael T./Carroll, Glenn R./Dundon, Elizabeth A./ Torres, John Charles: Organizational Evolution in a Multinational Context: Entries of Automobile Manufacturers in Belgium, Britain, France, Germany, and Italy, in: American Sociological Review 60 (1995), S. 509-529

Hannan, Michael T./Freeman, John: The Population Ecology of Organizations, in: American Journal of Sociology 82 (1977), S. 929-964 (gekürzt abgedruckt u.a. bei Grusky/Miller, S. 176-200)

Hassard, John/Pym, Denis (Eds.): The theory and philosophy of organizations, London/New York: Routledge 1990

Hassel, Anke/Höpner, Martin/Kurdelbusch, Antje/Rheder, Britta/ Zugehör, Rainer: Zwei Dimensionen der Internationalisierung, in: Kölner Zeitschrift für Soziologie und Sozialpsychologie 2000, S. 500-519

Hauschildt, Jürgen: Entwicklungslinien der Organisationstheorie, Göttingen: Vandenhoeck & Ruprecht 1987

Hauschildt, Jürgen: Innovationsmanagement, 2. Auflage, München: Vahlen 1997

Heidenreich, Martin: Vom volkseigenen Betrieb zum Unternehmen, in: Kölner Zeitschrift für Soziologie und Sozialpsychologie 1993, S. 76-96

Heidenreich, Martin/Schmidt, Gert (Hrsg.): International vergleichende Organisationensforschung, Opladen: Westdeutscher Verlag 1991

Heinen, Edmund, u.a.: Unternehmenskultur, München/Wien: Oldenbourg 1987

Heinze, Rolf G./Schmid, Josef/Strünck, Christoph: Zur politischen Ökonomie der sozialen Dienstleistungsproduktion, in: Kölner Zeitschrift für Soziologie und Sozialpsychologie 1997, S. 242-271

Hellriegel, Don/Slocum, John W. Jr./Woodman, Richard W.: Organizational Behavior, 3rd ed., St. Paul: West 1983

Hessen, Robert: A New Concept of Corporations: A Contractual and Private Property Model, in: Hastings Law Journal 30 (1979), S. 1327-1350

Hill, Wilhelm/Fehlbaum, Raymond/Ulrich, Peter: Organisationslehre, 2 Bde., 5. Auflage, Stuttgart: Haupt 1994

Hillmann, Karl-Heinz: Wörterbuch der Soziologie, 4. Auflage, Stuttgart: Kröner 1994

Hoefert, Hans-Wolfgang: Psychologische und soziologische Grundlagen der Organisation, 2. Auflage, Gießen: Schmidt 1979 (1.

Auflage 1976)

Hoefert, Hans-Wolfgang: Der Mensch in der Organisation, 4. Auflage, Gießen: Schmidt 1994

Hofstede, Geert/Neuijen, Bram/Ohayv, Denise Daval/Sanders, Geert: Measuring organizational cultures: A qualitative and quantitative study across twenty cases, in: Administrative Science Quarterly 35 (1990), S. 286-316.

Holtbrügge, Dirk: Postmoderne Organisationstheorie und Organisationsgestaltung, Wiesbaden: Deutscher Universitäts-Verlag/ Gabler 2001

Hörmann, Martina: Vom kreativen Chaos zum professionellen Management, Opladen: Leske + Budrich 2002

Howaldt, Jürgen/Kopp, Ralf (Hrsg.): Sozialwissenschaftliche Organisationsberatung, Berlin: Edition Sigma 1998

Huczynski, Andrzej A./Buchanan, David A.: Organizational Behaviour, 2nd ed., Hamel Hempstead: Prentice-Hall 1991

Iannaccone, Laurence R.: Why Strict Churches are Strong, in: American Journal of Sociology 99 (1994), S. 1180-1211

Irle, Martin: Macht und Entscheidung in Organisationen, Frankfurt (Main): Akademische Verlagsgesellschaft 1971

Jacoby, Henry: Die Bürokratisierung der Welt, Neuwied: Luchterhand 1969

Johns, Gary: Organizational Behavior, 2nd ed., Glenview, Ill.: Scott, Foresman 1988

Jones, Stephen R. G.: Worker Interdependence and Output: The Hawthorne Studies Reevaluated, in: American Sociological Review 55 (1990), S. 176-190

Jörges, Katharina/Süss, Stefan: Scheitert die Realisierung virtueller Unternehmen am realen Menschen?, in: IT-Management 7-8/2000, S. 78-84

Joyce, William F.: Matrix Organization, in: Academy of Management Journal, September 1986, S. 536-561

Kaluza, Bernd/Blecker, Thorsten: Produktions- und Logistikmanagement in Virtuellen Unternehmen und Unternehmensnetzwerken, Berlin: Springer 2000

Kappe, Doris: Konfliktbewältigung und kulturspezifisches Konfliktverhalten, Wiesbaden: Deutscher Universitäts-Verlag 1996

Kast, Fremont E./Rosenzweig, James E.: Contingency Views of Organization and Management, Chicago: Science Research Associates 1973

Kast, Fremont E./Rosenzweig, James E.: Organization and Management, 4th ed., New York: McGraw-Hill 1985

Katz, Daniel/Kahn, Robert L.: The Social Psychology of Organizations, 2nd ed., New York: Wiley 1978

Katz, Daniel/Kahn, Robert L./Adams, J. Stacey (Eds.): The Study of Organizations, San Francisco: Jossey-Bass 1980

Katz, Fred E.: Autonomy and Organization, New York: Random House 1968

Keeley, Michael: A Social-Contract Theory of Organizations, Notre Dame, IN: University of Notre Dame Press 1988

Khandwalla, Pradip N.: The Design of Organizations, New York: Harcourt, Brace, Jovanovich 1977

Kieser, Alfred (Hrsg.): Organisationstheorien, 3. Auflage, Stuttgart: Kohlhammer 1999

Kieser, Alfred/Kubicek, Herbert: Organisationstheorien, Band I und II, Stuttgart: Kohlhammer 1978

Kieser, Alfred/Kubicek, Herbert: Organisation, 3. Auflage, Berlin: de Gruyter 1992

Kimberley, John R.: Organizational Size and the Structuralist Perspective, in: Administrative Science Quarterly 21 (1976), S. 571-597

Kiss, Gabor: Einführung in die soziologischen Theorien II, 3. Auflage, Opladen: Westdeutscher Verlag 1977

Klages, Helmut: Beiträge der Organisationsforschung zur Analyse industrieller Gesellschaften, Berlin: Duncker & Humblot 1979

Klages, Helmut/Haubner, Oliver: Strategies for Public Sector Modernization, in: Halachmi, Arie/Bouckaert, Geert (Eds.): The Enduring Challenges in Public Management, San Francisco: Jossey-Bass 1995, S. 348-376

Klages, Helmut/Schmidt, Rolf W.: Methodik der Organisationsänderung, Baden-Baden: Nomos 1978

Klatzky, Sheila R.: Relationship of Organizational Size to Complexity and Coordination, in: Administrative Science Quarterly 15 (1970), S. 428-438

Knoblauch, Hubert: Die kommunikative Konstruktion postmoderner Organisationen, in: Österreichische Zeitschrift für Soziologie 2/1997, S. 6-23

Konradt, Udo: Virtualität als Strukturelement neuer Organisationsformen, in: Wieland, Rainer/Scherrer, Karin (Hrsg.): Arbeitswelten von morgen, Wiesbaden: Westdeutscher Verlag 2000, S. 158-168

Kopelman, Richard E.: Managing Productivity in Organizations,

New York: McGraw-Hill 1986

Kraatz, Matthew S./Zajac, Edward J.: Exploring the Limits of the New Instititutionalism: The Causes and Consequences of Illegitimate Organizational Change, in: American Sociological Review 61 (1996), S. 812-836

Krause, Detlef: Herrschaft und Qualifikation in Organisationen, in: Soziale Welt 1976, S. 343-370

Kreitner, Robert/Kinicki, Angelo: Organizational Behavior, Homewood, IL: Irwin 1989

Krücken, Georg/Meier, Frank: „Wir sind alle überzeugte Netzwerktäter", in: Soziale Welt 2003, S. 71-92

Kubicek, Herbert/Welter, Günter: Messung der Organisationsstruktur, Stuttgart: Enke 1985

Kühl, Stefan/Strodtholz, Petra (Hrsg.): Methoden der Organisationsforschung, Reinbek: Rowohlt 2002

Kuhn, Alfred: The Study of Society, London: Tavistock 1966

Küpper, Willi/Ortmann, Günther (Hrsg.): Mikropolitik, 2. Auflage, Opladen: Westdeutscher Verlag 1992

Kvande, Elin/Rasmussen, Bente: Women's Careers in Static and Dynamic Organizations, in: Acta Sociologica 38 (1995), S. 115-130

Lambelet, Daniel: Sociologie de l'entreprise: La culture en dernière instance ?, in : Revue suisse de sociologie 1993, S. 121-134

Lammers, Cornelis J./Hickson, David J. (Eds.): Organizations Alike and Unlike, London: Routledge & Kegan Paul 1979

Landsberger, Henry A.: Hawthorne Revisited, New York: Cornell University Press 1958

Lane, Christel/Bachmann, Reinhard: Co-operation in inter-firm relation in Britain and Germany: the role of social institution, in: British Journal of Sociology 48 (1997), S. 226-254

Lanson, Didier: Différenciation et intégration, in : Revue française de sociologie XX (1979), S. 515-531

Larson, Erik W./Gobeli, David H.: Matrix-Management, in: California Management Review, Summer 1987, S. 126-138

Lässig, Annette: Gestaltung der Organisationskultur, Diss. München 1999

Laughlin, Richard C.: Environmental Disturbances and Organizational Transitions and Transformations, in: Organization Studies 1991, S. 209-232

Lawless, David J.: Organizational Behavior, 2nd ed., Englewood Cliffs, NJ: Prentice-Hall 1979

Lawrence, Paul R./Lorsch, Jay W.: Organization and Environment, rev. ed., Cambridge, MA: Harvard Business School Press 1986

Leavitt, H. J. (Ed.): The Social Science of Organizations, Englewood Cliffs, N. J.: Prentice-Hall 1963

Le Grand, Carl/Szulkin, Ryszard/Tåhlin, Michael: Organizational Structures and Job Rewards in Sweden, in: Acta Sociologica 37 (1994), S. 231-251

Leibenstein, Harvey: Economic Theory and Organizational Analysis, New York: Harper & Row 1965

Leumann, Peter: Matrix-Organisation, in: Zeitschrift für Organisation 1976, S. 72-80

Likert, Rensis: The Human Organization, International Student Ed., New York/Tokyo: McGraw-Hill/Kogakusha 1967

Lin, Nan: Les ressources sociales: une théorie de capital social, in: Revue française de sociologie 36 (1995), S. 685-704

Litterer, Joseph A. : The Analysis of Organizations, 2nd ed., New York: Wiley 1973

Littler, Craig R.: Understanding Taylorism, in: British Journal of Sociology 29 (1978), S. 185-202

Lorsch, Jay/Lawrence, Paul (Eds.): Organizational Planning, Homewood, Ill.: Irwin-Dorsey 1972

Lorsch, Jay W./Morse, John J.: Organizations and their members, New York: Harper & Row 1974

Lueger, Manfred/Meyer, Renate/Sandner, Karl/Hammerschmid, Gerhard: Zur Kontextabhängigkeit individuellen Durchsetzungshandelns in Organisationen, in: Österreichische Zeitschrift für Soziologie 2/1997, S. 51-78

Luhmann, Niklas: Funktionen und Formen formaler Organisation, 5. Auflage, Berlin: Duncker & Humblot 1999

Lussey, Roland: Les effets inattendus de la coopération, in : Revue française de sociologie 1979, S. 532-543

Luthans, Fred : Organizational Behavior, 3rd ed., New York: McGraw-Hill 1981

Macharzina, Klaus: Neuere Entwicklungen in der Führungsforschung, in: Zeitschrift für Organisation 1977, S. 7-16 und 101-108

Maclaren, Robert J.: Organizational Culture in a Multicultural Organization, in: International Review of Administrative Sciences 63 (1997), S. 57-67

Mag, Wolfgang: Grundlagen einer betriebswirtschaftlichen Organisationstheorie, 2. Auflage, Opladen: Westdeutscher Verlag 1971

Manske, Fred: Ende oder Wandel des Taylorismus?, in: Soziale Welt 38 (1987), S. 166-180

March, James G./Simon, Herbert A.: Organisation und Individuum, Wiesbaden: Gabler 1976

Marshall, Gordon (Ed.): The Concise Oxford Dictionary of Sociology, Oxford/New York: Oxford University Press 1994

Maurer, John G. (Ed.): Readings in Organization Theory, New York: Random House 1971

Maurice, Marc/Sellier, François/Silvestre, Jean-Jacques: La production de la hiérarchie dans l'entreprise, in : Revue française de sociologie XX (1979), S. 331-365

May, Thomas : Organisationskultur, Opladen : Westdeutscher Verlag 1997

Mayntz, Renate: Soziologie der Organisation, Reinbek: Rowohlt 1963

Mayntz, Renate: Zum gegenwärtigen Stand der Organisationssoziologie, Bern: Haupt 1964

Mayntz, Renate (Hrsg.): Bürokratische Organisation, 2. Auflage, Köln/Berlin: Kiepenheuer & Witsch 1971

Mayntz, Renate/Ziegler, Rolf: Soziologie der Organisation, in: König, René (Hrsg.): Handbuch der empirischen Sozialforschung, Band 9, 2. Auflage, Stuttgart: Enke 1977, S. 1-141

Mayo, Elton: The Social Problems of an Industrial Civilization, Boston: Harvard University, Graduate School of Business 1945 (Nachdruck London: Routledge 1998)

Mayo, Elton: The Human Problems of an Industrial Civilization, New York: Macmillan 1960 (zuerst 1933; Nachdruck 1977)

McLaughlin, Margaret L. (Ed.): Organizational Communication, Beverly Hills, CA: Sage 1987

McPherson, J. Miller/Rotolo, Thomas: Testing a Dynamic Model of Social Composition: Diversity and Change in Voluntary Groups, in: American Sociological Review 61 (1996), S. 179-202

Menz, Florian: Selbst- und Fremdorganisation im Diskurs, Wiesbaden: Deutscher Universitäts-Verlag 2000

Mertens, Peter/Faisst, Wolfgang: Virtuelle Unternehmen, in: Wirtschaftswissenschaftliches Studium Nr. 6/1996, S. 280-285

Merton, Robert K.: Social Theory and Social Structure, rev. ed., Glencoe, Ill.: Free Press1957

Merton, Robert K./Gray, Ailsa P./Hockey, Barbara/Selvin, Hanan C. (Eds.): Reader in Bureaucracy, New York/London: Free Press/Collier-Macmillan 1952

Meyer, John W./Rowan, Brian: Institutionalized Organizations: Formal Structures as Myth and Ceremony, in: American Journal of Sociology 83 (1977), S. 340-363

Meyer, John W./Scott, W. Richard: Organizational Environments, updated ed., Newbury Park: Sage 1992

Meyer, Katharina (Hrsg.): Nonprofit-Management auf dem Prüfstand, Frankfurt/M.: Peter Lang 2002

Meyer, Marshall W.: Leadership and Organizational Structure, in: American Journal of Sociology 81 (1975), S. 514-542

Meyer, Marshall W.: Theory of Organizational Structure, Indianapolis: Bobbs-Merrill 1977

Miller, Jon P./Fry, Lincoln J.: Social Relations in Organizations, in: Social Forces 51 (1973), S. 305-319

Miller, E. J./Rice, A. K.: Systems of Organizations, London: Tavistock 1967

Millham, Spencer/Bullock, Roger/Cherett, Paul: Social Control in Organizations, in: British Journal of Sociology 23 (1972), S. 406-421

Minssen, Heiner: Spannungen in teilautonomen Fertigungsgruppen, in: Kölner Zeitschrift für Soziologie und Sozialpsychologie 1995, S. 339-353

Minssen, Heiner: Zumutung und Leitlinie, in: Zeitschrift für Soziologie 2001, S. 185-198

Mintzberg, Henry: Power In and Around Organizations, Englewood Cliffs, N. J.: Prentice-Hall 1983

Moch, Michael K./Morse, Edward V.: Size, Centralization and Organizational Adoption of Innovations, in: American Sociological Review 42 (1977), S. 716-725

Morgan, Gareth: Images of Organization, Beverly Hills: Sage 1986

Morgan, Gareth: Creative Organization Theory, Newbury Park: Sage 1989

Morrill, Calvin: Conflict Management, Honor, and Organizational Change, in: American Journal of Sociology 97 (1991), S. 585-621

Mouzelis, Nicos P.: Organisation and Bureaucracy. An Analysis of Modern Theories, Chicago: Aldine 1968 (Nachdruck London: Routledge 1998)

Mrela, Krzysztof: Contingency Approach and Coherence of Organizational Structures, in: The Polish Sociological Bulletin 1979, S. 53-63

Musto, Stefan A.: Analyse der Zielerreichung, in: Soziale Welt 1970/71, S. 268-282

Naylor, James C./Pritchard, Robert D./Ilgen, Daniel R.: A Theory of

Behavior in Organizations, New York: Academic Press 1980

Neuville, Jean-Philippe: La tentation opportuniste. Figures et dynamique de la coopération interindividuelle dans le partenariat industriel, in : Revue française de sociologie 1998, S. 71-103

Nohria, Nitin/Eccles, Robert G. (Eds.) : Networks and Organizations, Cambridge, Mass.: Harvard Business School 1992

Noon, Mike/Delbridge, Rick: News From Behind My Hand: Gossip in Organizations, in: Organization Studies 1993, S. 23-36

Nystrom, Paul C./Starbuck, William H. (Eds.): Handbook of Organizational Design, 2 vols., Oxford: Oxford University Press 1981

Orlikowski, Borris: Management virtueller Teams, Wiesbaden: Deutscher Universitäts-Verlag 2002

Ortmann, Günther/Sydow, Jörg/Türk, Klaus (Hrsg.): Theorien der Organisation, Opladen: Westdeutscher Verlag 1997

Parsons, Talcott: Suggestions for a Sociological Approach to the Theory of Organizations, in: Administrative Science Quarterly 1 (1956), S. 63-85 und 225-239

Parsons, Talcott: Structure and Process in Modern Societies, Glencoe, Ill.: Free Press 1960

Parsons, Talcott: Societies, Englewood Cliffs, NJ: Prentice-Hall 1966

Péli, Gábor/Bruggeman, Jeroen/Masuch, Michael/Ó Nualláin, Breanndán: A Logical Approach to Formalizing Organizational Ecology, in: American Sociological Review 59 (1994), S. 571-593

Perrow, Charles B.: Organizational Analysis, Belmont, Cal.: Wadsworth 1970 (Nachdruck London: Tavistock 1979)

Perrow, Charles: Complex Organizations, 3rd ed., New York: Mc Graw-Hill 1986

Perry, Nick: The two cultures and the total institution, in: British Journal of Sociology 1974, S. 345-355

Pettigrew, Andrew M.: On Studying Organizational Cultures, in: Administrative Science Quarterly 24 (1979), S. 570-581

Pfeffer, Jeffrey: Organizational Design, Arlington Heights, Ill.: AHM Publishing Corporation 1978

Pfeffer, Jeffrey: Organizations and Organization Theory, Boston: Pitman 1982

Pfeffer, Jeffrey/Salancik, Gerald R.: The External Control of Organizations, New York: Harper & Row 1978

Pfeiffer, Dietmar K.: Organisationssoziologie, Stuttgart: Kohlhammer 1976

Pheysey, Diana C.: Organizational Cultures, London/New York:

Routledge 1993
Popper, Karl R.: Logik der Forschung, 6. Auflage, Tübingen: Mohr 1976
Porter, Lyman W./Lawler, Edward E. III/Hackman, J. Richard: Behavior in Organizations, New York: McGraw-Hill 1975
Powell, Walter W./DiMaggio, Paul J. (Eds.): The New Institutionalism in Organizational Analysis, Chicago: University of Chicago Press 1991
Prätorius, Rainer: Soziologie der politischen Organisation, Darmstadt: Wissenschaftliche Buchgesellschaft 1984
Preisendörfer, Peter: Organisationale Determinanten beruflicher Karrieremuster, in: Soziale Welt 38 (1987), S. 211-226
Presthus, Robert V.: Toward a Theory of Organizational Behavior, in: Administrative Science Quarterly 3 (1958), S. 48-72
Prewo, Rainer/Ritsert, Jürgen/Stracke, Elmar: Systemtheoretische Ansätze in der Soziologie, Reinbek: Rowohlt 1973
Pries, Ludger: Globalisierung und Wandel internationaler Unternehmen, in: Kölner Zeitschrift für Soziologie und Sozialpsychologie 2000, S. 670-695
Prigge, Wolfgang-Ulrich/Sudek, Rolf (Hrsg.): Innere Führung durch Leitbilder?, Berlin: Wissenschaftlicher Verlag Berlin 2003
Pugh, D. S./Mansfield, Roger/Warner, Malcolm: Research in Organizational Behaviour: A British Survey, London: Heinemann 1975
Ranger-Moore, James: Bigger May Be Better, but Is Older Wiser? Organizational Age and Size in the New York Life Insurance Industry, in: American Sociological Review 62 (1997), S. 903-920
Rastetter, Daniela: Die Entsexualisierung der Organisation, in: Soziale Welt 1999, S. 169-186
Reed, Michael: Redirections in organizational analysis, London/New York: Tavistock 1985
Reed, Michael I.: The Sociology of Organizations, Hemel Hempstead: Harvester Wheatshaef 1992
Reed, Michael/Hughes, Michael (Eds.): Rethinking Organization, London: Sage 1992
Robbins, Stephen P.: Organization Theory, 3rd ed., Englewood Cliffs, NJ: Prentice-Hall 1990
Robbins, Stephen P.: Organizational Behavior, 5th ed., Englewood Cliffs, NJ: Prentice-Hall 1991
Robbins, Stephen P.: Essentials of Organizational Behavior, 3rd ed., Englewood Cliffs, NJ: Prentice-Hall 1992

Roethlisberger, F. J./Dickson, William J.: Management and the Worker, Cambridge, Mass.: Harvard University Press 1950

Rogers, David L./Whetten, David A., and Associates: Interorganizational Coordination, Ames: Iowa State University Press 1982

Rohde, Markus/Rittenbruch, Markus/Wulf, Volker (Hrsg.): Auf dem Weg zur virtuellen Organisation, Heidelberg: Physica 2001

Rölle, Daniel/Blättel-Mink, Birgit: Netzwerke in der Organisationssoziologie – neuer Schlauch für alten Wein?, in: Österreichische Zeitschrift für Soziologie 3/1998, S. 66-87

Rosenfeld, Paul/Edwards, Jack E./Thomas, Marie D. (Eds.): Improving Organizational Surveys, Newbury Park, CA: Sage 1993

Ruef, Martin/Aldrich, Howard E./Carter, Nancy M.: The Structure of Founding Teams: Homophily, Strong Ties, and Isolation among U.S. Entrepreneurs, in: American Sociological Review 68 (2003), S. 195-222

Salaman, Graeme: Work Organizations, 2nd impr., London/New York: Longman 1981

Sashkin, Marshall/Morris, William C.: Organizational Behavior, Reston, VA: Reston Publishing Company 1984

Schein, Edgar H.: Organizational Psychology, 3rd ed., Englewood Cliffs, N. J.: Prentice-Hall 1980

Schewe, Gerhard: Das Konzept der virtuellen Organisation in seiner theoretischen Fundierung und praktischen Umsetzung, Manuskript aus den Instituten für Betriebswirtschaftslehre der Universität Kiel, Nr. 432, Kiel 1997

Schienstock, Gerd: Struktur, Politik oder soziale Praxis. Perspektiven einer soziologischen Theorie des Managements, in: Österreichische Zeitschrift für Soziologie 2/1991, S. 27-40

Schmidt, Margit: Widerstände bei organisatorischem Wandel, Frankfurt/M.: Lang 1996

Schuppert, Gunnar Folke: Verwaltungswissenschaft, Baden-Baden: Nomos 2000

Schwarz, Horst: Arbeitsplatzbeschreibungen, 13. Auflage, bearb. von Christiana Nicolai, Freiburg: Haufe 1995

Scott, W. E.: Theory of Organizations, in: Faris, Robert E. L. (Ed.): Handbook of Modern Sociology, Chicago: Rand McNally 1964

Shinn, Terry: Division du savoir et specifité organisationnelle, in: Revue française de sociologie 1980, S. 3-34

Sieber, Pascal: Virtuelle Unternehmen in der IT-Branche, Bern: Haupt 1998

Silverman, David: Theorie der Organisationen, Wien: Böhlau 1972

Simon, Herbert A.: On the Concept of Organizational Goals, in: Administrative Science Quarterly 9 (1964), S. 1-22

Simon, Herbert A.: Models of Man, Social and Rational, reprint, New York: Garland 1987

Simon, Herbert A.: Administrative Behavior, 4th ed., New York: Free Press 1997

Smelser, Neil/Swedberg, R. (Eds.): Handbook of Economic Sociology, Princeton, N. J.: Princeton University Press 1994

Spieß, Erika/Winterstein, Hans: Verhalten in Organisationen, Stuttgart: Kohlhammer 1999

Staehle, Wolfgang H.: Organisation und Führung sozio-technischer Systeme, Stuttgart: Enke 1973

Staehle, Wolfgang H.: Management, 8. Auflage, überarbeitet von Peter Conrad und Jörg Sydow, München: Vahlen 1999

Steinle, Claus: Organisatin und Wandel, Berlin/New York: de Gruyter 1985

Strutz, Hans: Wandel industriebetrieblicher Organisationsformen, Stuttgart: Enke 1976

Sydow, Jörg: Der soziotechnische Ansatz der Arbeits- und Organisationsgestaltung, Frankfurt/New York: Campus 1985

Tacke, Veronika (Hrsg.): Organisation und gesellschaftliche Differenzierung, Wiesbaden: Westdeutscher Verlag 2001

Taylor, Frederick Winslow: The Principles of Scientific Management, New York: Harper 1911 (dt.: Die Grundsätze wissenschaftlicher Betriebsführung, München: Oldenbourg 1913; Nachdruck Weinheim: Beltz/Psychologie Verlags Union 1995)

Thoenig, Jean-Claude: Organisation und Autorität, in: Zeitschrift für Organisation 1973, S. 37-43

Thoenig, Jean-Claude: How Far is a Sociology of Organizations Still Needed?, in: Organization Studies 1998, S. 307-320

Thompson, James D.: Organizations in Action, New York: McGraw-Hill 1967

Thompson, James D./McEwen, William J. : Organizational Goals and Environment, in: American Sociological Review 23 (1958), S. 23-31

Thuderoz, Christian: Du lien social dans l'entreprise, in: Revue française de sociologie 36 (1995), S. 325-354

Trezzini, Bruno : Theoretische Aspekte der sozialwissenschaftlichen Netzwerkanalyse, in : Schweizerische Zeitschrift für Soziologie 1998, S. 511-544

Türk, Klaus: Grundzüge einer Pathologie der Organisation, Stuttgart:

Enke 1976

Türk, Klaus: Soziologie der Organisation, Stuttgart: Enke 1978

Türk, Klaus: Neuere Entwicklungen in der Organisationsforschung, Stuttgart: Enke 1989

Türk, Klaus: „Die Organisation der Welt“, Opladen: Westdeutscher Verlag 1995

Türk, Klaus/Lemke, Thomas/Bruch, Michael: Organisation in der modernen Gesellschaft, Wiesbaden: Westdeutscher Verlag 2002

Tyson, Shaun/Ackermann, Karl-Friedrich/Domsch, Michel/Joynt, Pat (Eds.): Appraising and Exploring Organisations, London: Croom Helm 1988

Ullrich, Robert A./Wieland, George F.: Organization Theory and Design, rev. ed., Homewood, Ill.: Irwin 1980

Vanberg, Viktor: Organisationsziele und individuelle Interessen, in: Soziale Welt 34 (1984), S. 171-187

Vassy, Carine: Travailler à l'hôpital en Europe, in : Revue française de sociologie 1999, S. 325-356

Waldo, Dwight : Organization Theory : An Elephantine Problem, in: Public Administration Review 1961, S. 210-225

Walter-Busch, Emil: Organisationstheorien von Weber bis Weick, Amsterdam: Fakultas 1996

Weber, Max: Gesammelte Aufsätze zur Wissenschaftslehre, 3. Auflage, Tübingen: Mohr 1968

Weber, Max: Wirtschaft und Gesellschaft. Studienausgabe, Köln/ Berlin: Kiepenheuer & Witsch 1964

Weik, Elke/Lang, Rainhard (Hrsg.): Moderne Organisationstheorien, Bd. 1 und 2, Wiesbaden: Gabler 2001 bzw. 2003

Wholey, Douglas R./Christianson, Jon B./Sanchez, Susan M.: Organization Size and Failure Among Health Maintenance Organizations, in: American Sociological Review 57 (1992), S. 829-842

Wiendieck, Gerd/Wiswede, Günter (Hrsg.): Führung im Wandel, Stuttgart: Enke 1990

Wilkesmann, Uwe/Blutner, Doris/Meister, Claudia: Der Fußballverein zwischen e. V. und Kapitalgesellschaft, in: Kölner Zeitschrift für Soziologie und Sozialpsychologie 54 (2002), S. 753-774

Wilson, James Q.: Varieties of Police Behavior, New York: Atheneum 1972

Wilson, John/Musick, Marc: Who Cares? Toward an Integrated Theory of Volunteer Work, in: American Sociological Review 62 (1997), S. 694-713

Windhoff-Héritier, Adrienne: Selbsthilfe-Organisationen, in: Soziale Welt 33 (1982), S. 49-65

Wöhler, Karlheinz (Hrsg.): Organisationsanalyse, Stuttgart: Enke 1978

Wollmann, Hellmut: „Entbürokratisierung“ durch „Implementation von unten“ – Handlungsreserve sozialstaatlicher Verwaltungspolitik?, in: Voigt, Rüdiger (Hrsg.): Gegentendenzen zur Verrechtlichung, Opladen: Westdeutscher Verlag 1983, S. 242-262

Woodward, Joan: Industrial Organization: Theory and Practice, 2nd ed., London: Oxford University Press 1994 (Nachdruck von 1980)

Zald, Mayer N./McCarthy, John D. (Eds.): Social Movements in an Organizational Society, New Brunswick/Oxford: Transaction 1987

Zhou, Xueguang: The Dynamics of Organizational Rules, in: American Journal of Sociology 98 (1993), S. 1134-1166

Zorrejassateini, Darius: Organisationsentwicklung als Lernkonzept zur Nutzung von Führungsinformationssystemen, München/Mering: Hampp 2000

Stichwortverzeichnis

Die fett gedruckten Seitenzahlen geben Stellen an, an denen die Begriffe definiert oder besonders eingehend behandelt werden.

Verzeichnis der Übungsaufgaben

Verzeichnis der Abbildungen